周 丹

北京钧汝科技有限责任公司董事长。前广东省农村信用社联合社银信中心党委委员、副总裁，中国银行业协会信息科技专业委员会副主任委员，中国计算机用户协会金融互联网分会暨中国网络金融联盟副理事长，数据中心运营管理工作组专业委员，广东银行同业公会第一届金融科技工作委员会副主任委员。曾任中国银监会银行业信息科技"十三五"发展规划农村中小金融机构编制组领导小组副组长、广东省农村合作金融机构数据大集中工程项目负责人。具有27年以上的银行业工作经验，在金融科技领域研究颇深。

焦烈焱

普元信息技术股份有限公司首席技术官。长期从事软件产品研发与技术管理工作，专业领域涉及分布式计算、数据管理、软件过程等方面，组织研发了多款软件基础设施产品，致力于利用创新的软件架构与平台为大型企业实现数字化转型，曾主持了多家大型企业的软件平台建设。著有《SOA中国路线图——实施版》《金融企业数字化中台》，多次获得上海市科技进步二等奖。

毕晓冬

前IBM全球企业咨询服务部高级经理。长期致力于企业数字化转型、IT战略规划、企业级流程优化和核心系统省集中等咨询服务领域,多年服务大型国企和民企,参加和领导了众多大型项目。

孟庆余

普元信息信创军团副总经理、市场总监。在企业级软件市场有超过15年经验，负责标准规范、产业促进相关工作。代表公司参与面向云计算、大数据等领域的国际标准投票、国内标准讨论会议、立项审批会议、及标准草案的修订工作，参与工信部及中国人民银行主导的面向全国范围内的产业生态和产业促进工作，组织与参与相关研讨会、白皮书撰写及技术规范编制工作。

李书超

普元公司大数据首席顾问。有近20年数据领域咨询设计与项目建设经验，主导普元信息公司数据方案产品规划与研发，带领团队成功研发了普元信息公司数据中台系列产品，应用并服务了政务、金融、电信、能源、制造、工程建筑、快递物流、航空等多行业大型客户。

喻吉林

普元数智研究院副总经理。长期致力于企业架构的研究，拥有多年大中型企业IT规划、架构设计与研发经验。先后主导或参与了国家电网、工商银行、远光软件、国家开发银行、中国证券结算上海分公司、兴业银行、广东省农村信用联社等公司的的业务流程平台、Java技术平台、应用云平台、统一应用平台、低代码开发平台、企业高低开融合数字化应用平台、企业业务建模平台等平台的规划与实施工作。

陈清娟

普元华南银保事业部副总经理。普元数智研究院研究员。长期致力于企业级建模、银行核心业务系统、科技管理系统、业务中台、数据仓库／监管报表和项目管理体系等领域的实践，拥有多年银行IT规划、科技治理建设经验，先后参与了摩根史丹利国际银行中国公司、齐鲁银行、深圳农村商业银行、吉林银行、柳州银行、广东农信的数据仓库建设与监管报表实施、核心业务系统建设、业务中台建设、需求结构化平台、架构管控平台和项目管理体系的建设工作。

郝炎峰

普元金融方案部解决方案咨询顾问。十几年产品研发与架构设计经验，持续关注和研究分布式、微服务、DevOps等领域。曾负责普元低代码开发平台、流程平台产品的核心架构、产品设计以及发展规划。先后参与了国家电网BPM、BAM平台、浦发银行新一代流程平台、兴业银行综合应用开发平台等大型平台项目建设与实施。现专注于金融科技建设相关解决方案研究与落地。

黄 荣

普元北京研发中心资深架构师。20余年IT行业经验，致力于企业IT架构规划、科技管理实践。先后参与甘肃银行和包商银行信息安全系统建设，广东农信、陕西信合需求开发体系架构设计和企业标准制定，邮储银行微服务平台建设，中国科协电子政务应用开发基础服务平台建设。参与研发的神州商桥电子商务平台获得信息产业部颁发的"全国电子商务示范单位"称号，参与研发的应用开发框架Sm@rtFrame获得首届北京优秀软件构件评选一等奖。带领团队申请获得"SYT1906银行密码设备秘钥管理系统"商用密码产品型号证书。

重塑

数字化转型之企业架构

周 丹　焦烈焱　毕晓冬　孟庆余　著
李书超　喻吉林　黄　荣　陈清娟　郝炎峰

清华大学出版社
北京

内 容 简 介

随着经济全球化、地缘政治冲突、新冠疫情袭击全球、逆全球化、全球产业布局重组以及新技术和创新带来的竞争，复杂的内外部环境让企业面临严峻的生存考验。企业如何在未来的复杂环境下生存与发展？书中将结合我们在金融行业、国企信息化、复杂企业数字化转型、信创等领域多年不懈坚持和耕耘的经验，探讨数字科技对企业生存和发展的影响以及如何通过数字科技重塑企业架构，为企业安全、稳健实现数字化转型提供建设性意见和参考案例。

全书共分 11 章，重点探讨企业数字化转型的愿景、路线图及企业架构重塑。内容包括企业数字化转型之路、架构重塑的核心是数字中台、中台的核心是建设数字化的可重用体系、业务中枢：实现柔性的服务能力、数据中枢：数据资产价值变现、AI 中枢：数字孪生与智慧大脑、技术中枢：数字化的加速器、打造低代码平台：实现个性化自助研发、用户体验平台：极致的交互体验、企业架构重塑之实施与配套变革、企业架构重塑的未来。最后的附录讲解中台建设的评估体系。

本书立足于企业数字化转型中架构重塑的探讨，展望企业数字化转型的愿景，与业界分享企业四大中台建设实践。本书适合大中型企业 CEO、CIO、信息科技部经理、架构师、业务专家以及开发工程师等。

本书封面贴有清华大学出版社防伪标签，无标签者不得销售。
版权所有，侵权必究。举报：010-62782989，beiqinquan@tup.tsinghua.edu.cn。

图书在版编目（CIP）数据

数字化转型之企业架构重塑 / 周丹等著. —北京：清华大学出版社，2022.9（2023.10重印）
ISBN 978-7-302-61799-0

Ⅰ. ①数… Ⅱ. ①周… Ⅲ. ①数字技术－应用－企业管理－研究 Ⅳ. ①F272.7

中国版本图书馆 CIP 数据核字（2022）第 165894 号

责任编辑：夏毓彦
封面设计：王　翔
责任校对：闫秀华
责任印制：杨　艳

出版发行：清华大学出版社
　　　　网　　址：http://www.tup.com.cn，http://www.wqbook.com
　　　　地　　址：北京清华大学学研大厦 A 座　　邮　编：100084
　　　　社 总 机：010-83470000　　邮　购：010-62786544
　　　　投稿与读者服务：010-62776969，c-service@tup.tsinghua.edu.cn
　　　　质量反馈：010-62772015，zhiliang@tup.tsinghua.edu.cn
印 装 者：天津安泰印刷有限公司
经　　销：全国新华书店
开　　本：190mm×260mm　　彩　插：3　　印　张：17.5　　字　数：472 千字
版　　次：2022 年 11 月第 1 版　　印　次：2023 年 10 月第 4 次印刷
定　　价：79.00 元

产品编号：095385-01

前　　言

从 20 世纪 90 年代初美国提出的"信息高速公路法案""国家信息基础设施（NII）"，到我国的"新基建"，尚来不及发出"桃李春风一杯酒，江湖夜雨十年灯"的感慨，已经三十年过去了。

随着经济全球化、地缘政治冲突、新冠疫情袭击全球、逆全球化、全球产业布局重组以及新技术和创新带来的竞争，复杂的内外部环境让企业面临严峻的生存考验。如何在未来的复杂环境下生存与发展？未来企业的形态和运营模式如何？如何通过现代数字科技让企业拥有强大的能力发展业务？

本书要解决的问题

我们尝试通过《数字化转型之企业架构重塑》这本书，阐述数字科技对企业生存和发展的影响以及如何通过数字科技重塑企业架构。书中将结合我们在金融行业、国企信息化、复杂企业数字化转型、信创等领域多年不懈坚持和耕耘的经验，为企业安全、稳健实现数字化转型提供建设性意见和参考案例。书中探讨和尝试解答以下这些问题：

（1）企业数字化转型的愿景是什么？
（2）数字化转型过程中如何实现企业架构重塑？
（3）企业架构关键的设计原则和核心要素是什么？
（4）如何建设企业核心的四大中台（业务中台、数据中台、AI 中台及技术中台）？
（5）如何评估企业中台建设的成熟度？
（6）如何实施与企业架构重塑相关的配套变革？

本书内容

在"第 1 章企业数字化转型之路"中，我们探讨了企业数字化转型的愿景。数字化转型不是信息化的升级版，相比信息化，数字化转型更是通过数字技术对业务的重塑。正如 Gartner 的定义，数字化是"利用数字技术来改变商业模式，并提供新的收入和创造价值的机会；这是一个向数字业务转变的过程"。随着云、大数据、人工智能和区块链等技术的发展，我们一直在思考未来的企业和现在的企业运营将会有何不同？在此我们大胆地提出：随着企业大脑的发展和完善，正如自动驾驶技术的发展一样，将会有一部分企业实现 AI 自主运营，剩下的企业将在 AI 的辅助下实现半主动运营。在响应速度、资源优化调度、高度自动化等关键领域，显然 AI 比人类更具有优势。电影《终结者》中天网控制战争的场景，在未来也许就是可控的 AI 主导企业运营的场景。

接下来通过第 2 章～第 9 章，我们用较大的篇幅探讨什么是企业架构重塑的核心要素以及如何构建企业架构的核心要素。书中探讨了数字中台的建设，包括业务中台、数据中台、AI 中台、技术中台等对企业架构的意义、架构设计和建设方法，也讨论了业务侧如何实现柔性能力和实现极致的客户体验，探讨了如何通过低代码平台，加速数字化转型。除了在企业架构层的探讨，书中也讨论了知识图谱、数字孪生等新技术对企业架构的影响。

在"第 10 章企业架构重塑之实施与配套变革"中我们着重探讨了企业架构重塑需要的配套变革。考虑数字化转型的重要性和复杂性，如果不想失败的话，这必须是一个一把手工程。与数字化转型匹配的文化、流程、组织、KPI 等体系的优化，是确保转型成功的关键，尽管这些不是技术问题，但与技术问题同样重要。

最后一章，我们对企业架构重塑的未来进行了展望，分析了架构重塑的行业实践与市场空间，在附录中也给出了一套成熟的中台建设体系评估工具，用于帮助企业架构重塑的准备工作。

友情提示

没有哪个数字化转型项目会一帆风顺，请做好准备，风雨兼程地出发吧，历尽坎坷，终将见到天边那道美丽的彩虹。

以上谨为我们多年行业实践的小结和感悟，愿与业内人士探讨和交流，不当之处，还请不吝赐教，先行感谢。

作　者

2022 年 8 月

目　　录

第 1 章　企业数字化转型之路 1
1.1　数字化转型——这是一道唯一选项的必答题 1
- 1.1.1　转型正当时：时代列车呼啸而来 1
- 1.1.2　数字化转型三大目标：体验提升、效率提升和模式创新 3
- 1.1.3　数字化转型的基础：全量全要素的实时连接和反馈，以数据驱动创新 3
- 1.1.4　数字化转型的高级阶段：智能化时代才是未来 5
- 1.1.5　数字化转型愿景：用企业大脑驱动企业运营 6
- 1.1.6　数字化转型起点：从数字化应用开始 7

1.2　业务重塑——凤凰涅槃重生 8
- 1.2.1　数字化研发：数据驱动的产品工厂，缩短产品研发时间 9
- 1.2.2　数字化生产：敏捷化的系统建设模式，个性化业务的批量化生产 11
- 1.2.3　数字化运营：集中化、自动化的交付，流程再造助力运营效率持续提升 12
- 1.2.4　数字化营销：场景驱动的智能营销，精准互动交易 14
- 1.2.5　数字化渠道：全渠道协作无缝衔接，提升客户体验 15

1.3　企业架构重塑——转型路上升级发动机 16
- 1.3.1　技术融合场景，体验创新 17
- 1.3.2　技术架构升级，科技创新 18
- 1.3.3　探索业务开放，生态创新 19
- 1.3.4　加大科技投入，组织创新 19

第 2 章　架构重塑的核心是数字中台 21
2.1　建设企业大脑——实现企业主动运营 21
- 2.1.1　企业大脑——主动运营型企业的指挥中枢 21
- 2.1.2　企业架构与中台——企业大脑的顶层设计 22

2.2　以数字化中台构成企业大脑的物理载体 24
- 2.2.1　中台概念：为前台而生 25
- 2.2.2　中台架构：IT 架构发展的必然 26
- 2.2.3　为什么用中台架构进行 IT 架构重塑 28
- 2.2.4　中台架构是平台建设的自然演进 29
- 2.2.5　中台架构是企业数字化转型下重构 IT 的最佳选择 30

2.3　中台建设策略——场景驱动，价值引领 32

2.3.1　前台提升客户体验：极致的个性化 ································· 32
　　2.3.2　中台提供可重用能力：极致的标准化 ······························ 33
　　2.3.3　后台要稳定高效：极致的效率化 ·································· 34
2.4　中台全景图——企业数字化中台的组成 ····································· 35
　　2.4.1　解读中台架构模式、建设目标与碎片化的中台建设路径 ················ 35
　　2.4.2　中台模式的企业IT架构之应用架构 ································· 37
　　2.4.3　数字化中台建设的方法体系 ······································ 40
　　2.4.4　可变性管理是实现可重用的关键 ·································· 43

第3章　中台的核心是建设数字化的可重用体系 45

3.1　中台的本质：建立可重用能力体系 ·· 45
3.2　研发的核心原则：通过可重用构件，实现个性化的软件 ························ 47
3.3　数字化时代的特征：数字化的软件研发 ···································· 48
　　3.3.1　业务方案的结构化 ·· 49
　　3.3.2　软件架构的数字化 ·· 50
　　3.3.3　数据建模与知识建模 ·· 52
　　3.3.4　智能化业务流程建模 ·· 55
　　3.3.5　智能化业务规则建模 ·· 59
　　3.3.6　软件持续交付的方法与规范 ······································· 60
　　3.3.7　行为驱动的软件测试方法 ·· 61
　　3.3.8　高效率交付的低代码开发方法 ····································· 62

第4章　业务中枢：实现柔性的服务能力 66

4.1　需求结构化描述 ··· 66
　　4.1.1　需求结构化的目标 ·· 66
　　4.1.2　需求结构化的要领 ·· 69
　　4.1.3　需求结构化的模型 ·· 69
　　4.1.4　需求结构化的可视化方法 ·· 73
　　4.1.5　应用工程中的业务重用 ·· 85
4.2　可重用体系架构的设计方法 ··· 87
　　4.2.1　架构的设计方法 ·· 87
　　4.2.2　通过企业应用系统分级分类原则，实现架构管控 ······················· 95
4.3　业务可变性设计方法 ·· 97
　　4.3.1　第一阶段：发现业务中的可变性 ··································· 98
　　4.3.2　第二阶段：如何进行扩展性建模 ·································· 101
　　4.3.3　第三、四阶段：扩展点与能力匹配 ································ 105
4.4　业务可变性技术框架 ··· 106
　　4.4.1　技术框架解决可变性问题 ······································· 106
　　4.4.2　从技术框架角度看可变性 ······································· 108

  4.4.3 技术框架的运行机理 ……………………………………………………… 114

第 5 章　数据中枢：数据资产价值变现 …………………………………………………… 117

5.1 数据中台之认知篇 …………………………………………………………………… 117
  5.1.1 千人千面的数据中台 …………………………………………………… 117
  5.1.2 "狭义"与"广义"的数据中台 ……………………………………… 119
  5.1.3 数据中台与业务中台 …………………………………………………… 120
  5.1.4 数据中台与数据仓库 …………………………………………………… 121
  5.1.5 数据中台与数据资产 …………………………………………………… 124
  5.1.6 数据中台与主数据 ……………………………………………………… 126
5.2 数据中台之框架篇 …………………………………………………………………… 127
  5.2.1 数据中台的价值框架 …………………………………………………… 127
  5.2.2 数据中台的架构演变 …………………………………………………… 128
  5.2.3 主数据：为应用提供可靠核心数据 …………………………………… 129
  5.2.4 数据建模：以模型驱动数据运转 ……………………………………… 132
  5.2.5 数据资产：全要素关联的资产掌控 …………………………………… 133
  5.2.6 数据服务：服务封装响应数据需求 …………………………………… 136
  5.2.7 知识图谱：构建智能化数据应用 ……………………………………… 138
5.3 数据中台之方法篇 …………………………………………………………………… 139
  5.3.1 数据中台之"集"，关键是数据汇集 ………………………………… 139
  5.3.2 数据中台之"连"，重点在识别连接 ………………………………… 140
  5.3.3 数据中台之"治"，难点在治理管控 ………………………………… 141
  5.3.4 数据中台之"用"，体现在长效运营 ………………………………… 145
5.4 数据中台之应用篇 …………………………………………………………………… 146
  5.4.1 客户标签 ………………………………………………………………… 147
  5.4.2 网点优化 ………………………………………………………………… 149
  5.4.3 精准营销 ………………………………………………………………… 152
  5.4.4 风险管控 ………………………………………………………………… 154

第 6 章　AI 中枢：数字孪生与智慧大脑 …………………………………………………… 157

6.1 AI 中台是企业的智慧中枢 ………………………………………………………… 157
  6.1.1 为什么要建设 AI 中台 ………………………………………………… 157
  6.1.2 典型业务场景 …………………………………………………………… 158
6.2 AI 中台架构 ………………………………………………………………………… 159
  6.2.1 AI 中台架构图 ………………………………………………………… 159
  6.2.2 能力开放中心 …………………………………………………………… 160
  6.2.3 AI 资产中心 …………………………………………………………… 160
  6.2.4 AI 开发中心 …………………………………………………………… 160
  6.2.5 AI 算力中心 …………………………………………………………… 161

6.2.6　AI 管理中心 ·············· 161
　　　6.2.7　AI 应用中心 ·············· 161
　6.3　AI 中台与其他中台的关系 ·············· 162
　6.4　数字孪生——万物皆可克隆 ·············· 162
　　　6.4.1　数字孪生的前世今生 ·············· 163
　　　6.4.2　数字孪生典型应用之制造行业 ·············· 165
　　　6.4.3　数字孪生典型应用之建筑行业 ·············· 165
　　　6.4.4　数字孪生技术发展趋势 ·············· 166

第 7 章　技术中枢：数字化的加速器 ·············· 168

　7.1　技术架构的演进 ·············· 168
　7.2　企业级技术架构的蓝图概览 ·············· 169
　7.3　服务框架 ·············· 171
　　　7.3.1　当前应用微服务化出现的问题与解决原则 ·············· 171
　　　7.3.2　服务调用模式与服务框架选择 ·············· 173
　　　7.3.3　关于服务网格探讨 ·············· 175
　7.4　集成框架 ·············· 178
　　　7.4.1　应用集成架构，提高企业应用的整合能力 ·············· 178
　　　7.4.2　统一身份认证 ·············· 179
　　　7.4.3　统一组织机构用户数据 ·············· 182
　　　7.4.4　统一应用门户 ·············· 185
　　　7.4.5　企业服务总线 ·············· 191
　　　7.4.6　Open API ·············· 197
　7.5　企业级研发体系 ·············· 198
　　　7.5.1　在建立数字化生产线之软件生产的全流程进行梳理 ·············· 198
　　　7.5.2　打造数字生产线需要做到五个统一 ·············· 201
　　　7.5.3　度量与引领性指标必不可少 ·············· 203
　7.6　分布式技术体系 ·············· 205
　　　7.6.1　集中式的服务配置管理 ·············· 205
　　　7.6.2　消息模式与实现技术选择 ·············· 206
　　　7.6.3　数据分布与信息聚合的设计模式 ·············· 207
　　　7.6.4　感觉分布与知觉聚合 ·············· 213

第 8 章　打造低代码平台：实现个性化自助研发 ·············· 219

　8.1　基于可重用的业务组件支撑业务需求快速落地 ·············· 219
　　　8.1.1　业务化数据模型 ·············· 220
　　　8.1.2　标准化流程编排 ·············· 221
　　　8.1.3　业务化规则定义 ·············· 227
　　　8.1.4　组件化展现设计 ·············· 227

- 8.2 整体的可扩展性是平台可持续发展的保障 228
- 8.3 平台需要全面支撑应用的生命周期 230

第 9 章 用户体验平台：极致的交互体验 233

- 9.1 用户体验的设计流程 234
  - 9.1.1 用户体验研究 234
  - 9.1.2 产品设计冲刺（PDS） 235
  - 9.1.3 用户画像 235
  - 9.1.4 用户故事 235
  - 9.1.5 线框图和原型设计 235
  - 9.1.6 设计验证 236
- 9.2 改善用户体验的关键技术 237
  - 9.2.1 非接触式手势控制 237
  - 9.2.2 虚拟现实与增强现实 237
  - 9.2.3 可穿戴设备 238
  - 9.2.4 物联网 238
  - 9.2.5 语音技术与虚拟助理 238
  - 9.2.6 人工智能 238
- 9.3 数字化体验场景 239
  - 9.3.1 无接触式酒店 239
  - 9.3.2 游戏化工业生产 239
  - 9.3.3 全息课堂 239
  - 9.3.4 远程维修辅导 240

第 10 章 企业架构重塑之实施与配套变革 241

- 10.1 企业架构重塑路线图 241
  - 10.1.1 现状分析与评估 242
  - 10.1.2 整体规划与架构设计 242
  - 10.1.3 重塑项目群实施 243
- 10.2 企业架构重塑实施管理 244
  - 10.2.1 成立架构重塑项目办公室 244
  - 10.2.2 采用敏捷开发方法建设中台 245
- 10.3 企业架构重塑配套变革 246
  - 10.3.1 组织变革管理 248
  - 10.3.2 流程变革管理 249

第 11 章 企业架构重塑的未来 250

- 11.1 大厂纷纷跟进 250
- 11.2 行业用户实践 251

11.3 市场空间广阔 · 252

附录 A 中台建设的评估体系 · 253

   A.1 成熟度分级模型评估框架 · 256

      A.1.1 业务成熟度模型 · 256

      A.1.2 架构成熟度模型 · 259

      A.1.3 软件过程成熟度模型 · 261

      A.1.4 组织保障成熟度模型 · 262

   A.2 成熟度评估流程 · 264

      A.2.1 评估准备 · 265

      A.2.2 执行评估 · 265

      A.2.3 分析评估 · 267

      A.2.4 报告结论 · 267

后记 · 269

第 1 章
企业数字化转型之路

1.1 数字化转型——这是一道唯一选项的必答题

信息科技"一眼千年"的发展速度,超越了人类理性的想象。曾几何时,互联网+、云计算、大数据、人工智能、区块链等,昨天还是大家谈论的技术新趋势,今天已经在生活中无感地使用这些技术。

聚光灯下,独角兽光芒四射、行业巨头翩翩起舞,能够被大众看到和关注的,永远是那些成功者,"自古只有新人笑,有谁听见旧人哭",那些被时代抛弃、黯然离场的背影从来不会吸引观众的目光。

很多创新科技公司,生来就是数字化加身,而绝大部分传统企业,则不得不通过数字化转型应对挑战。早在2020年9月,国资委就下发了《关于加快推进国有企业数字化转型工作的通知》,国企数字化转型早已经在路上。对更多的企业来说,是否进行数字化转型,是一道只有唯一选项的必选题,事关生存与发展,没有备选项。

1.1.1 转型正当时:时代列车呼啸而来

数字化转型做什么?有什么价值?怎么做?不转型可以吗?

我们先用一个最传统的物流行业的案例开篇。

2021年的京东618电商节,大批智能快递车投入使用。最后一公里配送使用的快递车,是京东物流自主研发的第四代智能快递车产品。正是这批汇集众多技术专利的智能快递车,让京东物流联合常熟市打造了全球第一个"智能配送城",2022年618期间,在北京、上海、常熟规模化应用,送达单量同比去年增长了24倍。未来我们将会看到越来越多的京东无人快递车穿梭于社区,按照客户定制的配送时间和地点,准时送货到点。

今天的京东物流,已经是技术驱动的一体化供应链公司。截至2020年年底,京东物流已拥有超过4400项专利及软件著作权,其中超过2500项涉及自动化和无人技术。

前面"车"在跑,后面支撑末端配送的是"仓"。2022年618电商节,京东物流全国运营超过1000个仓库,超过2100万平方米的仓储设施都投入到大促的保障中。其中,32座亚洲一号(智能仓库)再创新记录,作为亚洲电商物流领域规模最大的智能仓群,智能存储、智能搬运、智能分拣和智能拣选等机器人产品，都在为消费者从下单到收货的每一个环节创造极致效率。其中的一个上海无人仓，全智能化，高峰期每天可处理超过130万单。密集应用的智能技术，打造出京东物流的"一体化供应链"，覆盖全国、触达全球，从容应对亿级订单，让京东在2022年的618电商节中创下了"库存周转天数31.2天"这一世界级的数字。

看到这里，开篇的问题已经不难回答。物流行业是一个非常传统的行业，通过案例，可以看到京东做了什么，渗透到每个流程和节点的数字化加持。没有这些深耕多年的高科技、黑科技，就没有京东物流的护城河，更不会有京东物流2700亿港币的市值。如果一个传统的物流行业，放弃数字化转型的自我救赎，在面对京东物流的时候，能够抵抗多久？

我们身处变化越来越快、知识边界不断被突破的VUCA时代，信息的超饱和不断打破暂时平衡的局面。VUCA一词起源于20世纪90年代的美国军方，是Volatility（易变性）、Uncertainty（不确定性）、Complexity（复杂性）、Ambiguity（模糊性）的缩写，概括了后互联网时代商业世界复杂易变的特征。2021年，由于国税总局推行增值税发票电子化，在与竞争对手无关的情况下，让顺风速运凭空丢失了一块巨大的蛋糕，之前顺风的很大一块业务是快递发票。

这是一个多变的时代，竞争已经不止来自专业的同行，更多来自另外一个领域的跨界者，行业的边界正在被这些跨界者打破，来不及变革的企业，必将遭遇前所未有的打击。如果不能适应变化，积极转型，不知何时就会遇到科幻小说《三体》中所说的"降维打击"，完全失去反抗的能力。2018年3月，曾经的ATM巨头"维珍创意"公布了2017年度业绩预告公示，2017年净利润仅300~390万元（人民币），同比暴跌88.6~91.2%！维珍创意在公告中直接写道："2017年支付宝、微信支付迅猛发展，移动支付替代了大量的小额现金支付，严重影响了银行ATM的布放，造成全公司业绩出现大幅下调。"维珍创意，曾经的银行ATM的巨头企业，它围绕ATM产业将一条龙服务做到了极致，顺利签约了四大银行（中国工商银行、中国农业银行、中国建设银行、中国银行），战胜了竞争对手，一度风光无限。但就是这样，它活在了局限于ATM的世界里，最后输给了一个不用现金的时代。

这是一个创新的时代，大批新科技崛起，而推出这种新科技产品并占有市场的，往往不是这个行业的企业，而是其他跨界企业。这样的"门口野蛮人"还有很多，比如，在汽车行业中的特斯拉，原来根本就没有制造过汽车；谷歌同样没有一点汽车制造的背景，却正在开发无人驾驶汽车，也将对汽车行业带来一定影响；柯达垄断了全球的胶卷，数码相机和手机的出现让它快速轰塌；Apple是一家科技公司，推出Apple Watch后，传统的钟表企业无不倍感压力。在中国，这样的情况也非常多，移动和联通竞争了这么多年，最后发现最大的对手是腾讯；康师傅从风靡全国到减产，原因不是今麦郎，而是饿了么和美团外卖的崛起影响了方便面的销售……

这是一个最好的时代，也是一个最坏的时代：所有的桎梏将被打破，所有的模式都可能被推翻。创新者以前所未有的迅猛，从一个领域进入另一个领域。门缝正在裂开，边界正在打开，传统的广告业、运输业、零售业、酒店业、服务业、医疗卫生，等等，都可能被逐一击破。在移动互联网之上，会建立一个更便利、更关联、更全面的商业系统。

早在2020年9月，国资委发布了《关于加快推进国有企业数字化转型工作的通知》，要求加快数字化转型，全面提升国企能力，应对来自各方的挑战。面对呼啸而来的时代列车，我们最好的选择就是买票上车，奔向远方。

1.1.2 数字化转型三大目标：体验提升、效率提升和模式创新

数字化转型在业内早已成为一个超高热度的词。更有人说"所有的企业，都值得用数字化重新做一遍"。

数字化转型的过程就是业务重塑的过程，通过数字化来优化研发、产品、渠道、销售以及服务，提升企业在市场的生存能力，不断自我优化持续发展。

推动企业数字化转型的主要目标是什么？华为公司的实践给出了很好的答案，体验提升、效率提升和模式创新。

（1）体验提升就是用户对产品和服务的感知，这里的用户包括内部用户和外部用户（即客户）。体验的优化只有开始，没有结束。传统的客户体验是笑脸相迎、和声细语；信息化时代是快捷的IT系统，及时的响应；数字化时代，就是更懂用户，帮助用户用更高的效率达到目的。典型的场景是智能推荐，能够快速地让客户找到想要的商品或者更优惠的产品组合。体验提升，听起来简单，但实施起来是无止境的，需要持续的数据收集与治理、不断优化模型和学习、持续改善产品的功能和界面，优化业务流程，通过不断迭代，实现体验的螺旋上升。

（2）效率提升就是增加企业生存的优势。数字化转型为企业带来的效率提升，往往是带来降维打击的效果。比如，前面介绍的京东自动化无人仓库，一个上海无人仓，全智能化，高峰期每天可处理超过130万订单。面对京东这样的对手，哪个物流企业不紧张呢？在智慧城市中有一个典型的应用场景，通过大数据技术控制的红绿灯：通过大数据和AI视频识别技术，分析了不同方向堵车的长度以及相关的分支路段的拥堵程度,统筹考虑相关联区域红绿的分布，仅仅是简单的改变了路口不同方向绿灯的通行时间，但在实际使用效果上，却极大地缓解了交通拥堵，为公众节省了大量的时间和金钱，同时也降低了碳排放。

（3）模式创新就是通过数字化的手段，优化或改变交易模式、运营模式、组织模式，增强企业的竞争力。数字化能力的提升，使得模式创新有很大的空间，比如典型的黑灯工厂、无人港口、无人驾驶车队、无人机线路巡检等，都是不同的模式创新。区块链技术，使得传统的复杂交易，能够通过智能合约来提升效率，比如马士基和IBM合作建立的TradeLens航运数字化平台。像便利蜂这样使用企业大脑（AI）来驱动超市运营的企业，则走得更超前一些。

上述三个目标并不是孤立的，效率本身就会有助于改善体验，而模式创新，也会对效率和体验带来改善。因此，在考虑转型目标的时候，要结合具体的业务场景综合考虑各要素之间的关系，选择更有针对性的数据集、模型和工具的组合，发挥数字化的最大效率。

1.1.3 数字化转型的基础：全量全要素的实时连接和反馈，以数据驱动创新

华为认为企业数字化转型就是通过新一代数字技术的深入运用，构建一个全感知、全连接、全场景、全智能的数字世界，进而优化再造物理世界的业务，对传统管理模式、业务模式、商业模式进行创新和重塑，实现业务成功。而这些背后，数字化转型的基础就是全量全要素的实时连接和反馈。

当企业实现了"全量全要素的实时连接和反馈"时，借助数字技术的力量，可以实现以

前无法实现的能力。这里说的新一代数字技术，包括5G、云计算、区块链、人工智能、数字孪生、北斗通信等新技术。数字化转型就是通过对这些技术的综合应用，去重塑业务。

如何做到全量全要素的连接呢？

方法并不是唯一的，可以根据当时企业的业务特点和技术能力选择合适的方法。根据我们的经验，这里提供一个参考方法：首先基于数字化转型的三大目标分解业务场景，再对业务场景包含的产品/服务全生命周期进行分解，然后对生命周期每个阶段涉及的数据进行评估，选定数据，再确定连接方案，比如有的数据来自数据库，而有的数据来自设备甚至第三方。对全场景和全生命周期的分析和评估，就是要确保全要素的覆盖，在全覆盖的基础上才有可能做到全连接。

全量全要素连接之后，如何检验是否做到了实时反馈呢？

通过判断数字化体系，是否具备感知、决策、指挥和控制、指令执行的能力，作为检验是否做到实时反馈的标准。对于不同的业务场景，对实时的要求也不一样，比如某些生产线，应该是毫秒级的响应；而企业大脑对于库存和订单处理的响应时间，则无须到毫秒级，能够容忍一定的延时。只要能够满足业务场景的响应要求，就可以认为做到了实时反馈，一味追求过快的响应时间，会造成资源的浪费和高昂的成本。

随着业务场景的变化和数字化转型的深入，也会不断对全量全要素的连接提出新的要求。正如数字化转型只有开始，没有结束一样，全量全要素的连接也没有结束的时候，随着对能力要求的提高，就会有不同的数据需要源源不断地连接。

全量全要素连接建立之后，无论是简单的数字化应用，还是复杂的自动驾驶，都具备了可用的数据基础。数据就可以为创新带来新动力，创造新的产品和服务，产生新的商业模式。英国帝国理工大学副校长、著名创新领袖David Gann博士提出了"数据驱动创新的五种模式"，分别介绍如下。

1. 让产品产生数据（Augmenting Products to Generate Data）

在传统的产品中装上传感器，产品不仅具有使用功能，而且还能产生数据。数据通过无线通信技术传输到服务器，便能产生巨大的价值，例如提高新产品设计、优化工艺、维保预测，等等。

结合数字经济新时代，陕西鼓风机（集团）有限公司（以下简称"陕鼓"）提出了智能设计、制造、服务"三位一体"的智能制造服务型集成理念，持续深入探索数字化与传统制造业的有机结合，创新发展模式。在服务智能化方面，陕鼓出产的装置机组都带有智能检测系统，可足不出户24小时监测机组的运行状态；AR工业运营服务支持系统，利用设备状态数据、工艺数据、过程数据及AR现场可视化技术、故障原理透视、专家远程指导、智能巡检等服务技术，向流程工业领域的用户提供全生命周期健康管理服务的系统方案。

2. 产品数字化（Digitizing Assets）

在工业领域，可视化技术大大提高了制造业的设计水平。近几年兴起的3D打印技术更是一个把数字化产品转变成有形实体的逆向过程。在生命健康领域，病人病历已经能够实现数字化管理，这大大提高了诊断效率。未来外科医生完全可以通过病人身体的数字化模型来提高手术的成功率，降低手术风险。

3. 跨行业数据的整合（Combining Data Within and Across Industries）

大数据科学和新的IT标准提高了数据的集成能力，也使得数据跨行业的交互成为可能。智能城市是进行跨行业数据整合的最佳案例。在伦敦，电动汽车的使用给城市带来一系列新问题，大量电动车同时充电会使电网产生峰值，影响城市用电。目前电网和交通网没有实现数据整合，如果这两个网数据能整合到一起，就可以根据交通网的数据预测当天城市电网的情况，对电力的调配是非常有帮助的。反之，也能给交通管理提供信息咨询，更好地管理城市交通。

4. 数据交易（Trading Data）

中共中央国务院发布《关于构建更加完善的要素市场化配置体制机制的意见》，第六章第二十、二十一、二十二条，明确提出加快培育数据要素市场的意见。数据的开放、共享、整合、保护等等事项，早在几年前国务院发布的《促进大数据发展行动纲要》中，就有所体现。但是这次是和土地、人力、资本、技术并列为五大生产要素之一，一并发布。足见国家已经深深意识到数据这个新型生产要素的价值。数字经济就是以数据作为必要生产要素的新型经济体系。

5. 数据服务产品化（Codifying a Distinctive Service Capability）

随着信息技术在商业领域的广泛应用，一些公司把内部运作良好的信息系统进行标准化开发，形成一种可行业推广应用的商品，这是一种数据服务产品化的新模式。以金融行业为例，2019年8月，中国人民银行印发《金融科技（FinTech）发展规划（2019-2021年）》，并提出到2021年，建立健全我国金融科技发展的"四梁八柱"，进一步增强金融业科技应用能力，实现金融与科技深度融合、协调发展，明显增强人民群众对数字化、网络化、智能化金融产品和服务的满意度。6家国有股份制商业银行中，已有3家银行成立金融科技公司，分别为建设银行（建信金科）、工商银行（工银科技）、中国银行（中银金科）。12家全国股份制商业银行中，已有6家银行成立金融科技公司，分别为平安银行（平安科技、平安壹账通）、兴业银行（兴业数金）、光大银行（光大科技）、民生银行（民生科技）、招商银行（招银云创）、华夏银行（龙盈智达）。

数据正在成为新兴商业机会的强大推动力量和模式创新的基础。

1.1.4　数字化转型的高级阶段：智能化时代才是未来

数字化转型的浪潮持续推进，越来越多的企业加入进来。尽管不同企业转型的重点领域和涉及的深度不一样，但都面临一个共同的问题：目前看来，数字化转型似乎只有更好，没有最好，那么数字化转型的最终形态是什么？是不是要永无止境的持续下去？

毫无疑问，数字化转型是一个渐进的持续过程，就像人类的科技发展的历史一样，始终是不断地进步，而且不会有尽头。尽管数字化转型是持续的，但并非意味着对未来的不可知论。科技发展都具有阶段性、里程碑性的成果，就像第一次工业革命、第二次工业革命一样，在较长的时间内，其成果的特征是比较稳定的。

数字化转型的未来终极状态可以想象，但很难定义，也许像《黑客帝国》、《终结者》中的天网，也许是构建一个平行世界的元宇宙，但对未来十几年甚至几十年的时间内，数字化转型的未来是"智能化"的观点被很多人士所接受。

无论是我们看到的无人工厂、无人仓库、自动驾驶还是零售企业的自动化运营案例，无一不体现了智能化的方向。随着智慧城市、智慧矿山、智慧港口等一系列超大智慧场景和解决方案的出现，智能化越来越成为企业数字化转型的目标或愿景。

随着信息化的发展，随便找一个企业，都拥有海量的历史数据。人类大脑虽然超级复杂，但对信息加工处理的速度和容量，仍然无法和计算机相比。人类的优势是模糊的推理和基于有限输入的战略的判断和设想，目前机器无法做到这一点，人类能够创新，而机器一直在学习经验、重复历史，至少目前，深度学习支撑的人工智能还是活在贝叶斯的框架之下，但机器的优势就是在海量的数据下快速做出决策，找到最优/次优解，这一点是人类无法企及的。

在绝大多数工作的运营中，还是按部就班的决策规划的过程，比如生产线、仓库的库存、航班的调度、场内自动驾驶和驾驶路线的规划等，基于现在的人工智能水准，完全能够支撑某些业务领域的智能化运营，将人类的管理者从烦琐的工作中解放出来，从而承担更多创新、战略和人性化的工作，同时也让人类远离恶劣、危险的工作环境。智能化的自动化运营，效率将会超越人类的管理者，这一点是毫无疑问的。

从目前数字化转型的实践和成果来判断，智能化无疑是数字化转型的下一个高级阶段。

1.1.5 数字化转型愿景：用企业大脑驱动企业运营

我们一直在说企业数字化转型，那么数字化转型的愿景到底是什么？也就是说，转型之后我们成为什么样的企业？

愿景是指导数字化转型过程的重要依据，在启动转型之前，必须制定清晰的企业数字化转型愿景。

华为认为：每一家数字化转型企业的终极目标就是进化成一个"智能体"。波士顿咨询（BCG）认为：数字化领先企业的四大加速器之一就是"将人工智能作为数字化转型的核心"。

我们综合业界的经验和自身为客户提供数字化转型服务的多年经验，总结了能够适用大多数场景的转型愿景参考模型：企业大脑驱动企业运营模型。

企业大脑的说法由来已久，其最初来源已经很难考证了。比较正式的来源是2018年全国两会期间，由全国人大代表、浪潮集团董事长兼CEO孙丕恕提出：企业大脑，是基于人工智能、大数据等新IT技术的融合而构建的企业智能化开放创新平台，辅助智能决策和业务自动化，驱动业务系统的智能化升级，实现企业的个性化、定制化、精细化的生产和服务。

这个定义中的一个关键点是"辅助"，在当时充分认识到企业大脑重要性的同时，将其定位为辅助，这点符合当时和近期的实际情况。但如果考虑技术进步的速度和放眼更长的时间，我们认为企业大脑实现主动运营至少在一部分企业是可能的。

企业大脑包含的内容，业界有很多的解读。我们认为，企业大脑主要包括感知、决策和指挥控制三项主要能力，围绕这些能力所需的数据、算法和计算资源，都属于企业大脑的范畴。对于执行者和资源工具，则属于大脑范畴之外的内容，正如人体的四肢和消化系统，是大脑支配的对象，是生命体的重要组成部分，但并不属于大脑本身。从这个意义上说，我们更愿意将企业大脑的范围定义得小一些，而不是将其泛化到企业信息系统的范围。

企业大脑模型给出了两类愿景目标：一类是企业大脑主动运营型企业（人类干预较少，主要是企业大脑在决策指挥运营，比如高度智能化的生产制造企业），更接近于理想的终极目标；另一类企业大脑辅助运营型企业（人类干预较多，企业大脑的决策起辅助作用，比如金融、证券或某些特殊企业），这类可以是某些特定企业的最终目标，如图1-1所示。

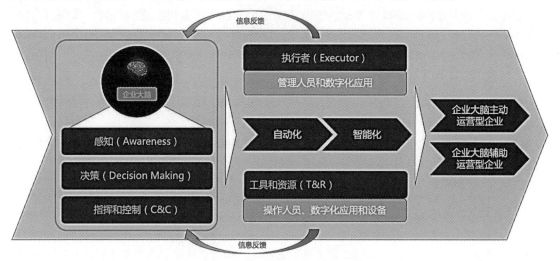

图 1-1　企业大脑驱动企业运营模型

如上图所示，数字化转型愿景参考模型分为三个部分：

（1）左侧部分是企业大脑，包括了感知（Awareness）、决策（Decision Making）和指挥和控制（Command & Control）三种主要的能力，这三种能力与高级生物大脑的能力相似。

（2）中间部分描述了大脑发出指令后的执行过程和信息反馈，企业大脑执行指令由执行者（Executor）去执行，执行者包括管理人员和企业的数字化应用/系统，执行的过程具有自动化和智能化的特征（如BPA或RPA），执行者会使用工具和资源（Tools & Resources），工具和资源可能是操作人员、数字化应用/系统和设备中的一种或几种。执行者、工具和资源都会有信息反馈给企业大脑（数据采集和感知），用于方案优化和持续改进。

（3）右侧部分是两种类型的愿景目标，即企业大脑主动运营型企业和企业大脑辅助运营型企业。

该模型为讨论企业数字化转型的愿景、策略、企业架构和技术路线提供了基准。

1.1.6　数字化转型起点：从数字化应用开始

"千里之行，始于足下"。数字化转型是一个漫长而艰巨的过程。再复杂的工程，也是由细小的任务有机叠加构成的，正是数字化应用构成了数字化转型的成果。

什么是数字化应用？和传统的IT系统有什么区别？为什么说数字化转型从数字化应用开始？

数字化应用和传统的IT系统在外在形式上并无很大区别，都是一个或多个功能组成的软件程序。内部或外部用户通过系统来完成特定的工作，比如生成报表或者下订单买东西。但从内在看，就有很大的区别：数字化应用的背后是全感知、全连接、全场景、全智能的世界，所以有人讲数字化也称作"数智化"，这并不是无聊的文字游戏，"数智化"更能生动地体现其特点。

举个简单的例子：使用以前的OA系统起草公文，就是按部就班的打开应用，点击编辑公文，保存，选择抄送列表，再提交。在数字化的场景下，可能是这样的：由于系统对大量的历史数据进行分析、建模，能够更智能地辅助公文的编写。点击编辑公文的时候，系统能够根据当前的大形势（如年底冲刺、安全生产月）和用户的特定身份（集团部门领导、分公司领导、一般员工），推荐特定的模板，并生成一些特定的框架和统计数据，比如截至本月底，销售额、市场占有率、利润率以及各部门任务完成情况等，能够更高效、准确地完成公文。也能够根据公文的属性，自动生成抄送列表，等等。这样的应用，不仅仅节省了起草时间，而且更高的价值在于公文中翔实、有价值的数据。

一般来说，新的数字化应用在企业大脑的辅助或驱动下，可以分为智能助手、社交助手和自动化工具等几类：

- 智能助手，就是我们前面例子中类似起草公文这样的场景，充分利用对数据的掌握和理解，辅助用户获取更多的加工数据和自动化生成部分工作框架或模板，提高效率，减少人为的差错。
- 社交助手，就是在传统即时通信工具的基础上，通过数据分析和智能支持，提高沟通的效率和针对性，比如某个项目工作群可以看到实施更新的项目指标数据，按照传统的方法，这些都是需要在开会前手工统计的。还比如系统会根据交流事项的特点，根据任务归属、组织架构，自动拉人建群（群主再审核一下即可快速建群），并规范命名，提供群里的机器人小助手等。
- 自动化工具是原有的 BPM、RPA 在企业大脑的加持下，更自动化、更智能、应用领域更广泛，全面提升自动化能力，最终实现企业大脑驱动企业运营的目的。

从上面的解读可以看出，数字化转型并不神秘，也不虚幻，而是具体到了日常运营和管理的点点滴滴，从具体的数字化应用出发，通过持续优化迭代，不断改进系统能力，把劳动力从烦琐的工作中解放出来，去从事更高价值的工作，把海量重复、需要精准数据的工作交给机器，让企业更智能，运营效率更高。

1.2 业务重塑——凤凰涅槃重生

企业数字化转型的本质：通过数字化手段进行全要素连接，支撑业务重塑，实现"研产供销服"各环节的敏捷化，全面提升体验。

2019年，Gartner 对全球最大规模的首席信息官调查显示：企业信息化建设发展分成工匠时代、工业化时代、数字化时代三个阶段，目前已进入数字化时代，其核心是数字驱动业务，强调"研产供销服"整个价值链的敏捷化。

2020年2月10日，微软股价创历史新高达到188.7美元，市值达到14352亿美元，重新超越苹果成为美国市值最高的公司。根据微软的发展可知，近些年微软已经由一个以出售软件授权为主的软件公司，发展为"智能云和智能边缘"世界领先的生产力和平台公司，其成功的关键在于数字化转型。微软数字化转型的核心方向是从客户、员工、运营以及产品、营销等方面进行全面的数字化、敏捷化。

制造业革新更是离不开数字化转型，各国围绕制造业都提出了相应的数字化战略，如工业4.0、中国制造2025。制造型企业数字化转型离不开"研产供销服"五大环节的革新，可以说制造业数字化转型的核心就是实现"研产供销服"产业链的数字化、敏捷化。例如，红领集团通过数字化转型实现了由客户需求直接驱动工厂的C2M商业模式，数字化转型过程中红领以客户服务为中心重新定义客户，利用互联网、物联网、大数据等技术转变业务模式，重新设计端到端业务流程，并通过组织架构的扁平化、流程化匹配业务流程；通过物联网、大数据、互联网等技术，建立人（客户、员工、量体师、供应商、服务商、加盟商）、事（订单、打版、裁剪、缝制、熨烫、配套、包装、物流配送等）、物（手机、手持扫码设备、RFID等）互联 互通的智能工厂，实现了数据驱动的智能工厂以及工业化手段个性化制造的飞跃；通过IT精益运营支撑敏捷化研发和个性化产品生产，满足客户个性化、差异化需求。红领所搭建的RCMTM西装定制平台将研发设计、生产制造、智能物流、客户服务等全价值链打通，实现了数字化，这已成为"红领模式"的核心竞争力。

从其他行业的经验来看，数字化转型是企业通过"研产供销服"各环节的数字化，实现大规模的个性化产品制造，即通过市场数字化手段与产品数字化手段，洞察客户需求，快速完成产品的定义与验证，缩短产品研发时间，减少试错成本；通过生产过程的数字化，实现制造的横向集成与纵向集成，提高个性化生产的能力，提高产品质量；通过供应链的数字化，建立完备、高效的物流与供应链体系，实现资源整合，提高效率，防止风险；通过营销的数字化，连接客户与企业，构建客户的全渠道触达，实现精准互动与交易，让营销资源的利用更加高效，推广成本更加降低；通过客户服务的数字化，优化内部服务能力，提升客户体验。

其他类型的企业，比如金融企业的数字化转型，同样应该从产品设计、产品生产、产品营销、渠道接触、产品运营等五个方面的数字化入手。

1.2.1 数字化研发：数据驱动的产品工厂，缩短产品研发时间

伴随着企业数字化转型的深入，未来企业业务的发展需要业务与IT融合得更加紧密，企业信息系统将加速转型升级以适应产品创新。传统的软件研发模式，基本上是一种串行工程，也即把软件的研发过程，拆分成业务方案、需求分析、架构设计、开发测试、产品发布等诸多环节，按照一个一个环节顺序进行，研发活动在不同科室、不同人员、不同项目以及环境之间顺序推进。这种传统的产品工厂研发非常缺乏多维度、高频化的交易场景，突出问题是效率低、成本高、周期长。随着客户的数字化移动习惯的形成，企业产品研发需要通过市场数字化明确客户需求与产品差异化，根据客户行为，寻找市场空白点，定义产品目标市场和核心竞争力，快速配置产品，减少试错成本，建立统一的产品视图和生命周期管理，这需要研发模式向可满足多维、高频、线上场景的数据驱动的产品工厂模式转变。数字化研发流程如图1-2所示。

（1）市场数字化。随着企业服务的场景化和生态化发展，客户与企业的连接已经不局限于门店或者线上网店进行产品的购买,企业的产品将更多地以服务的方式嵌入到各种应用场景中，用户可以随时、随地地使用企业服务。数字化的市场需要通过对市场方面的销售数据、市场数据、舆情数据、竞品数据进行数字化分析，准确把握市场发展趋势，根据市场需求及时调整产品定位、优化产品设计，使产品更快适应市场，更加具备市场竞争力。

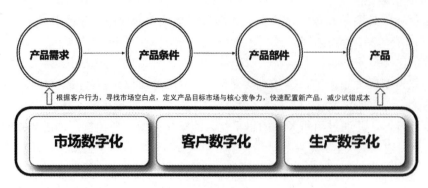

图 1-2　数字化研发

（2）客户数字化。未来，企业提供的服务需要在企业级客户信息管理系统和客户关系管理系统支持下，细分个人和公司客户，基于企业级客户视图和智能分析来洞察客户需求的变化；需要能够集成各类系统，并整合各类销售渠道和供应链环节，需要将跨业务条线和跨企业产品服务价值链的横向流程深度整合，并为不同类型的客户划分不同的渠道、营销方式、产品和服务价格等，从而进行数字化、智能化营销。

（3）生产数字化。在客户细分的基础上建立产品敏捷创新能力，这是未来企业的主要竞争方向，虽然各类细分客户对产品需求差异越来越大、变化越来越快，但核心的产品基本要素仍然一致，企业可以通过参数化、配置化的方式灵活改变产品的属性，支撑个性化产品定制和客户自主选择的差异化服务。这要求企业对核心产品和流程进行细分和标准化管理，从各个方面重新设计产品和流程，从而更快速、更准确地感知市场需求的变化，及时按照细分市场实施产品和服务的灵活组合、扩展。

市场数字化、客户数字化、生产数字化的产品研发就是要建立数据驱动的产品工厂。产品工厂实现的前提是形成统一的产品目录，为企业的产品研发提供唯一的产品视图，统一的产品目录可以提供标准化的可售产品，为产品管理提供基础。产品的参数化和组件化设计、细分产品目录是产品工厂的基础，通过提炼产品的各种条件、规则等信息，将其进行结构化管理和封装，才能实现产品创新和开发的敏捷化。动态的产品定价机制是实现产品个性化定制和差异化服务的基础，产品工厂可以提供标准化流程和成本计算以及全面的客户视图，产品工厂可以根据客户对产品的使用情况、需求偏好、忠诚度、产品依附关系等进行成本核算，然后及时准确地对产品或产品组合套餐进行定价，比如价格的上下浮动、量身定做的产品合约等。需求分析和功能设计是真正使用产品工厂进行产品管理和创新的前提，通过需求分析准确评估市场、客户需求，并将其转换成相应的产品功能，进而提供给具体的研发部门进行快速配置实现。产品的快速配置是产品创新的灵魂所在，需要能够在获取新的功能需求后，快速选择已有产品组件、参数进行新产品组合和配置。

毋庸置疑，数字驱动的产品工厂正在以前所未有的速度与力度改变着产品的创新方式，无论是产品受众、产品形态，还是产品推出渠道、推出速度都将发生巨大的变化。在数字化的产品工厂模式之下，企业所提供的产品将呈现出精细化发展趋势，面向不同供应商、不同客户、不同细分市场涌现出大批个性化产品。我们相信，随着技术的进步，产品工厂必将成为驱动产品创新的革命性模式，数据驱动的产品工厂将建立全新的产品创新生态，大幅缩短研发时间。

1.2.2 数字化生产：敏捷化的系统建设模式，个性化业务的批量化生产

当前，数字化技术正在从价值传递的交易环节渗透到价值创造的生产环节。在这一新的发展进程中，如何应对高度碎片化、个性化的需求，并对各种新的需求做出实时、精准、科学的响应，是未来需要解决的核心问题。在定制化生产体系的道路上，全球不同行业的企业都在进行探索，许多企业通过在内部进行数字化改造，实现生产的资源优化，以满足个性化需求，并取得了阶段性成果，成为业界发展的共识和方向。

随着数字技术对消费端的赋能，以及新生代人群对于产品功能、产品包装等求新求快的需求变化，应用的时间碎片化以及客户关注度的碎片化，都对企业软件的生产能力提出了更高的要求。客户需要即得感，这要求企业敏捷响应个性化需求、缩短产品研发周期、加快产品更新，以"周"或以"天"甚至以"小时"为单位快速实验和探索，在不断尝试中获得更加契合客户需求的软件。

企业的数字化生产需要企业采用技术手段，通过快速配置各种资源（包括技术、管理和人），以有效和协调的方式响应用户需求，实现系统的敏捷性。敏捷性是核心，它是企业在不断变化、不可预测的市场环境中善于应变的能力，是企业在市场中生存和领先能力的综合表现，具体表现在产品的需求、设计和开发、发布、运营上具有敏捷性。

下面以金融行业为例，阐述一下数字化生产的要素。

金融企业当前的IT平台架构主要是集中式架构、业务流程烦琐；在技术支撑方面，投入成本居高不下，处理速度慢，需求响应周期长。尤其对中小型金融机构，它们的业务系统、业务品类并不少于大型金融机构，业务复杂度与大型金融机构相似，科技队伍却远远无法与大型金融机构相比。另外，传统金融企业的IT建设对安全性、稳定性、监管等要求高，与个性化、快速响应的要求其实是存在矛盾的。用很多银行CIO的话说，"核心系统要稳定，但是应对客户那一端的科技要快速、可迭代、可复制。"这就要求务实而有效地进行科技创新。金融企业数字化生产如图1-3所示。

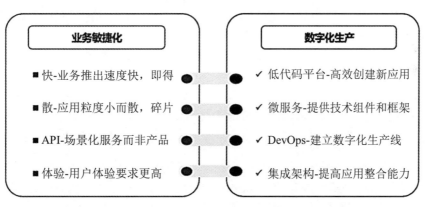

图1-3 数字化生产

金融企业的产品生产即IT系统的建设在业务品种和业务量爆炸式增长过程中，低代码平台、分布式微服务架构、DevOps、集成架构等敏捷化的系统建设模式，逐渐成为新型架构的必然选择。

1. 低代码，本质是一种类似"乐高积木"的理念

低代码平台将通用、可重复使用的代码形成组件化的模块，通过可视化的界面组装应用，从而在只写少量代码或不写代码的情况下搭建软件应用。通过将业务实施与代码开发分离，降低成本、提升效率、降低技术和人员门槛，这是低代码平台要解决的终极问题。

例如，兴业银行综合应用开发平台是基于该行多年平台建设和实施经验构建的低代码开发平台。通过可视化、在线化、配置化开发，大幅降低分支机构系统建设复杂度，提升开发效率，让分支机构在不增加科技人员的情况下，快速将业务需求落地成应用系统。为该行推进数字化建设，以创新驱动发展战略提供了强有力的技术支撑，有效地促进了该行业务转型。

2. 基于微服务架构建设分布式应用

微服务架构被认为是未来建设新一代分布式架构应用的方向，通过将应用和服务分解成更小的、松散耦合的组件，可以更加容易地升级和扩展，更加容易部署在云环境中。微服务架构拥有巨大优势，尤其是它让敏捷的开发和复杂的企业应用交付成为可能。

3. 基于 DevOps 工程效能平台落地敏捷交付

敏捷开发和DevOps都是一种理念，是为了更好更快地发布产品。敏捷与DevOps转型在银行业已成燎原之势，众多金融企业已经开始通过建立DevOps工程效能平台落地敏捷交付，研发运营的成熟度也成为衡量金融企业工程效能的重要指标，2018年，信通院发布了《研发运营一体化成熟度模型》，为敏捷与DevOps之火拾柴助威。

例如，九江银行利用DevOps工程效能平台的自动化部署，来提高部署效率和准确性，降低或完全替代人工操作，并将DevOps贯彻到需求、设计、研发、测试、发布、度量等软件生产的全生命周期。在新核心建设中，九江银行借助DevOps工程效能平台实现了一键式换"芯"，平台支撑了新核心和围绕新核心的数十套应用系统一键部署，包含近千条流水线定义，数千个流水线任务环节，上万次的构建和部署流水线任务执行。

1.2.3 数字化运营：集中化、自动化的交付，流程再造助力运营效率持续提升

目前多数行业已经进入存量竞争阶段，数字化运营的作用显得越来越重要。整体来看，数字化转型打破了客户的边界，对企业运营管理也产生了巨大影响，未来企业需要通过数字化能力，强化顶层设计，支撑新业态的商业模式；统筹流程管理，提高运营流程的定制化能力，确保运营流程的标准与高效，通过流程再造实现精益化、标准化的交付，通过流程挖掘与员工行为数字化等技术，持续为业务部门、职能部门、一线员工减负。数字化运营如图1-4所示。

（1）流程数字化。随着跨界融合的生态模式逐渐成熟，企业将逐步建立生态服务平台或与生态平台合作，借力生态资源，拓展获客渠道，这需要企业基于价值链打通业务流程。随着企业的产品和服务越来越场景化，企业需要挖掘场景，将产品融入场景，并提供全流程服务，同时也需要建立用户分层体系，细分用户需求，了解用户业务偏好与消费习惯，通过全流程的数字化整合、优化，有效提升业务各环节的转化和效率，提升用户价值和用户满意度，有效增强用户对产品的价值认同与依赖。

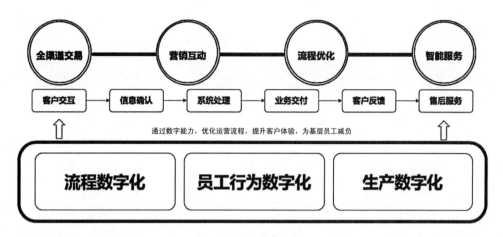

图 1-4　数字化运营

（2）员工行为的数字化。重塑客户旅程和渠道后，再通过将员工行为数字化提升流程运营效率。以银行为例，在开户过程中通过OCR+大数据和RPA技术结合，完成信息的调阅、核对、比照、监管报备、账户的生成，无人工干预的情况下自动开户；柜员印章电子化可以节省大量的工作量，也少了关门以后勾对的工作；利用线上渠道，结合远程视频服务，完成一些客户以及法人双录和真实意愿核实，增强客户体验的提升；通过OCR、RPA、大数据的结合，在授权中心利用流程机器人替换人工；集中作业应用OCR+人工智能，将凭证进行自动影像分类，自动识别证件和类别，通过类似的数字化技术为前台业务部门减负。

（3）生产的数字化。敏捷交付可用性、易用性、灵活性更好的产品，改善产品感官体验与交互体验，提升独立用户与全局用户的满意度、忠诚度。

下面以银行为例，描述一下生产的数字化带来的产品交付过程的变化。

银行信贷流程的进件环节，传统的信息交互依托于详细的纸质证明，申请一笔贷款，用户需要提交多项纸质证明材料，来证明"我是谁"以及"我的还款能力如何"，其实归根结底是银行运营缺乏数字化技术的支撑。利用数字化技术使用电子进件，在用户电子授权的基础上，通过调用多个合规数据源，运用数字化分析技术，即可毫秒级完成用户身份识别和实时信用评估，并通过多维数据刻画用户画像，提高风险控制精准度。海量数据的处理能力解决了让用户提供纸质资料自证信用的麻烦，全流程数字化运营在提升效率的同时，也进一步减少了资源消耗，使银行逐渐向"成本消耗低、运转效率高、发展速度快"转变。传统银行较多依靠人工审批，采用的是因果性决策方式，银行分析用户过往的征信记录、收入证明、房产证明等，判断其还款能力，然后才给用户授信放款，这种决策方式下，银行看重的是用户过往的财务和征信数据，而新型银行采用的是相关性决策方式，即通过把"好用户""坏用户"各类行为特征都录入到大数据智能风控系统，进行相关性分析得出具有普适性的结论，新的用户进来之后，和这样的结论进行比对，来判断其违约的概率。传统银行在人工审批阶段，会经历上门尽调核验、人工会审及决策等五项流程，通过对各类证明材料的研读、求证、判断，最终给出决策，耗时较长，其风险判断的标准主要依赖于常年累积出来的专家经验。而新型银行的风控则是利用机器学习模型进行智能决策。

1.2.4 数字化营销:场景驱动的智能营销,精准互动交易

营销环节是距离消费者最近的环节,也是数字化、智能化程度最高的环节。过去的消费者,对于企业来说是一个陌生的黑箱,即使拥有"会员体系",也难以实现与消费者的实时互动,难以与消费者共创价值。而在智能化、数字化的环境下,随着消费者数据的不断沉淀,消费者的概念也正在由"客户"变成"用户",并进一步地变成"产消合一"视角下的"价值共创者",在企业与用户的实时、持续互动中,智能化营销也已经越来越无所不在了。

企业在传统上习惯于按业务贡献区分高端客户和普通客户(2:8法则),但数字化时代打破了客户边界,可以通过数字化渠道触达所有客户群体(长尾法则)。在数字化时代,长尾客群需要更加精细化数字化的营销能力,数字化的渠道获客、精准的客户洞察、千人千面的营销、智能化的客户体验等。

基于数据智能和自动化的精准营销模式,将替代传统粗放的营销模式,以收获更多社会主力军和新生代客户。具备用户画像、数据标签、营销策略、决策引擎的开放式渠道的智能营销体系,可计划性与事件驱动,实时通过渠道协同实时联动,实现精准、高效、联动的场景驱动营销。并通过建设丰富的营销运营组件快速组合营销流程,实时监控营销成果并快速试错。数字化营销如图1-5所示。

图1-5 数字化营销

数字化营销的核心是基于庞大的客户行为数据,通过机器学习、客户画像、关联分析等举措,进行客户细分,划分不同群体。根据群体的属性制定差异化营销策略,推送定制化服务信息,从而达到"千人千面"的展示方式,以低成本促进营销转化率提升,从普众营销过渡到精准营销,演化为场景营销,最终实现智能营销。

如今,部分企业正在尝试将精益化营销手段应用于日常营销工作中,在客群定位、产品营销、渠道服务等领域做出了多项创新。在客群定位方面,使用大数据机器学习模型、客户画像、客户标签库等工具精准定位;在产品营销方面,采用数字化品牌营销与精准营销结合、线上渠道与线下渠道协同的方针,实施以客户为中心、主动出击的营销方案,同时对营销效果加以回收分析,形成营销闭环体系;在渠道服务方面,实行营销与服务线索的全渠道转介,打通企业内外服务渠道。

例如,上海银行利用机器学习和大数据分析等新技术手段,建立了批量获客模式,实施客户群体的分层管理。通过多维度客户数据,形成多样化的用户画像,预测客户行为,实现精

准营销。并借助新型交互设备等应用,结合非金融元素的引入,形成新型营销工具,使营销业务推广更加精准,打造了符合客户需求的特色化产品推广体系,实现定制化推荐和精准营销。目前上海银行已在网点试点手机银行扫码特惠购、自助售货体验、智慧健康体验等。

1.2.5 数字化渠道:全渠道协作无缝衔接,提升客户体验

互联网产品把人的存在提到了空前的高度,一切设计都围绕用户的实际情况和消费习惯展开,并通过行业间的跨界融合和由此衍生的口碑效应,在商家和消费者之间产生互动和黏性。这种人们在特定时间、特定地点发生的消费行为被称为消费的场景化升级。而企业传统的物理门店、网点本身存在一定的局限性,例如地理位置、营业窗口期、服务人员覆盖面等。相比而言,线上渠道可以提供无限触达能力、全时化服务、丰富的产品服务、良好的客户体验能力,但线上渠道是一种"冷冰冰"的方式,缺少所需要的温度。

数字化时代的客户体验是虚拟时空的交易与现实时空的交付,移动互联网带来时间碎片化的分割、大量信息的涌入,导致了人的行为与特定时间、特定地点存在了特定的关联关系。传统的信息化系统虽然具备企业官网、线下设备、门店、电话、手机App等多个渠道,但以往更强调业务可以在单一渠道上完成。而数字化转型过程中,客户与企业的互动过程产生了线上线下更多的触点,企业需要整合线上渠道、线下渠道和合作渠道,完善渠道协作体系与营销互动,提高渠道服务体验。良好的体验表现为客户不需要关注具体的接触渠道,而是可以通过多渠道的协作,无缝地完成业务。数字化渠道如图1-6所示。

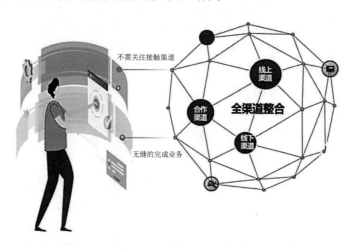

图1-6 数字化渠道

目前多数企业一般已经具备客户接触渠道,全渠道整合需要能够支持渠道应用完成如下工作:建立对客户和目标客户唯一/连续/整体的视图,更好地了解客户;结合客户与不同的渠道特征建立连贯的内容策略;在多种渠道之间引导客户的消费,与客户在正确的时间、地点、方式进行交互;可以从所有内部和外部来源(例如,CRM、购买数据、社交网络、移动应用)整合数据,为客户提供个性化的内容、服务与产品推荐;提供公共API,支持渠道应用实现统一的数字化体验,支持企业能够参加社交活动并进行交易;支持企业自身方便地增加新渠道,合作伙伴可以通过API建设自己的渠道,并融入企业的生态中。

从技术上看，客户体验能力需要从体验、流程和数据三个层面支持全渠道整合：创建统一的全渠道服务，需要在任何渠道上，都能够提供统一的数字化体验。这种数字化体验表现在网站、商业站点、社交媒体站点和移动应用程序上，甚至可以延伸到可穿戴设备、联网汽车、物联网设备以及任何用于客户参与的数字技术。这些数字渠道还需要与实体渠道（如商店、分支机构、经销商或销售人员）无缝集成。为提高统一的数字化体验，需要提供统一的身份核实、智能交互、业务受理、业务处理、信息与实物交付、用户反馈等能力。

企业的多个渠道，物理上是分离的，需要建立统一的客户服务流程，客户可以在任意环节上切换到最便利的渠道来继续服务，不管是什么渠道，在流程跨渠道时是一致的。BPM 技术可以用来链接断开的流程，客户在各种渠道体验（如网站、应用程序、聊天机器人、VPA）和终端设备（如桌面、智能手机、平板电脑、可穿戴设备、车辆和智能设备）中，需要保留流程或事务状态，以便在其他渠道进入后，能够很方便地继续操作，客户在服务过程中得到的信息和服务是透明的、一致的。从数据层面进行客户体验的整合，重点是建立单一的客户视图，支持个性化的营销。客户在不同的生命周期中，通过不同渠道会产生各类数据：人口/家庭特征、社交媒体数据、交易数据、行为数据，这些数据包括结构化、半结构化、非结构化数据。企业内部其他系统也会产生相应的数据，例如 CRM 系统的客户分级、营销推介系统产生的产品推荐，同时企业外部的数据源也可以得到需要的数据。全渠道整合需要提供这些异构数据源数据的有机组合，通过数据清洗/过滤、建立数据关联、实时分析等手段，形成单一的客户视图，并为各渠道应用建立有效的产品推荐、交叉销售，实现客户的留存。全渠道整合需要统一管理对客户的内容策略，在正确的时间、地点，利用正确的渠道将合适的内容推荐给客户。

总之，企业数字化转型涉及产业、生态、商业环境下管理的变革，思维、创新、商业模式决定着每个企业的数字化转型之路，企业最终都会通过数据驱动的产品工厂、敏捷的系统建设模式、集中化自动化的交付、场景驱动的智能营销和全渠道协作无缝整合走向数字化。企业数字化转型是将数字化技术应用到企业内部的管理领域和外部变化的商业环境中，改善产业生态链上的员工、客户、渠道分销商、合作伙伴、供应商等的商业关系，从而对业务价值链产生决定性的改变，企业数字化转型需要持续不断地变革，探索适合自身的数字化转型策略。

1.3 企业架构重塑——转型路上升级发动机

企业架构（Enterprise Architecture）是记录企业内所有信息系统、它们的相互关系以及它们如何完成企业使命的蓝图。

企业架构是支撑数字化转型的基础，没有匹配的企业架构，数字化转型会阻力重重，成本巨大。数字化转型的本质是技术对业务的重塑，为了达到重塑的目标，就需要企业具备数字化的核心能力，而企业架构就是技术实现与业务模式之间的桥梁。

传统企业的架构面对数字化转型时，会有种种的不适应，如烟囱化系统、数据孤岛以及各种能力缺失、系统紧耦合，等等。企业架构重塑，已经成为数字化转型首要解决的问题。

1.3.1 技术融合场景，体验创新

以客户为中心打造场景化、个性化、差异化的产品和服务体系正在成为各企业探索的热点，伴随着科技的进步，以 ABCDMI 等（人工智能、区块链、云计算、大数据、移动互联、物联网等）为核心的技术飞速发展，以移动技术为代表的"随时随地、碎片化、多场景"，给客户带来更加便捷地获取信息和享受服务的便利，助力企业重塑业务流程，甚至变革商业模式。目前，很多企业已经通过体验创新显著地提升了业务效率，改善了客户的体验。

（1）全渠道整合，数字化客户体验

从用户体验出发重构业务流程、实现业务创新，把用户细分，然后分析每一种用户场景以及用户在该场景下的体验需求，再优化用户流程。同时优化客户体验UI，完善客户交互。以银行业为例，中国银行的金融移动门户，就是通过移动门户打通线上线下业务流程、跨端提供200多项银行主要金融服务；建行也建立了移动门户，打造便捷的线上线下操作环境，实现不同终端、不同浏览器、不同应用的一致体验；浦发银行推进的SPDB+u的核心也是打通渠道、线上线下无差异化服务；兴业银行提出的全家桶一站式综合金融服务也是移动门户，对客户而言，原来需要下载打开一个一个点App应用，现在通过一个门户、一次呈现、一致体验。

（2）业务流程重构，数字化客户运营

通过大数据、AI、机器学习等技术，建立客户的精准画像、智能营销、智能风控体系，实现千人千面的功能、个性化的服务、精准的营销推荐、智能化精细化运营、实时防范线上业务风险。

示例：银行营销和风控体系

部分银行开始借助科技变革传统的营销和风控体系，营销方面，应用大数据、人工智能、生物识别、区块链等技术，提升营销的智能化和人性化，改善客户体验。风控方面，应用大数据等技术在信用风险检测、反欺诈管理和合规监管等操作风险和市场风险防范中已经广泛应用。科技在银行对公业务领域应用的核心是智能风控，银行传统风控注重抵押物，为了服务小微企业，银行业需要采取智能风控技术，精准识别小微企业的需求、意愿和能力，提高风险识别能力，同时也需要借助信息技术提高自动化程度，降低服务成本。随着区块链、人工智能技术的逐渐成熟，智能风控将贯穿于信贷业务的贷前、贷中、贷后全流程管理之中，智能风控在对公业务中的应用逐渐增多。

（3）技术融合场景，数字化产品创新

以金融行业为例。以人脸识别、语音识别为代表的智能化服务技术，将赋能传统金融产品创新，围绕客户在各类生产生活场景中的需求，引入场景化应用服务，提升对客户的服务黏性，打造"生活+金融"的场景金融服务。建立银行通用的产品工厂、资产管理等平台化能力，实现快速产品创新、业务创新，面对热点业务和事件可以按天/周频度实现产品上线。比如，基于人脸识别的远程开户、声纹支付等，有效提升产品客户体验和市场竞争力。

示例：交通银行信用卡中心"买单吧"

交通银行信用卡中心 2016 年推出了"买单吧"App，并逐步成为交行场景式应用的移动端体验入口，同时，通过卡中心大运营平台的建设，打通网上银行、App、微信、客户、催收等不同客

户接触渠道，为用户提供一致性的体验。这个过程中，除了理财、贷款、支付等传统的"卡生活"，更重要的是涵盖了商城、餐饮、充值、生活缴费、电影五大生活场景，并不断引入外部合作伙伴，比如饿了么、易果生鲜等细分行业巨头以拓展场景，这不仅满足了用户的日常生活消费需求，还弥补了信用卡类 App 打开频率低的缺陷，提高了自身 App 的打开频次。利用全场景营销，交通银行信用卡给消费者提供了一个全链路的立体化体验和感受，在活跃度和黏性上都得到了极大体现。"买单吧"App 服务的绑卡客户数量持续增长，获客速度引人瞩目。上线半年后即吸引 1000 万绑卡客户，约 1 年时服务的绑卡客户达 2000 万，1 年半时服务的绑卡客户超 3000 万；至 2 周年前夕，服务的绑卡客户数已逾 4000 万。可以看到，交通银行信用卡从思路上利用数字化转型的机会，通过"买单吧"App 与大运营平台的建设，形成了企业的客户体验基础设施，在传统金融服务中加入场景化、科技化、全渠道的功能，同时还兼具传统银行的安全背书，自然受到用户的喜爱。

1.3.2 技术架构升级，科技创新

传统企业的 IT 平台架构主要是集中式架构、业务流程烦琐，在技术支撑方面，投入成本居高不下，处理速度慢，需求响应周期长，且核心技术掌握在少数国外厂商手中。分布式架构的灵活性、扩展性、低成本等特性，决定了企业在业务品种和业务量爆炸式增长过程中会成为新型业务架构的必然选择。

（1）分布式微服务的架构。从系统设计架构角度看，数字化的分布式架构平台以模块化+服务化的方式应对组织和业务规模飞速增长；建立分布式微服务架构下的分布式事务和服务治理，以微服务的方式实现拆分与组合，以应对容量问题；以高性能分布式事务能力，保证事务中数据的强一致性问题。

（2）DevOps，数字化IT生产线。企业随着业务不断发展，业务部门对科技的需求在不断加快，产品上线发布周期逐步缩短，依靠人工方式难以满足业务部门快速交付的需要。DevOps是一个完整的面向IT生产线的工作过程，以IT自动化以及持续集成（CI）、持续部署（CD）为基础，建立应用开发、测试、发布等所有环节的流水线。DevOps 可将企业软件产品交付过程中IT工具链打通，使得各个团队减少时间损耗，更加高效地协同工作。DevOps通过软件开发人员和运维人员的沟通合作，通过自动化流程来使得软件构建、测试、发布更加快捷、频繁和可靠。

示例：九江银行持续集成与项目群一键投产项目

九江银行 2018 年新核心的建设中，近百个系统需要同步进行升级改造，由于系统的承建团队能力差异、标准不一，对于整个科技团队面临着前所未有的协作压力。如何简便、清晰地区分项目维度与系统维度的交叉？如何做好多项目并行、投产时间不一致的版本管理？如何在测试管理阶段做到既实用又满足监管要求？这些都是现阶段迫切需要解决的问题。九江银行通过 DevOps 开发运维一体化平台的建设，制定了标准的研发运维过程，并通过平台工具将标准落地，最终提供从需求到上线的全生命周期支撑能力，从全生命周期的项目管理，到持续集成，到近百个系统的一键投产，再到基于数据的精益度量。

1.3.3 探索业务开放,生态创新

用户的消费行为已经从产品消费、服务消费进入了场景化消费时代,企业和客户的交互逐渐地从店面、网站、电话或手机App转向随时随地的消费。对于企业来说,提供的核心价值依然是原有的产品和服务,但通过建立生态服务平台,可以将原本有点冷冰冰的服务融入用户的生活场景中,让用户有更好的体验。如何充分发挥企业自身的优势,以更加开放的形式,来提供更佳的数字化生态服务,这已经成为企业数字化转型的方向。很多企业正通过开放生态平台与合作伙伴深度结合,提供B2B2C甚至是B4B4C的联合服务,将企业的产品嵌入消费场景之中,来提供更加吸引客户、接地气、提高客户黏性的生活服务。

示例:浦发银行 API 银行

浦发银行率先提出了 API 银行的理念,其 API 开放平台以 API 架构驱动全新银行业务和服务模式,即以开放、共享、高效、直达的 API 为承载媒介,将多种能力输出,嵌入到各个合作伙伴的平台和业务流程中,实现以客户为中心、场景为切入,进行产品和服务快速创新,带来了全新的服务体验。与上海国际贸易单一窗口快速对接,将金融服务嵌入单一窗口平台,为贸易企业提供在线付汇、购汇、申报等服务,不仅提高了企业开展跨境贸易的效率,也帮助政府部门实施对进出口业务的全链路跟踪管理。

1.3.4 加大科技投入,组织创新

在科创领域,企业研发占营收的比例一直是判断企业研发投入最重要的标准之一。2021年,全球研发投入最多的5家科技公司分别是亚马逊、谷歌、三星、华为和微软;而从研发投入占比上来看,谷歌、华为、微软分别高达 16%、14%、13%,位列前三。在企业数字化转型提速的当下,这同样也是衡量一家银行"科技力"的重要指标。

下面以银行业为例,探讨各银行如何以加大科技投入及组织创新,应对数字化转型的挑战。

1. 银行科技投入大规模增加,加快推进银行转型升级

中国银行业协会曾发布过一份行业调研报告,披露了多家银行在金融科技方面的投入。从数据来看,上榜银行2018年的金融科技投入从此前普遍占总营收的1%升至2%。对比2018年上市银行财报,尽管仅有少数几家银行披露了研发和科技投入的规模,但都在上述调研结果的区间内。2019年,不少银行将这一比例提升到了3%以上。例如,招行就在公告中明确表示,2019年研发和科技投入将提升到集团营收的3.5%;邮储银行董事长张金良也在近日表示,每年将拿出营业收入的3%左右投入到信息科技领域。

相比国有大行、股份行等,新兴的民营银行、互联网银行由于从基础架构(建立在云上)、到展业渠道(以线上为主),再到运营流程(以机器为主)等差异,对于研发和科技的投入和维护花费普遍更高。对于金融企业而言,加大科技金融的投入力度,加快数字化转型的速度已势在必行,科技力成为决胜未来的关键。金融科技战略描述已成为银行年报标配。诸如,工行提出要"科技立行";建行将"住房租赁、普惠金融、金融科技"定位为该行发展的三大战略;

兴业银行始终坚持"科技兴行"的治行方略;平安银行将"科技引领"作为全行首要发展战略方针。

2. 组织创新,加快布局金融科技

由于未来银行变革的力量将来自金融科技,银行纷纷成立科技子公司或建立敏捷的组织以支撑金融科技战略。在金融科技子公司的设立方面,大行和部分股份行由于科技部门的规模大实力强,也成为行业的领跑者。目前,各银行加大科技投入进行组织创新的方式可以分为两类。

(1) 第一类是成立科技子公司独立运营。自2015年12月兴业银行设立兴业数金起,12家全国股份制商业银行中,已有6家银行成立金融科技公司,分别为平安银行(平安科技、平安壹账通)、兴业银行(兴业数金)、光大银行(光大科技)、民生银行(民生科技)、招商银行(招银云创)、华夏银行(龙盈智达),注册资本分别为(29.25亿元、12亿元)、5亿元、2亿元、2亿元、0.5亿元、0.21亿元。其目的主要是将 IT 部门独立运营,为内部金融业务提供科技服务或实现金融科技解决方案输出。例如,光大科技的主要职能就是孵化光大银行的新产品、新服务、新模式、新业态,努力提升集团整体信息科技水平;建信金科是国有大行设立的首家金融科技子公司,成立之初的近3000名员工是由建行总行直属的七个开发中心和一个研发中心的IT部门直接划转而来;兴业数金科技输出签约银行已达到 311 家,连接了4.36万个银行网点,服务客群涵盖中小银行、非银机构、政府与公共服务机构、产业互联网参与者。

(2) 第二类是建立敏捷的科技团队以实现组织创新。部分股份制银行和城商行虽没有成立独立的金融科技子公司,但同样加大了科技投入,通过建立敏捷的科技团队逐步向敏捷银行转型,很多银行克服了自身长期以来形成的部门边界,打破了条块分割的机制。比如,建立项目制,设定权责利对等的授权和激励约束机制并给予中后台更多资源,采用动态调配资源的方式建立敏捷项目团队,任务结束则解散归队而非固化(如前台业务部门要求有对齐的团队,可按实际要求组建临时专业化需求团队,但并非是固化的组织),逐步打造敏捷组织;同时,组建产品、需求、架构等各专项团队,并根据需要招聘具备复合型人才技能的高级岗位,推动敏捷银行转型。

第 2 章
架构重塑的核心是数字中台

2.1 建设企业大脑——实现企业主动运营

在第1章中,我们提到企业数字化转型愿景是打造企业大脑主动运营或辅助运营的企业,企业大脑是企业数字化转型中形成的重要企业智能资产。

回顾过去,信息化时代的核心是互联网,进行信息连接是主要的特征;数字化时代的核心是人工智能,特征是通过全要素(物理、数字等)的连接,用数字来驱动整个世界的变革。对于企业来说,通过企业大脑实现企业主动运营,减少人工干预,使用极优化的方案运营,就是数字驱动企业的终极愿景,也是企业数字化运营的终极目标。

2.1.1 企业大脑——主动运营型企业的指挥中枢

关于企业大脑,业界有不同的观点,但有一点是共同的,企业大脑对于未来企业运营不可或缺。

我们认为企业大脑是企业级算法、流程、知识、AI能力、AI资源以及决策分析能力的集合,承载在数字中台之上,主动/辅助智能决策和业务自动化,实现企业的个性化、定制化、精细化的生产和服务。企业大脑是企业运营的指挥中枢。

图2-1是企业大脑主动/辅助运营企业的示意图,从整个图来看,这是一个闭环的生产过程。企业大脑包括了算法、流程、知识图谱和业务洞察等关键组件和能力。我们以战略作为起点,从战略到各类指标分解、指导生产、信息收集、企业大脑处理、再到优化战略,形成一个完整的闭环。

在图中所示的闭环中,通过目标和结果数据的不断迭代,运营方案持续优化,企业运营的结果也逐渐逼近最优结果。

工业4.0中提出的黑灯工厂以及一些类似无人港口、无人仓库等,可以认为是主动运营型企业的雏形,高度智能化和自动化的京东物流就是一个典型的例子。近期出现的类似"便利蜂"超市这种高度依赖系统决策分析,人工以执行系统决策为主的企业运营模式,更接近主动运营型企业,企业大脑发挥的作用更大,自动化程度更高,可机械复制的程度越高,更能够解决人力资源不足/人工成本居高不下的情况下大规模、高效率生产的问题。

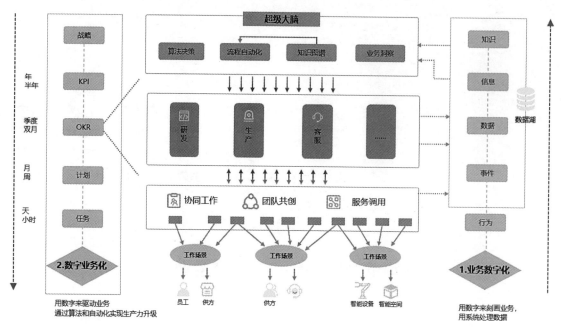

图 2-1 企业大脑运行图

2.1.2 企业架构与中台——企业大脑的顶层设计

在规划设计企业大脑之前,我们首先要明确企业架构、企业大脑和数字化中台的关系。

1. 企业架构(Enterprise Architecture,EA)

从1987年的Zachman Framework开始,企业架构发展了三十余年,有很多专家与组织都试图对企业架构的内涵进行定义,国际上的企业框架组织很多,影响力比较大的有Zachman架构框架、联邦总体架构框架(FEAF/CIO协会框架)、欧共体总体框架(TOGAF)等。

- Zachman:企业架构是构成组织的所有关键元素和关系的综合描述。企业架构框架(EAF)是一个描述企业架构方法的蓝图。
- Clinger—Cohen法案:企业架构是一个集成的框架用于演进或维护存在的信息技术和引入新的信息技术来实现组织的战略目标和信息资源管理目标。
- The OPEN GROUP:企业架构是关于理解所有构成企业的不同企业元素,以及这些元素怎样相互关联。
- Gartner Group:企业架构是通过创建、沟通和提高用以描述企业未来状态和发展的关键原则来把商业远景和战略转化成有效的企业变更的过程。

业务运营模型的概念对决定组织内企业架构的范围和本质十分有用。大型公司和政府部门可以由多个企业组成,并且可以开发及维护一些独立的企业架构来应对每一个企业的运营。但是,这些企业的信息系统经常存在许多共同之处,因此,使用一个共同的架构框架通常会有大的潜在收获。例如,一个共同的框架能提供架构库作为开发基础,提供可重用模型、设计以及基线数据。

企业架构如同战略规划,可以辅助企业完成业务及IT战略规划。在业务战略方面,可使用

TOGAF及其架构开发方法（Architecture Development Method，ADM）来定义企业的愿景/使命、目标/目的/驱动力、组织架构、职能和角色。在IT战略方面，TOGAF及ADM详细描述了如何定义业务架构、数据架构、应用架构和技术架构，是IT战略规划的最佳实践的指引。企业架构是承接企业业务战略与IT战略之间的桥梁与标准接口，是企业信息化规划的核心。

简单来说，企业架构包括业务架构、数据架构、应用架构和技术架构四个主要组成部分。

2. 企业大脑（Enterprise Brain，EB）

企业大脑是基于人工智能、大数据等新IT技术的融合而构建的企业智能化开放创新平台，辅助智能决策和业务自动化，驱动业务系统的智能化升级，实现企业的个性化、定制化、精细化的生产和服务。

这个定义中的一个关键点是"辅助"，在当时充分认识到企业大脑重要性的同时，将其定位为辅助，这一点符合当时和近期的实际情况。但如果考虑技术进步的速度和放眼更长的时间，我们认为企业大脑实现主动运营至少在一部分企业是可能的。

企业大脑包含的内容，业界有很多的解读。我们认为，企业大脑主要包括感知、决策和指挥控制三项主要能力，围绕这些能力所需的数据、算法和计算资源，都属于企业大脑的范畴。对于执行者和资源工具，则属于大脑范畴之外的内容，正如人体的四肢和消化系统，是大脑支配的对象，是生命体的重要组成部分，但并不属于大脑本身。从这个意义上说，我们更愿意将企业大脑的范围定义得小一些，而不是将其泛化到企业信息系统的范围。

3. 企业中台（Enterprise Middle Desk，EMD）

企业中台最近几年才形成的一个概念，目前仍然处于快速发展的阶段，后面的章节会对其起源做简要介绍。这里我们用描述性的语言阐述中台："小前台大中台"的运营模式，就是美军的"特种部队（小前台）航母战斗群（大中台）"的组织结构方式，以促进管理更加扁平化。十几人甚至几人组成的特种部队在战场一线，可以根据战场实际情况迅速决策，并引导精准打击，精准打击的导弹往往是从航母战斗群发射，提供强大的火力支援。能够实现这样的作战能力，得益于作战中台（航母战斗群）的支撑，如果中台没有办法承接前线的需求，前线就会不认可它服务的价值。

企业中台对于前台（数字化应用）起到的就是上述作用。

在对企业架构、企业大脑和企业中台有基本的介绍之后，我们从阐述三者关系的架构着手，谈谈企业大脑的顶层设计，如图2-2所示，下面以主动运营型企业为例来介绍。

首先，企业大脑是主动运营型企业的核心要素。企业大脑负责感知企业运营态势，根据内外部环境做出决策，并形成指挥和控制指令，通过执行者、资源和工具实施。在一些场景下，企业大脑能够自主运营车间、港口、仓库以及超市等。

企业架构是对企业整个信息系统进行描述的一种方法，将企业架构分成四个部分，便于更进一步分解，能够指导设计数据模型、应用系统以及制订技术方案等。企业大脑包含在企业架构中，只是企业架构的特定元素，企业大脑的出现，并不会在很大程度上改变企业架构。

企业中台是一种具体的实现方式，中台架构比企业架构要低一个层次，是企业架构之下的内容，中台架构更像是一种设计模式，并不会对企业架构的整体定义带来影响。

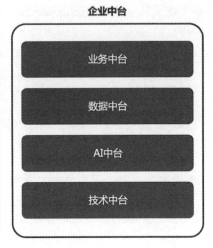

图 2-2　企业大脑顶层设计

至于企业中台的种类划分，不同规模和业务特点的企业会有不同的划分方法。这里按照比较通用的企业类型，划分为业务中台、数据中台、AI中台和技术中台四个主要部分，也有一些企业会从AI中台再分出知识中台（知识图谱）等。

2.2　以数字化中台构成企业大脑的物理载体

在国资委的《关于加快推进国有企业数字化转型工作的通知》中明确了数字化转型的四个基础，分述如下。

1. 建设基础数字技术平台

运用5G、云计算、区块链、人工智能、数字孪生、北斗通信等新一代信息技术，探索构建适应企业业务特点和发展需求的"数据中台""业务中台"等新型IT架构模式，建设敏捷、高效、可重用的新一代数字技术基础设施，加快形成集团级数字技术赋能平台，提升核心架构自主研发水平，为业务数字化创新提供高效数据及一体化服务支撑。加快企业内网建设，稳妥推动内网与互联网的互联互通。优化数据中心布局，提升服务能力，加快企业上云步伐。

2. 建立系统化管理体系

应用两化融合管理体系标准（GB/T 23000系列），加快建立数字化转型闭环管理机制，以两化融合管理体系促进企业形成并完善数字化转型战略架构。积极推进数字化转型管理工作与质量管理、信息安全、职业健康管理等体系的融合应用。建立数字化转型诊断对标工作机制，定期开展诊断对标，持续提升新一代信息技术与企业业务融合发展水平。

3. 构建数据治理体系

加快集团数据治理体系建设，明确数据治理归口管理部门，加强数据标准化、元数据和主数据管理工作，定期评估数据治理能力成熟度。加强生产现场、服务过程等数据动态采集，建立覆盖全业务链条的数据采集、传输和汇聚体系。加快大数据平台建设，创新数据融合分析与共享交换机制。强化业务场景数据建模，深入挖掘数据价值，提升数据洞察能力。

4. 提升安全防护水平

建设态势感知平台，加强平台、系统、数据等安全管理。使用安全可靠的设备设施、工具软件、信息系统和服务平台，提升本质安全。建设漏洞库、病毒库、威胁信息库等网络安全基础资源库，加强安全资源储备。搭建测试验证环境，强化安全检测评估，开展攻防演练，加快培养专业人才队伍。

数字化转型涉及的技术、资源种类繁多，在使用和管理过程中会遇到诸多问题，典型的是能力重用、资源共享、高端人员短缺以及安全可控的问题。

在之前讨论企业架构的基础上，借鉴近年来企业数字数字化转型的成功实践，可以看出，数字化中台是企业数字化转型过程中企业架构的优选模式。基于中台架构，能够实现技术、资源的服用和统一管控，即可以充分发挥资源和技术能力的效率，又能保证安全、合规和统一，实现数字化体系可管可控的目的。

后续章节我们将展开讨论如何建设数字化转型必需的主要平台。

2.2.1 中台概念：为前台而生

1. 中台概念的起源

中台最早是由阿里在 2015 年提出的"大中台，小前台"战略中延伸出来的概念。时任阿里巴巴集团CEO的张勇说："作为前台的一线业务会更敏捷，更快速适应瞬息万变的市场；中台将集合整个集团的运营数据能力、产品技术能力，对各前台业务形成强力支撑。" 华为提出了"让听得到炮声的人能呼唤到炮火"，这句话形象地诠释了"大中台、小前台"的战略意义。

中台的灵感来源于芬兰一家仅有300名员工的小公司——Supercel，这家公司接连推出多个爆款游戏而成为全球最会赚钱的明星游戏公司。正是这个看似很小的公司开创了中台的"玩法"，并将其运用到了极致。Supercel 建立了共享的技术平台，每个小的研发团队都不用担心基础的技术支撑问题，通过技术能力的重用，支撑了众多小团队敏捷地进行游戏研发。

2015年阿里提出企业中台，其开始倡导的"数据+业务双中台"，经过5年的建设，不但大幅提升了各生态圈的建设速度，也降低了大规模协作的成本损耗。"中台"也被视作字节跳动能成为"App工厂"的基础，技术出身的张一鸣，创立今日头条时就融入了中台架构。字节跳动搭建了"直播中台"，将三个产品的直播技术和运营团队抽出和合并，来支撑它旗下的所有直播业务。腾讯在2019年5月的入局，宣布将进一步开放数据中台和技术中台，更是将这一波"中台崇拜"推进至高潮。

2021阿里云峰会上，阿里云智能总裁张建锋表示2021年有四个词很关键，也可以概括今年阿里云的发展方向，即为：做深基础、做厚中台、做强生态、做好服务。"中台包括中间件、数据库、操作系统、大数据平台等,中台是未来的"云"能不能得到进一步快速发展的核心"。这次峰会再次突出了中台的重要地位。

2. 中台到底是什么

目前对中台普遍的定义是：中台是企业级能力重用平台。中台的关键是共享、联通、融合和创新。联通是前台以及中台之间的联通，融合是前台流程和数据的融合，并以共享的方式支持前端一线业务的发展和创新。中台首先体现的是一种企业级的能力，它提供的是一套企业级的整体解决方案，解决业务域、全行甚至是生态的能力共享、联通和融合问题，支持业务和商业模式创新。通过联通和数据融合，为用户提供一致的体验，更敏捷地支撑前台一线业务。所谓"中台"，其实是为前台而生的平台，它存在的唯一目的就是更好地服务前台规模化创新，进而更好地服务用户，使企业真正做到自身能力与用户需求的持续对接。

3. 中台的划分

中台通常可以分为业务层面、数据层面、AI层面和技术底层四个层面，中台架构也通常分为业务中台、数据中台、AI中台和技术中台。

- 业务中台：负责沉淀业务能力中心，将用户、账户、产品、支付等基础服务能力通过组件接口的方式输出给各类应用。
- 数据中台：全领域数据的共享能力中心，可提供数据采集、数据模型、数据计算、数据治理、数据资产、数据服务等全链路的一站式产品、技术、方法论服务。
- AI 中台：全领域 AI 的共享能力与资源中心，提供建模、AI 能力、AI 框架、计算资源以及 AI 管控。
- 技术中台：是业务中台与数据中台的底层支撑，这些底层技术包括：安全认证、权限管理、流程引擎、门户、消息、通知，等等。这些组件通常与业务关联度不大，属于每个应用都需要使用的功能。

2.2.2 中台架构：IT 架构发展的必然

中台架构是企业IT架构的一种形式，回顾软件应用及技术的发展，软件架构演进经历了单体架构、SOA架构、分布式微服务架构几个阶段的发展。单体架构把应用整体打包部署，随着功能的增多，系统越来越庞大、越来越复杂，导致升级、研发、发布、定位问题以及扩展升级变得越来越困难。于是，企业开始通过SOA架构来解决这些问题，基于SOA的架构思想将重复公用的功能抽取为组件，将应用程序的功能作为服务发送给最终用户或者其他服务。但和单体架构类似，SOA架构下每个系统仍然都是高内聚的，服务的粒度过大，系统与服务之间耦合性仍然较高，随着业务功能的增多，SOA的服务会变得越来越复杂，系统与服务的界限模糊，不利于开发及维护。为适应海量客户、海量交易数据和快速业务响应能力等互联网业务的特点，以云计算、敏捷开发模式为基础的微服务架构逐渐成为业界的主流。各大银行先后开始搭建"大平台、微服务"的基础平台，进行企业软件资产积累、沉淀和重用，提升IT的敏捷性、灵活性和可靠性。

1. 传统 IT 架构已无法支撑新业态的发展

IT技术正在成为很多企业的核心竞争力。随着消费场景的碎片化，大到买房、买车，小到装修、旅游、育儿，在场景消费的背后，企业传统的IT架构支撑显得越来越力不从心。以银行为例,在场景化时代,银行在清结算时,系统要支持目前复杂的业务场景,能灵活地配置对不同分润方的清结算规则,包括不同的分润方有不同的结算周期和支付手续费率、支付时分账的需求、组合支付、支付中营销活动的支持(代金券、积分、红包)等。除了满足用户支付需求,还应满足商户在不同业务场景下,收款结算的要求;银行需要提供丰富的支付渠道以满足更多用户的需求,从而提升使用时的体验、留住更多的用户,因此,支付清结算系统应当实现网银接入、银企直连、快捷支付、第三方支付乃至是对公对私接口等,同时系统还要具备一定的可拓展性,实现高效管理,便于一段时间以后在不影响老渠道的情况下快速接入新的支付渠道,以满足新的需求;支付清结算时还需要自由切换渠道,自动选择费率或者速度最优渠道。例如,在用户使用某银行的银行卡支付之后,系统可以自动选择同行转账渠道实现最低费率。另外,也需要根据不同渠道设置权重优先级,并针对出款银行不可用的情形,能够重新路由到可用渠道完成出款。

2. 传统"竖井式"IT架构过于复杂,难以支撑敏捷创新

企业经过多年的信息化建设,已经建立了大量的竖井式应用,带来了IT的复杂性的问题。IT的复杂性的一个表现是应用"过载",企业需要面对纷繁复杂的应用,很多企业内部员工的工作应用以及对外提供服务的应用数量会达到数百个,这些应用运行在不同的架构、不同的操作系统上面。随着企业布局数字化生态,以创新客户体验为核心,创新商业模式、实现数字化营销与资产创新、重塑业务流程、打造生态圈都离不开IT系统的支撑,但IT的复杂性难以支撑业务的敏捷创新,如图2-3所示。

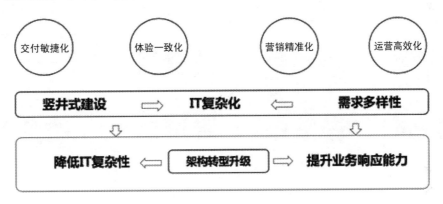

图2-3 IT的复杂性难以支撑业务敏捷创新

企业需要通过IT架构的转型升级,降低IT的复杂性,提升敏捷响应业务的能力。

3. 前台灵活、后台稳定"匹配失衡",矛盾越来越多

随着信息化的建设,企业的信息化系统逐渐分化为以价值链关系来区分的前台、后台。所谓前台就是以客户为中心,面向客户需求,为客户提供适合的产品和服务,直接创造价值的前台是企业与最终客户的交点,以银行为例,客户使用电子银行、手机银行等获取信息、获得客户服务、申请服务、下订单和交易等都是前台,前台强调的是响应敏捷和不断创新。后台主要面向内部人员,以提供管理和决策服务为主,间接创造价值的后台是实施企业管控决策的支点,例如,银行的核心银行系统负责银行经营相关的会计结算、账务处理等,就属于后台的范

畴，后台强调的是成本可控和运营规范。这种前、后台关系实现了企业对价值创造的有效分工协作，但随着数字化革命把快速用户响应和个性化创新作为企业竞争的核心，前台好比是多个"小直径、高转速"的齿轮，需要灵活以支撑用户的个性化、定制化、差异化需求，而后台就好比一个"大直径、慢转速"的齿轮，需要稳定、有序。这种"前台+后台"的齿轮速率"匹配失衡"问题就越发明显，脱节与失配问题导致冲突越来越大，如图2-4所示。

图 2-4　前台与后台的冲突

中台其本质是企业 IT 架构的一种形式，是 IT 架构发展的必然，其根本是为了降低 IT 复杂化、解决业务响应力困境及支撑新业态发展，弥补创新驱动快速变化的前台和稳定可靠驱动变化周期较慢的后台之间的矛盾。和传统IT架构的核心区别在于其更加贴合业务架构，是企业 IT 战略适应业务战略的高阶抽象，是"百人百面、千人千面"的解决之道。企业 IT 架构演进历程如图2-5所示。

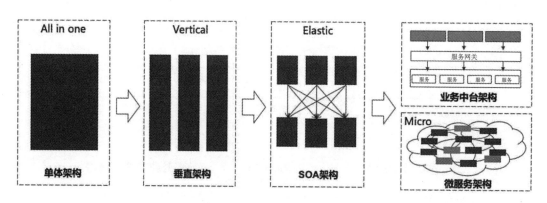

图 2-5　企业 IT 架构演进历程

2.2.3　为什么用中台架构进行 IT 架构重塑

企业进行数字化转型，建设数字化应用，一定会对现有的IT 系统进行重构。那么如何重构呢？推倒重来不仅成本太高，往往会导致原有的一些经验和积累在重来过程中荡然无存。不推倒重来的话，还有两种选择：一是进行原系统的改造；二是保留原系统，在原系统之外新建系统，新系统与原系统之间在数据、流程上打通，通过新系统支撑未来的数字化应用。第二种模式就是一种中台模式，让我们看一看实际的例子。

（1）银行业为支持个性化支付进行系统改造。个性化支付方案需要针对具体的消费者，提供合适的支付方案，提升支付的体验，例如为消费者提供积分兑换、优惠券选择、红包等促销活动。同时也为商户灵活地配置对不同分润方的清、结算规则，包括不同的分润方有不同的结算周期和支付手续费率、支付时分账的需求、组合支付等。传统的支付系统主要提供支付业务、清算业务、头寸管理、风险管理、费用计算、对账、差错处理等流程、各支付通道的对接（包括人行大/小额支付、银联、第三方支付等）等，无法实现对消费者的个性化支付。如果在传统的支付系统中完成个性化支付支持，就会发现一来支付系统不存在积分、优惠等信息，必须与其他系统对接；二来各种促销规则、流程的管理会造成支付系统边界不清晰，职责不清晰；三来个性化支付的业务变化迅速，基于传统支付系统改造会造成维护困难。这种情况下，我们会保留原有的支付系统作为支付后台，建立支付中台，打通支付后台与中台的数据与业务流程，让支付中台承接更多的个性化业务。

（2）保险业为支持智能工单进行系统改造。传统保险的业务，分散在很多后台系统中，例如承包、定损、理赔、核心系统等，还有车险和非车险的区别。业务人员完成一笔业务，经常需要涉及多个系统，体验不好。关键是这些系统由于建设的时间不同，缺少统一的规划，角色的设计都是从自身出发，导致同一岗位在不同系统中有不同的角色，权限、额度难以同一管理。解决这一问题，只能在各系统之外，建立独立的工单系统，在工单系统中设定标准岗位与各个系统进行映射，在工单系统中统一设置权限与额度。例如查勘定损员是定损系统中的查看员、定损员、核损员、核价员等，再为查勘定损员设定不同的级别，每个级别额度不同，就方便了岗位权限、额度的设定，权限/额度调整时由工单系统下发到各个系统。此外，为业务人员提供统一工作台，集中处理业务，由工单系统向各系统分发流程、汇集数据。这个工单系统实际上就是一个处理工单的中台。

（3）装备制造业的实验管理流程优化。实验是装备制造业产品研发的一个重要环节，但是由于使用了多个不同的工具，例如有限元分析、仿真、超算、统计分析等，每个环节之间大量的数据准备、参数准备只能手工传递，容易出错。同时，希望提高工具的利用率，自动进行计算任务的调度，监控任务执行情况。把专业化人员从重复劳动中解放出来，对实验的管理更加标准化。由于使用的工具属于外部采购，只能在外部建立实验流程管理系统，与各系统对接。这个系统未来就可以发展为实验的业务中台，为实验流程提供全方位优化。

从上述的示例中可以看到，利用中台进行 IT 架构的重塑，既不是将现有系统推倒重来，也不是对现有系统进行大规模改造，而是在现有系统之外建立新的中台系统，基于中台开发数字化应用。中台通过流程整合、数据连接，解决现有系统存在的流程割裂、数据异构问题，提供可重用的服务，达到提升用户体验、提高效率乃至商业创新的目的。

2.2.4 中台架构是平台建设的自然演进

中台被热议时，也有很多质疑声，中台不就是已经做了好多年的平台吗？

1. 平台到底是不是中台

中台理念提出后，很多企业开始拿着自己的系统与中台对标。部分领先的企业在前些年就完成了恐龙级系统的拆分，实现了从传统单体应用向平台的演进，并将公共能力和核心能力分开建设，解决了公共模块重复投入和重复建设的问题。

然而，平台不是中台，只是将部分通用的公共能力独立为共享平台。虽然可以通过API或者数据对外提供公共共享服务，解决系统重复建设的问题，但这类平台并没有和企业内的其他平台或应用，实现页面、业务流程和数据从前端到后端的全面融合，并且没有将核心业务服务链路作为一个整体方案来考虑，各平台仍然是分离且独立的。

平台虽然在一定程度上解决了公共能力重用的问题，但离中台的目标显然还有一段差距。中台来源于平台，但中台和平台相比，它更多体现的是一种理念的转变，它主要体现在对前台业务的快速响应能力、企业级重用能力，以及从前台、中台到后台的设计、研发、页面操作、流程服务和数据的无缝联通、融合的能力。

此外，中台未必一定在企业级视角适用，其实这种思路也可以在具体应用建设中采用，把应用按前中后层分离，后端是基础服务，中间层提供可重用、可变化的框架，快速适应前台业务的变化。实际上，中台化是平台化的一个延伸，可以在现有平台的基础上进行中台化的改造。

2. 中台是平台化的自然演进，平台化与中台化相辅相成

中台是平台化的自然演进，平台的目标为高内聚、低耦合、职责边界清晰，是单一团队、部门、系统的效率提升。中台的目标是提升效能、数据化运营、更好支持业务发展和创新，是多领域、多业务单元、多系统的负责协同。平台到中台的改变就是从业务抽象到服务的改变，中台的本质就是从抽象的服务中实现业务，从而满足快速多变的前台，中台的核心是"构建企业共享服务中心"。

平台化与中台化是相辅相成的，平台化是中台化建设的关键基础，平台化建设要以中台化建设方针为引领。平台化解决的是竖井式建设带来的瓶颈，中台是前台与后台连接的纽带。平台化后并没有万事大吉，由于服务与服务之间明确的职责划分，必然会造成协作间的隔阂，而前端业务在个性化、多样化的发展趋势下，更希望提供端到端的支撑能力，平台化模式做到端到端，需要前端业务充分理解企业相关平台的全貌，对人员有一定要求，也需要一定的研发时间进行平台间的对接与协调。但是在互联网影响下业务希望小团队、微应用方式快速试错，而不希望把人力、精力放在对企业平台的理解上，这就需要在平台化的基础上，消除平台（服务）间的隔阂，为前端业务透明化提供端到端的服务能力。

2.2.5 中台架构是企业数字化转型下重构 IT 的最佳选择

中台是企业前台、后台速度适配的必要环节。中台存在于敏捷的前台与稳态的后台之间的中间层，就像是在前台与后台之间添加的一组"变速齿轮"，将前台与后台的速率进行调试匹配，将后台资源顺滑流向前台，通过可重用、端到端的服务能力，解决变化相对缓慢的后台系统与数据的稳定、与满足快速变化的前台需求之间的矛盾。在中台搭建起模块化、组件化、共享化的敏捷服务中心，借助多元化、精细化的业务服务组件，前台业务部门可以像搭积木一样调用中台上的业务组件来编排业务模块，创新业务就可以以乐高积木式地搭建起来，进而实现业务敏捷的核心目的。中台示意图如图2-6所示。

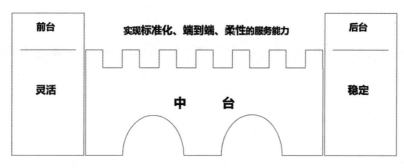

图 2-6 中台示意图

（1）基于中台实现服务共享与业务创新。通过整合内部资源、外部资源，提供标准化的业务流程和共享的服务能力，帮助各团队快速打通渠道、系统、合作伙伴，提升客户服务能力。为业务创新提供受控的实验环境，通过实现验证业务的假设，快速试错，并能把稳定成熟的业务快速积累到平台中。

（2）基于中台提升客户感知与数据洞察。通过中台系统性的收集、管理、使用数据，帮助各团队全面了解客户、掌握生产运行情况、识别经营风险，为优化银行运营流程、提升客户体验的决策提供数据支撑。

（3）基于中台实现安全稳定可靠的运行。中台架构为应用提供标准化的架构、运行框架、中间件、基础设施，建立应用研发的规范，保证应用可以在私有云模式、混合云模式和公有云租赁等不同模式下安全可靠运行，提高IT的弹性。

（4）基于中台提升软件研发效能。企业数字化转型过程中，既需要高稳定可靠的核心系统，也需要快速灵活试错的创新性系统，中台需要针对不同类型的应用，建立标准化的需求、设计、开发、交付、运维流程，为团队提供高协作、可重用的组件与工具链，提高应用研发、运营的效率，实现软件研发的精益运营。

很多的企业正在实践中台架构，以实现企业架构的重塑。以银行业为例，不少银行已经开始了中台的布局。

平安银行在推进零售全面AI化时曾提到，从资源集约、能力共享的角度出发，以模块化、参数化、闭环化为原则，积极推动AI中台能力层建设。例如投产了营销机器人、投放机器人、陪练机器人、客服机器人等多个AI中台项目。AI中台的建设，主要是为了对零售前端应用场景的赋能。除了AI中台，平安银行还打造了数据中台，主要整合和共享全行数据资源。

兴业银行也提出打造"业务中台""数据中台"双轮驱动。一方面，通过资源整合和业务沉淀固化企业核心能力，打造更敏捷、高效的"业务中台"，提升业务共享和重用程度，快速响应并有效赋能前台业务和生态互联；另一方面，充分利用内部数据资产并提升外部数据整合能力，打造强大的"数据中台"，大力提升数据分析与决策能力。

招行也搭建了面向企业的统一数字化中台——招商银行开放平台，运用金融科技变革服务输出模式，探索以标准化、模块化服务支持业务经营模式的转型，快速响应客户的产业互联网需求。

2.3 中台建设策略——场景驱动，价值引领

中台建设是一个长期、复杂的过程，因此在启动阶段就要坚持采用合理的策略，确保方向的正确。抛开具体的工程和项目管理方法不谈，我们要强调的一个大的原则就是场景驱动，价值引领。如何解读这个策略呢？

所谓"场景驱动"，就是在建设中台的过程中，中台的每个能力，都要有对应的业务场景，没有业务场景的能力，至少不是优先需要考虑的能力；所谓"价值引领"，就是基于场景分析价值，在投资有限的情况下，优先建立高价值的中台能力，让中台尽快产生价值，进入良性循环。

2.3.1 前台提升客户体验：极致的个性化

企业运营的核心就是客户。前台主要面向渠道和贴近客户的产品，与客户建立数字化连接，通过数字生态掌握客户及其行为数据，满足客户需求，提供良好的体验。前台需要深刻洞察和快速响应市场趋势与客户需求，快速、灵活交付差异化的产品和服务。

前台要有小惊喜：所谓小惊喜，就是极致的个性化。个性化就是"知我所需，想我所想"，在最恰当的时机，用最恰当的方式为客户提供最恰当的服务。

示例：信用卡海外提现

例如，客户在国外无法用信用卡提取现金，原因是出发前没有事先开通海外提现功能。银行的正常流程是客户必须在国内设置好。传统的银行只会在客户致电客服时照本宣科，请客户下次留意。个性化银行却会考虑到客户的潜在需求，即时主动和客户联络，而不是等客户上门；银行得知客户人在国外，会破例帮助客户在线上进行设置，解决客户当下的燃眉之急。一天后，主动询问客户是否还有其他需求，并提醒客户使用本行信用卡海外消费的多重优惠；一周后，当客户在国内用同一张卡消费时，银行知道客户已回国，欢迎回家之余，顺便介绍有优惠的海外旅行保险。两个月后，客户再次出国，银行主动帮客户设置好海外提现，并以短信通知客户，顺便提醒客户两个月前买的旅行险的服务电话。

听起来有些天方夜谭，但这正是客户需要的。首先，即时发现问题；其次，解决问题；然后，确认问题已经解决；最后，委婉提醒客户相关服务的存在，为交叉销售和进一步的服务埋下伏笔。个性化体验为客户量身定制的不仅是产品，还有服务、提醒，甚至游戏。

有人可能以为"个性化"的目的就是为了促进营销或者最佳产品推荐。但是个性化不仅仅是增加销售，还可以改善服务，提供对客户有用的信息和建议。要真正做到"千人千面"的可能，企业需要彻底颠覆以往和客户沟通的方式，使用数据分析洞察并全面改变与客户的互动，让每一次互动都建立在对客户的需求预测之上，建立并加深和客户长期可靠的信任关系。个性化的频率可以一天一次，甚至一天数次，频率不是重点，关键是内容和时机。

极致的个性化如何做？

个性化服务是互联网企业的核心竞争力，其实传统企业同样具有无可比拟的优势，企业多样化的数据为提供个性化服务带来了无穷机会。

示例：金融个性化服务

以银行为例，存款金额及其变化可以预测客户的资金现况；贷款可以说明客户资产状况和偿还能力。信用卡和借记卡的消费记录可以显示客户的消费喜好；投资则能反映客户风险承受力和对投资回报的预期；保险可以了解客户的家庭情况和生命周期，以及客户对生活素质和健康的重视程度等。银行对客户的了解，无论是广度，还是深度，都远远超出其他非金融机构。可是银行的个性化发展却落后于一些电商和零售企业，主要原因是银行缺少一个端到端的个性化生态体系，能够即时服务成千上万的客户，满足他们千变万化的个性化需求。

前台需要快速适应瞬息万变的市场，其直接面对客户并提供相关专业服务从而创造价值。从创新的视角来看，前台主要负责产品/服务的快速迭代试错，为后台的个性化创新提供事前的初步启发，以及事后的初步实验，这要求前台需要实现业务简单化、产品标准化、基础模块化、应用小程序化。

企业有成千上万的客户，千人千面的行为，在不同的时间和地点，构成了上亿种的组合。要应付如此庞大的业务，不能没有整体的统筹，各事业部门的配合，客户行为数据的即时采集、分析和应用，渠道实时触达和反应能力，以及技术平台的支持。个性化的挑战是规模，如何实现大规模的个性化定制，就是中台建设的目标。

2.3.2 中台提供可重用能力：极致的标准化

中台的定位是能力重用平台，中台的核心是沉淀数据化、标准化的专业服务能力，让前台将能力进行组合，配置实现个性化业务。企业数字化中台能力建设是致力于去打造标准化、模块化的组件，以提高前台业务针对市场需求快速组装的能力；其核心要求是标准化、组件化、可重用以及资源共享，以此赋能创新。

（1）标准化。业务流程一致、数据标准统一，实现流程打通、数据打通，需要整合企业内部被"部门墙"割裂的流程与数据。

（2）组件化。中台为前台创新提供即时可用的服务，快速让设想转化为新产品；避免从零开始，从而降低创新成本和创新难度。中台既赋能内部前台，也要赋能生态圈共生企业和其他客户。中台将前台的成功经验总结成为高度标准化、高度模块化的工具，为前台提供丰富有效的积木式工具库，以服务的方式让前端可以即取即用。组件化设计可以避免系统间耦合性大，从而造成牵一发而动全身。这需要针对共用服务进行抽象设计。

（3）可重用。中台提供的服务可以即取即用和可重用。业务A可用，业务B也可用。一个中台服务的价值高低，是"可用"和"可重用"的区别。服务的高重用是设计能力的一大考验，既要尽可能地靠近业务、靠近用户，又要能够实现标准化。通过中台向前台提供"相应的服务"还是提供"端到端服务"，取决于服务提供的可开放共用的程度。作为前台的服务提供者，通过数字化的方式为前台提供稳定可靠的服务，实现服务共享重用，避免竖井式建设。在端到端的服务输出后，业务量可能会短时间大大增长。能扛得住大流量高峰时期的高并发、高可用将成为一个大挑战。底层的可灵活扩展能力将非常重要。

（4）资源共享。在数字化转型过程中，有越来越多的资源需要在企业内部共享，有的资源成本高，如GPU类资源，有的资源稀缺，如算法类人才，即使提供高工资，也很难在市场上获得足够的人才。通过建立中台,能够有效地将资源进行统一调度和管理,服务与整个企业,尤其是大型和特大型的企业,资源共享带来的好处更加明显。

示例：广发银行中台实践

广发银行科技部门 2017 年年底开始引入企业金融云技术和开源框架,使用分布式架构和服务化,以"业务建模标准化""分析设计标准化""能力输出标准化"的高标准、高要求,组建中台产品团队和中台能力团队,按业务领域构建了互联网业务中台(包括交易中心、用户中心、账户中心、权益中心、营销中心、支付中心、产品中心、清算中心等),为客户提供可伸缩的系统性能体验,为渠道提供可重用的服务能力。

中台需要把后台的速度和前台的速度匹配起来,有效平衡前端的敏捷性和后端的稳定性。中台包含业务中台、数据中台、技术中台和 AI 中台。业务中台是将支持业务快速上线的功能模块进行标准化,打造不同的引擎组件,帮助银行快速实现产品设计、产品运营、客户营销、风险管理等核心功能的调用与整合,缩短产品上线和迭代的周期。数据中台提供数据采集、数据模型、数据计算、数据治理、数据资产等全链条的服务,帮助银行搭建数据治理体系,将跨部门的数据进行统一管理、分析挖掘,让数据发挥最大价值。技术中台是业务中台与数据中台的底层支撑,这些底层技术包括：安全认证、权限管理、流程引擎、门户、消息、通知等,这些组件通常与业务关联度不大,属于每个应用都需要使用的功能。AI 中台是全领域 AI 的共享能力与资源中心,提供建模、AI 能力、AI 框架、计算资源以及 AI 管控。

不同的行业、不同的企业都会有自己的中台模式。一般来讲,好的中台往往具有三个特点：一是相对的独立性,一方面可以从前台分离出来,否则就无法形成独立中台,另一方面又是前台的有机组成部分,而不是完全独立；二是兼顾稳定性和灵活性,一方面与前台的灵活性、个性化相比,中台具有较好的稳定性,正是这种稳定性才使得中台可以相对标准化和规模化运营。另一方面又不能过于固化,往往要有组件化、模块化、可灵活扩展的特点,通过简单组合和定制,就能快速支持产品创新的能力；三是最大程度的重用共享。中台要具有一定的适用广度,与前台之间往往是一对多的关系。通过大量的重用共享,才使得成本可以下降、效率可以提升、信息可以联动。

2.3.3　后台要稳定高效：极致的效率化

企业的后台一般是负责财务的管理,属于企业管理的范畴。业务流程的稳定是后台的特点,由于企业的核心管理流程建立在后台,因此,后台的效率直接决定企业的运营效率。长期以来,后台关注的是安全、合规,很多时候宁可牺牲效率来换取安全。随着外部环境的改变,以及前台、中台的效率提升,后台必须与企业整体的效率匹配,在确保安全、合规的情况下,通过多种手段提高效率。

后台主要面向内部人员,以提供管理和决策服务为主,属于对业务和交易的处理和支持,以及共享服务,是整个机构的支持和支援部门,间接创造价值的后台是实施管控决策的支点,包括会计核算、内审、人力、行政、IT 支持、呼叫中心等,集中处理贷款审批的中心,后台强调的是成本可控和运营规范。

后台要通过精益求精的运营,达到极致的效率化。企业需要搭建起可敏捷支撑前台业务的后台组织，借助强有力的技术支持，对全行业务流程、作业模式和相关业务处理系统进行全面整合与再造，建立强大的后台支持中心，逐步实现业务集中处理。同时，通过创新运营操作风险管理模式，建立技术先进、内控严密、运作高效、响应及时的运营操作体系、服务体系和管理体系。通过业务的后台工厂化和集约化处理、流程的优化和再造以及风险的专业化和集中化管控，逐步建立中心化、工业化的运营支持格局，通过提升运营管理水平来提高核心竞争力。

后台效率的提升核心竞争力是要优化业务流程，进一步减少业务办理的时间。以银行为例，后台系统可以充分运用会计凭证影像采集、RPA、OCR识别、自动勾对、大数据、人工智能等技术推动后台业务创新发展，在风险、效率、质量、成本等上达到均衡，提升银行后台管理水平及运营管理能力。信息技术的应用是保证业务能够在后台集中处理的基础和前提，通过信息技术可以实现自动化的业务流程处理和智能化的风险管控，通过信息技术可以将后台集中人员和前台紧密联系起来，推动金融业务的发展。比如，开户过程中通过OCR+大数据和RPA技术结合，完成信息的调阅、核对、比照、监管报备、账户的生成，无人工干预的情况下自动开户；柜员印章电子化可以节省大量的工作量，也减少了关门以后勾对的工作；利用线上渠道，结合远程视频服务，完成一些客户以及法人双录和真实意愿核实，增强客户体验的提升；通过OCR、RPA、大数据的结合，把授权中心利用流程机器人替换人工；集中作业应用OCR+人工智能，将凭证进行自动影像分类，自动识别证件和类别。通过类似的数字化技术为前台业务部门减负。

2.4 中台全景图——企业数字化中台的组成

2.4.1 解读中台架构模式、建设目标与碎片化的中台建设路径

本节讲解典型中台的架构模式，以及中台是如何构成，以及如何使用的。很多中台的书籍、文章中，都提到了"能力中心"这个概念，相信读者并不陌生。最早在阿里业务中台中，出现了例如订单中心、账户中心、商品中心、用户中心等，一般电商都有十几个类似的中心。看到这些中心，我们会有一个直观的感受，"能力中心"是一个类似SOA服务的组合，是以业务对象为基础进行划分的。对于已经存在了后台系统的情况，能力中心起到了数据聚合与服务标准化的作用。例如上一节保险行业的智能工单建设，中台就定义了标准的岗位、权限数据，既与传统后台系统打通，又解决了后台系统数据不标准、数据不齐全的问题，为数字化应用提供了一个标准化的数据视图和服务视图。

但我们在实践中发现，仅仅有能力中心还不够，常常遇到这样的问题，某个业务放在哪个中心都不合适，应该如何处理？例如在电商业务中，一个交易完成的核心步骤是：下单、支付、发货、确认收货，这个业务流程显然涉及了订单、支付、商品、库存、物流等几个核心业务对象状态的变迁，也就是涉及了多个能力中心，放在哪个中心也不合适，必须提取出来，作为逻辑上独立的一层，我们称之为"业务流程层"，负责对多个中心提供的服务进行组合。业务流程层的流程不仅仅是简单的组合，还要具备流程重用的能力。但对于不同的业务，虽然业务流程类似，但是具体的服务逻辑却不相同，例如支付活动中有很多种支付方式，银联、支付宝、微信，等等，甚至有时候需要增加特殊的支付方式，这就要求支付服务具备足够可变化的

能力。这些变化必须是在业务流程组合时可以让应用的开发者显式指定，而不是一个黑盒，更像是一个灰盒模式，我们把具备这种特征的可变化能力称之为"柔性"。

这种组合又会带来新的问题，即变化太多，如何更方便地提供给前台使用。以上述的电商交易流程为例，电商交易往往有预付、众筹、担保等多种形式，每种形式的业务流程是有区别的。区别来自于两个方面：一是业务流程中活动有所增加，例如预售要增加预售下单、定金支付、预售登记等活动；二是原有业务流程活动的逻辑会有所变化，例如支付活动由于有了定金就产生了改变。因此，需要针对不同类型业务有一套默认的设置，把可变性确定下来，我们把这一层称之为"解决方案"。前台的数字化应用是基于"解决方案"层配置开发的，例如在银行的信贷领域，信贷中台的对公信贷中就可能有企业贷、小微贷等解决方案，具体能力分层模型如图2-7所示。

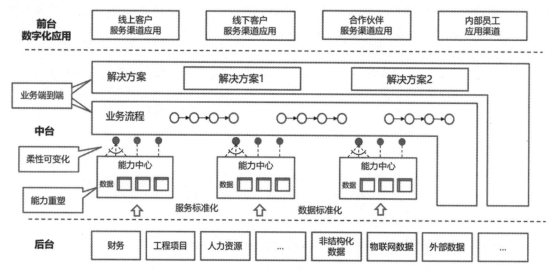

图 2-7　中台架构的能力分层模型

综上所述，典型的中台架构分为能力中心、业务流程和解决方案三层，关键是能力中心。它的主要职责是：

（1）业务对象属性与状态变迁的管理。如果业务对象存在于遗留系统，能力中心负责数据的采集；如果不存在遗留系统，能力中心还要负责数据的存储。尤其是业务对象存在于多个遗留系统的时候（这个情况最为常见），能力需要进行数据的归集、转换，形成业务对象属性的全量视图，形成业务对象属性变迁的轨迹快照。

（2）业务服务的柔性管理，实现业务服务的可重用。针对业务对象提供的对外服务，除了定义标准化的接口数据之外，还要将服务的可变化性形成定义，同时为调用方提供配置化方式，指定本次调用的具体实现方式。例如支付服务，支持多种支付方式，就需要在接口定义中显式声明这些支付方式，并提供指定支付方式的方法，同时提供扩展支付方式的手段。

而业务流程和解决方案层，目的是改变过去业务服务粒度太小，一切依靠组合，而组合后流程又无法重用的问题。通过提供一种端到端的业务能力，让前台的数字化应用根据端到端流程的柔性（可变化性）来做"选择题"，而不是通过细粒度服务组合来做"论述题"。

简单来说，中台架构的目标是通过数据连接、流程整合实现服务的共享与重用，数据连接、流程整合是服务重用的基础。数据连接在传统数据集成的基础上强调数据的全要素归集与数据状态的迁移；流程整合为数字化应用提供端到端的业务流程；可重用的服务（这些服务既可以是流程服务，也可以是数据服务）在传统服务标准化的基础上，强调服务柔性（可变性）（见图2-8）。

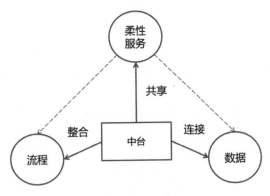

图 2-8　中台目标模型

我们接触中台这一概念的时候，往往首先接触的是业务中台、数据中台、双中台、技术中台、AI中台、支付中台，等等。尤其是双中台这样的概念，往往是从IT架构层面来考虑问题的，中台仿佛是一个庞然大物。实际上，中台是一种架构模式，它有三种使用场景：

（1）可以作为新系统建设的架构。

（2）可以作为系统改造时的架构。

（3）可以为企业 IT 架构做指导。前两种场景比较容易理解，也是我们经常提倡的中台模式。

这里不建议一开始就实施企业级的中台，而是应该根据业务的需要，逐步建设，也就是一种碎片化建设的模式。我们鼓励出现"支付中台""研发中台""信贷中台""科研中台""实验中台""营销中台"这样的提法，按照中台架构模式改造现有系统或者构建新系统。

2.4.2　中台模式的企业 IT 架构之应用架构

本小节我们重点介绍一下中台模式下的企业IT架构。根据TOGAF的定义，企业架构由业务架构与IT架构组成，IT架构又可以分为应用架构、数据架构、技术架构、安全架构几个方面。由于数据架构每个企业差距很大，我们这里重点介绍应用架构和技术架构。

首先以银行基于中台的应用架构作为示例（见图2-9），银行的应用架构通常分为渠道层、服务交付层、产品层、业务管理层四个层次。渠道层属于前台，产品层与业务管理层属于后台，但是每个企业在各层次中对应的应用并不一致。具体来说，渠道、产品和业务管理区别不大，最大的不一致在于服务交付层的定位：

（1）有的企业称为客户服务层，一般定位于完成营销、客户对账、销售管理、客户服务等功能，在产品层中内部区分产品与产品服务支持。

（2）工商银行称为控制层，将后端细粒度服务组装为粗粒度服务，实现能力共享。

（3）浦发银行称为"业务枢纽"。

（4）建设银行称为"客户服务整合"，虽然也是提供能力共享，但在定位上强调信息与服务的整合，范围比服务整合层更广。

从实践的情况来看，作为渠道与产品的中间层，传统服务交付层在定位上比较模糊，很多功能可以在渠道层完成，也可以在产品层完成。

（1）在渠道层完成带来的问题是：银行天然是通过多渠道触点与客户接触，渠道应用本身做大，会带来渠道间整合不够，降低客户的体验。服务能力也无法在多渠道间实现共享，难以快速推出服务。

（2）在产品层带来的问题是：银行后台产品要求稳定，但产品的运营模式不能完全满足新业态的要求，例如对电商类业务的支持，如果在产品层支持这些能力，会把稳定的业务与快速变化的业务耦合在一起，改造比较困难。

数字中台希望通过可重用的流程能力、可共享的数据能力，衔接后台和前台应用，更好地提供对客户的服务，将中间层做厚。

银行数字中台建设，就可以从易变化的部分入手，将变化本身标准化，形成能力。传统账务、会计的处理无论在稳定和变化方面，考虑得已经比较充分了，可以作为后台独立发展。例如信贷业务，可以分为信贷产品、核算、信贷产品服务支持、产品营销、客户接触等不同的环节，这些环节中，信贷产品、核算比较成熟，可以放在后台。中台实现快速变化的服务支持、产品营销和客户接触三部分，如图2-9所示。

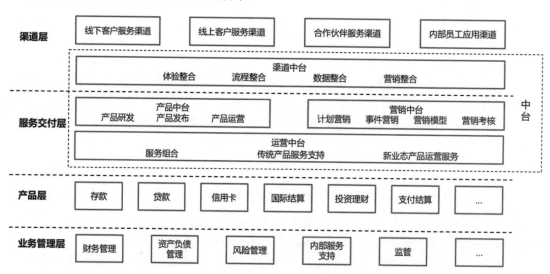

图2-9 示例：银行业数字中台架构

数字中台位于企业应用架构的渠道层与服务交付层，但这里面包含的业务种类比较多，为保证业务中台自身的可持续发展能力，必须将中台进行拆分，以保证拆分后的每个部分面向不同的业务领域，能够成为一个独立的体系，能够独立地运营。中台拆分的本质，是对业务的分解，将每一类业务过程中标准化的能力抽象出来，将每一种业务对象的属性以及属性的状态变迁收集出来,形成组件以便前端应用使用。传统银行会把业务划分为存款类、贷款类和中间业务类,这是按照资产负债表构成做的分类,不能作为数字中台分类的依据,主要问题是:

(1) 业务分类粒度比较粗,业务过程存在重复。比如营销活动,对存款产品和贷款产品而言,营销活动没多大的区别。

(2) 中间业务包含的业务种类比较多,业务过程不同,无法抽象出统一的业务流程。比如代收代付的处理过程跟银行卡分期的处理过程完全不同。

(3) 业务条线是纵向视角,仅仅考虑所属业务条线需要的流程,考虑其他业务条线的协助。而数字中台建设是应用架构的一部分,需要从横向视角考量哪些存在共性可以做成可重用组件,哪些差异较大,需要特殊处理。

这里,我们采用价值链分析的方法进行业务分类。价值链的概念首先由波特于1985年提出:"每一个企业都是在设计、生产、销售、发送和辅助其产品的过程中进行种种活动的集合体。所有这些活动可以用一个价值链来表明"。波特的"价值链"理论揭示了企业要生存和发展,必须为企业的股东和其他利益集团包括员工、顾客、供货商以及所在地区和相关行业等创造价值。如果把"企业"这个"黑匣子"打开,我们可以把企业创造价值的过程分解为一系列互不相同但又相互关联的经济活动,或者称之为"增值活动",其总和即构成企业的"价值链"。任何一个企业都是其产品在设计、生产、销售、交货和售后服务方面所进行的各项活动的聚合体。每一项经营管理活动就是这一价值链条上的一个环节。不论哪个企业,都包含设计、生产、组装、营销、售后服务等一系列环节,我们引入价值链就是为企业提供分析框架。

从横向视角审视自身的业务能力。从业务的构成看,我们认为银行业务都会包括客户交互(渠道)、金融产品、产品营销、产品运营、风险控制几个部分。一个业务方案首先要确定当事人(客户或者合作伙伴)画像,确定企业中承担业务的相关机构,然后可以分解为:

(1) 业务在哪些渠道完成,本渠道如何交互,跨渠道如何协作。

(2) 业务由哪些产品提供,如何由基础产品组合为可售产品,这些产品有哪些个性化要求。

(3) 该业务通过何种营销手段触达客户。

(4) 渠道接受客户请求后,企业内部所需的运营流程如何。

(5) 该业务有哪些风险因素,如何控制风险。

这样就可以将银行业务基于价值链分解为渠道需求、产品需求、营销需求、运营需求、风险需求五大方面。因此,数字中台内部可以做以下划分:渠道中台关注客户交互流程,提高渠道协同能力,提供统一的客户视图和产品视图;产品中台关注于创意评估、需求分析、方案设计、产品运营等产品研发流程,以及产品的定义、产品上下架管理流程;营销中台关注营销策略/计划、营销执行流程;运营中台关注产品运营相关流程、运营能力和运营数据。

按照同样的思路,我们还可以将制造业业务基于价值链分解为研发需求、产品需求、供应链需求、营销需求、服务需求;再如,将政务服务基于价值链分解为审批需求、监管需求、执法需求、信用需求、服务需求等,为满足不同的需求,进行数字中台的不同划分。

看了上面银行的中台应用架构,对中台模式的企业应用架构已经有了感觉。延展到其他企业,我们一样可以将企业的应用系统分为前台、中台、后台三层。前台应用按照线上渠道、线下渠道、合作伙伴渠道和内部员工渠道四类应用进行划分，后台包括基础应用（技术的一些基础设施）、产品、客服、运营以及外部应用，当然，根据企业自身情况可以增加其他的领域和应用，如图2-10所示。

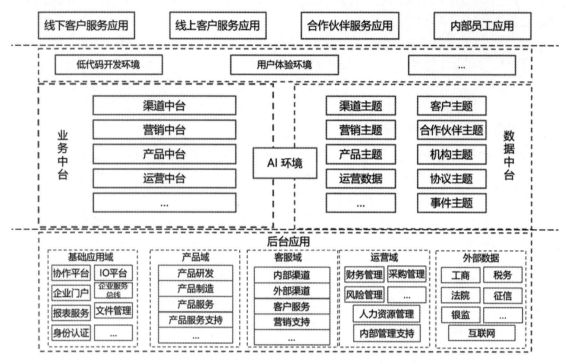

图2-10 数字中台应用架构

中台是在前台与后台之间承上启下的作用，业务中台承载业务流程整合，提供可重用的标准化服务，根据企业的业务可以分为渠道中台（客户服务全流程）、营销中台（销售全流程）、产品中台（产品研发全流程）、运营中台（企业运营与供应链管理全流程），数据中台进行数据归集，提供多种主题的、标准化、全要素的数据服务。业务中台和数据中台像一对组合体，采用了类似读写分离的Facade代理模式，为前台应用提供更便捷的使用方式。

除了业务中台和数据中台，中台层还需要为前台的数字化应用创新，提供更加便利的工具与环境，包括数字化应用的低代码开发环境、人工智能计算的AI环境、提高用户体验的模拟/仿真与虚拟现实环境。

2.4.3 数字化中台建设的方法体系

根据上一节对中台化企业应用架构的总结，我们会发现，企业级中台建设是一个复杂的体系，涉及顶层设计、现状评估、方案设计、技术实施、组织保障等多个方面。这里，我们给出了一个数字化中台建设的全景图，如图2-11所示。

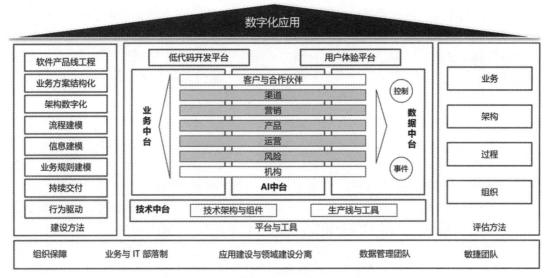

图 2-11 数字化中台建设的全景图

1. 建设方法

数字化中台的建设方法，首先要解决中台与应用之间关系问题。借助软件产品线工程，将软件的研发分为领域工程、应用工程两部分。领域工程提供可重用的服务，应用工程基于可重用服务实现个性化业务，在此基础上，在数字化应用的建设过程中，对企业业务对象、业务流程、业务规则的数字化，就是以结构化方式描述业务对象、业务流程、业务规则，并用结构化描述在业务方案、业务需求、设计、开发、测试等环节中的使用，改变传统软件研发过程中采用文档、代码方式，减少信息传递的损耗，提高可重用的能力。数据是数字化转型的核心资产，为了提高数据质量，发挥数据价值，数据治理是中台建设的一个重要工作，通过数据治理实现数据的平台化、资产化，进而提供数据服务能力。DMMI定义了数据管理的评估体系，可以作为数据治理的框架。

持续交付与行为驱动的理论，为软件测试回归与快速发布提供了理论基础，采用敏捷研发的方式，保证数字化应用与数字化中台建设的交付效率与质量。

2. 平台与工具

数字化不是信息化，信息化时代的ERP、CRM、银行核心系统等软件是事后记录的系统，还不能具体指导业务，而数字化软件必须将更多人、设备整合进来，具体指导行动。这种具体指导，在实现层面看就是对业务对象、业务流程、业务规则的数字化。简单来说，数据中台是对业务对象全要素的数据连接（包括传统系统、外部应用），提供业务对象完整的数据视图和数据服务，业务中台是通过流程整合实现端到端的、柔性的业务流程框架，帮助数字化应用快速实现个性化需求，AI中台是通过人工智能的手段，积累与优化业务规则。业务中台、数据中台、AI中台是一个大的分类，实际上应该按照业务全流程划分为不同应用的中台，一个比较简单的方法就是按照"研产供销服"五个环节划分。图2-11中采用的是一个银行业中台的划分，"研"是"产品"、"产"是"风控"、"供"是"运营"、销是"营销"、服是"渠道"。技术中台同样利用中台架构的理念，对基础设施进行整合，提供软件研发的端到端流程，提供适合本企业的技术架构与技术组件，提供生产线与工具，以提高软件研发的工程化能力。

基于中台的可重用服务能力，还需要低代码开发平台和用户体验平台两个工具来快速实现数字化应用。

数字化转型过程中，企业需要更多的数字化人才，将自己的知识与创造，沉淀在数字化系统中。改变传统的业务部门提出需求、专业化的程序员进行业务实现的模式，因为随着数字化转型，将更多人、流程、设备卷入的数字化系统中，企业不可能有那么多专职的程序员岗位，而需要让更多有编程思维、有业务经验的人具备数字化应用开发的能力，成为数字化人才。低代码开发平台提供了一个便捷的工具，基于中台业务对象、业务流程、业务规则的可重用服务能力，让数字化人才只需要具备编程的思想，不再需要了解诸多技术细节，就可以进行数字化应用的开发，自助式实现业务创新。对于必须进行代码开发才能够解决的问题，也可以通过低代码平台，与高代码开发的研发流程相互打通，实现更透明化的软件研发。

数字化应用的使用模式，与信息化应用线上审核/线下沟通的模式不同，需要具备社交化协同的能力，例如在线的评审会议、在线的头脑风暴会议、随时随地基于工作内容的沟通、按事项组织的讨论群，等等。同时人与数字化应用交互的模式也不仅仅是表单、表格、报表等单向的录入与呈现，而是利用2D、3D等模式，与数字化模型打通，基于虚拟现实环境进行交互，例如制造企业3D呈现装备结构，模拟维修场景，进行维修人员的培训；地产企业3D呈现房屋结构，实现项目沙盘，在线模拟看房；金融企业动态呈现客户企业一幅图，实现模拟沙盘，在线进行投资评审会。这些都是通过用户体验平台提供的能力实现的。

3. 评估方法

中台建设成熟度的评估，是找到中台建设从不成熟到成熟的规律，帮助企业认清自身状况与未来发展方向的重要手段。根据经验，参考软件产品线工程理论、CMMI成熟度模型，我们将评估分为业务（如何从中台获利，包括业务的愿景与战略、融合创新机制等方面）、架构（中台构建的架构、相关管理与可重用组件能力）、过程（基于中台进行数字化应用研发的流程）、组织（角色和职责到组织结构的实际映射）四个方面，制定了中台建设的评估模型，每个方面也分为5级，我们称之为BAPO（Business Architecture Process Organization）模型。通过这个模型，提供了一个过程能力阶梯式进化的框架，对中台建设进行全面且深入的评估。

4. 组织保障

中台建设是为数字化转型服务的，这里的组织保障与其说是中台建设的组织保障，不如说是中台模式下数字化转型的组织保障。

首先是业务与IT的部落制。目前经常有业务部门认为"科技人员+外部伙伴"那么多人，需求却总是做得很慢，而科技部门面对的情况却是每个需求到自己手里时都十万火急，工作堆积成山，不断加班加点工作也很难做完。其核心原因是业务和科技部门职责独立，业务与科技之间层层沟通的成本过高。科技敏捷转型首先从建立对齐业务的科技部落制开始。部落是一种虚拟机制，原有的科技职能部门依然存在，主要成员被分配进入部落，每个业务部门都有唯一对接的需求受理部落，负责方清晰，沟通线路变短，优先级排序流程简化，大幅缩短了过往占比最高的需求澄清时效。坦率地说，部落制还是解决一时之需，长远看科技与业务一体化是最终的方向。

数字化应用的开发团队与基础能力的开发团队需要分离,也就是应用建设与领域建设分离,后者关注可重用服务能力的开发,主要采用高代码开发的模式,应用的开发基于中台的可重用能力。

每个科技团队的组织方式应该是一个敏捷的团队方式,按照两个"披萨饼"原则建立,将角色分为RDT(需求、开发、测试),同时为团队建立外部顾问机制,包括业务方案、架构设计、技术专家,把多个小团队组织为一个大团队。

数据治理中经常遇到的问题是没有人为数据负责,例如数据的标准应该由业务部门负责,可是业务部门经常反馈不懂技术、不懂IT,这样就应该在业务部门设置数据管理团队,负责制定数据标准、提高数据质量,例如很多大银行会计部的信息中心,负责数据标准的制定。目前银行的科技改革中大多将信息中心划给了科技部门,坦率说和我们的理想模式有一定差距。

接下来的章节中,我们将主要针对数字化中台全景图,展开阐述中台建设的理论方法与实践策略。

2.4.4　可变性管理是实现可重用的关键

软件产品线的关键问题是如何进行可变性管理,并基于可变性管理实现软件核心资产的重用,如图2-12所示。

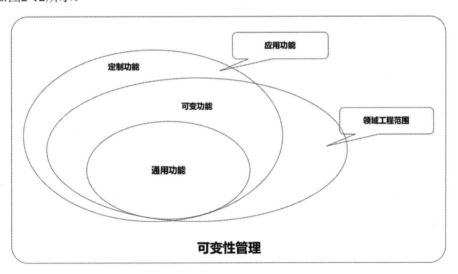

图 2-12　可变性管理

传统SOA的服务化也是解决重用问题的,但SOA规范中的服务强调互联互通的标准化,并没有为服务的可变化能力进行标准化定义。为了适应不同的情况,服务往往有下面几种方式:

(1)多版本方式,不同版本对应不同的业务,实际上每个版本就是不同的服务,我们不建议这种多版本方式管理服务,还不如做成一个新服务来维护。

(2)利用不同的输入参数标识需求特征,在实现中利用不同的代码分支(例如面向对象的多态方式)实现,这种模式是一个常见模式,但这种方式对小粒度重用是有效的,大粒度重用时就会造成输入/输出定义复杂,难以使用。

（3）通过内部配置的方式生成可执行的代码，这种方式已经接近重用的最佳方式，缺点是如何进行配置，能够支持哪些变化，外界是不可知的。

因此，为了支持重用，必须将服务所支持的可变性标准化出来，让调用方清晰地了解服务存在哪些可变点（扩展点），这些可变点有哪些具体的实现方式（扩展实现），同时可以让调用方决定本次调用使用扩展实现。可变性建模是可变性管理的关键技术，可实现产品家族成员的共性和可变性的描述。我们将在业务中台章节中具体介绍展现、数据、流程、规则等可变性的描述方式，以及实现技术框架。

图2-13所示是一个描述可变性的示例，"用户认证"服务有两个可变点：安全策略和认证方式。安全策略包括单因子、双因子、无认证三种实现方式，使用"用户认证"服务调用方可以通过配置确定使用哪种方式，例如从手机渠道访问，必须是双因子认证，服务根据渠道标识决定采用哪种扩展实现，而不是通过IF/ELSE方式隐藏在代码中。同样，"认证方式"也是一个变化点，如果配置了"双因子认证"，从图2-13中看"双因子认证"依赖了认证方式这个可变点，就需要继续配置需要采用哪两种认证方式做"双因子认证"。

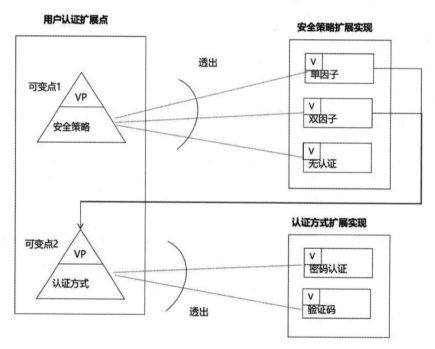

图 2-13　双因子认证

第 3 章
中台的核心是建设数字化的可重用体系

3.1 中台的本质：建立可重用能力体系

数字中台建设，旨在数字化转型背景下实现全量全要素的数据连接、快速、自助式满足客户个性化要求。软件研发的经验告诉我们，实现这一要求，必须采用重用的手段，建设数字中台，就是要建设企业级可重用的软件研发体系，实现有计划、体系化、强制性的重用。重用的本质是将软件中共性的部分抽象出来，开发成可重复使用的能力，再基于这些能力开发应用系统。广义的重用有很多种方式，例如代码、函数、文档、测试用例、架构、组件等等，这些方式在中台建设中都有涉及，但是中台建设中提倡的重用，有很多基本的原则：

（1）重用就是多个相似功能的抽象实现。企业应用是由业务流程、业务对象、业务规则为核心组成，因此企业级重用同样是流程、数据、规则的重用，我们把这些可重用的流程、数据与规则，称之为模型。每个可重用模型都应该有相应的组件对应，文档、架构、代码片段等虽然有重用的价值，但仅仅是一种参考方式，无法达到强制的效果，并不是中台倡导的重用方式。我们常说，"有代码实现的重用才是重用"。

（2）企业级的重用提倡大粒度的重用，提倡端到端流程的重用。以前的重用主要是指相对较小的代码块的重用，也就是小粒度重用。有些机构已经建成了包含算法、模式、对象和组件的可重用库，然后鼓励研发人员使用库里所提供的东西，而不是创建自己的版本。这种小粒度的重用，在组合、集成为一个大的业务时可能会带来便利，但业务发生变化时需要重构相关的组合逻辑，往往造成大规模的调整。大粒度的重用需要在业务流程层面抽象共性，提供软件组合的模式与框架，而不是基于小粒度的自行组合。当然，大粒度的重用必然基于小粒度的重用，我们常说，要把可重用的组件"提供端到端的能力，大到不能再小"。

（3）重用的首要目标是满足个性化业务的推出。重用可以带来很多好处，包括快速推出业务，降低实施成本，提高软件的质量，降低人员能力要求，等等，以往实施重用的效果看，降低实施成本、降低人员要求、提高质量往往体现在首位，快速推出业务的效果并不明显，甚至担心大规模重用后会减少科技人员的数量，降低科技的投入。在数字化转型过程中会发现，最重要的是在有限资源投入的情况下，满足更多的业务需求，让业务能够快速试错、调整，重用会带来单点实施成本的降低,让节省出来的资源投入到更多新业务研发中。同时减少重复劳动,让科技人员能够投入到更多有价值的活动中。我们常说,要让重用"创造更多业务价值"。

(4)可变性管理是重用最重要的手段。传统SOA的服务化也是解决重用的问题,但SOA架构下的服务强调互联互通的标准化,并没有为服务的可变化能力进行标准化定义。为了适应不同的情况,服务往往存在下面几种方式:

① 一是多版本方式,不同版本对应不同的业务,实际上每个版本就是不同的服务,我们不建议这种多版本方式管理服务,还不如做成一个新服务来维护。

② 二是利用不同的输入参数标识需求特征,在实现中利用不同的代码分支(例如面向对象的多态方式)实现,这种模式是一个常见模式,但这种方式只对小粒度重用是有效的,大粒度重用时就会造成输入输出定义复杂,难以使用。

③ 三是通过内部配置的方式生成可执行的代码,这种方式已经接近重用的最佳方式,缺点是如何进行配置,能够支持哪些变化,外界是不可知的。因此,需要将重用能力所支持的可变性标准化出来。我们常说,"能力是柔性(可变化)的,柔性(可变化)是透明的"。

(5)通过数字中台建设,推进重用在企业中的应用,实现软件设计理念与文化的提升。很多企业动辄上百套系统,庞大的软件规模,以往注重系统安全可靠运行,稳定性压倒一切,但数字化转型背景下不但希望核心系统稳定运行,而且希望新业态业务快速推出,占领市场,目前的软件研发方法显然不能满足要求。业界目前敏捷研发的方法是从研发过程的角度,在团队中建立良好的研发习惯,利用自动化手段减少重复劳动,提升研发效率,也是中台建设需要采用的方法。而重用是从软件结构的角度提升研发效率,需要在软件设计层面,提出重用的要求与目标,建立总结、抽象的习惯,改变设计的结构。传统金融企业软件,在会计、账务、支付、资产等等核心业务上,根据会计准则等要求,具备了良好的可重用模型,但是在客户接触、营销、运营等方面却缺少具备普遍共识的总结,在新业态、新商业模式下,业务已经不是以会计、账务为核心,而强调以客户、产品、合作伙伴为中心的全生命周期,因此,需要从上述方面进行流程、数据的总结和抽象,建立可重用的能力。重用对软件设计的要求很高,需要逐步形成重用的文化,逐步推广。我们常说,"软件行业已经进入深水区,取法乎上,得乎其中"。

(6)可重用能力的建设,要采用产品化思维进行建设,在业务与技术之间达到平衡。过去往往在衡量可重用能力的时候,喜欢以被重复调用的次数、重复使用项目的次数等,来作为主要的评价标准,这种方法是片面的。单一从这个视角进行评估,就是技术化的思维,事实上越是小粒度的重用能力,被调用、使用的次数就越多。中台提供的可重用能力,自身就是一个产品,需要有自己的愿景和定位,明确自己的客户是谁,为客户解决哪一类问题,这类问题的业务价值是什么,如何评估业务价值,针对不同用户的策略是什么(例如服务、定制还是自助),如何保证产品的服务质量,产品推广的策略是什么,如何建立产品持续运营的能力。回答了这些问题,就建立了数字化中台持续发展运营的能力,我们常说的"服务能力化,能力数字化"就是这个意思。

企业数字中台的建设,是一个建立企业可重用能力的体系,这一章我们重点讨论基于可重用思想,进行软件研发的全过程。

3.2 研发的核心原则：通过可重用构件，实现个性化的软件

对于企业来说，大部分的软件需求并不是全新的，而是已有系统需求的变体。传统的软件研发通常只关注某一具体应用领域，不断地重复开发该领域已有软件的变体，这些变体之间通常存在着大量的相似性，这为系统化和大规模软件重用奠定了基础。企业需要采用产品化思维，通过中台来研发、沉淀可重用的服务，支撑大规模的应用研发。软件产品线方法就是进行大规模重用的一种方法。

软件产品线起源于20世纪70年代对程序族的研究，80年代中期开始使用软件产品线开发系统，90年代中期出现了对软件产品线正式的理论研究，进入21世纪软件产品线的研究已成为软件工程领域的热门，借助于软件工程中软件重用和软件架构的理论基础，软件产品线成为了一种非常专业的软件研发的组织方法。

软件产品线是一个产品集合，这些产品共享一个公共的、可管理的特征集合，这个特征集合能满足选定的市场或任务领域的特定需求，这些系统遵循一个预先描述的方式，它们是在一个公共的核心资源基础上开发的。如图3-1所示，软件产品线工程是基于软件产品线理论进行规模化软件开发的过程，主要包括领域工程、应用系统工程两个方面，领域工程是其中的核心部分，它是领域核心资产（包括领域模型、领域体系结构、领域构件等）的生产阶段；应用系统工程面向特定应用需求，在领域核心资产的基础上，面向特定应用需求实现应用系统的定制和开发。

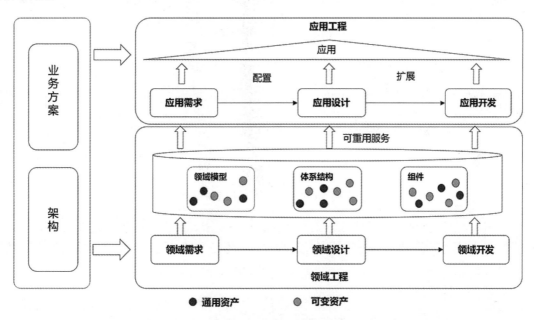

图 3-1　软件产品线工程设计

领域工程是研发可重用资产，建设共享服务中心，提供通用服务，并为服务中可变化部分，提供业务可变点和默认实现，实现通用资产与可变资产的分离。领域工程通过定义业务对

象与主题数据,根据主题数据切分共享服务中心,实施标准化、端到端的服务,并发布可重用的业务组件。

应用工程是使用可重用组件来配置开发与扩展,应用工程从领域工程的共享服务中心中获得可重用服务,根据业务的具体情况配置业务定制点,实现个性化业务。应用工程的职责是在利用领域工程提供的标准化、端到端服务,分析差异需求,通过配置可变点或者扩展开发可变点实现,完成个性化业务定制。

3.3 数字化时代的特征:数字化的软件研发

数字化转型中,有一个重要的概念是"数字孪生",本质就是将现实世界的事物,在计算机理解的虚拟世界中建立一个映射,创造一个数字化的克隆版。基于这个基础,软件将定义一切,能够在虚拟世界中对现实世界的事物进行交互、预测、预警、监控、协同、调度、决策、指挥等等,这就要求软件本身也是数字化的,也具备"孪生"的能力。

本节将简要介绍数字化软件相关的理论,以及它们与数字中台、数字化应用的关系,具体会在后面的章节展开。我们认为IT 架构重塑,必须研究软件研发的数字化,如图3-2所示。

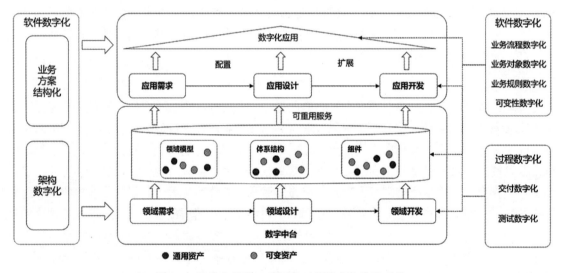

图 3-2　软件产品线工程视角下的数字化软件研发

软件研发的数字化,包括业务方案、架构、业务需求、组件(程序),以及应用研发过程的数字化。数字中台建设根据软件产品线理论,无论是领域工程产生的核心资产,还是应用工程产生的数字化应用,都应具备上述的数字孪生能力。

实现软件研发的数字化,我们可以设想一下:

(1)如何对软件研发过程中的产物进行系统性描述,包括描述业务方案、架构、业务需求、组件(程序),保证描述的准确性和完备性。

(2)如何将这些描述变成计算机可以识别,也就是变成结构化数据,而不是用文档等非结构化方式,以方便在各个阶段之间进行传递,提高知识传递的效率。

（3）如何根据这些结构化数据，自动转换成代码实现或实现框架，提高开发的效率。

如果做到了前两者，我们认为达到了"结构化"水平，达到了第三点，才是真正的数字化。业务方案我们使用了"结构化"而不是"数字化"，之所以这样用，不是因为业务方案定量表述困难，而是因为业务方案向 IT 转换还不容易有数字化的手段。但软件的架构、软件的需求（业务流程、业务对象、业务规则以及可变性）、研发的过程（交付物与交付过程、测试），都是可以数字化的，不仅可以用结构化数据进行知识的传递，类似于汽车的制造，孪生的数据包括设计、生产、运行、维修、采购等，多个有相似、有不同的数据映射，必须将不同阶段的映射关联起来。在不同阶段转换时，可以自动产生为代码的实现。

3.3.1 业务方案的结构化

上一节我们讲到，数字化的软件研发需要研发过程中的产物做到"数字孪生"。那我们在这里就可以考虑以下三个问题：

（1）业务方案如何进行系统性、条目化的描述，保证描述的准确性和完备性。

（2）如何将业务方案的系统性描述变成结构化数据。

（3）如何根据这些结构化数据，自动转换成代码实现或实现框架，提高开发的效率。事实上，做到第（3）点是非常困难的，因此我们这里只是把业务方案用结构化方式体现出来，保证上述第（1）点，考虑第（2）点。

系统性、完备性描述业务方案，精益画布就是一种选择。这里以精益画布为例，介绍业务方案的结构化描述,根据这一方法,也可以演变为其他方式,但是结构化本身强调的系统性、条目化特征是关键。

精益画布是《精益创业实战》作者阿什·莫瑞亚根据亚历山大·奥斯特瓦德的"商业模式画布"方法改良而来的，它是呈现在一张纸上的可视化简明的商业计划书，如图3-3所示。

1 问题	4 解决方案	3 独特卖点	7 竞争壁垒	2 用户细分
客户最需要解决的3个问题	产品最重要的3个功能	用一句简明扼要但引人注目的话来说明为什么你的产品与众不同、值得购买	无法被对手轻易复制或者买去的竞争优势	目标用户、客户
产品的商业目标	6 关键指标 应考虑哪些东西	一句话描述你的产品	5 渠道 如何找到客户以及如何推广	
8 成本分析 争取客户所需要的花费，包括销售费用、网站建设费用、人力资源费用等。			9 收入分析 盈利模式，收入毛利	

图 3-3 精益画布

精益画布由9个大的条目构成，每个条目还可以细分为子条目：

（1）问题：目标用户最迫切需要解决的3个问题是什么？用户有哪些痛点？针对这两个方面就可以进一步条目化。

（2）用户细分：你的产品目标用户是谁？这些用户有哪些关键的特征？对这一类用户的画像进行详尽的描述和标记，以便找到他们，接近他们，挖掘他们更多的需求和价值。

（3）独特卖点：为什么用户要选择你的产品而不选竞品？这里强调的是与同类产品的差异化竞争。

（4）解决方案：你帮助目标客户解决问题的方案？每个竞争对手的答案都不同的，但你一定需要有自己独特和准确的答案。

（5）渠道：如何将产品或服务送到用户手中，如何与用户保持连接？产品或服务需要准备好分发、销售和推广渠道，保障产品上线就能直接进入运营工作。

（6）关键指标：哪些数据指标能让你了解产品的真实状况？例如转化率、访问量、转发量、阅读量，抓住业务核心的关键指标，牢牢盯紧和优化增长。

（7）竞争壁垒：如何为自己家产品构建护城河？

（8）成本分析：做这个产品或者服务的直接成本和间接成本都有哪些？

（9）收入分析：如何赚钱？收入能大于成本吗？怎么持续发展到哪个时间点才可以达到盈亏平衡？

这里我们可以看到，精益画布系统地表述了创业初期团队的商业计划，满足商业计划创造价值、传递价值、获取价值的核心商业要素。重要的是，它是条目化的，比较容易分解为软件所需要的业务需求。例如我们在银行业务中，就可以根据这个进行演变，将解决方案和渠道细化为渠道、产品、运营、风险、营销、风险六个方面，与业务需求对应起来，实现无缝的知识传递。

3.3.2 软件架构的数字化

软件的架构应该是可重用的，不需要每个系统重新设计，而是找到规律，根据业务需要做选择题。同样我们考虑三个问题：

（1）架构设计如何进行系统性、条目化的描述，保证描述的准确性和完备性。

（2）如何将架构设计的系统性描述变成结构化数据。

（3）如何根据这些结构化数据，自动转换成代码实现或实现框架，提高开发的效率。

软件架构分为企业级架构与系统级架构两个方面，其中 TOGAF、Zachman 等多种方法，本书采用 TOGAF 方法，将架构分为业务架构与 IT 架构，IT 架构又分为数据架构、应用架构、技术架构、安全架构等，如图3-4所示。

企业级架构设计是高阶的信息化设计，而系统级架构设计是对企业级架构中所识别的信息化改造、新建需求的实现设计。系统级架构设计有 RUP 4+1、IIOP 等设计方法。本书主要采用 RUP 4+1方法。无论企业级架构还是系统级架构，架构的基本元素都可以参见图3-4。这里对架构元素的详细说明，我们在后续的章节中会涉及，这里主要讲解架构数字化后的用处。

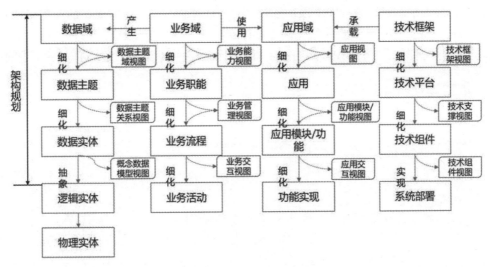

图 3-4　企业架构设计元模型

（1）总结设计的经验：我们可以针对企业情况，在众多系统中利用分类方法找到架构的共性与可变性，提供标准化的架构供不同类型应用选择。通过这种方式，将架构设计的能力标准化，将从前分散的设计经验进行总结，形成可重用的体系架构能力。逐步提高应用的标准化水平，提高架构管控的能力。

（2）技术架构实现标准化部署方式：制定可重用的体系架构，需要对应用进行分类、分级。例如，银行系统可以分为业务系统，支撑银行业务运营的关键系统（例如总账、卡系统、贷款、存款、资金等），渠道系统主要为银行客户提供使用服务（例如柜面系统、综合前置系统、电话银行、个人网银、企业网银），管理信息系统主要为银行综合管理部门和内部监管部门及业务部门提供支持（例如信贷管理、财务管理、客户关系管理、人力资源管理、风险管理、稽核、绩效考核等），支撑系统主要为相关系统提供辅助和支撑服务（例如报表平台、统一用户系统、指纹认证系统、短信平台等）。还可以再按照重要性进行划分，例如需要7×24、7×15、7×13、7×8的系统。有了这样的分类后，就可以根据企业情况，制定相应的架构标准，在应用开发前，确定技术组件的选择、确定标准的部署方案，提高架构管控水平。

（3）数据架构实现数据处理的标准化流程：我们可以针对主辅数据源策略、数据备份策略、数据清理方式、数据归档方式、数据销毁方式等，针对不同数据情况，提供标准的处理流程、处理工具与处理规范。在应用设计中进行选择，例如系统日志选择备份频率（每日）和保存时间（15年）；再如数据清理的方式，是数据更新还是联机清理或者批量清理。

（4）便于评审与协作交流：系统出现问题，往往是变更引起的，将系统架构的设计过程数字化，可以可视化展现系统状况，便于设计的评审、交流，评审者通过了解架构的变更以及架构元素之间的关联，对变更带来的影响度进行分析，就可以比较容易地评估变更是否对系统以及相关系统产生不利影响。

（5）为架构的自动化实现提供了基础，很多系统变更或者新增系统，可以根据数字化的架构，产生部署代码，实现标准化部署方式，不需要每个应用自行编写代码，提高了应用交付的速度。

（6）为架构遵从提供便利的手段：通过数字化的架构，可以方便地了解业务与技术实现之间的关系，帮助架构团队掌握系统实现与业务架构的符合程度。同时，也方便评估目前系统技术组件的使用情况，与标准化架构的符合程度，为企业技术架构一致性的制定路线图。

3.3.3 数据建模与知识建模

数字化应用管理的核心是业务对象、业务流程和业务规则，数据建模的本质就是建立业务对象在数字世界的映射。我们还可以考虑三个问题：

（1）如何进行系统性、条目化的描述业务对象，包括数据、信息、知识等，保证描述的准确性和完备性。

（2）如何将业务对象的系统性描述变成结构化数据。

（3）如何根据这些结构化数据，自动转换成代码实现或实现框架，提高开发的效率。

数据建模应该将现实世界中的事物与事物间的联系，表述为信息模型，再转换为计算机可存储的物理模型的过程。相关的概念比较多，很多概念之间都有重合之处，例如数据库设计的概念模型、逻辑模型、物理模型，分别强调概念及之间关系（描述是什么）、概念的具体化（增加了具体属性、功能等，描述做什么）、对数据库存储的描述（描述概念模型在具体数据库中的存储方式）。再如电信行业 TMF（电信管理论坛，是电信服务提供商及其供应商组成的国际性联盟）的 SID（Shared Information Data/Model）共享信息模型，它在建立 eTOM 模型（电信运营行业的业务流程框架）时，考虑到信息数据共享这个重要的问题，重点关心数据逻辑架构。它是对业务过程中涉及的各种业务信息进行抽象、分析并使用 UML 对共享信息进行数据建模，而且为聚合业务实体定义了数据对象、对象属性等，为 eTOM 提供了信息数据共享的基础。再如 CIM（电力行业通用信息模型），为电力企业定义了一个抽象的数据模型，定义了数据共享交换的标准，形成企业统一信息视图，在国家电网 SG-CIM 中进而提出为业务系统提供统一的数据模型。

1. 逻辑建模与物理建模的区别与联系

从上述三个例子中可以看到，数据建模有两种情况，一种是在数据库存储中使用，另一种是信息共享交换中使用，两者之间有一定的重合，这里我们不落书袋，简单将数据建模分为逻辑建模、物理建模两种情况。逻辑建模用于描述事物的基本概念（实体）、属性以及实体之间的关系，产生逻辑模型。物理建模在逻辑模型基础上，针对具体场景定义物理格式，例如关系数据库存储格式、列式数据库存储格式、Swagger（用于生成、描述和调用 RESTful 接口的Web服务）规范的报文格式、界面的展现方式等。

通常情况下，我们把逻辑模型作为业务对象的描述方式，在业务流程、业务规则中使用逻辑模型而不是物理模型。设计逻辑模型时，既可以自顶向下地进行设计，再根据逻辑模型设计物理模型，也可以自底向上，根据现有的物理模型（例如数据库表、接口定义、表单界面、外部数据等）配置为逻辑模型。在前一种情况中，为简化设计，可以在逻辑模型与物理模型之间默认建立映射关系，自动生成物理模型，例如逻辑模型不会定义主键这样的物理存储，可以为每一张表自动生成一个主键。再如逻辑模型不会定义索引，可以根据逻辑模型中参与分析或者查询的维度信息，生成一个索引。

需要指出的是，逻辑模型中不同实体的不同属性，在业务含义上可能是一致的，例如两个实体都使用了"身份证"这个信息，因此这里又有了一个数据标准的概念，数据标准针对业务定义出很多数据条目，逻辑模型中不同实体的不同属性可以指向统一数据条目。

2. 基于四色原型法的逻辑建模

逻辑模型设计，有很多种方法，例如E-R模型法，面向对象的方法。随着数字化时代强调全量全要素的数据连接，强调对业务过程的控制，强调业务与技术的深度结合。面向对象建模的理论最近几年比 E-R 建模更加受欢迎。此时会发现DDD（领域驱动建模）、四色原型法、分析模式-可重用对象模型（马丁·富勒），都是20世纪90年代出现的，针对面向对象建模的方法。这些方法之所以优于E-R模型，是因为它们在概念分析、实体之间关系的描述优于E-R模型。

我们推荐用四色原型进行逻辑建模：四色原型是在使用UML建模的时候，把实体分为四类，并标注不同的颜色的一种建模方法。这种方法是模型设计经验的一种沉淀，能让我们更加深刻地理解每个对象的职责，以及对象之间的相互关系，通过四种颜色，能帮我们更好地分析建模对象，让我们分析复杂业务的同时，也更直观地将对象关系一目了然地呈现给大家，同时也能表达出比一般的黑白模型更加丰富的领域信息。

四种颜色分别是：

（1）时刻-时间段原型（Moment-Interval Archetype）：表示在某个时刻或某一段时间内发生的某个活动（使用粉红色表示，简写为MI）。

（2）参与方-地点-物品原型（Part-Place-Thing Archetype）：表示参与某个活动的人或物，地点则是活动的发生地（使用绿色表示，简写为PPT）。

（3）描述原型（Description Archetype）：表示对PPT的本质描述。它不是PPT的分类！Description是从PPT抽象出来的不变的共性的属性集合（使用蓝色表示，简写为DESC）。

（4）角色原型（Role Archetype）：角色就是我们平时所理解的"身份"（使用黄色表示，简写为Role）。

四色原型可以用这句话进行描述：某个人（Party）的角色（PartyRole）在某个地点（Place）的角色用某个东西（Thing）的角色（ThingRole）做了某件事情（MomentInterval）。

我们可以举一个例子，例如生成购物的订单是一个动作，就是一个下单的MI，它会包含子订单这样的子MI，下单人是一个当事人（PPT），此时的角色（Role）是下单者，同时这个人还可能是支付者、收货者、商品使用者，每个关系表示的角色都不一样。

四色原型法有一个不完备的地方，MI是对事件的描述（例如合同、支付），PPT是对资源的描述（例如机构、组织、人员、产品，看起来和主数据比较类似），但是有些业务对象比这个更复杂，例如建筑企业的项目计划、金融企业的投资计划，它包含了一系列对象的组合。

四色原型法让我们可以更加完备地理解业务，让模型与客观世界更加一致地联系起来，而不是E-R模型那样，仅仅绑定在数据库设计上。

3. 面向数据仓库的维度建模

维度建模是数据仓库建设中的一种数据建模方法，它重点解决用户如何更快速地完成分析需求，同时还有较好的大规模复杂查询的响应性能。维度建模是数据仓库领域大师Ralph

Kimball 所倡导的，他的《数据仓库工具箱》，是数据仓库工程领域最流行的数仓建模经典。维度建模从分析决策的需求出发构建模型，构建的数据模型为分析需求服务，它将客观世界划分为度量和上下文，按照事实表、维度表来构建数据仓库。

维度建模将信息组织到结构中，这些结构通常对应于分析者希望对数据使用的查询方法。例如，2019年第三季度西北地区的食品销售额是多少？表示使用三个维度（产品、地理、时间）指定要汇总的信息。

某种意义上，事实表的信息和四色原型法的MI有很强烈的对应关系，而维度表与PPT有对应关系，可以在数据建模中关联考虑，打通业务与各种技术之间的联系。

4. 知识图谱与知识建模

对数据与信息进行整合和关联，就形成了知识，就需要对知识进行建模。知识图谱（Knowledge Graph，KG）是对知识的一种结构化描述，它以结构化的形式描述客观世界中概念、实体及其之间的关系，便于计算机更好地管理、计算和理解信息。它通过结构化、语义化的处理将数据与信息转换为知识，加以应用。

通常结构化知识是以图的形式来表示。例如：人物、娱乐人物、歌手、影视演员都是概念，这几个概念之间有从属关系，周杰伦是一个实体，周杰伦是歌手，也是影视演员，周杰伦的出生日期等就是属性；周杰伦的妻子是昆凌，昆凌的丈夫是周杰伦，这就是关系，从上述关系可以推理出昆凌的丈夫是一个娱乐人物，如图3-5所示。

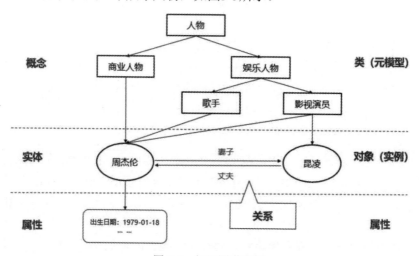

图 3-5　知识图谱示例

这个简单的示例表明，通过概念、实体以及之间的关系进行知识结构化表示，就可以让计算机具备推理能力，这种推理能力：

（1）可以不需要大量数据基础就可以建立起来。
（2）不一定需要完备的信息就可以进行推理。
（3）推理的过程是可以评估的，人可以通过推理过程判断结果是否准确。
（4）可以进行对未来的预测。这就可以在一定程度上解决目前机器学习方式面临的问题。

但是，知识图谱的建立有很多难题：

（1）如何建立知识的模型，也就是上述的"概念"如何建立。
（2）知识的获得比较困难，因为我们面临的可能是海量的知识。
（3）所获得知识的正确性如何验证。
（4）如何存储知识，进行快速的推理。
（5）如何在软件中应用知识、发挥价值，等等。这里面归根结底还是如何用工程化方式建设知识图谱。

知识图谱的建设，可以分为知识建模、知识抽取、知识应用三个阶段，而知识建模可以分为知识边界划分、概念建模、关系建模三个部分。参考图3-5，我们会发现，和面向对象建模类似，完全可以参考四色原型的方式，进行知识的建模。

需要指出的是，知识图谱可以分为通用知识图谱和领域知识图谱，实际上谷歌或者百度这样的大型互联网公司，构建的是通用知识图谱，它主要用于搜索引擎，它构建的是常识性知识为主，强调的是一种知识的广度，对知识的深度方面不做更多的要求。对于领域知识图谱而言，它首先是面向一个特定的领域，它的知识来源是特定行业，基于行业的数据来构建，而且要有一定的行业的深度，这两者的构建过程和目的会有很大的不同，作为一个企业级软件的从业者，我们关注的主要是领域知识图谱，也就是领域知识图谱构建与应用的工程化问题。

关于知识图谱的相关内容非常繁杂，限于篇幅，这里只是择其要点做一个简单介绍。也正是由于数据建模这样的复杂度，企业一般会设置一个专门的团队做这方面的工作，包括数据标准与术语、概念与逻辑模型建立、维度建模、概念模型与物理模型映射、知识建模、知识抽取、知识推理等。

3.3.4 智能化业务流程建模

数字化应用的建设分为领域工程与应用工程两部分。领域工程抽象出可重用服务，沉淀在数字中台，应用工程中对这些可重用服务进行组合或者扩展开发，形成数字化应用。服务既包括数据服务，也包括流程服务，这一节我们主要讨论流程服务的建模方式，以及如何体现业务流程的智能化。

同样我们考虑三个问题：

（1）业务流程如何进行系统性、条目化的描述，保证描述的准确性和完备性。
（2）如何将业务流程的系统性描述变成结构化数据。
（3）如何根据这些结构化数据，自动转换成代码实现或实现框架，提高开发的效率。

流程既包括高阶的业务流程，也有操作流程、交易流程这样的低阶流程。SOA架构下，服务的重点是标准化，是保证服务之间互联互通的标准，达到服务共享的目的。SOA的服务标准化也是中台服务所必需的。但中台的流程服务更加强调端到端，即提供端到端的标准化业务流程，同时这些端到端流程有足够的可变化能力，这些可变化能力也是标准的。这里，我们分为三个方面介绍：

（1）进行流程梳理的框架。
（2）如何分析业务的可变性，抽象虚拟流程，实现可重用的流程服务。

（3）以数据为中心的智能化流程实现方式。

1. 流程的建模首先从流程梳理开始

参考业界流程建模的方法，例如电信行业eTOM（Enhanced Telecom Operations Map，增强型电信运营图）业务流程框架（见图3-6）。这里我们把企业流程分为0~6级，L0是一个完整的业务视图，例如银行的L0可以分为对公、对私，是CEO视角；L1是核心业务的分组，例如银行业务分解为产品、渠道、运营、营销、风险，是VP和管理负责人视角；L2是核心流程，是各个部门主管的视角，例如产品生命周期管理流程，再如贷前、贷中、贷后。上述三种流程是在架构层面的定义，并不在IT系统物理层面体现出来。L3是具体的业务流程（Process Flow）；L4是流程中的活动（Activity），是较低层次的业务流程；L5是任务（Task），由个人或者小组完成的工作；L6是操作（Step），在一个任务中可能分为多个操作步骤，例如录入信息后单击"下一步"按钮。

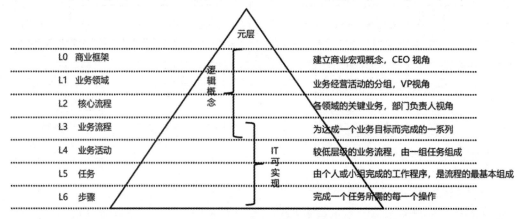

图 3-6　业务流程框架

这样我们就可以给出一个流程梳理方法：对于L0~L2层属于业务架构的范畴，在中台建设中可以帮助企业进行中台的划分和能力中心的划分，实现业务与IT的对齐。而具体业务过程的梳理，针对L3、L4、L5三级形成标准化的模板，将任何一个业务过程梳理为业务流程、业务活动和任务三级。例如银行个人开卡业务，柜面的处理流程L3级为身份核查、客户信息预判、业务受理、个人签约、系统处理、凭证打印；L4级以个人签约为例，可以分为短信银行签约、电子银行签约、收费试算、客户确认、授权；L5级以电子银行签约环节为例，可以分为信息维护、短信确认；L6一般是具体的界面操作步骤，在梳理过程中可以忽略。

这里我们可以发现，很多时候L3与L4、L4与L5之间，不存在明确的界限，三级的方式给了我们一个标准化的梳理方法而已：

（1）不必过分纠结业务应该出现在哪一级。

（2）不要纠结同级流程之间可以互相包含。

梳理业务过程时，除了流程工作步骤，还包括每个环节的信息模型、效验规则、输入输出、流转规则、当事人、可变性等几个方面，我们以BPMN为基础，增加了可变性描述，形成了数字化、结构化的业务需求建模规范，这会在下一章节详细探讨。

2. 流程建模中的可变性建模

分级方式的流程梳理，为数字化、结构化描述需求提供了基础，但是还不能解决流程真正重用的问题。以上述柜面个人开卡为例，在柜面进行个人开卡与客户经理通过移动端为客户开卡，虽然大多数环节是类似的，但总是有一些不同，例如后者需要在开卡业务之前"选择外出领用的卡类型"，凭证打印时是"电子化凭证"等。这样的业务过程既类似又不同，这就是需要进行流程抽象建模。L3~L6 的流程划分是从业务需求分析的角度入手的，常常流程属于哪个层级没有一定之规，因此不能针对每一层级使用对应的抽象方式。这里，我们按照业务过程的特点，把业务过程分为三种类型：业务流程、操作流程和交易流程。对应的流程抽象也有三种模式：虚拟流程抽象、操作模式抽象和交易流程抽象，如图3-7所示。

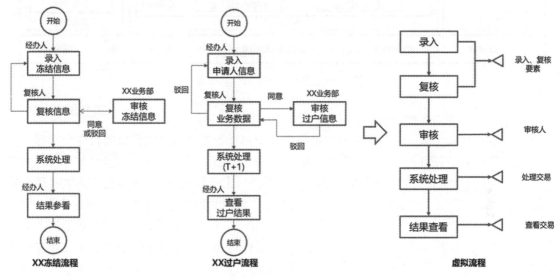

图 3-7　流程抽象模式

（1）虚拟流程抽象：业务流程是业务实施必须经过的一系列环节，每一个环节都是一个价值提升的体现，例如信息价值、产品价值、客户价值等，也可以从操作风险的角度来考虑，提供必要的风险控制手段，业务流程经常是跨组织、跨部门的，但跨组织、跨部门不是业务流程的必要条件，业务流程抽象建模就是抽象出共性的虚拟流程。这里举一个简单的例子，图3-7中，流程的模式确实非常像，都是经办人录入→复核人复核→相关人员审核→系统处理→通知经办人查看结果，我们可以将这个流程作为虚拟流程。应用工程中使用业务中台组件进行需求分析，就可以从业务中台中选择这个虚拟流程作为基础，对流程的可变部分编制需求，下发开发任务，扩展开发每个具体的活动、操作或者步骤后组合运行。

（2）操作模式抽象：是针对某些特定的业务操作，总结出操作过程的共性，在业务流程的活动或者任务中使用。例如图3-7中录入复核是就是一种常用的操作模式，在 L4、L5 层级都可能存在。它包括录入环节、复核环节，录入环节提交后数据暂存，复核环节提交后与录入数据比对，如果相同则进行业务处理，如果不同则需要重新录入。在使用业务中台组件进行业务分析时，就可以在活动或者任务时指定这种操作模式。操作模式的抽象不仅仅针对人工操作，交易服务也可以用这种方式进行抽象。

（3）交易流程抽象：交易流程是对信息的交换、处理、存储、查询等功能进行编排，一般是一个自动处理的流程。例如上例中系统自动处理，一般包括流水记录、数据转换、数据交换/存储、结果返回等步骤，这就可以作为一个抽象的交易流程固化下来，可变的部分是流水记录的格式、数据转换的规则、数据交换/存储的函数、结果组织的形式。有了流程的抽象，就为业务处理设计了固定的模式，在应用工程进行业务分析时,就建立了一个固化的交流方式，产品经理、需求经理可以采用这样的固定模式进行业务分析，例如金融企业中我们可以说，某一个环节需要录入复核，一句话就把业务的特征讲明白了，大家只要根据业务要求设计复核要素即可。这个固化的操作模式是不变的部分，是一个流程，而可变的部分是复核要素。

经常有这样的问题：这个业务从技术看没有被很多调用方使用，需要在中台中体现吗？其实，核心业务流程恰恰是业务中台中最关键的部分，对可重用流程的抽象，避免了从技术角度理解重用的狭隘，是大粒度重用的基础。

流程的抽象不仅仅是流程流转过程的抽象，还包括信息模型、业务规则、流程事件、人机交互方式、数据要素交互方式、流程环节当事人等诸多对象的抽象。抽象这些内容时同样要考虑共性和可变性。

3. 流程建模与业务流程智能化

流程梳理和抽象的时候经常发现，很多环节并不一定是按照固定顺序执行的，而是根据当前不同的情况，决定执行的先后顺序，甚至在很多情况下，执行的顺序需要人工来指定。例如，到医院某科室就诊，医生会根据病情，指定不同的检查，究竟使用哪些检查是没办法在流程梳理中确定的，但是可以确定检查项的范围。这种流程模式，在国内往往称之为"自由流"。OMG有一个相关的标准，CMMN（Case Management Model and Notation）可以称为案例管理模型和符号，就可以用来表述这种自由流。

这种"自由流"的处理，往往是由专业人员根据当前上下文的数据，利用自己的知识，确定后续活动的执行，或者说决定信息的流向。这就为我们进行业务流程智能化提供了思路。传统信息化应用，往往是一个事后记录信息的系统，由人或者其他手段录入信息，系统根据业务需要进行信息的传递，如果系统无法识别信息传递或者采集的流向，就由人根据专业知识来指定（我们说的审批，往往也是指定信息流向的过程）。除此之外，系统会把人的操作过程记录下来，整个信息化应用就是一个录入信息、记录操作的系统。

如果能够将信息的录入/采集自动化，将信息的流转自动化，将系统无法自动化的内容再传递给专业人士来处理，就是业务流程自动化的实现方式，实现我们说的数字化应用要提供智能导航的能力，系统指导人，而不是人利用系统做记录。或者换句话说，如果系统能够采集足够的数据，能够根据数据执行控制动作，就实现了流程自动化，表现为"不存在审批"。按照这一思路，会发现在现有的流程中已经具备了几个有利因素：

（1）流程的定义中，各环节是包含信息模型定义的，也就是说流程和活动、任务等具备了需要采集哪些信息的描述。

（2）流程尤其是高阶流程，箭头往往表示的是信息流向，而不是操作顺序，往往低阶流程箭头更像是操作持续。

（3）我们前面建立虚拟流程的时候，定义了操作流程、审批流程、交易流程，实际上操作流程往往是信息录入的操作，交易流程往往是信息记录+外部信息采集的处理，而审批流程是专业人士根据数据决策的记录过程。

（4）"自由流"是一种专业人士控制信息流转的过程，审批流程可以看成一个特殊的"自由流"。

基于上面的分析，我们可以得到一个数字化应用的定义方式，也就是把业务流程中控制流转的因素去掉，保留对信息的定义，只定义完成事项需要的数据，不再定义数据采集和流转关系，新的应用就是数据的组合关系。同时另外定义数据采集的方式，业务流程是根据数据之间的依赖关系控制数据采集的顺序，并根据数据进行相应的业务操作。如果能够采集足够的数据，并能够根据数据进行判断，就能够实现流程的智能化/自动化，把流程中人的参与程度降低下来，让人利用知识集中处理系统难以处理的问题。

在某直辖市大数据中心在"一网通管""一网通办"的建设中，就采用类似方法将全市的业务归结为2000+事项，每个事项对应若干信息项（共9000+），通过数据中台建立每个信息项与源头系统的关系与采集流程（自动采集、审批采集）等方式，同时建立了新增信息项数据采集的《公共数据"三清单"管理规范》。把传统围绕机构与岗位的业务流程改变为数据中心的采集、处理流程，机构的责权转变为数据的归属权。通过以数据为中心的方式，提高了办事效率，达到了"双减半"（行政审批事项办理时限减少一半、提交材料减少一半）的效果。

概括起来说，未来的智能化业务流程具有如下特点：

- 未来的应用，是基于数据的应用。
- 未来的流程，是数据驱动的流程。
- 未来的系统，是为业务提供智能导航的系统。

3.3.5 智能化业务规则建模

数字化是针对业务对象、业务流程、业务规则展开的。上两节我们描述了业务对象、业务流程的建模方法，希望能够将业务对象、业务流程本身能够数字化，这里我们再介绍业务规则的建模方法。

DMN是OMG（Object Management Group）制定的关于决策建模的标准，全称是Decision Model and Notation（决策模型和标记），为业务流程和业务规则之间建起了桥梁，也为业务规则的结构化定义提供了基础，可以作为BPMN路由的定义，也可以作为CMN中处理的选择。DMN里面包含两个层次：①输入描述层：需要哪些子的决策或者输入数据，才能够支持我做出正确的决定？②决策逻辑层：有了必需的输入之后，具体怎么做出决定。这部分可以表达成一个决策表或者一个表达式，也就是一个具体的业务规则，包括：①表达式：包括"左值+运算符+右值"或者计算式的方式；②决策树方式；③决策表方式。

但是，我们在企业数字化转型的实施中，无论BPMN还是DMN，使用起来都过于技术化，难以达到与业务顺畅沟通的效果，常常感觉"不解渴"，这样的话结构化定义就失去了作用。另外，也常常看到大家将业务规则与规则引擎混为一谈，谈论业务规则的时候，往往期待有一个好的规则引擎来解决问题。实际上，无论早期业界首屈一指的ILog，还是像Drools这样的开源规则引擎，直接使用的结果就是不好用，业务人员很难基于这些产品定义规则。究其原因，主要有两个方面：

（1）没有在DMN、Drools等技术化的描述之外，增加业务语义的定义，业务人员看不懂。例如金融产品定义中，业务人员希望看到的规则是：利息＝利率×计息周期×计息金额（利息计算基数），这样就需要针对利率、计息周期、计息金额这些术语进行定义，包括它们的数据来源、格式、计算公式等，让业务人员直接从"利息"这样结构中选择，而不是技术术语。针对这样的参数，需要定义利息结构参数，支持固定利率和可变利率两种，例如利息、罚息、超期复利、定期利息等，这样使用起来就非常顺手。类似的还有人员结构参数、岗位结构参数、佣金结构参数，等等。

（2）没有解决规则如何发现的问题。很多业务规则存在与人的知识中，在 DMN 中就有类似知识需求的定义，如何将人的知识，持续发现为系统的知识，是一个很大的话题，我们将在第6章中介绍。这里简单说一下，这种知识的总结，需要使用上一节提到的知识建模方法，系统性描述知识。知识的来源可以通过专家法＋NLP语义分析，从现有知识库或者文档中提炼。不要迷信人工智能等技术，实际上专业领域的知识建模并不比面向对象建模更复杂，正所谓"没有人工，就没有智能"。

3.3.6　软件持续交付的方法与规范

采用中台架构建设数字化应用，各业务系统将从原来一个巨石型系统发展为大量的服务，服务可以独立部署与发布，降低了系统耦合度，水平扩展能力得到显著提高，但也带来交付与运维复杂度增加的问题。需要建立持续交付的方法与规范，将需求、设计、开发、交付、运维的过程协同与配合，用于促进应用开发、技术运营和质量保障各职能之间的沟通、协作与整合，通过优化开发（DEV）、测试（QA）、运维（OPS）的流程，使开发运维一体化，通过高度自动化工具与流程来使得软件构建、测试、发布更加快捷、频繁和可靠。

（1）首先需要建立敏捷的项目管理方法。敏捷的项目管理方法以需求进化为核心，采用迭代、循序渐进的方法进行软件研发管理。项目不再采用瀑布式的模式，而是被切分成多个子项目，各个子项目的成果都经过测试，具备可视、可集成和可运行使用的特征。分布式应用让应用、服务、数据、感知都可以独立发布、部署、运行，可以把一个大的业务系统项目分为多个相互联系但可以独立运行的小项目，并分别完成，在此过程中软件一直处于可使用状态。支撑平台支持这种敏捷的项目管理方法，帮助业务系统研发团队管理需求与设计，建立需求、设计与开发、测试的关联，分配任务并跟踪进度，有效整理与跟踪出现的问题，对团队行为进行记录，通过看板方式可视化团队活动，提高各业务系统项目的项目管理水平。

（2）其次要建立持续集成的能力。持续集成可帮助业务系统的研发团队经常集成他们的工作，通常每个成员每天至少集成一次，也就意味着每天可能会发生多次集成。每次集成都通过自动化的构建（包括编译、发布、自动化测试）来验证，支撑平台连接统一的代码库，调用研发人员编写的编译脚本、自动化测试用例进行自动构建与自动测试，通常每次代码递交后都会在持续集成服务器上触发一次构建，可以在模拟生产环境中自动测试。研发人员需要保证每次构建都要100%通过，每次构建都可以生成可发布的产品。持续集成有利于检查缺陷，了解软件的健康状况，减少了代码编译、数据库集成、测试、审查、部署及反馈中的重复劳动，同时对功能完成度和缺陷率等项目的状态自动产生有效的报告，提高了软件研发的质量。

（3）最后要实现一键式部署与持续交付。业务系统开发过程中，往往存在多个环境，包括开发环境、测试环境、预发环境、性能测试环境、生产环境，研发人员需要将代码、配置、类库等部署到多个环境中，遇到问题需要回退到前一个状态，手工操作是一个非常烦琐的过程，通常研发人员会编写部署脚本进行一些自动化的操作，但是这些脚本又缺少规范与管理，无法成为统一、一致的行为。通过支撑平台，研发人员可以自定义部署过程，实现一键部署、一键供应、一键创建新环境。环境的创建可以通过一条命令或一键点击的方式创建，减轻运维人员的负担，避免错误，缩短业务系统上线的周期。一键式部署让持续交付成为可能，通过更频繁的自动化部署，业务系统新上线的功能可以尽可能快地呈现在用户面前，并能在一定的时间内从用户处获得尽可能多的反馈，根据反馈更快速地对新业务功能进行调整，从而加快业务系统交付的速度，适应业务变化。

数字化需求为敏捷的项目管理提供了更加便捷的管理方式，很容易将需求的条目与开发的任务关联起来，将开发的过程数字化；数字化架构为自动化部署提供基础。根据标准化的技术架构（技术平台、技术组件、部署方式），可以产生标准化的发布、回退流程和实现工具。根据标准化的数据架构，可以将数据变更、数据备份、数据同步、数据迁移等实现标准化的数据处理流程，并提供自动化的工具。最终在开发（DEV）、测试（QA）、运维（OPS）的不同阶段实现数字孪生。

3.3.7　行为驱动的软件测试方法

传统软件研发模式的问题在于业务人员把业务需求描述给软件需求分析人员之后，软件需求分析人员按照自己的理解编写软件需求规格说明书,然后研发人员根据软件需求规格说明进行软件架构设计和编写软件代码，最后测试人员根据软件需求规格说明书编写测试案例进行测试。由业务需求到软件编码，再到软件测试的过程中，不同角色和不同人员在不同时段对软件开发所需的信息进行处理，这中间有太多可能的机会丢失、弄错甚至直接忽视业务人员的原始需求。软件研发的众多环节中，只需一个环节出错，软件研发团队就很难按时交付出符合业务人员要求的软件产品。

行为驱动开发（Behavior Driven Development，BDD）是一种敏捷软件开发的方法，它鼓励软件项目中的开发者、QA和非技术人员或商业参与者之间的协作。应用在自动化测试中也可称为行为驱动测试。BDD借鉴了敏捷和精益实践，让敏捷研发团队尽可能理解产品经理或业务人员的产品需求，并在软件研发过程中及时反馈和演示软件产品的研发状态，让产品经理或业务人员根据获得的产品研发信息及时对软件产品特性进行调整。BDD帮助敏捷研发团队把精力集中在识别、理解和构建跟业务目标有关的产品特性上面，并让敏捷研发团队能够确保识别出的产品特性被正确地设计和实现出来。

BDD的软件研发过程是这样的：

产品经理（业务人员）通过具体的用户故事使用场景来告诉软件需求分析人员他（她）想要什么样的软件产品。使用软件产品的使用场景来描述软件需求，可以尽可能地避免相关人员错误理解软件需求或增加自己的主观想象的需求。

软件需求分析人员（BA）和研发团队（研发人员、测试人员）一起对产品经理（业务人员）的用户故事进行分析，并梳理出具体的软件产品使用场景举例，这些场景举例使用结构化的关键字自然语言进行描述，例如中文、英文等。

研发团队使用BDD工具把用户故事场景文件转化为可执行的自动化测试代码，研发人员运行自动化测试用例，来验证开发出来的软件产品是否符合用户故事场景的验收要求。

测试人员可以根据自动化测试结果开展手工测试和探索性测试。

产品经理（业务人员）可以实时查看软件研发团队的自动化测试结果和BDD工具生成的测试报告，确保软件实现符合产品经理（业务人员）的软件期望。

BDD并不是一种软件研发方法，也不是用来替代Scrum、XP、看板等现有的敏捷理论和方法，而是把现有的工作方法融合起来，让软件研发团队更加高效地工作，从而减轻因软件产品计划延误或功能缺失带来的压力。

3.3.8 高效率交付的低代码开发方法

1. 低代码平台是什么

低代码平台是指一种能够帮助企业快速交付业务应用需求、最小化代码量的平台。Gartner研究表明专业的IT人员只能够满足企业IT需求的6%；另一方面，随着企业间互动、更多设备接入方式等需求使得企业的IT需求将会达到现在的5倍，这意味着供需矛盾将加剧。低代码平台的推出让"业务人员"可以进入应用开发领域，而不只是精通代码编写的专业人员。这里提到的"业务人员"并不是指类似"银行柜员、服务经理、会计"等业务员。即使有了低代码平台，企业的应用交付仍是科技部门的职责，低代码平台的使用者是科技部门中对业务理解深入的人员，例如产品经理、需求经理，当然也包括了解业务的开发人员。

专业的编程人员可能会认为低代码应用开发平台不够强大，实际上并非如此。低代码平台并不是让使用者基于技术组件从零开发，而是在提前积累了大量业务组件的基础上进行应用配置。这就要求平台功能组件的覆盖场景不满足要求时，能够方便地通过代码扩展实现。

低代码 ≠ 无代码
低代码 = 无代码 + 极简代码 ≈ 无限制

低代码平台能够覆盖场景的广度取决于业务组件的丰富程度以及平台本身的柔性程度。其本质是简化了应用软件生命周期的部分环节，与业务中台、数据中台建设紧密结合，是中台建设的高级阶段。没有可重用能力建设过程中抽象的业务模式、积累的业务组件，低代码平台就无从谈起。低代码平台更像一个生命力强大的有机体，也需要时间的积累，需要不断的进化，借助可重用能力的支撑，必会为企业带来极大的价值。低代码平台是IT发展的必然，现在起步并不晚。

2. 低代码开发平台培养数字化人才

低代码开发平台是无须编码或通过少量代码就可以快速完成应用程序的开发平台。2014年，研究机构Forrester提出低代码开发的概念（Low-Code Development Platform，LCDP），希望可以让更多人进入到应用开发中。

Gartner研究表明专业的IT人员只能够满足企业IT需求的6%，而随着更多人、更多设备、更多数据的接入，使得企业的IT需求将会达到现在的5倍，这意味着供需矛盾将加剧。企业希望更多人可以进行数字化应用的开发，将他们的知识沉淀在IT系统中，成为数字化人才。而编程技术的发展，显然与这一目标背道而驰，分布式技术将复杂度成倍提高，应用前后端分离模式导致需要同时掌握几种语言才能编写应用。低代码开发就是希望屏蔽技术细节，而不只是精通代码编写的专业人员才能实现应用。

必须说，这一理想很丰满，现实却很骨感。我们在工作发现，类似的快速开发工具以界面可视化、业务拖曳方式的工具为多，往往效果不佳，产生的代码也难以维护。究其原因，很多低代码开发平台没有对采用低代码开发平台的业务目标、使用者群体做精确的定义，也没有能够对低代码开发平台进行精确的规划，而是简单的工具化思维。我们认为低代码开发平台成功的原因有以下几个方面：

（1）不要用程序代码的功能要求低代码开发平台，也不要认为业务人员完全没有技术思维，而是要充分理解业务需求，在低代码开发平台上配置业务。

（2）低代码开发平台需要基于业务组件积累来实现，尤其是积累大粒度通用的业务流程、数据服务，同时将这些服务的可变性透出，通过低代码开发平台对可变性进行配置，而不是基于细粒度组件进行编排。

（3）低代码开发平台需要面向不同的业务领域，不可能有一个通用的低代码开发平台。

（4）低代码开发平台需要持续演进，逐渐增加业务组件的积累，而这些业务组件必然是由代码实现的，要有专门的团队维护、升级。

低代码开发平台一般会包括后端交易、前端展现、自助数据服务的配置，下面我们举几个例子。对于后端交易，一般分为业务流程、交易流程、审批流程几种情况，可以根据抽象出流程的共性（例如流水记录方式、认证条件、业务补偿方式、审批模式，等等），分别提供配置的工具。这里的例子是一个审批模式的配置，请假的业务流程如图3-8所示，可以看出流程分为三个步骤：提交申请、审批、归档，类似的流程在企业中很多，针对这种情况，我们可以利用 RACI 的原理做一个抽象，R是申请人，A是审批人，I是知会人，配置一个表格就完成了流程开发，根据图3-8所示的这个表格，可以生成可运行的代码。这种方式的流程梳理非常符合业务习惯，很容易与相关业务人员进行讨论、确认；比起左图的流程图方式，也容易维护，一般变化都发生在审批这个环节，审批条件和层级不同而已，发生变化后调整表格即可。这里可以看出，低代码平台不是简单的拖曳方式开发，需要进行总结抽象。

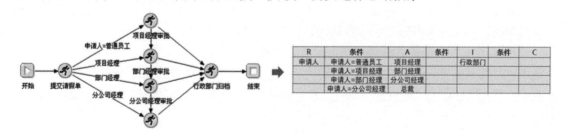

图3-8 请假流程示例

再举一个前端展现的例子。录入复核模式是常见的业务处理模式，包括录入界面、复核界面，录入界面提交后数据暂存，复核界面提交后与录入数据比对，如果相同则进行业务处理，如果不同则重新录入。不是录入界面的每一个要素都需要复核，而是要复核关键要素。这里，就可以抽象出一个框架，通过配置自动生成复核界面，自动保存录入数据，自动比对数据，如图3-9所示就是低代码开发平台中对需要复核要素的配置，复核要素是支付账号与支付金额，同时这些要素的其他属性例如是否记录流水、是否需要数字签名等等也定义了出来。需要指出的是，这里定义的一些属性，并不是支付账号、支付金额的基本属性，例如长度、精度这些，而是这些要素额外的控制属性，这些基本属性应该梳理成数据标准，保证配置每一个同样的业务要素时，都具备同样的基本属性。

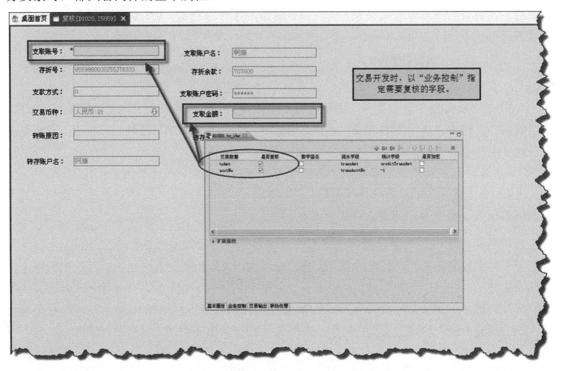

图3-9　前端展现示例

低代码开发平台最重要的是将业务的IT表现标准化出来，将业务需求、系统需求、代码开发的一部分工作合为一体，由需求的提出者配置实现应用，减少环节，提高效率。而这种标准化的沉淀，就是业务中台、数据中台、AI中台的主要目标。低代码开发平台是数字中台建设的高阶阶段，可以说没有低代码平台的中台不是完整的中台。

这种模式并不意味着不需要程序员或者大量减少程序员，毕竟低代码开发平台中每一个可重用组件都是需要代码开发的，这就要求从业人员更多地从业务抽象方面考虑问题，不断沉淀业务组件、数据服务，并将业务组件、数据服务在低代码开发中呈现出来。低代码开发平台不可能完成代码开发所有的能力，很多低代码开发平台都是一个基于表单、流程模式、通用的替代代码开发的可视化开发工具，既没有行业的业务积累，也无法对研发过程与能力进行固化，很难满足企业的要求，往往是个玩具而已。

3. 什么样的低代码平台适合企业

不存在能够适应全部业务场景的、通用低代码或零代码平台。常见的表单加流程类的低代码平台，适合做管理运营类的业务，但只用这一种方式建设低代码平台一定是错误的。企业业务繁多，一个通用的低代码平台难以解决所有问题，需要面向不同的业务领域建设和积累，从生产、营销、研发、运营、服务等等不同的业务领域，分别进行业务特色化的低代码平台。低代码平台需要可重用组件积累，不断进化以适应新的业务需求。

第 4 章

业务中枢：实现柔性的服务能力

前面介绍了如何建设数字化的可重用体系，本章将重点探讨如何通过业务中枢实现柔性的服务能力。我们把软件研发分为领域工程与应用工程，领域工程也就是中台的建设过程，应用工程基于领域工程积累的组件，快速推出前台应用。这里，我们会介绍业务中台的相关方法，包括如何通过需求结构化方法精确描述需求与可重用能力、如何构建标准的架构指导应用工程的设计、如何定义可重用组件的标准，以及支撑业务中台运行的技术框架。

4.1 需求结构化描述

4.1.1 需求结构化的目标

软件研发的输入是业务方案，从业务方案转换为业务需求、系统需求（软件需求），再进行设计、代码开发，类似一层层翻译的过程，翻译就不可避免地产生信息损耗，需求结构化就是希望在业务需求向代码开发转换时，建立一个数字化标准，统一语言，减少损耗。要讲清楚这个问题，我们必须理解传统的业务需求的管理与跟踪方法存在什么样的问题：

（1）一句话需求造成理解与沟通的障碍：从业务需求到后期软件需求，基本上靠一些文档、邮件、聊天记录、需求讨论会等口口相传。虽然需求人员努力拉上架构、产品、开发、测试、运维、以及业务部门的最终用户，场面宏大，然而沟通效率却不尽人意。

（2）需求模棱两可，需要反复确认：业务需求在分析、分解形成系统需求、概要设计等过程中，缺少有效的信息载体和表述形式，不能准确地在研发全过程中传递，反复的沟通和需求返工时常发生，这像是个甩不掉的魔咒。

（3）从业务需求到技术方案存在的鸿沟：尽管我们努力把需求描述得更加清晰，由于缺少对业务流程的全面管理与透出，无论是产品、架构还是平台技术人员都很难第一时间评估：针对新需求现有平台是否有能力支持？如果需要改动，改动的范围是什么？改动对于运行在平台之上的业务有哪些影响？工作量有多少？一般情况下，不可避免地需要通过翻代码，做Code Review来进行评估，这几乎是不可能完成的工作。

（4）同类需求仅仅是微弱的差异也需要重复建设：我们对于业务系统、软件平台的管理维护往往是在时间尺度上的分阶段管理。一个项目上线后，资源就被释放掉了。随着时间的推移，项目的交替推进，人员的进进出出，至此就再也没有人能够讲清楚一个多年以前的需求是如何实现的？翻代码带来的时间延迟，以及修改的风险之大，使项目经理不得不采取重复实现的方案，重复造轮子将不可避免。

面对上述问题，传统文档式的需求管理与跟踪已经不能达到系统建设的需要，需要对业务需求进行数字化描述，那么目前业界提到的需求结构化能否解决上述问题呢？我们来看一下一般意义上的结构化能做些什么、存在什么问题。传统的需求结构化是针对业务需求这个环节的，虽然对业务需求进行了标准化描述，但是由于存在下面的问题，在实际的软件研发中没有办法得到应用：

（1）业务需求与技术实现的关联性不强：传统的需求结构化最大的问题是关联性不强，其主要原因在于，传统的需求结构化是针对业务需求的解构和整理，聚焦于传统业务需求。因此，一方面，传统的需求结构化与系统需求、设计、开发等研发过程是割裂的，不但无法确定需求与技术方案、业务代码、测试案例的关系，而且很容易导致需求与后续阶段对不齐，从而导致需求结构化对研发过程指导意义不大；另一方面，传统需求结构化数据与真实的系统没有映射关系，你根本不知道这份需求实际部署在哪里、运行的质量如何，这就使得传统需求结构化对系统运维的指导意义不大，无法形成运营闭环。出问题依然要通过翻代码，这是最低效的做法。

（2）没有管理业务的可变性：一切变化找源头，那么可变性在软件研发过程中的源头正是业务需求。然而，传统的需求结构化没有进行标准化梳理和可变性描述，相似的需求甚至只是微弱差异的需求仍需要重复梳理。如果设计人员经验不足，或者对现存系统理解不够，则无法设计出柔性可重用的系统，重用也就无从谈起。这样的需求尽管结构化了，仍然无法从源头上解决重复建设的问题。

（3）缺乏可视化、全链路的管理手段：传统需求结构化形成的业务需求数据也是可以实现可视化的，之所以说缺乏可视化是因为传统的需求结构化仅仅覆盖了业务需求，没有建立多视角的管理体系。然而，传统的需求结构化受众又包含了产品、架构、需求、设计、开发、测试等角色，作为项目的成员都需要了解需求和沟通工作。仅仅包含业务需求而缺乏关系呈现的传统结构化需求，对多视角的工作帮助不大，前述非结构化需求管理存在的问题这里依然存在。

面对前述问题与困境，为了更好地支撑业务的标准化、端到端、柔性的业务流程建设，通过实践我们总结出一套需求结构化方法，这是一个面向产品、架构、需求、设计、开发、测试等多角色的全链路视角，建立标准化的信息描述语言和可重用标准，打造跨越业务、需求、设计的需求结构化管理与沟通协作方法。如图4-1所示。

从图中我们可以看出，需求结构化的目标体现在如下四点：

（1）实现需求的数字化，统一业务与技术的沟通语言：建立在需求结构化方法之上的统一的需求描述语言，沉淀了基于统一元模型的结构化需求数据。需求的管理与描述不再仅仅是文档形式，而是以结构化的形式呈现，同时这种结构化需求需要能够向前承接业务方案，向后能够准确地传递给设计、开发以及测试等角色，形成研发过程全链路的打通。从而基于共同的语言填平了业务需求到系统设计之间的鸿沟。

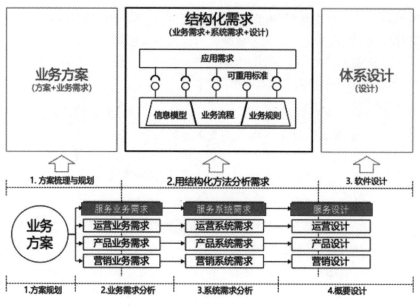

图 4-1 需求结构化方法

（2）减少软件研发的环节，提高协作效率：传统的研发过程从业务方案的制定到软件设计过程，需要4个步骤：业务方案、业务需求、系统需求、软件设计。引入需求结构化方法之后，业务需求过程中的业务流程梳理，软件设计过程中的操作流程和交易流程梳理被需求结构化整合到一起，从而将原本的4个步骤缩短为3个步骤。看上去只是减少了一步，实际上我们将研发过程中最为重要的流程梳理整合到一起，产品、需求与设计多角色协同工作，原本需要多路沟通和反复确认的需求，将通过统一的语言，汇聚到一起的流程梳理方法，快速达成一致。这种基于多角色认同的需求结构化分析方法，降低了需求确认的周期与频次，有效提升了交付效率。

（3）建立业务可重用标准：重用不是目的而是手段，通过重用我们能够降低整个IT建设的复杂度，从而实现低成本、高效率、高质量、快速交付以及易维护的业务系统。以前我们都是在设计阶段考虑重用，这样的重用一般专注于技术上的可扩展性。对于业务上的潜在可变性关注不足，这也是导致需求反复确认以及重复造轮子的原因。我们认为一切的变化源于需求，那么在需求结构化中落地的重用对于IT建设将更具价值。通过需求结构化建立领域工程与应用工程之间的可重用标准，领域工程实现能力用以重用，应用工程通过重用的标准重用已有业务流程实现个性化的业务，基础服务组件与业务实现真正隔离，针对业务的创新将无须考虑对于其他业务的影响，由此可以进一步缩减测试的范围以及周期，加速业务交付。

（4）形成可重用能力的全貌：需求结构化不仅仅是运用结构化的信息数据描述需求和设计，同时管理着层级关系、引用关系和扩展关系。"层级关系"实现对业务流程的解构，从流程的分解，服务的透出，呈现出平台的能力全貌；"引用关系"描述了业务流程作为组件或服务被系统内部或者外部使用的情况，从而获得业务流程的影响分析；"扩展关系"展示了业务流程透出的可变性，以及由什么业务重用了这些可变性，从而形成扩展影响关系。产品在做业务需求的分析时，可以随时查看平台提供的业务能力的三个维度关系的全貌，清楚地知道业务与能力的关系，而不需要委托设计与开发人员翻代码。

4.1.2 需求结构化的要领

我们可以从四个方面发力,推进需求结构化建设,达成前面所述需求结构化的目标。

(1) 数字化建模

从"需求结构化"这个名字我们就可以看出,结构化是建模应当具备的基本能力。它要能够把业务需求通过建模的方式,变成结构化的数据。有了结构化数据,推进数字化管理才能够成为可能,这为后续可视化以及面向结构化需求的运营打下基础。从这一点出发,需求结构化描述方法作为工具链的重要环节,必须是结构化、可分析、能展示、可运行的数据。

(2) 可视化呈现

结构化的数据通常可以用结构数据表示,例如有向拓扑图、列表、树、集合等,这类数据都是比较容易可视化的,也是比较容易理解的。需求结构化的关键要领之一是"可视化",通过对结构化需求可视化呈现使得我们对于业务的表达更加易于理解;通过呈现"业务能力地图"使得我们能够看到系统业务全貌,通过呈现"业务影响度分析"使得我们了解业务流转之间的依赖关系等等。

(3) 促进融合

融合性体现在两个方面:一方面是组织融合,结构化需求的描述方法需要适合业务人员学习与理解,易于表述业务需求;适合研发人员设计与实现业务;同时适合架构师进行架构管控。通过结构化需求的描述方法,让架构、需求和开发相互之间都走近了一大步。另一方面,在成果方面结构化需求以系统需求为基础,向前融合了部分业务需求,向后融合了部分系统设计,既可以满足业务需求的管理,又可以推动和支撑业务的设计与运行。

(4) 实现贯通性

贯通性的最大价值是帮助软件研发过程的管理,结构化需求作为研发过程中的一部分,向前需要与业务方案打通,向后需要与设计、开发、测试、部署以及运维打通,这就是需求结构化的贯通性。通过贯通性,我们可以实现在研发全链路上的可追溯。

4.1.3 需求结构化的模型

通过前述章节我们理解了需求结构化的意义,那么需求结构化具体包含些什么呢?业务的本质是围绕组织、目标、过程、事件、信息展开。"需求结构化"分成两个部分:偏向"业务需求"的概念模型覆盖了业务需求的关键组成;偏向结构化设计的元模型覆盖了结构化需求的重要组成;两类模型通过映射关系顺利打通,实现了前述关键目标:统一沟通术语,缩短研发沟通路径及成本。下面简单介绍一下结构化需求元模型,如图4-2所示。

(1) 业务领域

业务领域是对业务的分类,从业务需求的视角,业务领域用于解决一组相关的目标问题。通过对目标问题的拆解,我们可以分解获得业务领域中的业务职能。例如:运营中台的业务领域包含订单域、支付域、物流域,等等。

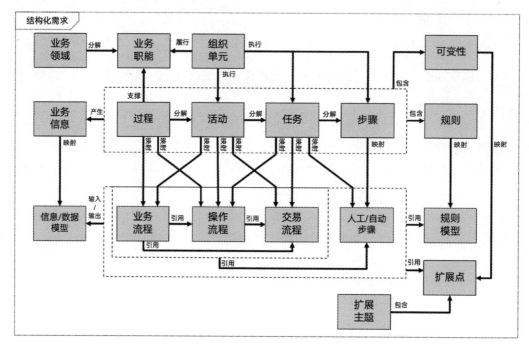

图 4-2 需求结构化元模型

(2) 业务职能

职能（Competency）是指人、事物、机构所应有的作用。业务职能是一组过程的组合，是用于解决业务领域中业务问题的工作。一组相互关联的过程共同支撑了业务职能的工作。例如，制造业的综合服务保障工作，由高级服务经理负责，包含服务策划流程、计划审批流程、服务派单流程、服务反馈流程、满意调查流程，等等。业务职能可能包含一个或者多个流程，但是不能简单理解为流程的聚合，而是对业务领域中的业务问题的定性分析。组织中的角色通过履行业务职能解决一个或多个业务领域中的业务问题。

(3) 组织单元

组织架构（Organizational Structure）是指一个组织的整体结构。是在企业管理要求、管控定位、管理模式及业务特征等多因素影响下，在企业内部组织资源、搭建流程、开展业务、落实管理的基本要素。组织单元是企业组织架构的一部分，在结构化需求的元模型中，我们可以清楚地看到，组织单元需要履行业务职能，结合前面所述，业务职能是用于解决业务领域中的业务问题的工作，因此组织单元是业务领域中完成业务职能工作以及被业务职能工作影响的个人、部门、角色或者岗位。我们一般从问题域出发，以业务职能工作为基准，通过干系人分析法，分析获取组织单元信息以及组成组织单元的个人、部门、角色或者岗位。

角色是组织架构中特殊能力的扮演者，服务于某些特殊场景，可以简单地理解为角色扮演。岗位是组织要求个体完成的一项或多项责任，以及为此赋予个体的权力的总和。角色是随组织结构定下的，而岗位是随业务定的，也就是我们常说的因事设岗。举个例子："采购审批经理"这是一个角色，只会服务于采购流程当中，"出纳员"则是一个岗位。角色、岗位与机构、个人一样都是组织单元的一部分，通过参与到业务过程中，执行活动、任务，履行并完成业务职能。角色、岗位都属于组织单元。

(4) 业务信息与信息/数据模型

业务信息是从信息流转的角度描述业务领域中的业务问题，信息模型最终将映射到过程、活动、任务、步骤之上，在它们的执行过程中，将产生业务信息，业务信息将贯穿它们的始终。业务信息将映射为"信息/数据模型"。"信息/数据模型"是对业务信息的数字化体现，使用数据字典对信息进行结构化约束。从而形成结构化的信息/数据模型。这些模型广泛应用于业务流程、操作流程、交易流程以及人工/自动的步骤当中，充当上下文数据、输入输出参数。同时也应用到扩展主题当中，用于对外配置的参数定义。

(5) 过程/活动/任务/步骤

"过程"是为达成业务领域中特定的业务目标，由业务单元中多个职能单元完成的一系列活动的聚合。"活动"是解决特定业务问题，达成特定业务目标的业务过程中的一个活动，它由一个或者多个任务按照一定的顺序编排而成。"任务"是由个人、小组或者系统完成的工作程序。"步骤"是完成任务的最小原子单元，它可以是由系统自动执行，也可以由人工执行。过程、活动、任务、步骤是从业务的颗粒度角度划分的，复杂的业务影响多个业务信息，简单的业务只会操作业务信息的一个属性。因此，如果一个过程中只有一个活动，那么过程也可以等同于活动；同样只有一个任务的活动也可以等同于任务；只有一个步骤的任务也等同于步骤。但是通常情况下，我们的业务不可能简单到只要一个步骤就完成，为了更好地呈现复杂业务的层次化结构，我们约定了从"过程"到"步骤"的四层结构。同时为了更好地运用图形化展现复杂业务的全貌，我们将它们映射为三类流程，分别是"业务流程""操作流程""交易流程"，如图4-3所示。

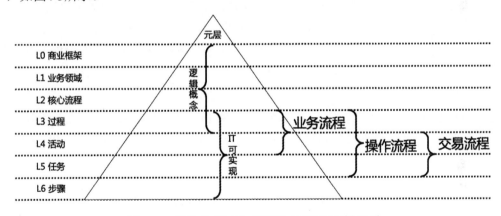

图 4-3 层次化需求与图形化流程的映射关系

(6) 业务流程

业务流程是为达成业务领域中特定的业务目标，由业务单元中一个或多个职能单元参与的、针对多个"信息/数据模型"的操作过程，业务流程主要用于描述信息交互过程，没有必然的先后执行顺序。在实际场景中，它是层级比较高的流程，是IT可实现的最粗粒度流程，通常也是业务职能的最直接表现。在实际分析过程中，"过程"和"活动"都可以映射为业务流程。根据业务的需要选择不同的操作流程、交易流程以及其他业务流程，通过事件、网关以及分支连线串接起来，在此过程中通过共同的流程上下文实现信息的传递和业务的流转，最终达成业务领域中特定的业务目标。

(7) 操作流程

操作流程由单人或多人协作共同完成的、对共同的"信息/数据模型"的有序的操作。因此人工"过程"、人工"活动"、人工"任务"都可以用操作流程图表述业务全貌。操作流程中可以引用"人工步骤""自动步骤""交易流程"以及"操作流程"。典型的操作流程有录入/复核流程、审批流程等。

(8) 交易流程

交易流程最大的特点是无人工干预，完全在后台进程内部运行，因此交易流程内部只可以有"自动步骤"或者"交易流程"。交易流程通常以服务的方式提供给前台调用。交易流程图可以很好地表述自动"活动"和自动"任务"。

(9) 人工/自动步骤

人工步骤与自动步骤是两种截然不同的操作，但都是代表原子的不可分割的业务。它是任务和步骤的表现形式，被前述三种流程所引用，其中交易流程不可以引用人工步骤。

(10) 规则与规则模型

规则是对业务领域中业务流转过程中的结构约束和流转控制的一种行为。因此在过程、活动、任务和步骤中都有可能引用业务规则。同时业务规则也出现在扩展主题当中，约束扩展点配置的生效条件。业务规则表现形式多种多样，可以是简单的表达式，也可以是矩阵规则、决策表、决策树，以及不同语言构成的规则脚本；又或者是多个规则组成的规则集。因此，业务化描述的规则，最终体现为结构化的"规则模型"。对规则的建模主要包含四个部分：（1）规则输入/输出参数；（2）规则的决策模型，用于构建决策逻辑等；（3）规则的决策逻辑，体现成多种形式包括决策树、决策表、简单表达式、规则脚本等；（4）规则模型之间可规则以形成依赖关系，当规则模型A的输出成为规则模型B的输入时，则表明规则模型B依赖规则模型A。规则模型广泛使用在业务流程、操作流程、交易流程、人工/自动步骤和扩展主题当中。

(11) 可变性与扩展点

可变性是业务当中的可以发生变化的地方，可以是一个属性的值，可以是一个动作，也可以是一个事件。这些共同的特点是在不同的场景下可以有不同变化。可变性可以映射为扩展点，但是扩展点不等于可变性。举个例子：用户的登录操作的认证方式有多种方式："用户名+密码""手机号+验证码""第三方认证登录""生物识别登录"等等，由此我们可以说登录方式是一个可变性业务。那么在这个可变性下面到底该有多少扩展点呢？首先，我们可以选择单一方式认证，也可以选择两种不同认证方式组合认证。针对同一个认证方式，例如人脸识别认证，人脸识别的方式又分许多种、拍照识别、表情识别等；而密码输入框也可以支持显示密码长度和不显示密码长度。从上面的业务场景中，我们至少可以得出四个扩展点：（1）单一方式认证还是组合认证；（2）选择哪些认证方式是第二个扩展点；（3）如果选择密码输入，则又有了是否显示密码长度的扩展点；（4）如果选择了人脸识别，则有了识别模式的扩展点。由此可以看出一个业务的可变性可以对应一个或多个扩展点。

(12) 扩展主题

我们将可变性分解为一个或多个扩展点用于业务配置。重新回到业务本身，我们在思考业务实现、进行可变性构想时，不是孤立来看每一个可变性和扩展点的，往往需要考虑配置过程的易理解。一个友好的扩展点配置分类将会事半功倍。因此从实现层面我们用扩展主题将相互关联的可变性以及与之配套的扩展点聚合起来，共同完成一处可变业务的配置。

4.1.4 需求结构化的可视化方法

明白了需求结构化描述方法的要领后，我们需要一种满足要求的可视化方法。

需求结构化是要运用建模方法对业务需求恰当地表达，对待业务需求的可视化我们将从三个方面展开（见图4-4），首先最重要的是"流程"的表述，用于描述业务需求是如何一步一步完成的；其次是"业务信息"，这是业务的过程产物或者最终产物；最后是"业务规则"，这是控制和影响业务流转的行为。我们应当分别寻找针对流程、业务信息以及业务规则的合适的可视化方法，然后融合形成一套需求结构化的可视化方法。

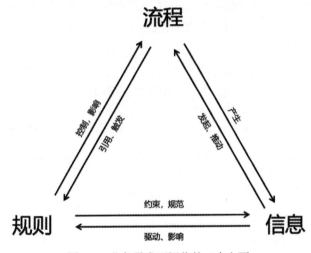

图 4-4 业务需求可视化的三个方面

1. 流程可视化

（1）从 BPMN 扩展出的三类流程场景

业界针对流程可视化的方法和工具不胜枚举，那么具体需要用什么形式呈现流程呢，业界比较典型的流程表述方式是BPMN、CMMN和DMN，我们可以结合它们的具体使用场景，归纳、融合、精简出流程可视化的描述方法。

（2）业务流程（Business Process Modeling Notation，简称 BPMN）

BPMN由BPMI（The Business Process Management Initiative）开发的一套标准的业务流程建模标记语言。BPMI于2004年5月对外发布了BPMN 1.0 规范，于2011年推出BPMN 2.0标准，这个标准奠定BPMN成为经典规范并沿用至今。与UML流程图、Visio流程图等多种流程建模工具相比，因为BPMN具有以下特点，将更好地满足需求结构化"语言"的要求。

BPMN更加贴近业务：直观上看，BPMN与UML的受众是不同的。BPMN更适合业务建模/业务分析人员，而UML语言更加倾向于软件设计与开发人员。再进一步观察，BPMN更加专注于流程的表达，而UML是软件设计阶段大而全的统一建模语言，虽然针对业务流转设计也有涉猎，但这一小部分的设计并不能满足流程表达的需要。

BPMN流程是可以执行的：BPMN与传统业务需求中的活动图也是有区别的。活动图最终只是一幅图，设计与开发人员需要根据这幅图进行设计与开发。这一特点导致需求与设计是割裂的，需求的变化不能立即在编码中获得响应。而BPMN的强大在于BPMN已经成为流程引擎事实上的标准，基于BPMN流程图我们可以在流程引擎中立即执行。这种既可以满足业务需求的表达，又能够快速展现成果，需求、设计、开发面向同一个成果进行增益工作，有效地减少了沟通成本，拉近彼此距离。

BPMN更适合表述跨领域的信息交互：有人说BPMN最懂B2B，因为企业之间的信息交互、企业内部部门之间以及能力中心之间的信息交互最为复杂。BPMN用泳池、泳道再加上信息流的概念，有效地解决了这一复杂场景：通过泳池隔离了复杂的B2B关系；有且仅有信息流作为系统之间的信息传递方式，消息之外皆为黑盒。

（3）案例流程（Case Management Model and Notation，简称 CMMN）

在我们的业务流转过程中，并不是所有的业务都适合采用BPMN方式，按照确定的严格的有向拓扑图结构顺序来执行。有些业务在流程定义阶段完全是无序的，需要环节执行人指定后续环节，或者根据当前场景动态地自动装配后续节点，这种业务的自由性被称之为"自由流"或者"案例流"。2014年5月，OMG发布了案例管理标准，称为案例管理模型和符号（CMMN），其重点是支持这种不可预测、知识密集和结构薄弱的业务。过去我们只是隐性地指出BPMN流程中某些环节是自由流入或者自由流出的。而有了CMMN案例流标准规范，我们用更加显性的方式呈现不确定的业务过程，与BPMN相互结合，从而能够更广泛地覆盖确定的和不确定的业务。

从图4-5中呈现的理念来看，CMMN设计期有两种活动，一种是计划任务A、B，一种是自由任务即不确定任务C、D。运行期根据实际的参数以及环境因素，动态加入C、D两个任务。由此可见，有向连线对于CMMN意义不大，其任务具体流转方式由运行期案例决定。

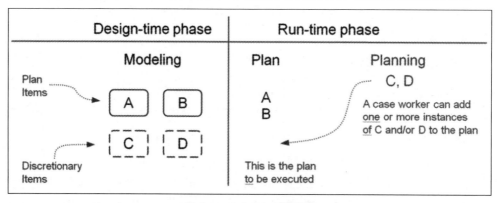

图 4-5　CMMN 工作原理

（4）决策流程（Decision Model and Notation，简称 DMN）

决策流程是OMG发布的决策模型与标注规范。BPMN仅仅简单地定义了规则活动和脚本活动，那么如何组织规则？如何实现规则建模？如何形成友好的业务规则可视化呈现？BPMN没有提，DMN这一规范弥补了BPMN对于规则建模，通过决策需求图形（DRG）进行编排并形成完整的决策链路：决策需求图（DRD）。其设计过程如图4-6所示。

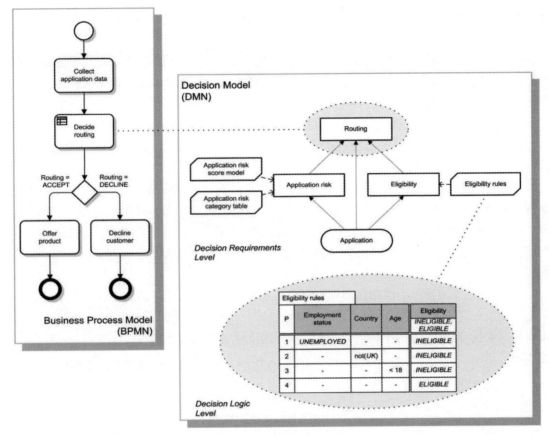

图 4-6　DMN 工作原理

从上图中我们可以看到，将DMN应用到BPMN中分成3步：

（1）在业务流程中定义规则活动：决策路由活动，这个活动需要输出一个决策结果，用于后续流程的流转。

（2）在DMN的决策规则中，定义了3种环节：①输入数据，申请单（application）；②决策模型（有3个），合格用户模型（Eligibility）、风险控制模型（Application risk）、路由确认模型（Routing）；③决策规则，合格规则（Eligibility rules）。

（3）请求进入DMN流程中，通过决策模型时依次执行相应的决策规则，获得最终的路由结果输出。

如此依赖，针对业务规则的可视化就有了相应的建模方式和可视化方法。

2. 流程可视化不能单纯地"拿来主义"

在实施流程可视化的过程中，任何一种可视化方式都不能单纯地"拿来主义"，也存在着以下问题：

（1）"一幅图打天下"的做法不可行：以BPMN为例，BPMN的表述能力非常强大，以至于无论是需求、架构还是开发对此都青睐有加。然而BPMN仅仅约定流程片段或者子流程的规范，并没有定义流程层级划分的原则。这样的结果就是同一幅图会混入不同层级的业务要素，未加约束；随着时间的推移，BPMN流程图本身变得臃肿而复杂，最终成为业务系统中看不懂、不能动、不敢动的技术债务。

（2）图例不是越多越好：许多流程规范是用来适应更广泛的用户，逐步泛化而变得复杂。就如BPMN规范演进到2.0版本之后，为了适应更广泛的业务需要，图例越来越多，也越来越复杂，尤其是事件图元，一方面，许多图元意义相近、功能雷同，为了细微的差别定义成不同的图元；另一方面，为了满足事务、异常等场景的需要，同一个图例也有相当多的表现形式。这是BPMN力求精细化表达的结果，但这也给业务人员带来了极大的学习成本，在实际运用过程中加大了沟通难度。

（3）不要分心，流程可视化应做最擅长的事情：标准化的业务流程是企业的业务核心，是对企业有序的业务过程精确的表达。因此，流程可视化应当专注于标准业务流程的可视化呈现。许多流程工具把规则的决策流等都放到流程可视化当中，这是不可取的。我们建议与标准化流程可视化展示相背离的内容都应当具有专属的呈现方式，包括业务信息、业务规则、业务扩展，等等。

（4）流程重用标示不清晰：流程的可视化是对企业标准化业务的沉淀，是对知识工作的总结，是企业IT工作的生产资料。因此，对于标准化流程的重用即是对生产资料的重复利用，可以极大地提升企业IT的生产效率。然而，众多的流程可视化标准中对流程重用并没有良好的可视化呈现。

3. 流程可视化基本图例（见表 4-1）

表 4-1 需求结构化的基本图例表

分类	名称	图例	属性
流程要素	业务流程（子业务流程）	业务流程	业务流程上下文 业务流程关联信息/数据模型 业务流程上下文 事件：业务流程执行前（后）事件，异常发生前（后）事件，回退前（后）事件，上下文变更事件等
	操作流程	操作流程	操作流程发起人 活动输入/输出参数 "操作流程"上下文 事件：操作流程执行前（后）事件，异常发生前（后）事件，回退前（后）事件，上下文变更事件等
	交易流程	交易流程	流程输入/输出参数 "交易流程"上下文 事件：交易流程执行前（后）事件，异常发生前（后）事件，回退前（后）事件，上下文变更事件等
	人工步骤	人工步骤	操作执行人 操作关联 UI 页面 事件：操作执行前（后）事件，异常发生前（后）事件，回退前（后）事件，操作参数变更事件等

(续表)

分类	名称	图例	属性
流程要素	自动步骤	自动步骤	本地服务或远程服务 服务输入输出参数 事件：操作执行前（后）事件，异常发生前（后）事件，回退前（后）事件，操作参数变更事件等
控制要素	开始事件	开始	启动事件类型；启动条件规则 启动表单；启动角色
	结束事件	结束	结束事件类型；返回参数；结束事件
	路由	路由	路由类型，单一、全部、条件多路等 关联表达式；关联路由决策规则
分支要素	信息流分支	○------▶	描述活动之间的信息转换，可以设计数据映射
	引用分支	-------▶	可以关联引用业务规则、信息模型、扩展主题以及描述等外部信息
	一般分支	——▶	这三种连线为有序分支连线，其中条件分支可以关联分时判定规则
	默认分支	—/—▶	
	条件分支	—◇—▶	
容器要素	泳池		泳池与泳池之间数据采用信息流通信，泳池内部采用时序（一般/默认/条件）分支关联，因此泳池更加适合作为能力中心的切分单元
	泳道		泳道用于设计参与者信息，同一个泳道参与者相同

4. 流程示例

（1）业务流程

从前文中我们知道，业务流程是对活动或者任务的编排，是过程的可视化呈现。业务流程中引用的活动类型有四种：

① 业务流程图元：业务流程图元指向另一个可重用的"业务流程"。
② 操作流程图元：这是对可重用的操作流程的引用。
③ 交易流程：图元这是对可重用的交易流程的引用。
④ 规则活动图元：这是对组件库中的规则模型的引用。

通过引用已有业务流程、操作流程、交易流程或业务规则，实现对标准化业务的重用，重用不可以更改业务实现，但可以根据业务的需要对原业务中透出的扩展点进行个性化配置。

可使用流程要素：

- 业务流程
- 操作流程

- 交易流程
- 人工步骤
- 自动步骤

编制业务需求的过程：

- 根据业务流程需求定义流程上下文、流程事件等。
- 重用：从组件库中选择可重用的业务流程、操作流程、交易流程等，引入后分别生成业务流程图元、操作流程图元、交易流程图元。
- 根据需求编排活动并为活动配置事件、规则、扩展等。
- 新建：如果没有合适的组件，则定义全新的活动，并为新的活动编制需求（参考操作流程或者交易流程），编制完成后重复第三步（上一步）。
- 使用事件、路由或者连线编排流程，最终完成业务流程的需求结构化录入并可视化呈现。

需要指出的是，无论直接重用已有流程，还是新建流程，最终的业务体现都是重用了一个活动。尽可能多重用已有业务流程组件、操作流程组件、交易流程组件等业务组件，当发现组件有85%以上功能契合度，但是扩展性无法支撑配置实现个性化的业务时，则需要下发任务由平台开发实现已有组件的可扩展性。业务流程需要避免直接使用人工步骤和自动步骤。关于结构化需求管理的规范将在后续小节中讲解。我们拿银行的信贷流程作为业务流程范例，如图4-7所示。

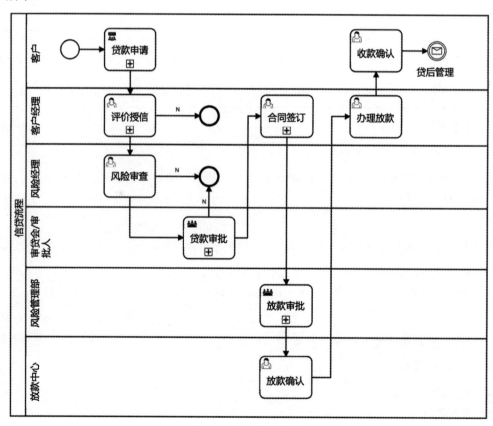

图4-7　业务流程范例

（2）操作流程

我们知道操作流程是由组织单元中的单人或多人协作完成的过程、活动或者任务，与业务流程不同的地方在于，操作流程聚焦于一个主要的"信息/数据模型"。信息模型是业务信息数据的载体，是业务信息分析的基础，包括三个部分的内容：对象、对象属性和对象之间的关系。业务信息有许多种类，由于"操作流程"在时序上有先后顺序之分，因此操作流程的主要"信息/数据模型"也是与时序相关的。在图4-7中可以看到贷款申请、评价授信、贷款审批、合同签订、放款审批都是人工活动，而风险审查、放款确认、办理放款、收款确认这些都是人工任务。"人工活动"与人工任务的显性区别在图例上，人工活动在底部中央区域有一个"+"号，人工任务没有；隐性区别在于，人工活动是一条"操作流程"，而人工任务是一个原子的人工操作。

可使用流程要素：

- 操作流程
- 交易流程
- 人工步骤
- 自动步骤

由于"操作流程"是针对单一表单的操作，无论表单多么复杂，都可以抽象出典型的操作模式，因此我们很容易将其抽象为虚拟流程，从而形成高度可重用的组件或者模板。典型的操作流程有"录入复核"流程、审批流程等。

（3）示例一：录入复核流程

录入复核流程操作模式一般包含录入、复核、审核等典型操作模式，录入又分为单录、双录等，本质上是为了提升对写入系统数据提高准确性。这些操作模式本质上都是对于数据权限的控制，通常包括读写、只读、不可见三种控制。复杂的录入复核流程可能涉及多级部门分段数据的录入复核操作，但是本质上其实都是典型的操作模式的组合，如图4-8所示。

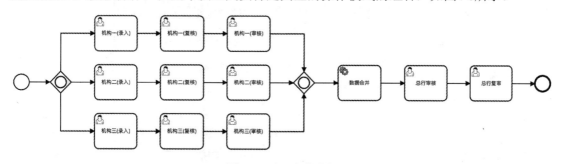

图 4-8　录入复核范例

上图就是一个典型的录入复核流程，因此扩展BPMN图例，用特定的图标与一般流程区别对待。

（4）示例二：审批流程

审批流程是另一个典型的操作流程，它典型在参与角色的定位方面。为了对审批流程进行标准化，我们一般采用RACI模型建立审批权限矩阵，从而快速构建审批流程。RACI的概念为：

- 由谁负责（R = Responsible）：任务的执行者，直面并解决具体问题和事情。这是通常意义上的执行人。
- 由谁批准（A = Accountable）：这是任务的负责人，对任务的成果负有直接责任，只有经他/她同意后方可完成当前任务。这是通常意义上的审批人。
- 向谁咨询（C = Consulted）：拥有完成项目所需的信息或能力的人员。这些人对待当前流程所关联的业务有相对丰富的经验，可以有效地帮助推进和解决业务难题，但是不负责任务执行和审核。一般为架构师、业务专家等。
- 向谁通知（I = Informed）：在整个流程过程中有些干系人拥有特权、应及时被通知结果的人员，却不必向他/她咨询、征求意见，这些人有权知悉，但不负责任务，也不参与任务的执行。

通过RACI模型，我们可以将组织中的人员准确定位职责权限，从而标准化整个审批过程。审批流程中核心关键是为每个待审批环节配置好RACI信息，参考表4-2所示。

表4-2 RACI 示例

环节	角色 A	角色 B	角色 C	角色 D	角色 E
人工任务1		C		R	A
人工任务2		A，R		C	I
……	A	C	R	C	C

（5）交易流程

"交易流程"可以出现在业务流程或者操作流程中，在业务流程中呈现为"自动活动"，而在"操作流程"中呈现为"自动任务"，本质上都是自动服务或规则的聚合。它与操作流程的区别在于整条流程无人工干预，完全由后台自动运行实现。自动活动通过编排本地服务、远程服务以及业务规则实现特定的业务，如图4-9所示为评价授信过程中资料审查的自动执行过程。

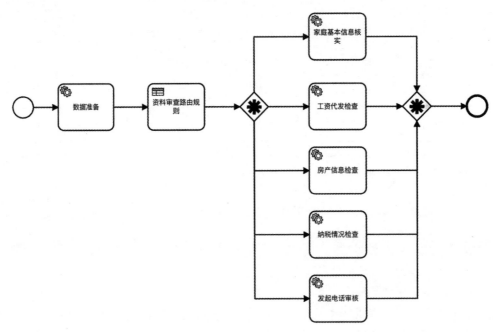

图4-9 交易流程范例

可使用流程要素：

- 交易流程
- 自动步骤

5. 信息可视化

（1）为什么选择四色原型表述业务信息

既然信息模型是分类的，那么分为几类呢？四色原型法为我们定义了这样的分类。四色原型是诞生于90年代，现在被广泛使用的一种系统分析方法，如Borland的Together架构师版，准确地说，是由Peter Coad 和 Mark Mayfield首先提出[Coad92]，然后由David North拓展[Coad95-97]。四色原型概述如图4-10所示。

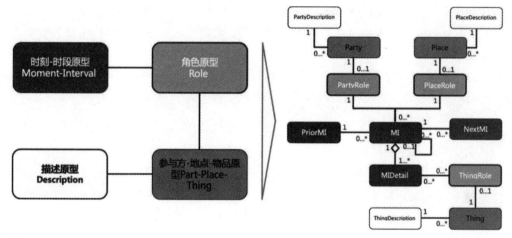

图 4-10　四色原型概述

- 时刻-时段原型（Moment-Interval，缩写 MI）：这是一个非常重要的原型，它的重要性在于：某个时刻（Moment）或一段很短时间（Interval）内产生的业务信息数据。这就意味在某个时刻发生的事情因为业务流转、业务控制以及业务合法性的需要必须记录和跟踪；与此同时，这类模型将很容易在一段时间后或一定时间内跟踪它的状态。典型的 MI 场景有：借书过程会产生"借书单据MI"在整个购书过程中都是有效的；购买商品会产生"订单 MI"。MI 通常与业务流程、操作流程、交易流程紧密结合，业务赋予了它关键的信息与方法。MI 原型如此重要，因此使用粉红色表示，本书中用黑底白字表示。
- 角色原型（Role）：角色是比较好理解的，在任何一次业务发生时（即产生 MI 过程中），都会有人、地点、事物的参与。例如：借书的时候，用户是一个借阅者角色，同时还有借阅管理员角色，在整个借书过程中，图书拥有楼层、分类、书架、存量等信息，因此此时的图书被称作"可借阅图书角色"。由此可以看出，在"MI 原型"发生、修改以及消亡过程中，介入的组织、事物、地点都可以称之为角色原型，这一点与我们组织机构中的角色分类有所不同。角色原型拥有更加准确的场景概念，角色原型是从执行层面分析，Role 原型使用黄色，本书中用灰底白字黑边表示。
- 参与方-地点-事物原型（Party-Place-Thing，缩写 PPT）：PPT 表示一个可标识、可定位的单元，这个单元有自己正常的状态并且能够自主控制自己的一些行为。通常情况下，人或组织是一种 Party，交易地点"商店"也是一种 Place，交易过程中的商品就是 Thing。Role 角色是 PPT 扮演的（a role that a PPT plays），PPT 是角色 Role 的扮演者（role-player），PPT 只有在扮演特定角色时才具有行为，才会真正产生业务价值。例如：面包在购买过程中表示"可售商品（角色）"，我们更加关注价格、数量等商品信息；购买过程结束后，我们打开包装吃面包，此时面包就是"食物（角色）"，此时我们更加关注能量、口味、保质期等等。PPT 的重要性要次于角色，而又相对稳定，因此采用绿色表示，本书中使用灰底黑字表示。

- 描述原型（Description，简称 Desc）：描述原型是用于分类描述的原型，通常用于 PPT 原型的分组。例如面包属于食品分组，用户按照年龄段可以分为幼年、少年、青年、中年以及老年分组。Desc 原型重要性最低，因此采用蓝色表示，本书中采用白底黑字表示。

四色原型最适合业务信息梳理。四种颜色的原型不追求详细的分析，抛开了技术细节、集成细节，充分体现了业务领域中业务本来的面貌，因此最适合在业务分析中作为业务信息梳理的可视化工具。

MI 原型与流程流转紧密相连。业务流转过程产生的数据如请假单、订单、物流单、放款单等，都与时间有着密切的联系，最适合与 MI 原型一起分析。我们可以有两个结论：

（1）通过对业务系统中的 MI 原型以及 MI 原型之间的关系，可以帮助我们快速识别业务领域中的业务流程，并且不会遗漏。

（2）分析流程的过程也能够帮助业务信息建模进行查缺补漏。

四色原型对数据存储设计的指导。四色原型中四类模型约束了数据实体以及物理实体所必须具备的结构。比如："时刻-时段"原型要求该模型具有时间敏感性，因此，对应的数据实体则必须设计成时序表，有时还需要带上版本信息；再例如角色原型是产生时刻时段原型时人或者物扮演的角色，这就需要按照快照表来设计，等等。

（2）业务信息与业务流程关系

前面我们提到业务信息与业务流程紧密相连。业务信息发起和推动业务流程的流转，同时业务流程流转也产生业务信息。因此我们梳理业务流程就可以找到业务信息。

下面我们针对前面举例的银行信贷流程，利用四色原型法进行业务信息的分析与可视化描述。

如图 4-11 所示，在业务流程流转过程中，不同的环节将会产生不同的 MI 模型：贷款申请活动产生"贷款申请单 MI"，评价授信活动产生"信用评估记录 MI"，签订合同活动产生"信贷合同 MI"，办理放款活动产生"放款记录 MI"，以此类推，我们便在时序轴上分析出所必需的 MI 模型。这就是时刻-时段模型的实质，当我们把这些数据的足迹按照时间顺序排列起来，我们几乎可以清晰地推测出这个在过往的一段时间内到底发生了哪些事情。

当我们完成 MI 原型推断以后，每个场景中的 Role 以及 PPT 就显而易见了，例如"贷款申请用户（Role）""签约用户（Role）"，虽然可以是同一个用户，但是在不同的场景下，体现为不同的角色原型。提供征信信息的是"个人征信（Role）"。进一步分析，我们就清晰地获得了 PPT 原型，征信中心（Place）、业务员（Party）、信贷账户（Thing）、用户（Party）等，如图 4-12 所示。

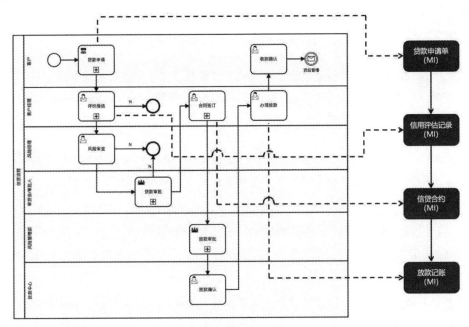

图 4-11 流程与 MI 原型

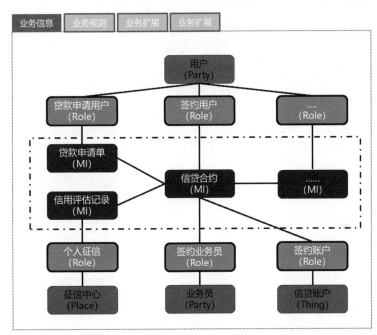

图 4-12 四色原型示例

（3）业务字典

我们都知道数据标准化是指研究、制定和推广应用统一的数据分类分级、记录格式及转换、编码等技术标准的过程。那么在信息/数据模型建模的过程中，也需要一套统一的业务含义、取值范围、数据分类与类型、记录格式、校验规则等用以实现业务信息的标准，我们称这套标准规范为"业务字典"。信息/数据模型的定义与设计需要遵循业务字典的约束规范。

6. 业务规则可视化

（1）业务规则定义与范围

- 广义概念：与业务领域相关的操作规范、管理章程、规章制度、行业标准、执行过程、操作步骤等，都可以称为业务规则（Business Rules，简称 BR）。这种说法把过程、活动、任务、步骤以及规则逻辑全部包含进去了，这不利于我们进行需求结构化分析，因此这不是我们对业务规则的定义。
- 传统概念：在传统的需求规格说明书中，整理提炼业务规则或称业务逻辑是其中核心的分析产物。这里把微观中所有的处理步骤都定义成业务规则，范围依然偏大。

需求结构化中的概念：业务规则实质上是一组条件和在此条件下的操作，是一组准确凝练的语句，用于描述、约束及控制业务领域的结构、运转和演进，是运行在系统中的一段业务逻辑的可视化和配置化呈现。这时的业务规则是由业务人员、需求人员、技术人员共同开发和配置调整的。业务规则的具体范围如下：

- 控制和影响业务流程、操作流程以及交易流程的流转。（判断规则、分支规则）
- 约束和规范对业务信息的加工处理。（取值规则、取值范围规则、验证规则）
- 影响业务事件的执行。（触发规则）
- 影响信息模型属性取值的规则逻辑。（运算规则）

（2）业务规则分类

按照表现形式划分，如图4-13所示。

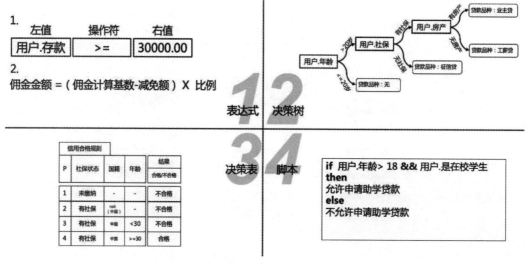

图4-13　业务规则可视化

表达式规则。表达式规则分为逻辑表达式规则和计算表达式规则两种情况：

（1）逻辑表达式规则由变量、算术运算符、逻辑运算符、括号、常量或者运算表达式组合而成，以求得两个关键结果：True（真）和False（假），并据此返回两种不同期望的结果，类似 "if...else..."，一般用在判断规则和分支规则当中。

(2) 计算表达式规则由变量、常量、运算符组合而成，用于通过运算获得期望的结果。

- 决策树。决策树是一种树形结构的规则表达，包含树枝节点、分支、叶子节点；树枝节点表示一个判定属性，分支表示判定条件，叶子节点表示决策链路的结果。由此可以得出，决策树可以看作多个逻辑表达式的组合，并且有更好的可读性和易理解性。
- 决策表。决策表是使用表格形式描述业务规则的一种可视化工具。一般决策表的 1 至 n-1 列描述决策条件，通常列名为决策属性。包含第 n 列之后的各列列名为决策结果属性，列内容为决策结果。交叉决策表的横纵表头为决策条件，内容区域为决策结果。决策表非常适合处理判断条件结果，各种条件相互组合有多种决策方案的情况，决策表精炼的表达形式与决策树都被广泛用在业务规则的编写当中。
- 脚本规则。这是业务规则的一种技术表述形式，业界的规则脚本语言非常多，Python、Groovy、Feel 等都适合作为脚本语言，通常需要配合相应的执行引擎。脚本规则以其复杂性和灵活性解决了逻辑表达式、决策树和决策表无法体现的规则，一般为技术上的备选方案，不会用在业务需求当中。

(3) 建立业务知识规则库

业务规则是直观的、高效的，并且运行时可修改的。一条业务规则就是对一个业务知识的描述。通过积累业务规则，抽象通用规则，透出规则扩展点，实现业务规则层面的知识积累与重用。

4.1.5 应用工程中的业务重用

业务需求结构化帮助我们从流程、规则和信息的角度实现了可视化，并沉淀为可重用的业务组件，纳入到组件管理当中。为了更好地实现结构化需求在应用工程中的运用，实现更好的业务重用，我们需要从以下两个层面支撑应用工程建设。

1. 多维度可视化支撑应用工程建设

我们已经将离散的非结构化需求变成了数字化结构化的需求，其本身就有丰富的属性和关系信息，当前要做的就是如何用好这些数据，以提升我们整体的工作效率。数据的呈现方式有许多，能够帮助我们的大脑梳理和分析问题的有下面四种呈现方式：

- 映射关系图：业务方案是什么样的？它和系统需求、系统设计、业务组件之间有什么关系？我们的映射关系图正是将业务方案解构，与系统需求、系统设计、业务组件相关联，让应用工程可以更好地追本溯源，获取可重用组件最原生的信息。同时，映射关系还呈现了应用工程与业务组件之间的重用依赖关系，应用工程中如何重用和如何创新一目了然，提供了可借鉴的成功案例。
- 能力地图：能力地图是用来展示能力中心所具备的业务能力的全貌，从业务流程对外的服务接入能力到信息模型业务能力、规则模型的控制能力以及扩展模型配置能力。从多个角度呈现能力中心业务能力的全貌，使我们在讨论流程流转、信息数据、业务控制、扩展变化时都有迹可循。
- 影响度分析：建立在需求结构化之上的组件有很多，颗粒度有大有小，在做组件优化时如何明确我的改动会影响谁，以及谁的改动影响到了我，这个就是两个维度的影响度分析，引用了当前组件的组件，改动时需要通知相关组件负责人；被当前组件引用的组件，定期查看相关组件是否有重大版本变更。

- 链路分析：链路分析是影响度分析的一个延伸，在业务调用的全过程上进行系统性地分析，比如，一个人工步骤被操作流程调用了几次，此次调用前经过了哪些环节。对于流程，链路分析更加重要，链路分析将实时反馈流程运行的状况。结合流水日志还可以追踪流程的历史流转过程。

2. 应用工程中实践业务重用的过程

通过需求结构化的可视化方法，我们形成了围绕流程、规则、信息的统一的可视化语言和分析工具，经过积累和沉淀形成了面向业务领域的组件资产库，组件库包含流程库、规则库和信息库三个部分。在应用工程中的业务重用过程分为3个步骤，以银行消费贷业务流程中的一段业务为例，我们看一下这部分的领域工程的重用过程，如图4-14所示。

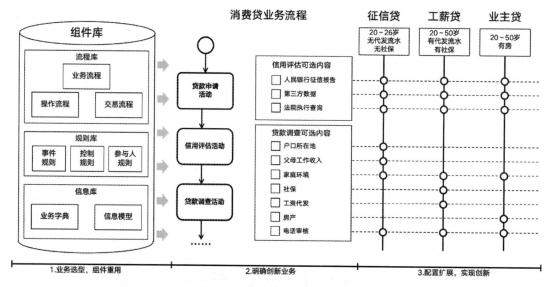

图 4-14 消费贷产品创新过程

（1）业务选型，组件重用：业务选型的过程是根据实际业务需要，从业务组件库中选择必要的可重用组件的过程。例如：在建设消费贷业务流程时，我们从组件库中找到了线下的贷款的基础业务流程，这个流程与消费贷业务契合度最高，同时获得了贷款基础流程所用到的规则和业务信息。

（2）明确业务创新：业务选型用来选择最合适的基础业务流程，透过基础业务流程，我们看到了基础业务的方方面面，哪些适合新业务，哪些不适合新业务，在此过程中不断地调整已经引用的组件，从而获得与新业务场景的最佳匹配。我们称这个过程为明确业务创新，这个过程不是一蹴而就的，是参考业务分解过程：由上到下、由粗到细、由整体到部分逐步展开的。在这个过程之后，我们便有了针对消费贷业务的创新基础业务流程，并透出适合新业务的扩展主题和扩展点。如图4-14所示，我们发现消费贷以线上审批为主，我们把信用评估和贷款调查中的所有可选项都做成了线上审批服务。

（3）配置扩展，实现新业务：消费贷基础业务流程建设完成后，就应当根据业务的需要进一步实现业务创新。在这个过程中我们将用到扩展点以及围绕扩展的配置过程（图4-14中1）。在图4-14中我们可以看到，贷款评估阶段有一个"信用评估内容"的选择扩展点，该扩展点可以选择一个或多个评估行为；同时贷款调查活动包含一个"贷款调查内容"的可选扩展点，该扩展点可以选择一个或多个调查内容。在图4-14中我们看到，根据业务的需要，征信贷、工薪贷、业务贷选取了不同的调查内容，并且使用不同的业务身份规则（图4-14中2）将三种消费贷区分开来。

另外，关于如何分析、抽取和透出扩展点将在4.3节中详细阐述。业务身份是用于业务隔离的唯一标示，关于业务身份定义将在4.4节中阐述。

4.2 可重用体系架构的设计方法

可重用的体系架构是希望在企业的众多系统中，利用分类方法找到架构的共性与可变性，提供标准化的架构供不同类型的应用选择。通过这种方式，将应用技术架构设计的能力标准化，将从前分散在个人的设计经验进行总结，形成可重用的体系架构能力。这种能力建设包括选择适合的架构设计方法、定义应用分级分类的标准、根据分级分类提供标准化、柔性的架构三个方面。通过这种可重用架构能力的建设，可以逐步提高应用的标准化水平，提高架构管控的能力。

4.2.1 架构的设计方法

在做架构设计的时候，业界较为常用的架构设计方法包括"4+1"视图模型与RM-ODP模型两种，而对于企业来讲，按照自身的实际情况选择。

1. RUP "4+1" 视图模型

"4+1"视图模型，它主要是对架构进行描述，最早由 Philippe Kruchten 提出，他在1995年的IEEE Software上发表了一篇 *The 4+1 View Model of Architecture* 的论文，引起了业界的极大关注，并最终被 RUP 采纳，现在已经成为架构设计的结构标准。

"4+1"视图模型设计方法采用用例驱动，在软件生命周期的各个阶段对软件进行建模，从不同视角对系统进行解读，从而形成统一软件过程架构描述，也就是通过这种模式来探究系统内部的逻辑关系是什么、开发结构是什么、运行时的进程调用关系是什么、物理的部署是什么。需要指出的是，"4+1"视图的方式，就是从不同的视角看架构，聚焦某个视角，过滤掉不属于这个视角的其他内容，例如，机械制图中描述一个物体是三视图：主视图、俯视图、侧视图，用三幅图就可以把一个物体的外观描述清楚，"4+1"视图就是用这种方式来说明系统的。"4"包括逻辑视图、开发视图、运行视图、物理视图，"1"指的是场景视图，各视图间的关系如图4-15所示。

- 逻辑视图：主要是整个系统的抽象结构表述，关注系统提供最终用户的功能，不涉及具体的编译、输出和部署。

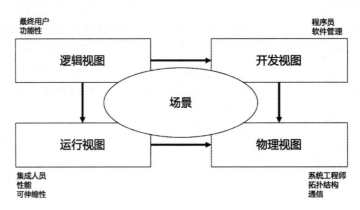

图 4-15 "4+1" 视图

- 开发视图：描述软件在开发环境下的静态组织，从程序实现人员的角度透视系统，也叫作实现视图。开发视图关注程序包，不仅包括要编写的源程序，还包括可以直接使用的第三方 SDK 和现成框架、类库，以及开发的系统将运行于其上的系统软件或中间件。
- 物理视图：通常也叫作部署视图，是从系统工程师的视角解读系统，关注软件的物流拓扑结构，以及如何部署机器和网络来配合软件系统的可靠性、可伸缩性等要求。
- 运行视图：关注系统动态运行时，主要是进程以及相关的并发、同步、通信等问题。
- 场景视图：又叫作用例视图，关注最终用户需求，为整个技术架构的上线环境。

关于"4+1"视图的视图模式，我们找到过很多种大同小异的说法，但是这不重要，不必太纠结"4+1"的模式是否准确使用，重要的是我们必须掌握一个架构设计的模式，按照我们的思考，采用"4+1"的模式展现出来。

2. RM-ODP 模型

架构的设计方法除了上文大家比较熟悉的"4+1"视图模型外，还有RM-ODP模型，其全称为Reference Model of Open Distributed Processing，即开放分布式处理的参考模型，该方法主要是对应于分布式系统的。曾经有过分布式系统建设经验的软件开发人员应该都知道，开发分布式系统是一个非常复杂和困难的任务，需要从多个方面和试点对系统进行设计分析，而RM-ODP模型的目的就是为软件架构师在针对分布式系统设计时提供一个参考模型，以此应对日益复杂的分布式应用。

RM-ODP是基于面向对象技术的，它定义了信息系统架构的含义，作为一种使我们了解软件架构的方法，也代表了软件架构的时间，其中RM-ODP定义了5个基本视图并将它们应用于系统建模，如图4-16所示。

- 企业视图：涉及一个分布式系统在组织中的有关规则和应用，其强调和关注的是该系统要做什么、谁来用、有什么用以及在什么条件下使用等问题。

图 4-16　RM-ODP 的 5 个基本视图

- 信息视图：在该视图中关注的是分布式系统所需要处理的信息，集中在信息元素、结构、相关关系、逻辑划分和质量属性。该视图下呈现信息来源、信息流转去向以及信息修改与存储位置。

- 计算视图：与软件元素结构及其相关作用有关，它将应用系统划分成目的对象及相应接口、封装、交互和可计算的语义，并展示出来。它将反映出系统的功能需求，其结果是一个逻辑模型，而不依赖于任何处理元件的物理环境。
- 工程视图：该视图针对一些支持计算模型所需的设施机制进行研究，这些工程机制按照特定应用需求逻辑地将计算对象从基础技术中分离出来，使得分布式处理成为可能。它显示如何将这些计算对象与基础设施功能结合在一起、以什么样的方式进行交互。
- 技术视图：该视图关系到建立分布式处理系统的技术、实现结构以及软硬件的选择，主要用来表示支持分布式系统技术上的适应性，为系统选择合适的实现、维护以及测试技术，例如软硬件、I/O 设备、存储器等描述系统。

3. 可重用体系架构设计

RUP 的 "4+1" 视图模型与 RM-ODP 模型都是我们在架构设计中场中的设计方法，通过分析以上两种架构设计方法，一方面发现两者之间的所关注的视图维度存在一定的对应关系，例如，工程视图对应开发视图，技术视图对应运行视图。另一方面，两者在架构设计中各有优缺点。在 "4+1" 中的 "1"，即场景视图在可重用的体系架构设计中用处不大。在 RM-ODP 的信息视图中关注系统信息数据以及信息流转，而 "4+1" 视图模型中并未包含，但是在我们的实际实施过程中发现，对于企业系统架构来说，数据是其相当重要的一部分，在企业可重用体系架构中是必须考虑的维度之一。因此，我们参考 "4+1" 视图模型与 RM-ODP 模型进行可重用体系架构的设计，其主要包含逻辑视图、数据视图、运行视图、开发视图以及部署视图，如图 4-17 所示。

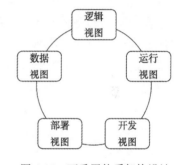

图 4-17 可重用体系架构设计

逻辑视图关注模块分解方式、模块内部的层次关系、模块之间的依赖关系。

数据视图关注数据资源的访问方案，包括数据模型定义、数据持久化存储、数据传递、数据复制、数据备份以及数据同步等策略。

运行视图关注应用系统间运行期交互模型，着重考虑运行期的质量属性。

开发视图关注软件开发环境以及代码版本管理策略，包含开发人员所看到的软件模块实际组织方式、具体设计、源程序文件、配置文件、源程序包、编译后的目标文件和第三方库文件。

部署视图关注物理机器的安装和部署，如何进行网络配置以满足软件系统的可靠性、可伸缩性、可管理性的要求。

通过对逻辑视图、数据视图、运行视图、开发视图、部署视图中的通用性与可变性进行分析，基于标准架构的通用性，实现架构的快速重用，而通过对不同视图中的可变性根据分级分类实现不同系统的架构决策，在标准架构的基础上实现系统架构差异化支撑，从而实现体系架构可重用。

上一部分讲到，在架构管控上，我们基于架构的通用性（即标准架构）与可变性（按照分级分类进行选择）实现不同系统的架构决策，支撑架构差异化，实现体系架构可重用。接下来，我们就分析一下在可重用体系架构中不同视图的通用性与可变性。

1. 逻辑视图

通常情况下，系统的概念模型和逻辑关系，如图4-18所示。

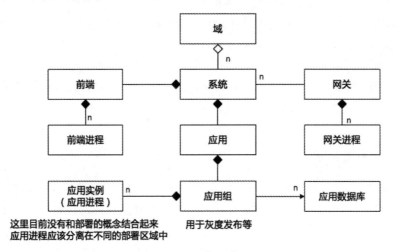

图 4-18　系统概念模型

需要指出的是，上图并不区分微服务架构和单体架构，因为在我们看来，单体架构只是微服务架构的一种特殊部署形式。也不指定具体的实现技术，因为其本身就是一种可变性。上图描述的是统一的系统架构组成部分，其可变性在于如何对系统组成部分进行选择，完成满足系统建设要求的架构设计。

- 应用：每一个系统都是由若干个应用组成的，每一个应用都有一组独立的进程，按照系统对于应用模块的划分，组成系统运行所需的运行环境。
- 应用组：如果需要支持灰度发布、数据分割之类的需求，每个应用又会分为多个应用组，应用组有自己的应用实例，对应自己的数据库。应用组包括若干个应用实例，或者说是应用进程，在运行的可靠性支撑上可以通过以下几种模式实现：（1）对等，即各应用进程的权重是相同的，有相同的被访问概率，同时各应用进程间需要进行数据同步；（2）主备，主进程与备用进程提供相同的功能，应用功能由主进程提供，备用进程不直接提供服务，当主进程出现问题或宕机后，备用进程替代主进程提供服务；（3）主从，主进程负责对外提供读写服务，从进程一方面负责与主进程进行数据同步，另一方面还需要对外提供读服务，当主进程出现问题后，仍能通过从进程完成读功能。
- 网关：为微服务提供唯一入口，能够对内部和外部进行隔离，通过对每个请求进行鉴权校验，保障后台服务的安全性，同时能够通过动态路由支持流量控制，并且降低客户端与服务的耦合度。网关可以通过若干个网关进程来满足系统流量的要求。
- 前端：作为系统与用户交互的工具，系统前端通过若干个前端进程支撑，按照系统的前端性能要求，通过运行与之对应数量的前端进程，支撑前端高频次、高并发的访问。
- 数据库：作为系统数据的存储工具，我们可以按照实际的系统存储与读取需要，选择不同类型的数据库。关系数据库，例如 Oracle、MySQL、SQL Server 等，是把复杂的数据结构规则整为简单的二元关系，通过对关联的表格分类、合并、连接或者选择等运算实现数据库的管理。非关系数据库有不同的存储方式：

① 分为键值存储数据库（key-value），例如 Memcached、Redis、MemchacheDB 等，是通过 key 来管理数据库。
② 列存储（Column-oriented）数据库，例如 Cassandra、HBase 等，要用来应对分布式存储海量数据。
③ 面向文档（Document-Oriented）数据库，例如 MongoDB、CouchDB，以文档的形式存储，可以是简单的数据类型，如字符串、数字、日期，也可以是复杂的类型，如 XML、JSON 等。
④ 图形数据库，如 Neo4J、InfoGrid，将数据以图的方式存储，更加清晰地描述数据之间的关系。

2. 部署视图

部署视图中，架构关注的是系统、网络、服务器等基础设施，就是上面这些概念在物理上是如何部署的，描述系统内外部的关系。有了标准的部署架构，做一个系统之前，就只要按照这个要求申请相应的资源即可，不需要再重新考虑架构问题，整个企业中系统的应用也是一致的，提高了架构管控能力的能力。部署视图如图4-19所示。

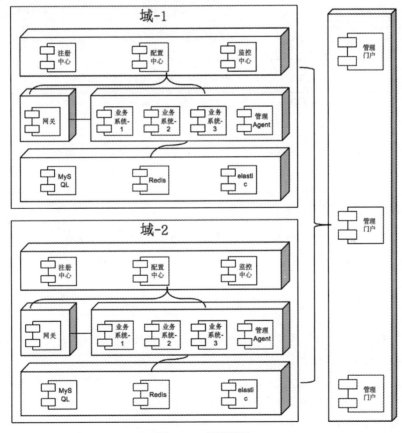

图 4-19　部署视图

3. 数据视图

在数据方面，其按照系统建设的实际需求，可以对数据模型或数据实体进行定义。在数据模型定义时，重点关注关键业务数据实体，对关键字段进行说明，只需要列出实体名称、主键、外键、重要索引对应的属性即可。尽量使用现有的数据表，整合或者共用已有的数据表，提高效率。上述是数据模型定义的基本要素，但是对数据的处理存在很多可变性，在设计中必须体现出来，总结如下：

（1）主辅数据源分布可变

在数据存储上，为了提高数据库性能以及数据库的可靠性，采用主辅数据源的数据源策略进行。根据不同的分级分类要求，其可变性包括是否需要包含辅数据源、主数据源与辅数据源的应用分布。

（2）数据备份管理策略可变

在数据备份的管理策略上，主要按照备份内容、备份频率、数据保留时间进行决策，并且按照系统级以及用户级两种级别进一步区分。不同的备份内容对应的备份策略存在可变，表4-3和表4-4分别是不同级别下各备份内容的备份策略参考。

表4-3 系统级备份管理策略

备份内容	备份频率	数据保留时间	注意事项
应用系统文件、数据库	每日	30 天	全量备份
程序、作业	每日	90 天	-
操作系统、存储系统	每日	30～100 天	包括系统参数

表4-4 用户级备份管理策略

备份内容	备份频率	数据保留时间	注意事项
系统日志	每日	15 年	全量备份
清理下载数据	每日	15 年	以磁带快照进行数据清理，并且进行归档
应用系统文件、数据库	月末/计息日	5 年	-
	年末	15 年	-

（3）数据清理方式可变

在数据备份上，需要进行数据清理，而数据清理的方式按照分级分类可以选择以下方式：

- 数据更新：系统实时或按照应用版本对数据进行更新，此方式下数据表随时或者不定期通过覆盖历史数据（非 Delete）的方式保持最新数据。
- 联机清理：通过联机交易进行数据清理，包括客户、用户在交互界面执行手工删除，该方式对历史数据直接清理，并且不执行数据归档。
- 批量简单清理：利用单张数据表的时间戳状态标志对数据清理条件进行匹配判断，如果匹配成功，则执行批量清理。
- 批量复杂清理：通过关联一张或多张表的时间戳状态标志来进行清理条件的匹配判断，并且需要单独编写对应的清理程序，才能执行数据清理。

（4）数据清理工具可变

在进行数据清理上，按照数据清理的策略，可以按照统一与特定两种清理工具进行：

- 统一清理工具：主要适用于简单的批量清理，该工具中提供数据保留时间、数据归档处理等信息的定义，满足不同数据管理策略。

- 特定清理工具：特定的清理工具需要单独开发程序，按照实际的数据清理要求进行定制开发，例如对于批量复杂清理方式，则需要使用此种工具。

（5）数据归档方式可变

数据清理完成后，需要进行数据归档。例如，在归档的原则上，我们分为：

- 访问频度 5000 笔/月以上：清理后使用应用归档，对于结构化数据纳入历史数据管理应用进行统一管理，对于非结构化数据纳入电子影像及文档服务平台进行统一管理，提供数据查询服务。
- 访问频度 5000 笔/月及以下：清理后使用备份归档，采用磁带、光盘、磁盘等介质进行数据保存。

（6）数据销毁方式可变

对于数据销毁也有多种方式，例如：

- 介质销毁：主要针对采用磁带、光盘、磁盘等存储介质进行数据备份的数据，通过物理介质的销毁实现数据销毁。
- 介质消磁：对于磁性的存储介质进行消磁，实现数据销毁，该方式可以重复利用存储介质。
- 数据删除：该方式对备份数据进行直接删除，对存储介质未产生实际物理处理。

4. 运行视图

运行视图关注的是应用程序运行中可能出现的一些问题。例如并发带来的问题，比较常见的"线程同步"问题、死锁问题、对象创建和销毁（生命周期管理）问题，等等。运行视图描述系统运行时的调用关系，逻辑视图和物理视图都是静态的，而运行视图是动态的。

一般来说，运行视图在一类系统中，都是类似的，不存在太多的可变性，如图 4-20 所示。

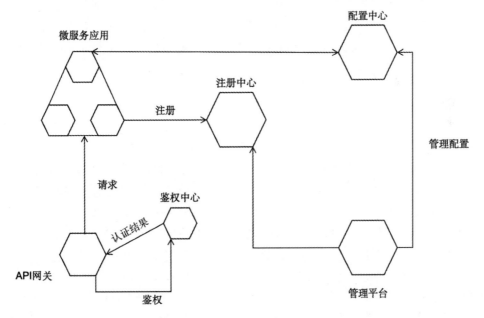

图 4-20　运行视图

5. 开发视图

开发视图描述开发中代码的组织管理方式，包括与逻辑视图的对应关系，与部署视图的对应关系开发，以便易于维护。例如通常把应用分为展现层、控制层、服务层、数据访问层，实际上就可以指导开发视图的定义，应用遵循这个分层原则，映射到具体的代码管理中，包括可以不同层的代码建立命名规范，指定开发工程的项目结构，这里就不做介绍了。

这里介绍在代码版本管理上的两种可变性，根据不同情况选择代码版本管理的方式，以便于更好地管理代码版本，便于应用的发布与维护，如图4-21所示。

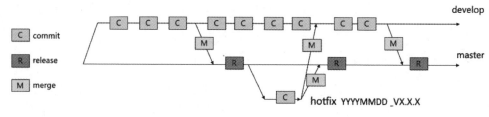

图 4-21 开发视图

6. 分支开发+主干发布

这种模式适合快速迭代的系统或者新建设的系统，其特点是主干用于发布、分支用于开发，主干（master）一直是可发布的版本，并且开发分支（develop）也将一直存在。在初始化代码库后，默认需要基于主干（开发人员具有只读权限、项目级配置管理员（SCM）有读写权限）创建一个开发分支（开发人员具有读写权限），所有开发人员都往开发分支提交代码。开发分支进行每日构建，保证代码随时可以编译通过，提测、投产都是在主干上进行。提测、投产之前，需要将开发分支的代码merge到主干分支，开发分支的合并请求发送给开发经理（或技术经理），开发经理（或技术经理）需要对其进行审查后，确认代码质量后，方可合并。提测、投产都通过在主干上打tag的方式进行，测试和投产部署的版本依据各类tag来确定，如遇缺陷修复，在主干上拉缺陷修复分支（hotfix），当缺陷修复后，合并到主干和开发分支上。

7. 多特性分支并行开发

这种模式适合多团队多版本并行的场景，其特点是主干（master）是稳定的，通过分支合并（merge）进行代码审查，可多特性分支并行开发。基于主干创建各特性（版本）分支，在各特性分支（日期年月日_版本号）上创建各自的特性开发分支（develop_日期年月日_版本号），开发人员只在开发分支上提交代码。特性开发分支进行每日构建，保证代码随时可以编译通过，特性开发分支定期，一般建议至少每周，向特性分支合并代码，合并请求发送给开发经理（或技术经理），开发经理（或技术经理）需要对其进行审查，确认代码质量后，方可同意合并。

测试以及投产在特性分支上执行，投产后特性分支上的代码合并到主干，其余未发布的特性分支则自行合并差异。特性开发分支在该特性版本发布之后，可以考虑在之后一段时间后删除，例如代码又迭代两个特性版本之后或2个月之后。在该分支特性开发完成上线之后，根据自身要求来决定特性分支是一直保留该分支，还是在一段时间后删除。对于该特性分支上产生的BUG，直接在特性开发分支上拉出修复（hotfix）分支或直接在特性开发分支上修复，修复后直接合并到特性开发分支上，再合并到特性分支和主干上。多特性分支并行开发示意如图4-22所示。

第 4 章　业务中枢：实现柔性的服务能力

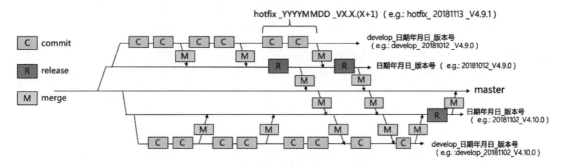

图 4-22　多特性分支并行开发

4.2.2　通过企业应用系统分级分类原则，实现架构管控

在架构抉择上，首先确定架构的通用性，制定标准的架构体系，然后根据系统的分级分类这样的方式来满足不同情况的架构要求。分级分类的方式通过系统的各个要素的分析，按照要素的匹配度解析系统的分级分类。架构的分级分类上，按照应用分类、重要性等级、安全等级进行。不同企业可以有不同方式的分类，下面是一个银行应用系统分类的示例。

1. 应用分类

- 业务系统：是指支撑银行业务运营的关键业务系统，包括核心业务系统（总账、卡系统、贷款、存款、资金等）、国际结算系统、网银系统、信用卡系统、基金托管、债券交易、外汇交易等。
- 渠道系统：渠道系统主要为银行客户提供使用服务，包括柜面系统、综合前置系统、电话银行、个人网银、企业网银等。
- 管理系统：管理信息系统主要为银行综合管理部门、内部监管部门及业务部门提供决策分析，包括信贷管理、财务管理、客户关系管理、人力资源管理、风险管理、稽核、绩效考核、管理会计等几大类。
- 支撑系统：是指支撑其他系统使用的工具、决策分析类系统，包括报表平台、统一用户系统、指纹认证系统、短信平台等。

2. 重要性等级

- A：主要是指关键业务应用系统，具体包括面向客户、涉及账务处理且时效性要求极高(7×24)的应用类产品；或者与其他多个应用有密切相关的应用类产品。
- B：主要是指重要业务应用系统，具体包括面向客户、涉及账务处理且时效性要求较高(7×15、7×13、7×8)的业务处理类或业务管理类系统。
- C：主要是指一般业务系统，具体包括经营分析类系统、不涉及账务处理的业务系统或非直接面向客户的业务系统。
- D：主要是指面向内部管理、时效性要求较低的业务系统。

在部署上，根据重要性等级不同，其部署模式也有所不同，以下是部署方式的一个示例。

D级：对于系统要求不高，模式部署方式较为简单，其部署示意图如图4-23所示。

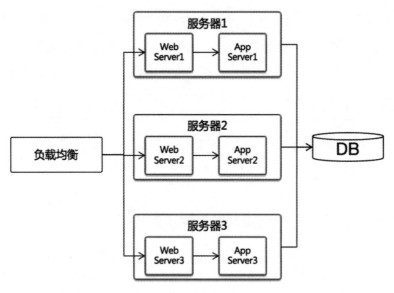

图 4-23　部署示意图（D 级）

C级：该物理部署模式将接入层与控制层一同部署，但是业务层进行独立部署，实现业务层与接入控制层的解耦，能够更好地根据实际情况处理性能要求，对接入控制层、业务层进行扩容以及缩容，其物理部署示意图如图4-24所示。

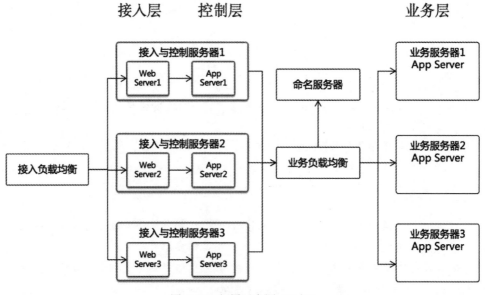

图 4-24　部署示意图（C 级）

A、B级：该模式对比前面两个物理部署模式，增加了一层集成层，集成层主要负责提供外部第三方系统的接入访问。同时，接入服务器、业务服务器、集成服务器都需要有异步消息队列，保证接入与接出的可靠性和性能，可以支持多种协议，如MQ、HTTP、TCP。该模式的物理部署示意图如图4-25所示。

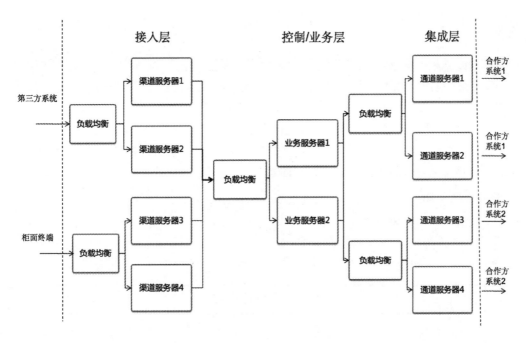

图 4-25 部署示意图（A、B 级）

3. 安全等级

- P1：自主保护级，适用于一般的信息和信息系统，其受到破坏后，会对银行内部个别部门有一定的影响，但不影响全行管理和业务运营。
- P2：指导保护级，适用于一定程度上涉及银行公共利益的一般信息和信息系统，其受到破坏后，会对银行公共利益造成一定损害。
- P3：监督保护级，适用于涉及经济建设、公共利益的信息和信息系统，其受到破坏后，会对经济建设、公共利益造成较大损害。
- P4：强制保护级，适用于涉及社会秩序、经济建设和公共利益的重要信息和信息系统，其受到破坏后，会对社会秩序、经济建设和公共利益造成严重损害。
- P5：专控保护级，适用于涉及国家安全、社会秩序、经济建设和公共利益的重要信息和信息系统的核心子系统，其受到破坏后，会对国家安全、社会秩序、经济建设和公共利益造成特别严重的损害。

基于架构通用性制定的标准架构，结合按照系统分级分类的方式来对架构的可变性进行定制，为不同级别、不同类别的架构提供对应的可变性，一方面能够基于架构通用性形成可重用的体系架构，另一方面通过分级分类对架构可变性进行定制，从而满足企业内不同系统的特定化要求，快速完成系统架构设计工作。

4.3 业务可变性设计方法

软件产品线工程理论给出了业务分析的一个重要方法，可变性分析方法。所谓的可变性是与通用性相对的。首先，通用性也叫作共性，是客观存在的物质规律，也是人为制定的规章制度、操作流程、管理章程、行业标准等；其次，可变性是通用性的规律、制度、流程等运转过程中影响最终结果的变量，如：速度、质量、利率、颜色、位置，等等。当然，离开了时间、空间、干系人来讲通用性和可变性是没有意义的，我们希望通过业务标准化建设过程，沉淀企业的共性业务资产，以更小的成本、更短的周期、更高的质量支撑灵活变化的前端业务。企业IT建设的标准化之路，就是"通用性与可变性"这一对立统一的矛盾体。这个分析过程不是一蹴而就的，也不是一成不变的，而是将通用性与可变性分析融入IT建设的全过程当中。我们在实践过程中将可变性分析方法总结为四个阶段（见图4-26）：

- 第一阶段（Where）发现业务中的可变性。
- 第二阶段（How）如何进行可变性建模。
- 第三阶段（Which）我们的扩展点有哪些。
- 第四阶段（What）应用中如何配置个性化业务。

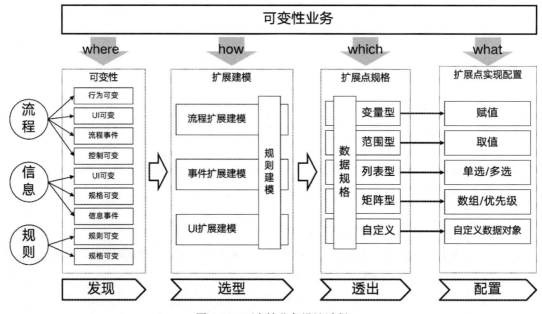

图4-26　可变性业务设计过程

4.3.1　第一阶段：发现业务中的可变性

1. 可变性的基本类型

流程、信息、规则是需求结构化的三个主要部分，可变性分析也正是源于这三个部分。

（1）流程中的可变性

结构化需求当中有三类流程：业务流程、操作流程和交易流程，同时还有组成流程的最小单元：人工步骤和自动步骤。流程中的可变性主要分成三类：

- 行为可变：不同的流程可以使用不同的流程要素，理论上这些流程要素都是可以发生变化的。比如，在"业务流程"中，引用的"操作流程"和交易流程都是可以变化的；在"操作流程"中引用的"操作流程""交易流程""人工步骤"和"自动步骤"也都是可变的。以此类推，用于编排的流程要素都是可以发生变化的，是潜在的可变性。

- UI可变：业务流程中的UI可变主要体现在流程表单和流转要素上面，例如表单数据的操作权限：可编辑、只读、隐藏。进一步延伸可以演进为特殊场景流程，例如录入复核流程。
- 流程事件：流程流转过程中会发生许多事件：活动执行前（后）事件、事务开始前（后）、提交前（后）、回滚前（后）、异常抛出前（后）事件。这些事件都是可变性的来源。
- 控制可变：控制流程流转的分支与路由规则、活动参与人规则。这是控制类的两种可变来源。

（2）信息中的可变性

信息/数据模型修改和使用过程中存在多种可变性，主要体现在以下三点：

- UI可变：业务信息的UI可变主要体现在布局、样式、权限以及交互模式等变化点。
- 规格可变：数据规格可变也被称为取值可变，一般包含三种取值来源：①来自"码表"的列表式取值；②来自取值范围的值域型取值；③来自数据处理的取值。
- 扩展可变：有些信息/数据模型在设计时需要定义扩展类型或者扩展属性，扩展类型通过泛化实现，扩展属性通过扩展列或者属性表实现。信息/数据模型的这些扩展在业务执行过程中都存在潜在的可变性。
- 信息事件：数据在新增、修改、删除时可以抛出变更事件，这些变更事件也是可变性的来源。

（3）规则中的可变性

规则用于控制和影响流程，约束和规范信息。这一特点决定了规则本身就是存在着可变性，其可变性主要体现在两个方面：

- 规则可变：从规则的可视化、配置化的特点来看，将易于变化的程序逻辑用可视化的规则呈现本身就体现了业务的可变性，规则的表述形式多种多样，有决策表、决策树、表达式、脚本规则等。
- 规格/参数可变：规格与参数主要体现在规则执行过程中所用到的数据对象的属性的数据规格和取值可变。

2. 如何分析有价值的可变性

在业务标准化过程中，通用性与可变性分析具有非常重要的价值。通用性帮我们更好地确定标准化的业务流程，然而业务流转过程中潜在的可变性非常之多，如何从中分析出有价值的可变性以促进业务标准化过程呢？下面总结出五个方面：

（1）从业务场景特性分析

根据行业标准、操作流程、业务章程等，我们很容易总结出典型的业务场景，比如：远程验印、登录认证、信用评估、资料审查、录入/复核流程等。这些业务场景是我们业务标准化过程的目标产物，结合其中的业务特性，我们可以区分出有价值的可变性，举个银行个人消费贷的例子：个人消费贷放款页面有贷款用途、贷款周期、还款方式、每月还款时间、年化利率等。分析如下：

- "贷款用途"：根据人民银行对于消费贷的管理要求，贷款用途是"码表"中的一个固定枚举值，具有可变性，但是这个数据规格不会随业务需求变化，因此不是一个有价值的可变性。

- "还款周期"：也是"码表"中的固定枚举列表值，一般为 3 个月～36 个月不等的可选范围。看上去也是一个不会随需求变化的值，实际却不然，用户信用评级不同，贷款产品不同，"还款周期"的可选范围就不尽相同，这是一个与具体业务相关的参数。因此，这是一个有价值的可变性。一个可变性是否有价值，取决于能否帮助业务场景满足多样化需求。

（2）从行业技术演进分析

随着技术的更迭，许多新的技术取代了旧的技术实现形式，这些技术实现就是有价值的可变性。举个例子：过去我们登录采用"用户名+密码"，后来我们有了短信认证，再后来我们又增加了人脸识别和指纹认证。技术推动革新，与技术匹配的"登录方式"就是一个有效的可变性。

（3）从时间维度分析

企业制度的变更、行业标准的变化、国家法规的修订等等都会带来业务的变化，业务当中的这些方面从时间尺度上存在不同。例如：LPR利率是新的一种贷款基础利率，取代以前的固定利率，它是一种浮动的利率，可以上升也可以下降。这是2020年1月1日开始实施的新的利率规则。与之相关的利率计算、每月还款额，等等，这些都是我们可以识别的有效可变性。

（4）从空间维度分析

空间的维度包含地域差异、渠道差异、内外网差异等。例如：网点不同推出不同的营销活动；线上线下渠道不同推出不同的产品；出于安全的考虑，内外网访问同一个系统，安全认证级别不同等。我们在分析潜在与空间敏感的业务时，这些可变性将成为有效的可变性。

（5）从参与角色分析

根据不同的业务特点、生效阶段、生效范围等，不同的角色拥有不同的数据权限。也就是说，一种情况：某个"业务信息"对于某些角色隐藏，对于另一角色只读，而对于另外的角色又是读写权限；另一种情况：有些可变资源仅仅在上线前可随时配置，在上线后就是只读或者隐藏模式。这种与参与角色相关的可变性带来的是角色可变性。与角色相关的可变性通常伴随着扩展定义的优先级，例如：用户自定义配置→租户管理员配置→平台管理员配置→平台发布默认配置。

3. 避免"过度抽取"可变性

"通用性与可变性"分析带来最大的价值就是将共性与变化实现了有效"分离"，让更多的相似业务可以抽象成为共同的标准化流程，把可变性抽取出来用于个性化配置。能够让自己的工作成果得到更广泛的运营，这是一件多么让人兴奋的事情。因此，面对相似业务，尤其是同一领域下的相似业务流程，很容易让人产生抽取可变性，整合为基础流程的冲动。然而可变性既不是越多越好，也不是越少越好。共性业务中可变性抽取得太少，业务灵活性就不够，应用范围受到限制，很难支撑灵活的业务变更需求；共性业务中可变性抽取得太多，看似共性业务被广泛使用，实际上是放大了业务差异性，不但加重了业务配置的负担，同时增加了业务维护的难度，牵一发而动全身，业务也更难以演进。只有适度合理的抽取可变性，才能更好地支撑业务的重用。

4.3.2 第二阶段：如何进行扩展性建模

扩展性建模如图4-27所示。

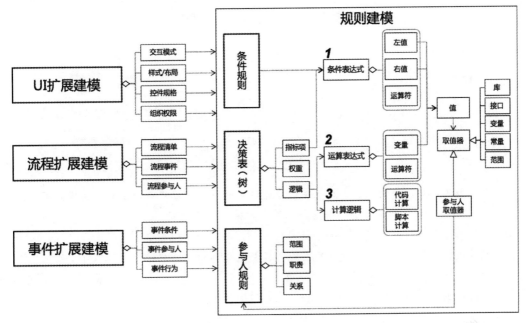

图 4-27　扩展性建模

1. UI 扩展建模

"千人千面"的个性化要求首当其冲是在UI方面，不同的业务场景、不同的组织单元、不同的终端用户对于UI有不同的要求。即便是同一个系统，同一个用户，以不同的角色登录系统也会有不同的交互模式。围绕着UI扩展建模我们主要从四个方面考虑：

（1）交互模式

交互体验在产品设计流程中扮演越来越重要的角色。不同的业务对于交互模式的要求越发地专业，许多场景下的交互模式是趋同的。例如：主体/细节模式更适合文件管理；分栏模式比较适合邮件客户端的分组检索；画布模式比较适合图形化的工作，比如工业绘图、流程编辑、图像处理等；向导模式更加适合有步骤的任务处理；驾驶舱更加适合大屏互动的信息呈现。根据不同的场景，我们将使用不同的业务交互模式提供业务，如图4-28所示。

（2）样式/布局

样式与布局是在交互模式的基础上带来的视觉与操作体验的变革，例如电商多采用红色为主色调代表热情，而科技网站往往采用蓝色为主色调表示稳重。良好的布局模式对于业务执行也有良好的促进作用。而这些变革根据业务渠道、营销策略等不同时期也会适时地发生变化。因此在UI扩展建模中，样式/布局是非常重要的一部分。

（3）控件规格

控件上的变化是更加细粒度的扩展性变化，这往往与业务信息/数据模型关联：

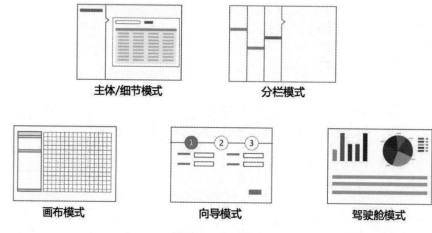

图 4-28　交互模式

- 取值范围的扩展，例如：个人住房贷款还款方式可以只提供等额本息一种模式可选，也可以是等额本息、等额本金、先息后本等多种模式的可选列表。
- 数据长度与精度的扩展，例如电话号码、护照号、身份证号等。
- 操作权限的扩展：这个主要体现在业务信息的读写权限、只读权限、不可视权限。操作权限的扩展往往与组织权限相结合使用。
- 校验规则的扩展：例如唯一性校验、邮箱规则校验，以及结合不同业务场景下的校验规则的组合。

（4）组织权限

在UI的扩展建模中，组织的权限主要用于控制与业务信息/数据模型相关的操作权限，包括新增、修改、删除权限，列表中的列读写权限、行读写权限、表单中的控件读写权限等。组织权限在实际建模中总是与规则建模的参与人规则相结合使用。

2. 流程扩展建模

无论是业务流程、操作流程或是交易流程，为了应对多样的业务可变性，流程将主要从三个方式考虑扩展性建模：

（1）流程清单模式

业务流程是随着业务的发展而变化的，运用 BPMN 描述的流程只能体现一时一隅的业务特点，频繁的变化很难稳定流程过程；而完全自由流程流转又缺乏业务控制的约束力。因此，我们引入动态流程单概念。实时的流程业务将由固定业务环节和可选环节组成。固定业务环节是业务必须按照一定顺序执行的过程，可选环节是根据业务的需要适时地出现在可插入的扩展位置。如图4-29所示，第一幅图呈现了在固定流程中插入可选环节；第二幅图可选环节根据业务需要可以调整环节执行顺序，能否调整顺序取决于扩展环节的顺序规则；第三幅图呈现了可选环节的关联选择约束，当选择了环节B时，在B的后续环节中必须出现环节D；第四幅图呈现了互斥的约束，当选择了环节C1时，不可以选择环节E。

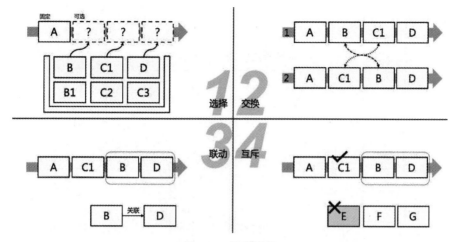

图 4-29　流程清单

（2）流程事件

业务流转过程中有许多预制的事件扩展点，例如：流程发起前（后）、流程提交前（后）、环节领取前（后）、任务执行前（后）、事务提交前（后）等；也异常发生时的预制事件扩展点，例如：环节回退前（后）、异常抛出前（后）、事务回滚前（后）。这些事件切入点提供了业务流程灵活的事件处理扩展建模，具体事件的扩展参考下面的事件扩展建模。

（3）流程参与人

在业务流程与操作流程当中，符合人工干预的业务需要选择参与人，参与人可以在编排时设定固定参与人，也可以通过参与人规则制定，还可以交由运行期上一环节指定交办人。

3. 事件扩展建模

事件扩展建模不止于事件本身，它包含三个组成部分：

- Event：事件（Event）是用来描述已经发生的事或者未来可能发生的事。例如：①每天 9 点 30 分沪市、深市开市；②睡眠账户发生转账交易；③前面提到的流程事件等。
- Party：事件参与人（Party）是事件发生时参与的组织或个人，这个要素不是必需的，但是在许多场景下事件参与人是不可或缺的，例如："睡眠账户发生转账交易"时，需要业务主管授权。这里的业务主管就是事件的直接参与人。
- Action：最后发生事件是我们做哪些响应动作：行为动作（Action）；还是前面的例子，"睡眠账户发生转账交易"时，不但要主管授权，还需要进行告警通知。告警通知就是一个 Action。在事件建模中，Action 是一个事件的响应，同时也可以产生事件，成为后续事件扩展的开始，如此往复便构成了"事件流"。

4. 规则建模

虽然前面没有提到规则建模，但是我们隐隐约约感到，无论是UI扩展建模、流程扩展建模还是事件扩展建模，它们都离不开规则建模。UI的呈现、操作需要用规则来约束，流程的流转和指派需要用规则来控制，事件的产生以及事件的执行都离不开规则，如图4-30所示。

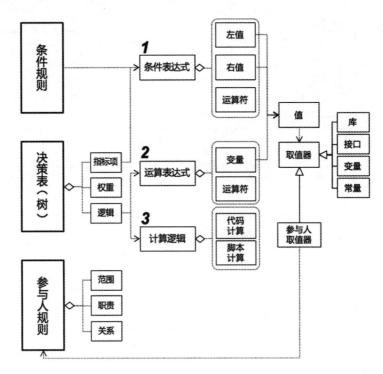

图 4-30 规则建模

（1）表现形式

按照表现形式划分业务规则可以分为条件规则、决策表（树）和参与人规则，这是由于应用场景不同导致的。“条件规则”主要用于业务流转控制；“决策表（树）”主要用于事件处理；条件规则、决策表（树）和参与人规则说明如下：

- 条件规则：条件规则通过条件表达式对外提供布尔型条件判断的规则。条件规则一般用于简单的判断场景，例如流程的分支流转等。
- 决策表（树）：决策表是矩阵型的决策规则，包含指标项、权重和处理逻辑。决策表包含多行记录，其中每一行记录都包含用条件表达式描述的指标项，满足条件后的处理逻辑，以及当多行记录满足时本行记录的权重。默认的优先级按照行号先后次序，也可以指定当前规则行的权重。对于结果可以通过首次满足条件的排他选择，也可以是累加的递进模式。决策树是决策表的一种图形化表现形式。如图 4-31 所示即为银行贷款信用合规检查的决策表形式。

信用合格规则

P	社保状态	国籍	年龄	结果 合格/不合格
1	未缴纳	-	-	不合格
2	有社保	not（中国）	-	不合格
3	有社保	中国	<30	不合格
4	有社保	中国	>=30	合格

图 4-31 决策表示例

- 参与人规则：参人规则是比较独立的一种规则表现形式，通过范围、职责和组织关系明确当前业务所需的参与人。例如：“当前操作的交易柜员”“与交易柜员同网点，并且拥有 XX 级别的授权主管”。

（2）基本组成

将规则进一步拆分，将获得规则的基本组成：条件表达式、运算表达式和计算逻辑。条件表达式是用左值、右值和运算符连接而成的布尔型条件判断，返回值为true或者false，例如：贷款金额>50万。运算表达式是运用运算符与常量变量连接而成的运算过程，其结果是数值或者字符串。例如：利息=利率×计息周期×计息金额（利息计算基数）。计算逻辑是比较复杂的业务处理过程，无法用表达式体现，因此通过定义扩展接口，然后通过脚本或者程序实现。

（3）取值器

所有的规则最终将通过取值器获得所需的"值"，取值器的表现形式有许多，可以从数据库或缓存中读取值，业务一通过接口或者服务获取值，系统的业务字典、全局变量也是取值的来源。有了取值器之后，对于明确的、不变化的"值"可以在定义规则时将其固化在业务规则当中。对于变化的可扩展的值配置，可以建立扩展点并在实际业务场景中灵活配置。

4.3.3 第三、四阶段：扩展点与能力匹配

扩展是多种多样的，然而我们不能无节制地发散业务，这会使得业务扩展泛滥，使业务人员迷茫且工作繁重。因此，在发散的扩展中，我们要寻求收敛的、聚焦的、可配置的项，这便是我们对扩展点的要求。我们需要尽可能地减少可配置参数的表现形式，通过一致的数据规格或者业务字典进行约束，以便容易理解。下面就来看一下具体有哪些扩展点配置形式。

1. 变量型与赋值

变量型多为字符串类型，在UI配置中可以体现为一个标题，或者标签，或者提示信息。变量型也可以作为自定义扩展逻辑的配置方式。

2. 范围型与取值

范围型不仅伴随着范围定义，同时还有数据的长度与精度的约束，对于数值的范围型扩展点，还需要有数据单位的定义。例如，贷款授信额度：最小值=1，最大值=99999，单位货币为"万元人民币"。

3. 列表型与"单选/多选"

列表型扩展点选择范围通常是固定的枚举值，例如：

个人住房贷款还款方式包含：

01 自然周期还款

02 指定固定日期还款

03 月底还款

04 实际周期还款

05 到期还款

06 无规律还款

我们可以用业务字典来定义列表型扩展点的枚举值。这些枚举值可以是一些数值产量或者枚举符号，在上面例子中的01～06就是枚举常量；还可以是对扩展服务命名为业务化枚举组合，例如：本地同步授权、易地同步授权、异步授权（非实时授权）。

4. 矩阵型与"数组/优先级"

矩阵型的扩展点配置一般是将决策表整体作为可以配置的扩展点，对待这种扩展配置，我们会形成多种配置组合。对于这些配置组合，我们需要通过业务优先级来进行排序处理，优先使用优先级较高的数据组合。

5. 自定义组合配置

自定义组合用于特定的业务计算规则当中，例如利息结构条件参数提供了对银行资金来源及资金运用的定价支持。利率条件参数支持固定利率（固定取值）和可变利率（参考利率+利差）。利息=利率×计息周期×计息金额（利息计算基数）。在这个组合的配置下，我们需要把多个参数作为扩展配置项。还可以根据业务场景需要形成扩展配置项。例如：1.正常利息，2.罚息，3.超期复利，4.定期利息，5.转存利息，6.透支罚息。

这里的业务可变性设计是以业务视角为主的信息、流程、规则的设计，更进一步的业务可变性技术的设计将在4.2节业务可变性技术框架中详细阐述。

4.4 业务可变性技术框架

业务的通用性与可变性，需要有技术框架支撑，以便端到端服务能力能够通过配置指定可变化的业务逻辑，能够根据当前场景查找具体实现，保证正确运行。类似传统面向对象多态的概念，但是多态本身比较简单。下面我们介绍这个框架的基本原理。

4.4.1 技术框架解决可变性问题

我们在软件开发中，经常遇到这样的故事：项目中接到一个营销活动的需求：在用户付款完成后，如果用户是首次购物，那么送用户一张5元优惠券。当开发人员看到这个需求后，什么都没想，就开始在订单支付结果确认的接口里面，开始使用if条件编写实现这个需求的代码，if用户是第一次购物，那么调用发放5元优惠券的接口，然后提交代码、部署上线。很快，另一个营销活动的需求也提过来了，活动需求是针对会员促销活动，如果用户是会员，用户付款完成后就赠送10元优惠券；如果不是会员，那么只送1元优惠券。这位开发同学继续使用if-else逻辑编写代码，if用户是会员，那么送他10元的优惠券，else送他1元优惠券。随着营销活动的不断增加，各种优惠券赠送的业务规则越来越多。开发人员只能继续增加if-else条件判断处理，完成对应功能的开发任务。

类似情况会有很多，产生的代码对于后续维护来讲，简直是灾难。很多情况下后续的功能升级经常另起一个分支，以免修改代码后对原有的功能产生影响。这也是为什么代码重构中，往往会从if-else入手的原因。

通过这个故事可以看出，在当前面对业务变化进行的处理时，很容易就会采用if-else这种处理方式来实现。使用if-else的处理方式，有着一定的作用，即在业务规则简单、业务变化频率不高的情况下，它确实能够快速支撑可变性及对代码的重用，但是对于讲究柔性的可重用业务来讲，if-else这种方式难以支撑可变性。

如果我们在业务中台建设上仍然靠if-else这种方式满足可变性和重用,那么可能业务中台的建设过程会变得尤其漫长并且成效甚微。一方面由于if-else这种方式不够灵活,在应对复杂业务规则上,只能采用多层嵌套,业务规则变化后,在代码维护上牵一发而动全身,往往需要大量的改动;另一方面,if-else方式对外不透明,用什么数据对象、用哪个字段、判断条件是什么等用于规则判断的要素仅仅停留在代码层面,不仔细看代码并跟着代码逻辑思考,无法知道到底都存在哪些业务规则。

我们需要一个技术框架,让可重用组件既能够满足通用性需求,又能够透明地定义可变性,同时还能像if-else这样灵活适应各种场景。

1. 技术框架需要满足可重用能力的柔性要求

在业务中台的建设上,如同软件生产要求可重用一样,需要实现其柔性,所以业务中台的技术框架很重要的一点就是如何满足柔性的要求。技术框架要满足业务中台的柔性,一方面需要适应变化,另一方面需要基于柔性的基础上满足个性化。

在适应变化这一点上,首先很重要的一点是要做到透明化。透明化是指我们能够将可重用的、标准化的组件以及各组件所关联的可变性做到自动透出,以便于业务进行个性化定义。如同前面提到的用户付款业务,由于实际的业务要求,增加了赠送优惠券的功能,并且在不同的场景下,赠送优惠券的规则以及赠送优惠券的额度是完全不同的。以前在用户付款存在优惠券赠送的功能,这些功能在哪些地方实现,只有开发人员才知道,产品经理是不知道具体实现方式及逻辑,更别说有什么优惠券的规则和可配置的地方,这样显然没法做到适应变化。

透明化就是要让这些一直隐藏在代码中的组件及其可变性能够被发现、被了解,作为一个可重用的组件透出使用。如果大家都了解在用户付款后存在赠送优惠券的功能逻辑,并且赠送优惠券的规则以及赠送的额度都是可变的,那么只要后续有用户付款后赠送优惠券的各种需求,都知道在哪里进行定义及改动了。而个性化即是在透出的可重用组件基础上,能够根据自身实际需要,按照技术框架在重用上提供的标准重用与可变点使用模式下,实现组件重用及可变点定制。比如前面优惠券发放的例子中,当前已经提供了一个用户付款组件,并且里面包含了赠送优惠券的功能,赠送优惠券可变性包括优惠券赠送的规则以及优惠券额度。

当一个新的营销活动开展后,比如满300返100活动,产品经理就能够知道需要重用用户付款这个组件,并且按照满300返100的营销策略,定制这个满300返100的营销活动赠送优惠券的规则是:当订单金额大于或等于300元后,赠送100元优惠券。如果另一个营销活动需求发起后,可以根据实际业务需求,对用户付款组件再次自行定制使用即可。

所以,结合以上的关于中台技术框架的说明,为中台定制的技术框架通过对透明化与个性化的支撑,满足中台软件柔性的要求。

2. 技术框架需要满足技术平台无关性

在众多的企业IT建设上,我们不难发现会有多套技术平台的存在,而这些不同的技术平台分别支撑着企业的各个关键系统建设及运行。在企业向中台架构转型的过程中,很难将所有的系统以某一个技术平台为基础进行重构,所以这就要求我们的业务中台技术框架必须能够兼容不同的技术平台,做好技术平台无关性。虽然是技术平台无关性,但并不意味着在各技术平台的使用上,不需要进行任何的改变,技术框架的通用性要建立在统一的技术规范上,因此也要求技术平台需要配合进行一定程度的改造，以适应中台技术框架的运用。

4.4.2 从技术框架角度看可变性

在业务中台的建设上，可变性是我们关注的重点，要实现对可变性的支撑，首先我们需要从技术框架的角度去分析，在业务中都存在哪些可变性，如何应对这些可变性。

1. 分层架构演进带来可变性变化

采用业务中台建设的系统，在架构设计上对应用架构分层是我们优先考虑的问题。架构分层的目的是通过关注点分离来降低系统的复杂度，同时满足单一职责、高内聚、低耦合、提高可重用性和降低维护成本。而随着我们的应用架构从单体的垂直应用到面向服务的SOA架构，再到当前业务中台的应用架构，随着每一次分层架构的演进，都会带来了新的可变性。分层架构的演进如图4-32所示。

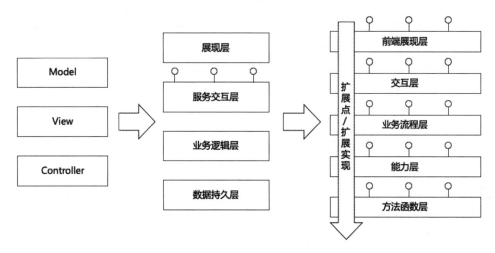

图 4-32　分层架构演进

在单体应用的建设上，采用MVC（Model-View-Controller）的三层架构，虽然MVC分层架构能够实现功能模块和显示模块分离，但是却增加了系统结构和实现的复杂性，并且层级之间连接过于紧密，各层之间耦合度过高，几乎没有什么可变性而言。

为了实现各层之间的松耦合，慢慢更多地应用架构从原来的MVC三层架构转向以展现层、服务交互层、业务逻辑层、数据持久层为主的四层架构。在四层应用架构中，以服务交互作为其核心，所以可变性主要集中在服务交互层。

而在业务中台中，我们从四层架构的设计思路上，加入了对中台的思考，从前台与中台支撑两个维度出发，按照前端展现层、交互层、业务流程层、能力层、方法函数层进行划分，对于从中台软件柔性的角度来分析，分析其可变性。

2. 扩展点的设计

前面讲到在中台应用的分层中，每一层都应该具备其可变性，那么由各模块可变性中的可变点，提供出来可以实现可变扩展地方，称之为扩展点。而针对扩展点的具体实现内容，称之为扩展实现。例如在前面的用户付款中,是否发送优惠券这个可变性上,发送优惠券即是其扩展点,具体发送优惠券的操作,比如新用户就发送5元优惠券,即是扩展实现。一个扩展点存在一个或多个扩展实现,并且在执行过程中可以按具体业务要求装配多个扩展实现,执行多个扩展实现逻辑。

另外,经过对多种业务场景下可变点的分析,我们发现,在实际的业务场景中,一个可变点往往会产生多个扩展点来满足可变性要求,并且在扩展点之间存在互斥与关联的关系。互斥意味着扩展点之间存在排斥,扩展点A的使用选择,会导致扩展点B无法使用。关联意味着扩展点之间有强依赖关系,扩展点B是否可用取决于扩展点A的使用选择。这里我们以用户认证为例进行说明(见图4-33)。

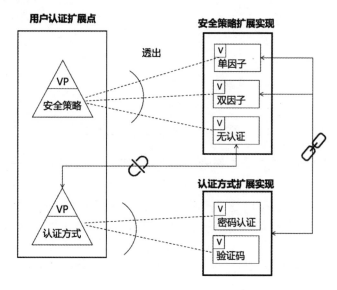

图 4-33　用户认证扩展点示例

在用户认证上,可以透出两个扩展点,一个是对用户认证安全策略,到底本次交易中用户认证是不需要安全验证,或者是单因子验证还是双因子验证,另外一个扩展点则是用户验证方式。所谓单因子验证,即只需要一种用户验证方式通过即可完成用户认证,而双因子验证则需要两种用户验证方式通过后才能完成用户认证。但是,我们会发现在用户认证这个可变点上,如果在用户认证安全策略这个扩展点上,选择不需要安全验证的话,则认证方式这个扩展点没有过多的定制意义。而如果使用双因子或者单因子的安全策略,那么必须对认证方式进行扩展实现的选择。

3. 页面展现可变

页面展现是作为系统业务功能对外的直接展示方式,对于在页面展现上的可变性,其实就是要满足针对各前端UI页面在不同业务场景下,能够呈现不同的页面渲染效果的要求。我们以普通商品与海淘商品购买场景为例:原本在普通商品订单下单页中包括收货信息、购买的商品信息、订单信息等基本信息。但是如果该商品是海淘商品的话,则在下单页面中还需要增加身份证信息与服务协议。海淘商品下单页面金额显示区域增加显示税费。

从订单下单页面的例子来看,在页面的展现上包括组合方式扩展、展现信息扩展、数据扩展的可变扩展。页面展现是通过对各个控件渲染的方式及内容进行定制，包括控件的位置、控件字体样式、控件颜色，甚至包括控件所展示的内容等。在展现信息扩展上，由各展现组件提供相应的扩展，例如菜单按钮组件的图标、字体颜色、字体内容等，可以根据个人信息及个人偏好进行展现。在数据扩展上，当从服务接口中获取数据后，能够根据实际的数据权限上下文，控制数据的呈现，比如税费显示。

在技术实现上，以目前较为主流的组件化方式来支撑页面展现可变实现，如Vue.js、React.js等支持组件化的技术。组件提供了一种抽象，让我们可以使用独立可重用的小组件来构建大型应用，通过组件的嵌套或组合来渲染。页面展现可变示例如图4-34所示。

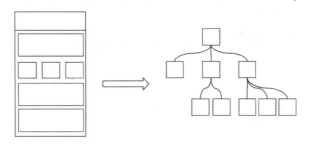

图4-34　页面展现可变示例

组件大致上可以分为三类，页面级别的组件、可重用的基础组件以及与业务无关的独立组件。以Vue为例，组件化是Vue的精髓，Vue的开发就是由一个一个的组件构成的。在Vue中组件是最强大的功能之一，它可以是可扩展的HTML元素，可以是封装可重用的代码，可以是Vue页面中的实例，也可以是接受相同的选项对象并提供相同的声明周期钩子。

我们采用组件化的设计思路，组件以独立的定义文件进行组件实现以及扩展定义，并且在实际的交互页面中，通过组件引入的方式将组件作为页面可使用的元素，在页面中进行使用以及个性化定制。

4. 客户交互可变

客户交互可变包含页面流转可变以及用户操作可变，我们能够根据用户交互过程的上下文计算交互的流程以及相关操作。例如针对不同的贷款的页面流程：

（1）秒贷只需要申请贷款页、签约页以及确认页即可完成贷款。

（2）而税易贷需要申请贷款页、个税证明页、签约页以及确认页才能够完成相应的贷款流程。

在秒贷和税易贷的页面流程流转上的区别是在申请贷款页是否需要操作个税证明，所以在页面流转上，我们通过对一个完整页面流转的全过程页面定制，形成一套前端技术框架解析的页面流转配置，在前端触发开发指定业务时，获取该业务的页面流转上下文信息，在交互过程中按照上下文执行页面流转。

而用户操作这一方面，往往是我们针对用户交互的可变性上会经常忽略的，例如同样是申请表填写，不同的业务上下文中，表单所需要填写的字段存在差异，表单输入的完整性校验方式标准会有所差异，并且提交表单成功的提示信息，也需要根据业务场景不同而显示不同的成功信息。

5. 业务流程可变

在业务流程的可变性分析上，我们需要围绕两个关注点：流程参与者与流程活动。

（1）流程参与者可变

先从银行水电费缴费业务场景分析：银行的水电缴费业务原本只针对本行的储蓄卡用户提供，但是为了能够扩大业务的用户量，水电缴费业务面向的客户群体可以灵活地调整为实现对接他行储蓄卡的用户，甚至可以是在柜台或前台的无卡缴费用户。对于流程参与者，需要根据实际的业务需要适应可变。同样的业务流程，对于参与者需要能够根据业务需求的变化进行快速变化调整。

（2）流程活动可变

流程活动可变。分析业务流程活动可变性前，先回顾一下ATM机转账机制的转变：原来在银行ATM机转账到他人银行卡的业务流程上，当用户转账操作完成以后，会即时执行他人银行卡转账的动作。但是为了防范各种诈骗行为的转账操作，根据新的银监会要求，对于ATM机向他人银行卡转账的，需要24小时以后才能到账，24小时以内是可以撤回转账操作的。从这个ATM机转账到账的机制变更来看，其实是我们在业务流程中的活动行为也是可变的。

（3）规则扩展实现

通过规则扩展实现支撑流程参与者与流程活动可变，通过规则的定义指定获取流程的参与者以及流程活动的具体执行行为。在规则扩展实现上，通过四个维度的要素来组成，包括规则匹配要素、匹配规则、规则行为以及规则事件。匹配要素是用作规则匹配的信息元素，如缴费的用户来源与转账渠道。匹配规则是基于匹配要素进行匹配的规则，如用户是本行或非本行客户、转账渠道为ATM机。规则行为是具体的操作行为，如获取具体的流程参与者计算、转账执行行为（即时到账或24小时后到账）。规则事件则是基于业务规则转化的，通过匹配规则与规则行为组合产生。

在规则扩展上，匹配要素的数据来源可以根据实际的使用场景而定义，数据来源可以是中台系统定义的业务字典，可以是各应用系统处理所定义的常量，可以是某个数据库表中的指定字段，或者从请求处理的上下文中获取。规则扩展总体设计如图4-35所示。

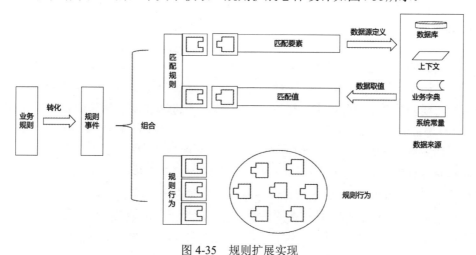

图 4-35　规则扩展实现

6. 数据模型可变

在数据处理上，其可变性主要体现在两个方面，数据持久化可变与数据查询结果可变。

（1）数据持久化可变

当我们在做数据库表设计的情况下，如果所存储的业务数据模型是固定的，我们比较容易按照实际业务的所有字段信息进行表设计，但是随着业务的不断增加，往往会遇到一些当前的数据库表无法完整存储所有信息的情况，所以在数据持久化上，必然存在其可变性。针对数据持久化的可变，主要是通过数据存储模型可定制化来实现。我们以订单表的存储为例，订单可以分为商品订单与缴费订单，根据业务的不同，订单的存储模型分为了商品订单模型与缴费订单模型，通过对订单模型的定制和使用，能够按照指定的存储模型进行数据持久化。

较为常用的是横表模式，即在一张数据库表中会预留很多扩展字段，作为后期字段扩展使用。扩展字段在使用上大概会分为两种，一种是扩展字段的含义是固定的，比如说ext1字段代表优惠信息、ext2字段代表缴费类型等；另一种是根据当前行数据的类型而改变，例如如果本行数据是商品订单类型，ext1字段代表优惠信息，但如果本行数据是缴费订单，那么ext1字段代表缴费类型。与横表对应的还有纵表，即通过额外的表记录扩展的数据，通过主表中的唯一ID在扩展表中记录扩展信息，扩展表中的字段主要包括ID、Key、Value三个，通过唯一ID存储扩展的数据。除了横表与纵表，数据存储扩展上还可以使用拉链表等其他数据存储扩展方式，这里就不一一展开描述了。

（2）数据查询结果可变

数据信息存储后，另一个重点即是数据呈现，比如前面提及的订单信息，根据业务场景的不同，能够获取指定的查询结果，所以在查询结果上需要可定制化。查询结果定制化实现需要实现查询条件定义以及结果集定义。

尽管商品订单与缴费订单所提供的查询条件必然存在差异，但是由于两者都属于订单模型，所以在存储上不会存在太大的差异。因此实现查询条件定义与结果集定义，一方面需要对查询条件中的参数与数据库表中相关的字段映射进行定义，另一方面需要对实际所需的结果集中的参数与数据库表中相关字段映射进行定义。后续在查询SQL执行以及查询结果集转换上，能够根据相关的定义信息进行组装。

7. 可变性的标识：业务身份

从技术框架的角度分析，我们存在以上所说的可变性，但是在运行的过程中，我们还需要根据上下文计算执行对应的可变。针对不同的业务，我们需要有对应的可变性定制，所以在技术框架中需要一个区分业务的唯一标识。这个用来区分业务的唯一标识像我们的身份证编号一样，一个身份证编号仅仅可以用来识别这个身份证编号所指的是哪个人，不可以同时存在两个人拥有同样的身份证编号，所以我们参考身份证编号的设计，定义这个用来识别业务的唯一标识，叫作业务身份。

一个业务所使用的业务身份在所有业务标识中必须是唯一的，它们分别代表着两个不同的业务。例如前面提到的商品交易与费用缴纳，就是两个不同的业务，那么就应该使用两个业务身份进行识别。在具体的实现中，我们用BizCode来作为业务身份的存储字段，使用字符串作为其类型，并且区分大小写，例如商品交易的业务身份是Goods-transaction，费用缴纳的业务身份是Fee-payment。

8. 垂直业务与水平业务

前面提到我们使用业务身份来作为可变性使用的标识，而对于可变性使用的定制，我们以垂直业务来进行划分，如商品交易、缴纳费用等均是垂直业务。而在业务场景中，我们发现时常会有红包的奖励，并且红包能够在不同的业务中用于金额抵扣。再如，由于监管要求的提升，在用户进行银行业务时，如果是睡眠账户的话，需要增加操作审核的活动。对于红包与睡眠账户审核这类对于所有业务都适用的业务，我们称之为水平业务。垂直业务与水平业务的关系如图4-36所示，垂直业务之间是相互隔离的，但是水平业务可以被水平业务所使用，这里的使用我们称之为叠加，因为更像是在完整垂直业务上，叠加水平业务对垂直业务进行改变。同一个垂直业务可以使用多个水平业务，例如既可以使用红包，也可以同时使用睡眠账户审核。

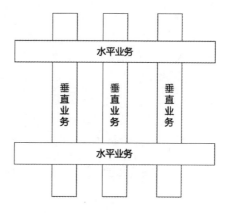

图4-36　垂直业务与水平业务

（1）垂直业务

垂直业务是不同的业务领域，领域与领域之间的业务规则、业务要求往往存在很大的差异，甚至是相互矛盾的。例如在银行个人贷款业务上，经营性贷款与消费性贷款这两种个人贷款业务存在比较大的差异，在业务流程上各环节的业务处理也会大大不同。所以，每个垂直业务根据业务需求以及业务规则，形成对应的一套组件重用以及可变性定制的组合配置，并且在执行过程中实现隔离。对于垂直业务而言，使用业务身份对垂直业务进行定义与标识，每个垂直业务都拥有其唯一的业务身份标识。

在垂直业务的定制中，为了更好地对垂直业务中的业务流程进行规划及定制，我们以场景来区分不同业务流程活动。例如，在商品交易业务流程，分为购物车、下单、支付、确认收货等场景，各场景可以按照实际的功能需要再进行针对性的定制。通过场景对垂直业务流程进行细化，一方面能够清晰明确该垂直业务中所包含的各个场景是哪些，另一方面能够在个性化业务定制上更加聚焦以及能够进行场景隔离。

（2）水平业务

有这样的需求，订单中包含部分电子虚拟商品的交易，如电影票兑换码、视频网站会员兑换码等的电子凭证，需要用户在下单的时候，必须设置通过手机验证码的方式验证用于接收该电子凭证的手机号是否可用，用户后续的兑换码发送以及使用后的核销；还需要将订单拆成多个子订单，方便后续子订单的核销。通过对这个需求的研究分析，我们发现电子凭证并不是一个垂直业务，因为在不同的垂直业务上都有可能需要使用到电子凭证，并且如果使用了电子凭证，部分业务的业务规则，如拆单规则需要按照电子凭证进行，所以这种对垂直业务中一些既定的业务规则产生变更影响，并且可以同时被多个垂直业务所使用的业务，即是前面所说的水平业务。

（3）冲突产生及冲突调解

垂直业务叠加水平业务后，会产生重叠之处，如果垂直业务与水平业务针对同一规则或者同一扩展点都存在自己的定制，那么这个重叠处就会产生冲突，例如同样是订单拆单的逻辑，原有的垂直业务是不需要进行拆单的，但是电子凭证这个水平业务是必须要求拆单的，垂直业务叠加后，在业务执行过程中到底是要拆单还是不拆单，如果没有特别指定，代码是不会知道怎么执行的。因为在真正的业务执行过程中，在计算过程中垂直业务与水平业务两套规则都是能够作为计算的条件，到底是按照垂直业务配置执行，还是按照水平业务配置执行，我们的程序是没有办法知道的（当然也可以强制按照水平业务或者垂直业务优先来处理），所以针对这样的冲突，我们就需要进行冲突调解。

冲突调解的意思是，需要为业务执行过程中针对叠加产生的冲突指定其具体的执行目标。在上面提及的例子中，叠加电子凭证后，针对订单拆单逻辑，要指定在这个垂直业务执行上，使用水平业务提供的订单拆单处理。订单拆单的冲突调解完成后，在业务执行上，就会按照电子凭证提供的订单拆单逻辑进行处理。整体的概念模型如图4-37所示。

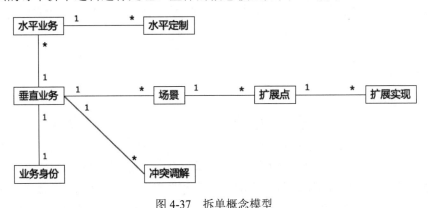

图 4-37　拆单概念模型

4.4.3　技术框架的运行机理

1. 以插件模式实现运行上的热插拔

可变性加载有三种基本方式，我们参考软件产品线方法理论，支撑可变性实现的技术主要包括如图4-38所示的三种基本方式。

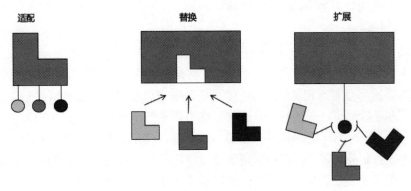

图 4-38　可变性实现技术

- 适配（Adaptation）：该方式实际上是通过我们在开发中常用的设计模式——适配器模式来实现的。适配器模式目的在于实现将一个接口转换成目标使用所需的另一个接口，使接口中原本不兼容的相关类可以共同执行。其原理是通过增加一个新的适配器来解决接口不兼容的问题，通过适配器的转换，使得原本没有任何关系的类可以协同工作。在程序执行可变点的过程中，通过可变点适配器将可变实现进行转换，再执行转换后的可变实现，以此来支撑可变性。
- 替换（Replacement）：可变点如同一个缺口，必须填充并且只能选择其中一个可变实现进行填充，才能让整个功能逻辑变得完整。即在可变点执行上，必须执行某一个可变实现，并且通过替换不同的可变实现，影响可变点执行结果，从而来满足可变性要求。该可变性实现方式可以参考单例模式，在执行过程中，某个类只能生成一个实例，该类提供了一个全局访问点，以便外部获取该实例。
- 扩展（Extension）：顾名思义，扩展实际上就是对原有功能的额外延伸，能够在满足原有功能需要的前提下，根据不同使用场景，额外通过扩展装配方式，来丰富原有的功能。例如，在交易过程中，我们必须对用户进行认证，根据安全性要求，不同安全性要求场景需要不同级别的用户认证方式，那么用户认证方式就包含了可变性。在正常的交易场景下，使用手机验证码验证即可完成用户认证；在大额交易场景下，除了手机验证码认证外，还需要使用身份证识别完成用户认证。

以上三种方式都可以用于可变性的技术实现，但第三种扩展的方式使支撑可变性实现更加灵活。一方面，通过扩展的方式，可以解决替换方式下单一的选择模式，丰富原有的功能，并且可以实现多种的扩展功能组合使用形式；另一方面，通过扩展制定统一的规范，指导可变实现的落地，解决需要进一步适配转换过程。

2. 插件模式实现扩展可插拔

我们采用插件（plugin-in）模式来管理扩展，插件模式扩展方式和普通对象扩展方式有所不同，插件式扩展可以发生在软件外部。插件模式的好处是能够让我们动态地对功能进行增加或删除，任何人都可以对应用进行功能上的扩展，而不用改变应用本身的代码以及运行流程。如我们熟知的Eclipse、Chrome等软件，都是插件模式使用的优秀代表。插件模式在具有反射机制的语言（如Java）中可以充分发挥其优势，因为工厂可以动态构造实现对象，而无须在编译时就与实现类存在依赖关系。通过插件式扩展，可以将新扩展以一个单独的组件包作为独立的单元加入到应用软件本身，而软件本身不需要重新编译、打包，甚至可以通过在运行过程对组件包中的文件进行装载读取与卸载移除，实现热装载与热卸载，做到即插即用、即拔即停的效果。

3. 服务端可插拔

以Java应用为例，在使用插件模式情形下，扩展在功能主程序中以接口的形式提供，在组件包中进行接口实现，组件包中必须包含接口实现类以及接口实现说明的配置文件，配置文件找那个必须包含接口名到实现类的映射，用于后续接口实例反射。在应用处理上，设置指定某一个文件目录作为应用的组件包存放目录，对其进行监控。当有新的组件jar包增加时，应用对jar包中的接口实现说明配置文件以及接口实现类进行装载读取，在缓存中存储，完成热装载。在不重启应用的前提下,当功能主程序中需要实例化组件包的接口实例时,根据配置文件中的接口,实现类映射信息进行实例反射实例化,提供给主程序使用。当该组件包停用时,将组件包从目录中移除,组件包移除后,应用从缓存中删除该组件包的相关内容,完成热卸载。

4. 部署模式

在应用部署模式前,首先需要先对部署单元进行说明。通过前面对可变性技术实现以及技术框架运行机理分析,在业务中台中的部署组成单元包含主应用、业务扩展包、能力扩展包。主应用即能力中心提供的可部署运行的应用,主应用中包含该能力中心提供的各项基础服务。能力扩展包是针对能力中心的扩展点提供对应的扩展实现,一个能力中心实际的建设需要可以具备多个能力扩展包。业务扩展包是由业务方根据业务需要提供特有的扩展实现以及对业务的定制文件,不同的业务需要提供对应的业务扩展包。

为满足能力中心服务的横向扩展要求,在部署上通过多个部署实例对能力中心应用进行部署,部署实例可以是多台服务或者是多个docker容器,能够满足后续弹性伸缩的要求。多个部署实例以共享服务的方式使用一个共享配置中心。而业务扩展包以及能力扩展包作为单独的部署单元,部署在共享配置中心中,通过对业务扩展包或能力扩展包进行添加或删除,实现部署与卸载;通过在共享配置中心上对相应的业务扩展包或能力扩展包进行变动,实现业务或能力的热插拔。因此,中台服务端的部署模式如图4-39所示。

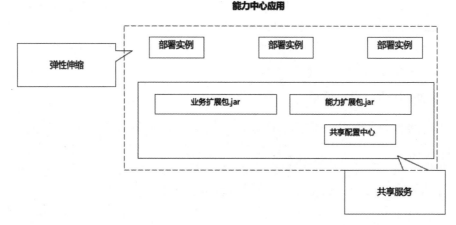

图 4-39 中台服务端部署模式

5. 小结

本节介绍了支撑业务中台可变性的技术框架,这个技术框架不依赖于具体实现模式,能够兼容多种流行的编码框架。从技术框架的角度,以扩展点以及扩展实现作为对可变性的定义与使用,并且针对页面展现、客户交互、业务流程、数据呈现可变性以及实现方式进行分析,以业务身份作为可变性的使用标识。技术框架通过对垂直业务与水平业务两个维度对扩展点的使用进行定制,各垂直业务间实现隔离、互不干扰,而垂直业务可以叠加多个水平业务来满足对垂直业务的业务规则变更。比如,在垂直业务叠加水平业务中产生冲突,需要冲突调解来为产生冲突的扩展点指定使用方式。在运行上,通过插件模式实现可变性加载的扩展方式,并且在部署上以共享配置中心部署业务扩展包与组件扩展包来实现热插拔。

第 5 章

数据中枢：数据资产价值变现

5.1 数据中台之认知篇

数据中台自从诞生之日起，很多业界厂商、理论专家给出了多种诠释，每个数据中台厂商、数据中台应用企业对数据中台都有自己的定义与理解，这些定义有的相似、有的完全不同。因此首先需要将大家对数据中台的理解进行贯通，本节将通过对数据中台的定义与架构阐述，以及数据中台与业务中台、主数据、数据仓库、数据资产等的关系与区别剖析，使大家对数据中台有一个清晰的认知。

5.1.1 千人千面的数据中台

虽然业界对于使用数据中台来解决数据孤岛化、阻塞化、缺失化、困难化等问题的价值导向一致，但大家对于数据中台的定义与范围往往差异较大。因此经常会有数据中台是什么、包含什么的疑问，本节列出了几种业界经常遇到的数据中台定义方式，每个人都可以对号入座，看看你心目中的数据中台是什么样的。

1. 基于大数据平台的数据中台

这是一类最常遇到的数据中台定义，是从提供大数据处理能力的视角出发，本质是以Hadoop体系为核心的大数据平台能力整合，主要使用大数据平台的分布式存储和计算加工能力，基于Hadoop体系的HDFS、Hive、HBase、Kudu等，再结合MongoDB、图存储等非结构化存储、MySQL、PostgreSQL等关系型存储作为统一数据存储能力，整合MapReduce、Impala、Presto、ElasticSearch等分布式、快速、全文检索能力，整合Spark、Flink等高效计算能力，形成一个整体能力。

这类数据中台优点在于针对大数据平台技术体系纷杂的现状下，提供了模块整合及统一入口；缺点在于这类数据中台更偏重底层能力，并且每个厂商的存储与处理能力都是自我绑定，无法解耦与其他厂商适配，导致这类数据中台更像是一个数据底座，以及底座之上延展的计算处理能力。

2. 提供标签画像应用的数据中台

这一类数据中台是从业务应用出发，提供数据采集、数仓构建、标签体系、画像分析、可视化展示等能力的整合应用平台。特点在于两个方面：一是从采集数据、数仓建模、打标签、形成画像、分析展现的全过程能力聚合，自下而上构建平台，提供整体解决方案能力；二是数据以业标签画像视角进行建模、查看、管理及使用，具有智能标签和实体画像的能力，基于标签画像实现。

这类数据中台主要是面向具象化的行业需求，例如：客户画像营销、人群/客群分析、供应链优化等，目前在消费零售行业领域应用比较广泛。其优点在于，标签的维度越细化，对用户的画像就会越聚焦，就能够为用户提供更加个性化的服务；缺点在于过于聚焦标签画像与分析应用，缺乏在IT整体架构中作为数据中台的支撑能力，没有对业务应用和数据需求的响应。

3. 面向数据服务共享的数据中台

这一类数据中台是从解决企业内外部数据需求的视角出发，将企业的数据资源进行采集融合后，以业务主题方式进行组织，通过服务化的手段实现把数据资源封装为数据中台服务，支持多场景数据服务需求，集中管理数据共享利用，为企业内外部业务与应用需求提供统一的数据服务。具备数据资产管理，数据服务开发、数据服务权限控制与运行监控等能力。数据服务具有API、消息、文件、ETL、在线查询、知识库检索等多种技术形态，通过数据中台统一管理与对接。

这类数据中台主要面向中大型企业内部多板块、多条线、多部门间业务流转和业务应用构建，以及对外数据交互等大量纷杂的数据需求场景。其优点在于统一扎口数据共享与应用需求，提供标准化数据服务，可实现对数据交互过程管理和数据安全控制，扩展数据资源的应用场景；缺点在于这类数据中台往往没有整合数据存储和处理能力，需要依赖数据底座提供混合数据存储和技术加工能力。

4. 统一数据开发管理的数据中台

这一类数据中台是从统一数据开发平台和团队协作视角出发，解决目前多语言、多开发环境、多协作模式的数据开发现状，通过提供一致的平台工具，实现统一管理，优化数据开发成果，也为企业管理者提供管理抓手，管理开发成果，管控数据安全。特点在于两个方面：一是提供整合统一的开发环境，规范开发过程和开发成果，提高数据开发人员的标准化工作水平；二是提供团队协作与管理能力，可以为数据开发团队划分相关资源，在线开发协作，对开发成果的评审与提交流程化管理，开发、测试、试运行、上线等多套环境上数据作业的平滑迁移，达到精细化数据开发管理与安全风险防控的目的。

这类数据中台主要面向大型企业数据开发工作量大、开发团队与人员众多、开发模式混乱，解决团队人员开发与协作难点。其优点在于一致的开发环境下，可形成标准化的数据作业成果，企业数据管理人员也能够更好地管理开发团队、开发人员、部署环境和数据作业，提升开发效率，降低开发问题风险；缺点在于这类数据中台只是提供开发工具和管理抓手，对企业数据的问题无解决，对数据的管理无相关能力。

5.1.2 "狭义"与"广义"的数据中台

在众多数据中台的解释中,最常被提及的有两种,即"狭义"的数据中台与"广义"的数据中台,分别代表不同出发点与视角的数据中台建设思路。

1. "狭义"的数据中台

"狭义"的数据中台是由互联网公司提出并逐渐发展而来,本质是对传统数据仓库的升级,有别于以金融业为代表的具有庞大的分层体系(大型银行一般是六层)、数据集市多主题划分的数据仓库架构,这类数据仓库优点在于体系成熟和应用稳定,缺点在于过于繁复,对业务变革的响应速度较慢。因此,互联网公司在面向互联网行业快速更新迭代场景下,提出了基于大数据平台整合计算引擎、离线开发工具和在线开发平台能力的数据中台定义。

从这个视角来看,"狭义"的数据中台对传统数据仓库升级的能力包括如下四点:

(1) 存储平台的升级

存储平台从单一的关系型存储,到具备结构化、半结构化、非结构化支撑能力的存储平台。包括关系数据库、分布式关系数据库、大数据平台、文档数据库、图数据库、内存数据库、时序数据库等的混合存储架构。

(2) 计算引擎的升级

数据处理从通过数据库脚本与ETL工具实现,到定时与实时结合、离线批处理与实时流处理结合、多脚本语言程序支持、数据分析与挖掘算法实现等全方位能力的集成。

(3) 开发工具的升级

在现在复杂的数据处理场景下,需要具备离线与在线开发工具,结合团队协作与权限管理,提供统一开发环境与管控抓手。

(4) 可视化展示的升级

将数据层与可视化层更紧密地结合,在数据层之上,通过数据标签体系,构建面向业务场景的数据探索和多维度的对象画像,驱动可视化展示的形态与内容。

2. "广义"的数据中台

"广义"的数据中台则不仅局限于对数据仓库领域的升级,我们更倾向于把它定位为对数据领域数据平台整体能力的升级。整合并升级主数据、数据仓库、数据集成、数据处理、元数据、数据标准、数据质量、数据目录、数据服务共享等能力,形成统一的数据中台,凝聚整合能力,为信息系统、辅助决策、业务数据需求、数据共享需求、数据分析挖掘提供支撑。

"广义"的数据中台是对于数据领域全环节中每一个环节的过程、质量、安全以及生命周期的管理。这里的生命周期是从数据的来源创生到使用归档的全过程,统一管理数据,统一对接需求,统一提供场景化的服务,以及相关管理规范的方法论,这样才能够形成一个全体系的数据中台。

"广义"的数据中台是对数据领域各方面的提升与整合,因此整理数据中台需具备的核心能力如下。

（1）主数据能力

主数据是企业的核心数据，因此在数据中台的起步阶段，首先需要重视主数据的建设，准确可靠的主数据是数据领域建设的坚实基础。主数据也是全域数据治理的开端，以主数据治理为开始，逐步展开分析数据治理和业务数据治理。

（2）数据资产能力

整合元数据、数据标准、数据质量、资产目录、数据模型等从数据资产梳理形成到展示应用的全过程能力，对企业数据资产进行全盘掌控，使业务人员、技术人员都能做到便捷地查找、理解、获取数据资产。

（3）数据处理能力

同"狭义"的数据中台类似，其包含对不同存储系统的存储规划与数据流转；数据同步、交换、清洗、转换、计算、加工等处理手段；一致开发环境与团队协作管理等。

（4）数据服务能力

通过数据中台提供统一供数能力，以数据服务的形式进行数据提供，支撑数据共享需求，对接各类数据应用场景，包括API、消息、数据文件、在线查看等多种手段。

总结，无论是"狭义"还是"广义"的数据中台，都是面向企业数据领域架构优化和具体需求出发的解决思路，因此我们首先要理性认识与分清它们的定位与差异，再从对企业的价值及在IT架构中定位出发，在"狭义"与"广义"的数据中台中，选择适合的架构进行落地，并且在落地过程中必然会有结合企业实际情况、因地制宜的改良优化。

5.1.3 数据中台与业务中台

1. 数据中台和业务中台的区别

业务中台是抽象业务流程的共性形成通用业务服务能力，将业务流程中的共性服务抽离，提供可变点插入，形成通用的服务能力。比如，我们曾经实施过某金融机构的零售产品中台，零售业务对象包含2C、2B，但是其中用户中心、产品中心、订单中心、交易中心等都是具有共性的，我们将这些组件抽象，在模型中定义可变点，2C、2B不同场景下主体业务模型不变，在特性上通过模型可变点插入，基于业务中台这些组件的端到端的服务能力，可以快速地搭建前台应用。用户通过这些前台业务触点，使用中台提供的服务能力，这样，业务中台不直接面向终端用户，但是可以极大地提高面向终端用户的前台系统的构建速度和效率。

而数据中台则是汇集数据并整合数据能力、形成数据服务，为共性的业务需求、个性的创新需求、数据挖掘价值需求等提供统一支撑。比如，原始各渠道推广数据、私域流量数据、成交客户订单数据、互联网公开数据等通过数据汇聚化、资产化、服务化，形成线索、商机、营销活动、订单、维修等数据资产及之间关联信息，构建客户画像体系，基于全要素多维度的客户域数据生成数据服务，用于企业的主动营销、精准投放、智能风控、产销平衡等业务场景。通过统一的数据体系，提供多样化、丰富的数据服务形态。数据中台也将极大提升数据开发的效率，降低开发成本，同时可以让整个数据场景更为智能化。

2. 数据中台和业务中台的关系

数据中台与业务中台的关系，用一句话来概括就是"数据自业务中来，再被用到业务中去"，如图5-1所示。

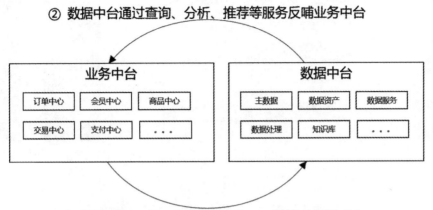

图 5-1　数据中台与业务中台的关系

从图5-1所示中可以看到，业务中台是业务数据的产生来源，业务中台产生的业务数据会被数据中台收集、清洗、加工，纳入数据中台，业务中台并不是数据中台的唯一数据来源，其他信息系统如ERP、HR、CRM等数据、物联网数据、外部数据，会与业务中台数据一并进行连接、校验、融合，形成企业级的数据资产，数据资产会在数据中台中不断更新迭代，同时也会创生出对企业有价值的新的数据资产，这也是数据中台作为统一数据体系的意义和价值。

数据中台可以提供多种形态的数据服务，比如数据API、数据查询、知识检索、智能助手、数据分析、智能推荐等服务，帮助业务中台在业务流转和业务环节中，实时获取到准确可靠的数据，或者得到数据分析挖掘的成果支持，可以使业务系统拥有"全维度""智能化"的能力，系统将从信息化升级成为一个智能化的业务系统。

5.1.4　数据中台与数据仓库

无论是"狭义"的数据中台，还是"广义"的数据中台，共同部分都是包含对传统数据仓库的升级。那传统数据仓库为什么需要升级？首先，传统数仓范围和形式都存在局限和单一，大多是结构化关系型数据，存储使用中心式关系数据库；其次，传统数据仓库基于维度事实模型体系构建；最后，传统数据仓库主要面向报表和BI场景，并且BI场景也多为预定义，使用者只能在有限多维模型内进行上钻、下钻等分析，智能化水平和自由度较低。

因此，数据中台与传统数据仓库的升级点包括如下三点：

1. 数据逻辑划分多样化

在当前数据来源与应用多样化场景下，根据数据类型和应用需求不同，数据的形态和数据应用的需求也不同，因此需要对数据中台的数据区域进行逻辑划分，用以适配数据形态和不同功能的需求。数据逻辑划分示例如图5-2所示。

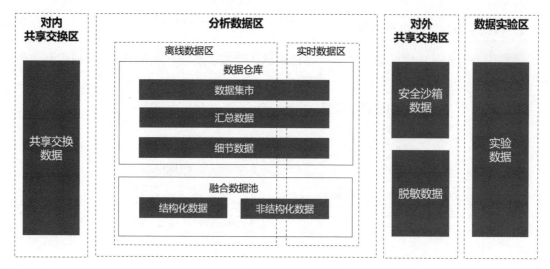

图 5-2　数据逻辑划分示例

上图所示是数据逻辑划分的一个示例，将数据中台的数据区域划分类对内共享交换区、分析数据区、对外开放区和实验区。

（1）对内共享交换区

主要承担对企业内部各类数据需求的统一提供所需的数据逻辑融合和管理。共享数据大多来自业务系统，少量来自业务数据文件或数据填报，根据不同企业数据中台建设策略，共享交换数据可能存储在融合数据池、数据仓库的ODS区、源业务系统中等多种策略，但在逻辑层面需要对共享交换数据进行逻辑层面拉通与统一管理。

（2）分析数据区

与传统数据仓库一样，分析数据按汇总的融合数据池、与分层体系的数据仓库组成，数据仓库分层一般通用标准为细节数据、汇总数据、数据集市等三层。分析数据的不同分层可能物理存储系统不同，例如数据融合池、细节数据、汇总数据选择MPP或者Hadoop平台，数据集市选择关系数据库，对于结构化数据和非结构化数据也可能存在物理存储系统不同的情况。

（3）对外共享交换区

用于承担企业对外数据上报、行业共享、数据交易等数据共享需求。涉及数据对接过程中数据安全管理，包括基于数据分级的数据脱敏、使用隔离虚拟环境的安全沙箱等。因此对外公共共享交换区不止涉及数据存储系统的规划，还需要虚拟环境或容器环境的支持。

（4）实验区

对于一些敏感数据或专题分析，可以规划数据实验区，与安全沙箱类似，使用虚拟环境或容器环境，由数据中台初始化数据库实例，并根据分析需求导入原始数据。使用者可自行安装部署数据分析挖掘工具。

2. 数据存储架构多样化

在大数据时代多年发展后，数据存储系统已经由单一的关系数据库，逐渐向MPP和以Hadoop为核心的大数据存储系统体系过渡。常见的存储系统如图5-3所示。

图 5-3　常见存储系统

图中列举了一些常见的存储系统，包括：

（1）传统关系数据库

如MySQL、PosgreSQL等，在大数据时代，仍需关系数据库来解决复杂关联和事务操作问题。

（2）MPP 数据库

如GreenPlum等，多为基于传统数据库的分布式并行集群，主要用于OLAP场景。

（3）分布式数据仓库

如Hive等，是面向海量数据的分布式存储系统，在较大数据量的处理场景上有优势。

（4）列式数据库

如HBase、Vertica、ClickHouse、Kudu等，是以列相关存储架构进行数据存储的数据库，主要适用于OLAP场景下的批量数据处理和即时查询。

（5）分布式全文搜索引擎

如Elasticsearch等，提供海量数据基于索引的快速全文检索能力。

（6）KV 数据库

如Redis、RocksDB等，是key-value数据库，这是一种以键值对存储数据的数据库，具有高速读写的优势。

（7）时序数据库

如InfluxDB、Kdb+等，主要面向物联网传感数据等基于时间序列线性增长、而生成数据量巨大的时序数据处理场景。

（8）文档数据库

如MongoDB、CouchDB，主要面向文档数据，即非规范化、没有明确结构定义数据的存储与应用。

（9）图数据库

如Neo4j、JanuasGraph，是以图结构存储数据的数据库系统，主要面向知识图谱等应用场景。

（10）HTAP 数据库

是既支持OLAP能力，也支持OLTP能力的一类新兴数据库。

3. 数据加工计算多样化

传统数据加工计算多以批处理为主，随着数据需求的时效越来越快，批处理的响应能力逐渐力不从心，因此产生了流式计算与流批融合的能力。

（1）流式计算

流式计算是指对于流数据（或数据流）在每笔数据产生后，实时传输接入，不进行数据落地，而直接进行加工计算的过程。流式计算框架包括Flink、Spark Streaming、Storm等。

（2）流批融合

流批融合是指整合流式计算与批处理能力，包括实时数据传输接入（如Kafka Connect）和流批一体计算能力（如Flink），即满足实时数据计算需求，也满足批量数据计算需求的融合架构。

5.1.5 数据中台与数据资产

在讲述数据中台与数据资产关系前，首先要明确数据资产的定义与建设内容，整理了一些国家标准和研究机构白皮书中对数据资产的定义。

（1）组织拥有和控制的、能够产生效益的数据资源[1]。

（2）以数据为载体和表现形式，能够持续发挥作用并且带来经济利益的数字化资源[2]。

（3）由企业拥有或者控制的、能够为企业带来未来经济利益的、以物理或电子的方式记录的数据资源，如文件资料、电子数据等。在企业中，并非所有的数据都构成数据资产，数据资产是能够为企业产生价值的数据资源[3]。

综合上面对数据资产的定义可发现，数据资产的极简定义就是：有经济价值的数据资源。那么如何判断哪些数据资源对企业有经济价值？目前行业对数据资产估值的研究方法主要包成本法、市场法、收益法三种，其中从估值算法比较清晰的成本法来看，所有企业投入了成本，研发和采购信息化系统、自动化设备、物联网设备等产生的数据、人工梳理填写纸质或电子文件的数据都是数据资产的范畴。

数据资产的建设是对企业有价数据资源的统筹管理，其核心包含对数据资产本身的数据架构建设、元数据建设、数据标准化建设等内容。

1. 数据架构

数据架构是数据资产的具象化结构描述，分为数据模型、数据分布、数据流向三部分。

---

[1] GB/T 34960.5-2018 信息技术服务 治理 第 5 部分 数据治理规范。

[2] GB/T 37550-2019 电子商务数据资产评价指标体系。

[3] 中国信通院：数据资产管理实践白皮书 4.0。

(1) 数据模型

数据模型是数据资源特征的抽象，通过主题域模型、概念模型、逻辑模型、物理模型分别描述业务领域、业务概念、逻辑关联、物理结构等数据资源不同层级特征。

其中主题域模型是对业务的领域划分及之间关联关系的定义，是企业最高层级的业务划分；概念模型是对业务对象实体的抽象概念模型，是高范式企业业务数据的抽象，包含概念定义、属性、关系等；逻辑模型是对概念模型的IT逻辑层实现，是根据IT实现原则进行降范式处理后，并建立明确的逻辑关联，同时增加技术和衍生属性等；物理模型是逻辑模型在数据存储系统中的落地，根据数据存储系统的个性进行调整和增加数据存储系统特有的规格，例如索引、分区、分表、分列簇等。

(2) 数据分布

数据分布是对企业数据模型定义下的数据资源，明确其在系统、组织和流程等方面的分布关系，明确权威数据源，为数据相关工作提供参考和规范。通过数据分布关系的梳理，梳理数据相关工作的优先级，制定数据的责任人，并进一步优化数据的集成关系。

(3) 数据流向

数据流向是对企业数据流转过程的定义描述，将数据的创生、使用、更新以及作废删除等全过程的业务流程和技术实现以结构化的形式表达，从而掌握企业内部各业务领域、各部门、各系统之间数据共享利用情况，促进数据共享互联互通，进而实现对数据资产的全生命周期管理。

2. 元数据

元数据是"关于数据的数据"，是数据模型定义的结构化呈现，通过元数据了解数据的含义、形态、特征等要素信息。元数据是数据资产对象结构的承载，通过元数据可将数据架构的模型体系、分布关系、集成过程等结构化定义与呈现。

元数据的思想来源自OMG（Object Management Group，对象管理组织）定义的"模型驱动构架（MDA）"，基于MOF的数据、元数据、元模型、元元模型的模型规范体系，可实现任意形态数据的元数据模型定义与关联，从而建立数据中台的支撑与管理平台。通过对元数据的掌控，为数字化建设提供数据的标准规划、开发利用、运行管理与质量反馈等全生命周期支撑管理，承担了各个组成部分的衔接和协作。

从常见分类方法来看，元数据通常分为业务元数据、技术元数据、应用元数据与管理元数据。

(1) 业务元数据

业务元数据描述数据所承载的业务意义，包括业务名称、业务定义、业务规则、业务描述等信息。业务元数据用于表示企业环境中的各种主题概念与逻辑定义，从一定程度上讲，所有数据背后的业务上下文都可以看成是业务元数据。

(2) 技术元数据

技术元数据描述数据存储系统、流转过程、计算逻辑等技术实现，包括数据存储系统、物理模型结构、ETL过程、计算脚本逻辑等信息。

（3）应用元数据

应用元数据描述信息系统中对业务功能从需求、功能设计、前端界面、后端逻辑到数据操作的全过程。可以看出应用元数据是对，因此应用元数据是即包含业务要素，也包含技术要素的一类特殊元数据。

（4）管理元数据

管理元数据指组织内部对数据管理定义的元数据对象，包括组织、角色、人员、权责等的多视角管理维度信息。

3. 数据标准化

企业要实现数据驱动业务、数据驱动管理，需要的数据应该是完整的、有效的、一致的和规范的。然而现实中企业的数据并不那么理想，由于没有统一的企业级数据标准，造成"无数可用""业务信息存在二义性""数据孤岛""统计口径歧义"和"数出多门"等问题。

无数可用指大量重要业务信息没有数据化，导致"无数可用"。

业务信息存在二义性指同一个业务含义，不同系统信息项（或"字段"）名称不同；或者相同的信息项名称，业务含义不同。

数据孤岛指数据缺乏规范性，制约数据流动、数据共享和数据集成，数据的价值不能充分发挥。

统计口径歧义指各业务部门对统计信息的定义、计算公式、统计口径不同，造成理解的歧义。

数出多门指同样的信息在多个系统独立存在，数据一致性存在问题。数据质量管理任务重、效率低。

要解决这些问题，企业需要数据标准。数据标准是一整套数据规范。数据标准化是通过一整套的数据规范、管控流程和技术工具来确保企业的各种重要信息，包括产品、客户、组织、资产等在全企业内外的使用和交换都是一致、准确的。

通过数据标准化建设，约束数据架构与明细数据，发现数据问题，设计问题解决策略与方案，优化数据架构，提升数据质量，使企业获得合理的数据架构和可靠的数据。

通过数据资产的定义与建设内容，我们可以了解其与数据中台的关系，数据中台需要数据资产来掌握企业业务与信息化系统中的数据资产情况，进行数据汇集融合与共享应用，相关过程与成果还需要在数据资产中进行落地与管理。因此，可以发现数据资产是数据中台核心结构定义管理者与运转驱动者。

5.1.6 数据中台与主数据

主数据是指描述企业核心业务、参与业务环节流转的数据实体。是可在企业内部跨流程、跨系统、跨部门间共享、具有高价值的基础数据，是业务部门之间、信息系统之间进行数据交互的基础，是业务运行和决策分析的基础。

数据中台是对企业所有业务数据的汇集、融合、管理与应用支撑，因此主数据是数据中台建设中的首要内容，主数据的建设也往往是很多企业数据中台建设的起始阶段。

传统的主数据是相对"固定"的、变化缓慢的、偏静态的，但在当今数字化转型和架构重塑的趋势下，传统主数据已经越来越难满足业务快速发展迭代的需求，新一代主数据必然要升级以满足对信息系统和分析系统的支撑需求，主数据在发展过程中演化出诸多新特性。

1. 主数据包括更多关联信息

在数字化转型的数字化应用建设需求下，需要主数据提供更丰富的内容支撑。传统分领域的主数据，更多是对静态对象的管理，只包含对象数据记录，例如：产品、物料、客户、供应商组织、人员、项目，等等。那么在数字化转型的建设需求下，主数据需要有更多关联与扩展信息，以人员主数据为例，不仅是人员基本信息，还包含工作经历、家庭信息、奖励信息等扩展信息；此外还存在内部人员、劳务人员、产线人员、保卫人员等细致划分，还具有人员与组织关系、人员与班组关系、人员与岗职位关系等多种关联关系，从而才能够支撑我们未来的创新的应用需求、一体化平台的需求、数据的分析的需求和数据的共享需求。

2. 主数据更动态化

随着主数据的发展，主数据的范围越来越大了，不仅仅只是缓慢变化记录，比如客户的信息，比如说我们物料的相关的规格材质，也会把一些比如像汇率、产品价格、库存量、实际采购量等纳入到主数据的管理范畴，这是因为越来越多应用建设需要这些动态化的数据，例如汇率在财务共享的应付、应收、报销、总账都会涉及；产品价格会被自营销售渠道、代理销售渠道等多销售渠道共享，而且现在大市场环境下，非常多行业的产品价格变化是非常频繁的。这里就会产生一个主数据逐渐由静态向动态发展的过程，在一定（有限）条件下，会把一些近动态化的数据纳入主数据管理。

3. 主数据应用更实时化

传统的主数据应用主要是以定时推送、增量数据标识接口的定时调用等手段提供数据，现在主数据会更加便捷与快速地对接需求方，以实时数据API方式提供服务，这样主数据的使用者，无论是业务系统还是数据仓库，都可以实时地获得主数据的变化，实时的运转业务流程或展现最新的分析结果。例如，在审批流程运转中，实时获取最新的人员角色状态，在人员异动的同时实现审批流转实时切换，可以有效地防止因人员异动导致的审批越权问题。

5.2 数据中台之框架篇

我们在数据治理领域耕耘多年，从数据治理到数据中台建设，我们从众多的项目经验中总结出来，不能把数据中台建设作为一个项目或者产品来实施。企业在数字化转型的进程中建立数据中台，必须从战略的高度、组织的保障及认知的更高层面来做规划。在战略规划的指导下，搭建一套可持续运行、自服务、端到端的数据中台建设体系，从而加速企业全面数字化转型的进程。

5.2.1 数据中台的价值框架

数据中台的终极使命，我们认为是赋予数据资产价值变现的能力，无论是通过业务赋能的形式隐性变现，还是通过数据服务公开交易的形式直接变现。它们都需要一个很重要的基础条件"业务数据化、数据资产化、资产服务化、服务业务化"。

数据中台很重要的一环是将"数据资产"作为一个基本要素独立出来，让数据资产在服务于业务的过程中，融入业务创新带来价值创造的过程中，并持续产生价值，进而间接价值变现。

数据中台作为各业务系统的数据提供方，通过自身的数据处理能力以及业务对数据的不断供给（业务数据化过程），形成一套持续运行的、不断完善的数据资产体系（数据资产化过程）。当在面对业务多元化挑战，需要构建新的前台应用时，数据中台可以快速地提供数据服务（资产服务化过程），灵敏地响应多元化业务创新（服务业务化过程），使在融合创新的时代下，持续保持高竞争力。

上述场景描述了数据和业务之间的一个闭环过程，区别于以往以数据开发、数据分析为核心的数据中台建设始于数据、终于数据的一个自闭环，导致数据中台价值呈现困难的局面。本书定义的数据中台建设，为业务数据治理及应用打开了一扇门。数据中台价值框架如图5-4所示。

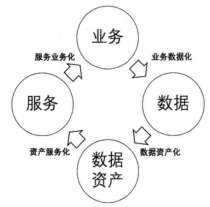

图5-4 数据中台价值框架

由于数据中台建设多由信息科技部门主导，在技术人员的眼中，往往把数据中台理解为一个技术平台、大数据平台。其实这是不对的，在上一节"数据中台之认知篇"中我们也讲述数据中台和大数据平台、数据仓库、数据资产等区别与联系。这里我们必须强调，数据中台的核心是数据形成资产到服务提供的能力，服务对象是业务，所以必须结合实际的业务场景，比如：精准营销、智能风控通过服务的形式直接赋能业务，数据中台面向的不仅仅是技术人员，更多的是业务部门。无论是由信息科技部门建设数据中台，还是运营部门等支撑部门建设数据中台，都必须统一数据中台价值观：数据是一种资产。

5.2.2 数据中台的架构演变

数据中台没有统一的架构，我们从架构演变的过程来看，数据中台经历了最早以大数据平台能力为主的架构模式，到以数据开发平台为主的架构模式，到目前统一认识到的、需要多能力聚合的架构模式，体现大家对数据中台认知从模糊到清晰的过程。图5-5、图5-6所示为早期的两种数据中台架构。

无论是以大数据平台为主的数据中台，还是以数据开发平台为主的数据中台，都存在较大的局限性。当下数据中台架构更趋向于在数据底座之上，整合数据资产形成、管理和服务能力，实现对需求和业务的灵活支撑，才能更好地推动数字化转型建设。满足当下数据中台建设趋势的一种数据中台架构如图5-7所示。

在数据中台架构中包含主数据、数据建模、数据资产、数据服务、知识图谱和数据安全等核心能力。本节接下来也会重点对主数据、数据建模、数据资产、数据服务、知识图谱的概念定义和能力架构进行阐述。

第 5 章 数据中枢：数据资产价值变现 | 129

图 5-5　数据中台架构演变-早期以大数据平台为主的数据中台

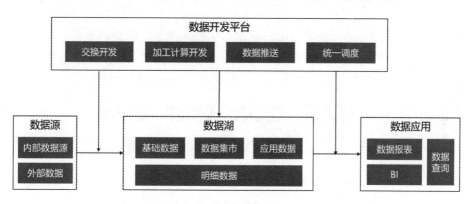

图 5-6　数据中台架构演变-早期以数据开发平台为主的数据中台

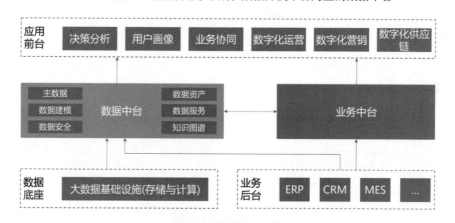

图 5-7　数据中台架构

5.2.3　主数据：为应用提供可靠核心数据

在数字化转型趋势以及业务变革对主数据需求加深的场景下，对主数据能力的要求也有提高，需要主数据提供更为丰富、与业务紧密集成的核心能力。

1. 主数据模型定义能力

主数据需要支持多种模型的定义与管理，并可适配多样化存储，可自由地进行数据模型设计，包括模型定义、字段、关联其他模型、关联业务字典、脱敏规则等，通过主数据模型的发布来根据数据存储系统创建数据物理模型。

模型类型包括普通模型、关联模型、继承模型、组合模型等，对于不同的模型有其特殊的定义和生成物理模型策略。普通模型就是我们常见的以实体和实体间关系构建的E-R模型。其他三种模型说明如下。

（1）关联模型

如图5-8所示，当企业的物料采购分区域进行，供应商可在一个或多个区域内，为企业提供相同或不同的物料，通过"物料-区域-供应商"这个关联模型，可将三者关系进行定义描述。

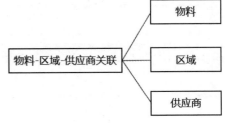

图 5-8　关联模型示例

（2）继承模型

如图5-9所示，以物料类主数据为例，存在多层级大量不同的物料类型，不同物料类型都存在不同的主数据模型。但对于企业而言，物资物料少则几千，多则几万甚至几十万种，如果对于每类物料单独创建模型，这显然是一个工作量庞大且管理复杂的工作。

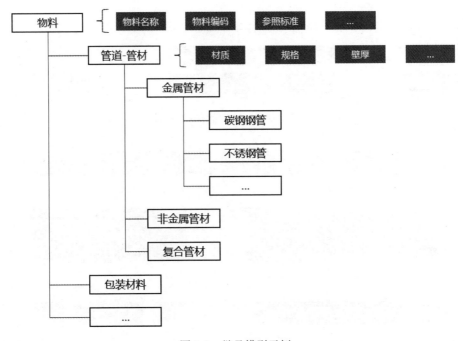

图 5-9　继承模型示例

因此需要通过继承模型解决两个问题，一是大量物料类型主数据存在相同的属性，可以在继承的每层级上定义公用属性，可被下级子模型继承，在上图中，物料根节点存在物料名称、物料编码、参照标准等属性，可被所有物料子模型继承，管道-管材层级具有材质、规格、壁厚等属性，可被其下级子模型继承，这样在大量的最细化层级物料模型中，只需要定义其特殊的属性即可；二是不同物料类型主数据生成大量主数据物理表的性能和管理问题，通过继承模型可以对物料层级指定某一层级的节点为源头，将其及下属子模型创建为一张横表，可以是物料根节点，也可以是二级、三级的某一个或多个节点，这样可灵活优化物理存储结构，提升性能与可用性。

（3）组合模型

组合模型的两个示例如图5-10所示。

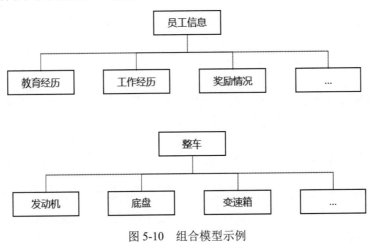

图 5-10　组合模型示例

组合模型是表达构成或扩展关系的模型结构，这类模型的从模型对主模型有依赖，并且主从模型往往会一起维护和展示，通过组合模型对主模型和从模型建立起逻辑关联，转化为生成物理模型结构时建立明确连接。

2. 主数据版本管理能力

主数据的版本分为模型版本和数据版本两方面进行管控。

对模型的管理，因为主数据模型也是需要随着业务进行更新迭代的，主要对于主数据模型字段变更，记录每次变化版本，可获得物理模型更新SQL，可对不同版本进行比对。

对数据的版本控制能力，包括对单一主数据的编辑、生效、历史的多状态版本管理，还可对多个或全部主数据做时间线快照，并能支持多版本检索、版本间比对、版本回退等版本操控能力。

3. 主数据集成抽取能力

主数据要支持多种数据集成抽取方式，从时效上可分为实时最新数据和定时批量数据，分别适配不同的主数据需求场景。

对于纳入统一管理的主数据，还需要进行清洗转换，包括代码转换、编码生成、数据重复筛查、数据缺失、格式错误、主数据内容不可识别等。

4. 主数据分发共享能力

随着主数据参与业务流程或业务环节越来越深入，对主数据分发共享的能力要求，就不局限于批量推送，需要主数据提供更为便捷和快速的共享手段。

因此，更多场景需要主数据提供实时获取的服务API，以服务API调用方式，在业务流程或业务系统运转环节中，按需调用获取主数据。或者以服务订阅的方式，在主数据每次发生变化时，实时通知和同步给所有的需求方。

5. 主数据权限管控能力

主数据是企业的核心数据，多具有敏感或者商业机密性，因此需要对主数据的维护、查看、获取进行细化的权限控制与痕迹记录，需要主数据具备对功能菜单权限之外的权限管控，包括通过服务API访问权限、服务API调用过程中和在线检索查看的行列权限、数据脱敏等精细化权限管控。

6. 主数据全生命周期管理能力

需要对主数据的生命周期管理，从主数据创建、审核、审批、发布、编辑、作废等环节进行管控，并具有数据版本管理，对每一次主数据变化记录历史。

5.2.4 数据建模：以模型驱动数据运转

提到数据建模，大部分人的第一反应是数据库表结构建模，即在应用系统详细设计阶段进行数据库表结构的设计，但数据建模往往不是这么简单的一步到位，在高校计算机教材《数据库系统概论》的数据库设计章节中也明确了概念（模型）设计→逻辑（模型）设计→物理（模型）设计的过程，本节也重点聚焦数据建模如何做，以及通过数据建模能为数据中台提供什么能力。

所谓数据模型是对现实世界中包含数据内容对象的抽象建模，但现实世界中的数据对象是变化万千，并且从不同视角出发的呈现特征与关注点也截然不同。因此，对现实世界中的数据对象的发现、捕获与抽象存在一定的主观性，它的定义反映了建模人员对相应数据内容的认知能力与程度，使得现实世界中的数据对象被转换为信息世界的数据模型，这一阶段产生的数据模型称之为概念模型。

然而信息世界中的概念模型不能直接被计算机所识别、处理与执行，因此还需要由相应人员将其从概念模型转换为计算机世界的逻辑模型。由于数据逻辑模型的建立以信息世界的概念模型为基础，因此这一部分相对于概念模型的建立更有规律可循，并可以更加客观与准确。

基于逻辑模型和相应的DBMS系统，数据库设计人员可以将逻辑模型转换为物理模型，这一部分的转换过程与内容由DBMS决定。

数据模型的定义实际上是数据库高效合理开发的基础。随意肤浅的概念模型定义或者直接数据逻辑模型定义都会导致数据库定义的偏差，最终影响信息系统设计与实现的质量，如果不能从根本上认识和定义相应应用的数据模型，其维护仍然是高昂和无效的。

概念模型是人们对现实世界数据对象的初步建模，也是人们观察与反映数据世界的结果。逻辑模型是计算机世界对数据定义、分析的重要表达，它需要能被计算机正确理解、识别与处理，因此逻辑模型不仅关注的是数据实体与联系的定义，而且还关注计算机世界对这些实体与联系信息访问的定义与支持。因此逻辑模型有比概念模型更多和更实际的内容。逻辑模型建立的质量与效率会直接影响到DBMS系统数据定义与管理的效率和质量，因此，数据的概念模型到逻辑模型的准确转换，成为信息世界数据模型到计算机世界数据模型转换的关键。

那么在数据中台的建设中需要借助数据建模能力来驱动运转，整理数据建模所必须能力如下：

（1）概念建模能力

对概念模型定义、属性及模型间关系的配置实现能力，实现对业务场景中概念实体的结构化配置，具备对概念实体和关系的丰富表达内容。

（2）逻辑建模能力

对逻辑模型定义、属性、模型间关系、过程规则、指标算法等配置实现能力，通过逻辑建模可以实现对概念模型具象为逻辑模型的过程进行转化，可具体定义单个实体、两个实体间过程逻辑和属性转换规则、加工计算规则和算法等。

（3）物理建模能力

对物理模型的配置化能力，可通过逻辑模型转化自动或半自动生成，包括对关系型数据库、非关系型数据库的物理模型定义、对端到端数据同步交换过程及转换规则的定义、对加工聚合目标及过程算法的定义，等等。

数据建模的意义有三点：一是规范建模过程，预防规避因数据模型不规范，错漏导致的后续开发测试过程中的复工与时间浪费；二是通过数据建模，实现从概念到逻辑到物理的转化过程，自动或半自动地生成相关物理结构、数据处理过程等内容，以数据模型来驱动设计与开发实现；三是改变传统数据资产建设先建后理的局面，在业务应用和数据应用的建设过程中，通过数据建模，自然形成数据资产相关要素，大幅降低数据资产建设难度和工作量。

5.2.5 数据资产：全要素关联的资产掌控

从认知角度看，数据资产是由价值的数据资源；从实践角度看，数据资产是数据架构的具象化，因此数据资产管理需要做到将数据架构中的数据模型、数据分布、数据流向进行结构化落地与呈现，并对此开展管理和优化工作，并对数据资产所描述的数据进行质量管控，从而为企业交付可信数据资产，提供数据资产分级分类下的多维度视角展示、数据资产共享对接与管理等内容。

整理数据资产建设所必需的元数据、数据标准、数据质量、资产目录的核心能力如下。

1. 元数据核心能力

元数据是数据资产的承载者，需要通过元数据对数据资产从主题领域、概念实体、逻辑实体到物理结构进行描述与关联。

（1）元模型定义能力

支持对业务元数据、应用元数据、技术元数据、管理元数据等的元模型配置，包括业务术语、业务词汇、系统定义、功能、界面、表单、API、请求、数据库、表、字段、索引、管理部门等，配置业务元数据、应用元数据、技术元数据、管理元数据之间的关联，并支持对元模型与元模型间关系的配置，包括依赖关系、组合关系等。

(2) 技术元数据采集能力

从错综复杂的企业数据存储系统和数据集成处理过程软件及脚本中，解析和采集各种技术元数据的能力。为了应对各种数据存储系统环境，这个环节通常需要使用各种技术和语法来支持大数据平台相关组件、关系数据库、国产数据库、数据集成处理工具、存储过程、ETL 脚本、文本文件、表格文件的自动化采集。

(3) 应用元数据采集能力

应用元数据采集是通过采集应用系统的前后端数据流向，形成对功能、界面、表单、API、请求、SQL、表、文档的多个维度链路图谱，从而协助企业更加精准地梳理应用系统数据架构，通过元数据分析，使企业更加深入地了解应用系统的数据现状、业务特性、功能范围，以及数据字典、库表结构之间的关联，还原系统的数据全景，与技术元数据、业务元数据实现连接。

(4) 业务元数据采集能力

采集企业环境中的业务元数据，多以梳理模板或填报录入的形式进行，并完成与应用元数据、技术元数据的映射，为元数据赋予业务属性，这也是发挥元数据管理业务价值的一个关键。

(5) 元数据存储能力

将采集到的元数据进行统一存储的能力，为支持各种元数据以及元数据之间关系的存储，元数据存储需要灵活可扩展的架构支撑。另外，能够实时更新存储也是很重要的一点。

(6) 元数据分析挖掘能力

包括链路/血缘/影响分析，是分析数据的来源和数据的流向，揭示数据的上下游关系，描述并可视化其中的细节，方便用户对关键信息进行横向（当前）和纵向（历史）双向的跟踪和分析，以侦测同一时期不同对象的差异以及不同时期同一对象的变化；关系分析，是对元数据脉络的拓扑关系分析，可以从一个元数据开始，实现各个维度的关联检索；相似度分析是对某一元数据，从类型、语义等多维度分析，寻求与其从业务上或技术上有类似的元数据，并对相似程度以一个权重值的方式进行评估；对比分析，是对不同环境中的元数据进行对比分析，分析其中的异同，必要时还能根据分析结果产出相应的分析报告。

(7) 元数据变更控制能力

当元数据需要变更时，提供变更审核能力，明确元数据版本，保存元数据的历史状态，在发生任何问题时，可以自动恢复到之前的版本。在某个元数据项发生变更时，可能还需要对该次变更将要产生的影响进行分析和评估。

2. 数据标准核心能力

数据标准是基于业务操作和IT实践总结得出的标准化的数据定义、分类、格式、规则、代码等，从而保障数据定义和使用的一致性、准确性。

(1) 数据标准定义能力

数据标准包括业务术语标准、数据元标准、参考数据标准、主数据标准、指标数据标准。业务术语标准，是企业中业务概念的描述，也是规范的词汇定义。

数据元标准，是通过一组属性规定其定义、标识、表示和允许值的数据单元。

参考数据标准，是用于将其他数据进行分类的数据，对其的描述、值域、唯一标识等的规范化定义。

主数据标准，是对核心业务对象可进行跨系统共享的相关属性、代码、编码等的规范化定义。

指标数据标准，是对企业分析指标口径、算法、规则等的规范化定义。

（2）标准制定发布能力

数据标准的制定，数据标准经过讨论与评审后进行公开发布，可以视为权威发布，具有流程上的正式性与权威性，发布后在企业内进行贯彻与执行。

（3）标准落地映射能力

数据标准需要与数据资产，也就是元数据进行关联将标准与实际系统、实际数据进行映射，这样才能通过数据标准约束模型、约束数据，发挥数据标准价值。

基于数据标准落地实现的管控，存在于数据建模过程、数据模型审核、数据集成处理中、数据集成后的数据检核等多种场景下。

3. 数据质量核心能力

数据质量建设应具备数据质量规则管理、检核脚本管理、任务管理、检核结果管理、数据质量报告等功能，以度量规则和检核脚本管理为主线，通过自身任务管理模块或者第三方调度为触发点，帮助企业建立统一的数据质量管理。从关键能力上看，数据质量需要有检核脚本自动生成、多线程检核、数据质量报告生成这三个核心能力。

（1）检核脚本的自动生成能力

数据质量检核实际上是按照脚本执行并筛选出有问题的数据。随着数据质量度量规则的增多，通过人为手工编写脚本的方式就无法应对快速增加的度量规则，通常一个中等规模的企业，就具备上千条度量规则。因此通过配置的方式，利用脚本生成引擎自动生成检核脚本，是数据质量必须具备的能力。

（2）多线程检核能力

检核脚本的执行时间是影响能够及时查看到数据质量问题的另一个关键因素。在脚本执行过程中，需要采用多线程并发来执行，以保证在较短的时间内检核出有问题的数据。

（3）数据质量报告生成能力

数据质量报告是对企业数据质量情况的总结分析，需要能够从不同维度系统、部门、检核类别等维度生成固定的数据质量报告。还需要支持按照选择的数据质量规则、时间等条件，来生成个性化的数据质量报告。

4. 资产目录核心能力

在数据资产分级分类和标签化后，将数据资产以目录化的形式呈现，提供数据资产多维检索、可视化展示、关联拓扑、流向链路、统计分析、对接共享、申请授权、审核审计等能力，是一个企业业务人员与技术人员共同使用的数据与知识门户。

资产目录核心能力包括标签与分级分类能力、资产检索展示能力、共享对接管理能力等。

（1）标签与分级分类能力

数据分类是从业务、技术等视角对数据资产的层级划分，可基于预置的分类层级，将数据资产挂接到相应的分类下；数据分级是基于安全诉求，以分级的设置体现敏感与非敏感数据，可基于数据分级进行数据安全管控等操作；资产标签是分级分类的基础，是对数据资产的画像，可设定权威标签与自定义标签，每个使用者都可以建立自己认知范围内的标签画像，通过资产标签可以更快速与便捷地了解数据资产。

（2）资产检索展示能力

提供统一的体系对数据资产进行检索和可视化展现的能力，支持多入口多终端，基于分级分类和标签化体系下的多维度检索，甚至会根据自己的查找习惯，新建一个完全不同的检索方式，对于数据资产可以查看业务、技术和管理等多维度信息、关联关系信息、链路关系信息、关联应用信息等。

（3）共享对接管理能力

资产目录的价值是推动数据资产的共享应用，因此资产目录必然需要方便使用者与管理者的在线对接能力，包括数据资产挂接发布、申请授权、共享提供、变更通知、作废销毁等相关流程的在线化实现；还需要对数据资产的使用情况进行记录，便于统计使用情况与审计数据资产使用安全。

5.2.6 数据服务：服务封装响应数据需求

在数据资产建设取得一定成效后，就必然会进入到数据服务建设的阶段。原因是数据资产不只是会以台账形式供查阅，更需要发挥对数字化转型对数据需求的快速响应作用，以及通过数据资产驱动业务创新作用，这也就需要具备完善的数据服务体系能力。

数据服务体系包含对数据需求转化成的服务需求定义，以及对服务需求到服务开发提供的全过程支撑。

1. 服务需求类型

其中服务需求定义主要取决于数据需求的结构化，可针对不同类型的数据需求转化为不同类型的服务需求，对服务需求类型，结合经验列举如下：

（1）数据查询服务

对某一或多个数据资产的数据查询获取，多以API、文件、消息、在线页面、数据推送等方式提供数据查询服务成果，支持数据资产任意属性的各种查询条件过滤。

（2）数据填报服务

对某一或多个数据资产的数据填报需求，以填报页面和填报流程返回服务成果，可支持对填报内容校验、多方填报数据合并等。

（3）数据加工服务

对以某业务数据诉求为目的的数据加工计算需求，来源需基于既有数据资产，需要明确需求中加工计算规则，数据加工服务产生的结果可形成新的数据资产，并以数据查询服务同样的方式返回服务成果。

（4）数据分析服务

对以某数据分析或挖掘诉求为目的的数据加工及展示需求，一般会分为两段需求：第一段同数据加工服务内容，但此段内非必需；第二段为基于第一段成果或既有数据资产进行数据展示的服务内容，可包括报表、多维分析、即席查询、大屏展示等多种丰富可视化内容。

（5）数据治理服务

对某个数据问题的治理需求，需要对需求进行鉴别盘点治理方向，可细化为数据质量修复、数据标准制定、资产信息补全等治理方向需求。

如上服务需求只是一些常见需求的总结，对于服务需求并无严格标准，企业可结合自身业务与数据需求情况灵活定义。

2. 数据服务相关能力

多种服务需求，就需要数据服务体系具备完备能力来响应需求和提供数据服务。数据服务相关能力如下：

（1）服务过程管理

对服务需求响应审批、方案编制、任务分配、服务提供和反馈评价等环节的过程管理能力，对于不同服务需求有着不同的流转过程，甚至统一服务需求因审核角色、数据范围、服务形态不同都可能存在不同流转过程。

（2）服务开发封装

在广泛的数据源适配下，提供各种服务开发生成，并封装形成数据服务产品的重要能力支撑，需要具备多种程序语言和脚本语言开发能力，数据API生成、数据文件生成、报表/BI开发、机器学习开发等能力，因服务开发类型较多，对于服务开发多为多种平台工具集成共同承担，然后通过统一服务封装形成最终数据服务成果。

（3）服务发布管理

服务发布是指经过开发封装完成后的数据服务，在运行环境中发布并在服务目录中编目上架，可被数据需求方查看和调用的过程管理。对于数据服务可存在上架、更新、下架、销毁等多种状态。

（4）服务版本管理

因数据服务存在变更情况，需要通过版本来进行细化管理，需要对所有服务版本发布操作进行留痕，以便于查看，可对不同版本间进行比对查看差异，支持对更新升级版本的回退操作。

（5）数据权限控制

在服务开发与服务封装提供两个环节中，因数据安全保护要求，无论是数据需求方还是服务开发执行方，都需要进行数据权限控制。数据权限包括接入权限、数据资产及属性查阅权限、具体数据行权限和列权限等。

数据服务是数据驱动能力体系建设的基础支撑和关键目标，是以"平台化"理念建设涵盖数据驱动全要素的服务能力平台，因此企业在结合自身实际情况的规划路径指导下，围绕"让数据资产用得了，让数据价值用得好"的目标，以数据服务平台打造数据中台的关键拼图，将数据资产转化为数据生产力，为数字化转型场景落地并夯实基础。

5.2.7 知识图谱：构建智能化数据应用

知识图谱可以理解为对知识的一种结构化描述，它以结构化的形式描述客观世界中概念、实体及其之间的关系，便于计算机更好地管理、计算和理解信息。它是新一代的知识库技术，通过结构化、语义化的处理将信息转换为知识加以应用。

参考面向对象建模方法，知识建模可以分为知识边界划分、概念建模、关系建模三个部分。如果了解领域驱动设计（DDD）的话，就知道所谓领域就是边界的划分。领域知识图谱的建设首先也需要做边界的划分。因为同样一个概念，在不同的语义环境下表示的事物是不一样的，例如"产品"，在市场（产品定义）、设计、制造、维修、营销这些子领域，都有不同的含义，也就是有不同的概念、关系，为减少知识建模的复杂度，需要进行子领域的划分。

通常，针对每一个专业领域，子领域会是完全不同的，貌似没有规律可言，但是按照我们的经验，可以将知识的子领域分为拓扑结构、数据准备、事件、处置四个大的类型：

（1）拓扑结构：指人、组织、物体、地点这些可标识的事物，包括事物的概念（也可以说是概念或者术语）、属性以及它们之间的关系。

（2）数据准备：指如何收集、检验拓扑结构所需要的概念（术语）。

（3）事件：指拓扑结构上可标识事物产生的事件，包括各种类型的事件、事件源、事件表象、属性等。

（4）处置：指发生事件后的处置动作，例如故障产生后的应急处理、营销事件产生后的促销行动。

这四种类型指知识图谱建模中必须要涉及的部分，只是每个部分在不同领域的具体分类不一致而已。

知识概念建模与关系建模类似于面向对象的对象建模，都是对客观世界的总结与抽象。概念/属性建模与面向对象中类的定义非常类似。面向对象的关系默认有继承（泛化Generalization）、实现（Realization）、依赖（Dependency）、关联（Association）、聚合（Aggregation）、组合（Compostion）几种类型，但在知识建模中，需要对关系进行更加深入的抽象，例如我们在银行智能风控领域建立知识图谱，关系就包括显性关系（担保、投资等）、隐形关系（同一自然人、亲属关联、注册地关联、贸易链关联、生产经营影响等），这种关系的归纳对于知识推理与呈现具备重大的意义。关系的归纳往往是一个难点，因为经验告诉我们在面向对象建模中，关系的建模往往比较随意。

知识图谱的关键技术架构分为知识表示、知识存储两个部分。常用的知识图谱表示是通过三元组方式，三元组是由实体、属性和关系组成的（由Entity、Attribute、Relation组成）。具体表示方法为：实体1跟实体2之间有某种关系，或者是实体属性、属性词。基于已有的三元组，可以推导出新的关系，知识图谱要有丰富的实体关系，才能真正达到它实用的价值。知识存储主要以图结构为主，图数据库也逐渐从冷门变成了现在被广泛应用，但是随着知识连接越来越丰富，图数据体量也越来越庞大，因此对图结构存储及遍历的优化是知识存储目前聚焦的重点。

5.3 数据中台之方法篇

由于对数据中台的认知不够全面，导致数据中台的落地困难重重，目前数据中台的建设往往是技术组件的堆积，或是传统数据仓库的改版，从根本上缺乏建设路径和方法论。本节将结合以往我们在众多数据中台建设中积累的经验，介绍数据中台建设的方法和路径，我们认为，数据中台必须具备"集""连""治""用"四大核心路径环节。

（1）集

随着业务多元化发展，机构内部存在大量系统、应用以及功能的重复性、烟囱式建设，导致巨大的数据资源、计算资源、人力资源的浪费。同时，组织壁垒也导致数据孤岛的出现，使得内、外部数据难以全局规划。而数据作为资产，为了合理利用资产，需要从各种数据来源处收集内部和外部数据，打通异构数据，具备全面采集能力。

（2）连

零散孤立数据的价值和作用有限，因此在全面收集企业内部数据之后，需要对数据进行梳理，识别其业务要素和技术要素，并将有关系的数据资产进行连接，最终形成全要素连接的数据资产。

（3）治

无论是企业已沉淀的数据资产，还是在规划建设过程中逐渐形成的数据资产，都会存在种种问题，那么就需要通过数据资产治理，统一数据标准，优化数据模型，提升数据质量，管理数据过程，控制数据安全。

（4）用

为了尽快地让数据资产用起来，数据中台必须提供快速、便捷的数据服务能力，让相关人员，包括但不限于技术人员，能快速地开发出数据应用，支持数据资产场景化能力的快速输出，以满足业务多元化的市场诉求。很多期望数据中台能基于数据服务平台提供数字化运营平台，以快速实现数据资产的可视化分析与应用构建，提供数据挖掘、预测、机器学习等高级服务，为融合创新赋能。

数据中台必须具备"集""连""治""用"四个核心能力。本节我们主要讲述如何通过"集""连""治""用"四个方面来构建可价值变现的数据资产。

5.3.1 数据中台之"集"，关键是数据汇集

数据中台需要有丰富的数据支撑，没有数据则如"无米之炊"，因此需要对企业内部数据进行广泛汇集，从汇集的对象上来划分，可分为对业务系统、工控设备、物联网设备、外部

数据源、互联网、业务人员等多种对象，从汇集方式上分为设备数据采集、数据集成交换、文件交换、消息、接口、数据填报、线上数据采集等。

对于多种汇集方式，业界也有多种技术工具来支撑，比如ETL工具、文件传输工具、ESB工具、MQ、设备数据采集平台等，但对于线上数据采集技术手段则不尽相同，因此本节主要介绍一下对外部数据进行线上采集技术的实现。

1. 埋点

埋点对应的形态有PC系统、网页、App、小程序、H5等。埋点对应的技术处理方式包括客户端埋点和服务端埋点。

- 客户端埋点：从数据采集的覆盖面来讲，常见的客户端埋点被划分为三种实现方式：全埋点、可视化埋点以及代码埋点。
- 全埋点：嵌入式埋点，也称为无痕埋点或者无埋点，通过SDK的形式植入到终端设备，将终端设备上用户所有的操作、浏览行为等内容完整地记录下来，全埋点是数据采集覆盖面最全面的埋点方式。
- 可视化埋点：通过服务端可视化配置的方式有针对性地收集用户在终端上的行为数据，根据企业对不同数据的需求局部埋点，定向获取数据。
- 代码埋点：代码埋点和可视化埋点一样，都是根据企业业务场景针对性地收集用户行为数据，它们的区别在于：代码埋点是纯定制化的，每次调整都需要对终端应用进行升级。
- 服务端埋点：服务端埋点又称为日志埋点，如果用户的行为数据通过服务端请求就能获取到，或者通过服务端逻辑能够分析处理得到，这个时候服务端埋点的优势就非常明显，可以显著降低前端应用的复杂度，同时可以规避一些信息安全的问题。但是，弊端也同样明显，因为有些场景用户的行为操作并不一定会访问服务端请求，这就会造成部分数据是采集不到的，因此，更多情况下是客户端埋点和服务点埋点相互配合，以完成整个外部数据的采集。

2. 爬虫

爬虫必须建立在遵循一定的协议和法律法规的前提下进行，爬取互联网数据，将外部弱关联数据融入企业数据体系进行有机结合，除了完善企业数据基本面，还能产生一定的化学反应，促进企业业务多元化创新。

爬虫有多种技术实现方式，也有很多的开源框架可以使用，公开的技术资料很多，这里不做赘述，企业可以根据实际的业务场景，构建数据爬取逻辑。当然，切忌对目标网站造成过大的请求压力。

5.3.2 数据中台之"连"，重点在识别连接

前面我们曾经提到，由于一些客观原因，在信息化建设的过程中造成数据烟囱式的建立，一个个的数据孤岛已然形成，数据中台建设的一大目标就是消除数据孤岛，打通企业数据链路。通过数据采集可以将内外部进行统一汇集，但仍无法解决数据之间连接缺乏问题。

所以需要通过一定的数据手段，整合企业内部烟囱林立的数据体系，汇聚内外部数据资源，

盘活整个数据盘面，让数据像水、电、气一样流通起来，更好地服务于企业经营及管理活动。

那么数据资产如何进行连接，以及通过什么维度进行归类？这个答案是数据主题。

所谓数据主题是我们在进行数据整合、汇聚技术实现前，先要对我们的数据基本面进行设计和规划，而这个规划必须围绕着企业经营中的某个特定活动，比如信贷业务中获取客户的资产信息，对其进行系统性的归纳和描述。数据主题必须满足广义的、功能独立的、唯一的（不可重叠）的特性。只有把数据归纳成广义的、功能独立的、非重叠的数据主题，才能解决各业务场景下的数据互通和共享的问题。从资源整合的角度，数据主题可以理解为，企业经营中某特定活动的数据集合，为满足企业经营中某个活动（环节）而准备的数据资产。

数据主题贯穿了数据领域建设的多个时代，在传统规范化数据仓库建设也是基于数据主题来进行，在当下数据中台阶段中，其相对于数据仓库，范围更大，模型设计也不局限于维度模型体系，因此更加需要通过数据主题来对划分和连接数据，并且随着对数据资产理解加深，还会演化为多维度数据主题。

通过基于主题的数据整合，以及之后基于主题的数据应用，往往可以为企业创造新的价值方向。以客户资产为例，我们可以通过客户在银行的存款、贷款、流水以及客户与银行业务往来留存的房产、股票、期权、汽车、公积金等等，甚至包括游戏装备、收藏品，构建客户资产主题。在客户贷款过程中，银行很容易获取这一主题数据，并且基于这一主题数据来分析用户的资信情况，支撑风控体系，降低金融企业风险。同时，在金融企业多元业务创新下，这一主题数据又能很好地用来支持产品精准推荐，高端产品精准推送给高净值客户，以提高营销回报率。

5.3.3 数据中台之"治"，难点在治理管控

数据治理是数据资产管理中必不可少的一部分。数据治理兴起于20世纪90年代，但是纵观中国整个发展史，每一次朝代的更替，都是一次数据治理的过程，清朝政府的"留头不留发、留发不留头"就是一场数据治理。再往前，秦灭六国，始皇帝统一度量衡、焚书坑儒、车同轨、书同文，这是中国历史上最为彻底的一次数据治理。因此，我们对于数据治理向来不陌生。

1. 认清自身、制定规划

（1）数据成熟度评估

各企业对数据建设的重视程度与现状都是不同的。因此，我们需要对自身数据成熟度进行评估，认清现阶段我们的数据发展在行业内所处的位置，让我们数据治理的目标更明确。

可参考相关国家、行业成熟度评估模型，如《数据管理能力成熟度评估模型》（GB/T 36073-2018，简称DCMM），进行能力评估，排摸数据管理现状以及存在的问题，为数据管理优化建设提供基础依据。

（2）找到差距、制定计划

数据治理是一个持久战，是一个持续性的工作。我们需要根据自身所处的现状，来制定近期、中期、长期的战略计划，在整体战略规划中，采取急用先行的战术。

了解近期以及中长期在业务和技术上的策略及目标，特别是与数据治理相关的信息。

通过访谈、调研等方式，在内部营造数据治理的氛围，使相关人员在数据治理目标及价值方面达成普遍共识。

根据现实存在的差距与计划，制定符合自身的数据规划，如图5-11所示。

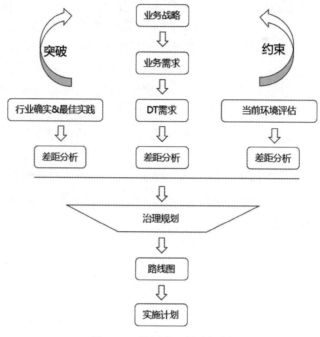

图 5-11　数据治理战略规划

（3）找准支点，驱动落地

数据管理依赖于企业领导层的推动力，但高层领导的视角往往在宏观层面，因此导致数据管理工作推动缺乏着力点，所以需要一个让企业各层级人员具有共同认知的切入点，从而以此为始，驱动整体工作运转。可形象比喻为"滚雪球"工作，需要自上而下，且以一个支点撬动，这样雪球逐渐越来越大，前进的速度越来越快。

（4）组织保障，制度规范

万事开头难，根据业内先进的数据治理经验，建立自身的数据治理要素体系、组织架构。组织架构包括：决策层、管理层、执行层。根据自身情况，各人员可以是专职人员，也可以是各部门抽调的兼职人员。

结合自身现状，为数据治理的开展制定有据可依的管理办法，规定数据治理的业务流程、数据治理的认责体系、人员角色和岗位职责、数据治理的支持环境，以及颁布数据治理的规章制度政策等，同时应规定工具的使用办法、使用流程等。

2. 掌控数据架构

数据架构包括数据模型、数据分布、数据流向。数据架构是数据资产管理的关键，需要进行结构化落地与呈现，最核心的是对数据模型的管控，数据模型是对企业运营和管理过程中涉及的业务概念和逻辑规则进行统一定义，包括概念模型、逻辑模型和物理模型。因此掌控数据架构就是掌控数据模型，企业不仅需要对既有数据资产的数据模型进行管控，还需要对建设中或规划建设的应用或数据中心内的数据模型进行管控，在信息化项目建设过程中实现对数据模型的事前、事中管控，在建设完成后实现对数据模型的事后监督。

3. 制定数据标准

企业的数据标准一般以业界标准为基础，比如国家标准、行业标准、地方标准，并结合本身实际情况对数据进行规范化，制定企业数据标准。良好的数据标准体系有助于企业数据的共享、交互和应用，可以减少不同系统间数据转换的工作。数据标准的制定，要适应业务和技术的发展要求，优先解决普遍的、急需的问题。数据标准由业务、技术、权限等内容构成：

- 业务：明确所属的业务主题以及业务概念，包括业务使用上的规则以及标准的相关来源等。对于代码类标准，还会进一步明确编码规则以及相关的代码内容，以达到定义统一、口径统一、名称统一、参照统一和来源统一的目的，进而形成一套一致、规范、开放和共享的业务标准数据。
- 技术：描述数据类型、数据格式、数据长度以及来源系统等技术属性，从而能够对信息系统的建设和使用提供指导和约束。
- 权限：明确数据标准的所有者、管理人员、使用部门等内容，从而使数据标准的管理和维护工作有明确的责任主体，以保障数据标准能够持续地进行更新和改进。

因此，数据标准的制定应以业务数据为出发点，经过详细的数据调研、访谈、设计、评审等标准定义流。数据标准的制定需以"循序渐进、不断完善"为原则，支撑完整的数据标准创建过程，确保每一个数据标准对应企业的数据需求，做到数据标准有理有据。

4. 落实元数据管理

结合我们多年数据治理的经验，我们认为需要从以下三个方面进行元数据管理。

- 谋定而后动：元数据管理是一盘棋，需要进行管理设计，比如基于规范和制度的设计、元模型的设计、实施的设计、推广的设计，每一环节都要想一想再动。
- 选好价值点：元数据管理是纷繁复杂的，它是对企业数据现状的一种抽象、整合和展现，其管理是复杂和不容易的，其价值有可能是隐形的、不容易察觉的，它是一项承上启下、贯通业务和技术的基础性管理工作，因此需要选好不同时期其管理的价值点，以逐步影响企业的方方面面。
- 选好工具：元数据管理可借助管理工具使管理工作变得相对快速和简单一些，比如元数据的采集、元数据存储、数据血统、数据地图、元数据整合等，都可以通过元数据工具来实现。

5. 提升数据质量

数据质量管理是企业数据治理的有机组成部分。高质量的数据是企业进行分析决策和规划业务发展的重要基础。只有建立完整的数据质量体系，才能有效提升数据的整体质量，从而更好地为客户服务，提供更为精准的决策分析数据。数据质量体系如图5-12所示。

（1）制度与规范

从技术层面上，应该完整全面地定义数据质量的评估维度，包括完整性、时效性等，按照已定义的维度，在系统建设的各个阶段都应该根据标准进行数据质量检测和规范，及时进行治理，避免事后的清洗工作。数据质量的评估维度如表5-1所示。

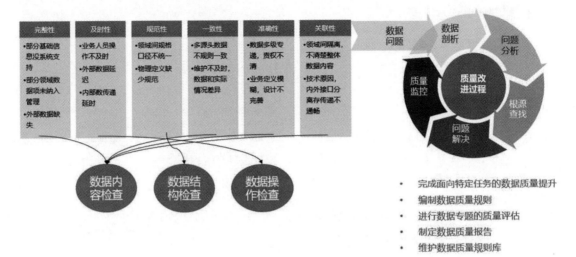

图 5-12 数据质量体系

表 5-1 数据质量的评估维度

维　　度	描　　述	衡量标准	自动检查
完整性	业务必须的数据项被记录	业务必需的数据是否完整、空字符；数据源是否完整、数据取值是否完整	是
及时性	数据及时更新、获取，体现当前实时	当需要使用时，数据能否反映当前事实，能够满足系统对数据的时间要求。如位置信息等	是
唯一性	该数据在特定数据集中不存在重复值	在制定的数据集中是否存在重复数据	是
参照完整性	数据项在被引用的父表中有定义	数据项是否在父表中有定义	是
依赖一致性	数据项与数据项之间的依赖关系	数据项取值是否满足与其他数据项之间的依赖关系	是
基数一致性	数据项在子表中出现的次数符合标准	如：一个账户一年计息次数为 4 次，就要符合账户和计息次数为 1∶4 的标准	是
准确性	数据必须体现真实情况	数据内容与定义必须一致	是
精确性	数据精度必须满足业务要求	数据精度是否达到业务要求	是
可信度	数据的可信赖程度	根据客户调查或客户主动提供获得	否
……	……	……	……

（2）企业数据质量管理流程

数据质量问题会发生在各个阶段，因此需要明确各个阶段的数据质量管理流程。例如，在需求和设计阶段就需要明确数据质量的规则定义，从而指导数据结构和程序逻辑的设计；在开发和测试阶段则需要对前面提到的规则进行验证，以确保相应的规则能够生效；最后在投产后要有相应的检查，从而将数据质量问题尽可能消灭在萌芽状态。数据质量管理措施，宜采用控制增量、消灭存量的策略，有效控制增量、不断消除存量。数据质量管理流程如图5-13所示。

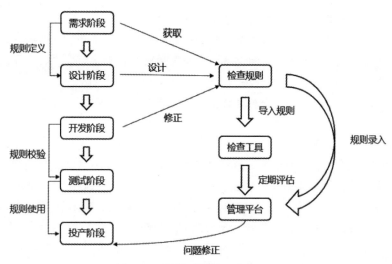

图 5-13　数据质量管理流程

5.3.4　数据中台之"用"，体现在长效运营

"用"，即使用、应用。前面我们多次提到，数据中台让数据使用更简单，数据中台为业务提供端到端的数据服务。这些都是描述数据中台的能力，并且对数据中台的使用场景进行系统性描述。接下来，我们将系统性地讲述数据中台的应用场景。

1. 数据服务，打通数据应用最后一公里

如果把数据类比为石油，我们通过一定的技术手段，对石油进行萃取、加工，进而得到了能被汽车用作燃料的汽油，当汽车需要加油时，我们去附近的加油站就可以满足我们的需求，我们可以把加油站理解为一个服务接口，打通了石油运用的最后一公里。同样，对于数据而言，我们只有将数据封装成数据服务，以接口的形式提供给上层应用，才能提高应用对数据利用的效率，提升数据资产的价值。数据服务就是把数据变成一种服务能力，让数据资产参与到业务中，通过业务的实现，体现出数据资产的价值，资产服务化，这也是数据中台的价值体现之一。

可以回顾一下，在没有数据中台、没有数据服务体系之前，我们是怎么做的？以往，我们会根据某个业务应用的需要，构建非常多的数据接口，与应用系统对接，导致接口也成了孤岛，当另一个应用系统有需要时，我们又得重新构建新的接口。大量的接口造成了开发、运维、监控等一系列成本。而现在，数据中台架构之下，我们要做的是什么？我们要做的是把接口抽象成可重用、可管理、统一标准、端到端的数据服务体系。通过数据服务敏捷地对接业务，才能灵活运用数据资产，同时通过业务体现数据资产价值，并且提升效率。数据服务是数据中台资产服务化的核心能力，是连接前台业务和数据的桥梁。通过服务接口的形式对数据进行封装、开放，灵活地满足前台业务的需求。数据中台以数据服务的形式直接驱动业务，让业务快速地创造价值。

2. 常见的数据应用类型

在前面章节我们讲了常见的数据服务类型，这几种数据服务类型可以对接很多数据应用，下面我们介绍几种较为常见的数据应用类型。

- 数据大屏：数据可视化大屏是一个很重要的"面子"，它一方面能够通过酷炫的效果让人眼前一亮，同时也能借助精心的策划把业务和数据的"里子"有效地传达出来。数据可视化大屏是将艺术和科学结合的技术，数据查询服务作为使用最广的一种数据服务类型，为数据大屏提供了数据支撑。
- 数据报表：通常情况下，分析类数据服务为数据报表提供服务支撑。数据表报类应用主要是通过可视化形态，呈现各种数据指标，主要是通过下钻、对比、关联等分析手段，对所关注的数据进行灵活的查看。
- 商业智能：商业智能型应用是数据应用的核心，是数据洞察以及业务创新的重要支撑，商业智能是和数据标签结合最紧密的一种数据应用形态，从数据服务类型上看，它包含了推荐服务、圈人服务，主要通过数据画像达到数据洞察和业务创新，在企业中使用场景广泛，比如：风控、营销、产品设计、生物识别，等等。

3. 创新的数据应用类型

在如上介绍的传统数据应用之外，随着企业数字化转型建设的深化，对基于数据驱动的应用建设也越来越绚丽多彩。下面介绍几种创新的数据应用。

- 数字化运营：全面收集企业运营相关各方面数据，通过数据资产化建设，推动经营数据有效融合、指标执行实时监控、重点项目全程跟踪、各类事件及时掌控、经营数据分析预测等方向应用，实现运营管控从事后监督到实时监控、决策由基于经验的决策到基于数据决策的转变。
- 数字化供应链：通过基于数据服务的供应能力服务平台建设，整合供应商、物流、耗材、仓储等基础能力，实现信息流、物流、商流、现金流的串联打通，实现服务生产的采供一体化，提升生产效率，降低生产成本。
- 数字化营销：在数据服务支撑下，改变传统营销、服务分离模式，连接商机发现挖掘、智能营销成单、精细化服务、客户关怀反馈等环节，构建对客户、商机、服务、事件、设备、备件、成本、人员的精细化管控，实现销服协同一体，帮助企业有力拓展业务，强化行业竞争力。

4. 小结

数据服务是数据中台资产价值变现的核心载体，是连接前台和后台的桥梁。数据中台能够以服务的形式为前台业务提供端到端的数据支持，支撑数据应用，距离业务更近，可以让业务更快地创新，创造出更多的价值。

5.4 数据中台之应用篇

前面章节我们简单对数据中台从认知、框架和方法层面分析了数据中台的建设。本节我们将从实际场景出发，来讲解数据中台在企业中的典型应用。

5.4.1 客户标签

数据标签是在基于数据主题整合的基础上,对同一对象分散在不同主题、业务板块不同颗粒度的数据,基于 ID 进一步整合。比如客户信息,客户的基本信息在当事人主题,客户的交易信息分散在事件、渠道、协议等主题,客户的资产数据分散在资产主题……这就导致了企业很难全面了解自己的客户,要通过各种关联、计算才能满足业务的需求。数据的使用成本也是极高的,然而,在企业获取、分析客户的全面数据是很多业务的共同需求,而这种需求就可以通过数据标签,通过基于客户ID来进行跨主题、跨业务板块的数据整合,面向客户对象建模,构建客户标签模型,达到对象数据的共享和多元利用,敏捷地支撑企业的多元化业务。

数据标签体系建设,一来可以让数据可读,即数据开发者和数据使用者对数据的认知统一,更方便端到端的数据使用;二来通过数据标签目录将标签组织化、结构化,以一种更柔性的方式来适应未来多元化业务场景对数据应用的诉求。不难理解,数据标签归属于数据对象,我们把标签从应用场景划分为:事实标签、挖掘标签和预测标签。

我们不能盲目地进行标签建设,标签体系的建设实际上是一个产品化的过程。作为IT从业者,特别是产品经理,我们在做一个产品前,永远会问自己几个问题:

- 这是一个什么样的产品?
- 怎么去做这个产品?
- 产品解决什么问题?

我们来尝试着解读一下这三个问题:

- 这是一个什么样的产品?做什么用?——先确定对象,再决定做什么。我们要充分解读企业战略,而不是盲目地去做。
- 怎么去做这个产品?——找和产品业务相关联的人、构建团队模型、业务需求结构化分解。
- 产品解决什么问题?——回答应用场景的问题,产品怎么去配合企业战略,解决企业问题。

同样,客户标签体系建设整体阶段上也可以通过这几个问题来映射:

- 做什么?——客户画像
  - 对象:客户
  - 战略目标:提升产品服务质量、优化渠道、精准营销、洞察用户行为趋势,等等。
- 怎么做?——标签体系设计
  - 模型构建:结合实际的业务需求,从企业内部庞大的数据体量以及外部数据获取,通过与客户相关的数据实体,以数据实体为中心规约数据维度类型和关联关系,对客户标签进行建模。
  - 维度拆分:对数据维度分解和列举。根据相关性原则,选取和战略目标相关的数据维度,避免产生过多无用数据干扰分析过程。
- 解决什么问题?——应用
  - 应用:根据不同业务条线的人员和角色来设计各人员对客户标签的功能、权限以及客户标签的场景应用支撑等。

现在，我们了解了客户标签建设需要经历的3个过程：确定对象、构建标签体系、应用标签。接下来，我们将以银行业为例，详细讲解客户标签建立的过程。

（1）确定对象

显然，客户标签建设的对象是客户，我们需要对客户有个基本认知。客户标签建设如图5-14所示。

图像
文本描述

结构化数据

图 5-14　客户标签建设

从图中我们发现客户是一堆结构化、非结构化的数据实体，在企业中，这个数据实体可能分散在不同的数据主题及业务活动中，但是这些结构化、非结构化的数据实体中间必然存在着唯一或者相关联的身份ID，可能是身份证号码、账户、手机号码等等，我们通过ID或者ID-ID的映射关系，来整合这些结构化、非结构化的数据，形成基于ID的客户数据集合，集合中的每一个数据，这称为客户的特征数据。

（2）标签体系构建

第一：特征数据标签化。标签化实际上是对客户特征数据的业务描述。如图5-15所示，我们可以看出，客户特征数据标签化实际上就是一个标签建模的过程，比如，这个标签的业务描述为"青年"，它的数据模型为"25~30岁"的客户。

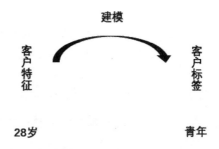

图 5-15　特征数据标签化示例

"建模"实际上说的是标签设计。标签设计必须具备两个前提：业务、数据，即设计的指标必须是有源数据可以加工形成的，必须具备数据上的可行性，不能天马行空地随意设计。

第二：标签目录设计。客户的特征数据会非常多，在标签化之后，会形成客户标签数据的堆积，这种无组织的堆积，会降低数据使用的效率。为了方便对标签数据的管理以及在特定的业务场景下需要快速提取某种维度的标签数据，我们需要对标签数据进行结构化整理，即标签目录化。标签目录的设计首先要确定根目录，这个很容易理解，根目录就是我们前面提到的对象，以下我们称为"客户"。标签目录设计通常是对标签进行归纳、分类，我们会将其分为一级目录、二级目录、三级目录。当然，根据实际情况，有的只存在两层目录结构。标签分类原则上应该按业务最容易理解的方式进行分类,因为标签目录的核心是让数据使用者能够快速地减速、管理和应用数据。例如，对客户标签进行分类，根目录为：客户；一级目录为：用户关系属性，该一级目录下二级目录为：生活关系、金融关系；（生活二级目录下）三级目录为：父母、子女等。

如图5-16所示为金融企业关于客户标签体系示意。

用户基本属性	用户关系属性	用户兴趣偏好	用户价值属性	用户风险信息	用户营销信息
人口统计信息 姓名 年龄 性别 手机号 学历 生活基本信息 用水 用电 天然气 轨迹信息 单位、家庭住址 打车记录 火车记录 航班记录 自定义信息 高收入人群 土豪	生活关系 父母 子女 兄弟姐妹 同事圈 朋友圈 社会生活圈 金融关联关系 资金关联 雇佣关系 交易关系 担保关系 社会网络关联关系 社交网络图谱 微博粉丝 微信朋友圈 社交影响	金融产品偏好 持有比例 持有金额 非金融产品偏好 电子产品 动漫手办 兴趣爱好偏好 篮球 财经新闻 足球 健身房 高端医疗 行内渠道偏好 手机银行 专业版 行外渠道偏好 支付宝	用户自身价值 是否有车 是否有房 车牌号 企业高管 年收入 对我行价值 EVA 存款数额 综合成本 积分	用户风险评价 人行征信 信用风险评分 综合授信额度 洗钱风险等级 违约概率 黑明单 信用卡逾期黑明单 欠费用户 网贷逾期 最高法失信 保险欺诈	近期需求 结婚 生育 出行 购房 购车 理财 保险 营销活动信息 忠诚度 用户满意度 流失概率 营销活动响应

图 5-16　金融客户标签体系

通过上图我们可以看出，在构建标签时，我们只需要构建最下层的标签，并且能够映射到上层标签。上层标签都是抽象的标签集合，一般没有实用意义，只有统计意义。

结合实际业务场景分析，金融行业客户标签主要用来支撑客户洞察，客户洞察最好的手段是基于客户标签进行客户画像。我们认为，客户画像是客户标签在不同的业务场景下的有序组合。

接下来，以360度客户窗口为例，介绍基于客户标签的客户画像在金融行业中的集中应用场景。

360度客户窗口可以帮助运营、营销人员实时掌握客户情况，有针对性地提供产品服务，以及制定更优的营销决策，如图5-17所示。

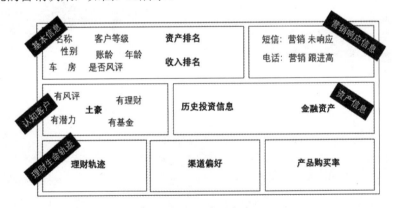

图 5-17　360 度用户窗口

5.4.2　网点优化

移动互联网时代，随着新型数字化金融的崛起，市场上出现类似"银行业务无处不在、但就是不在网点"的声音。然而，银行作为一个强合规产业，网点是银行最小经营单元，是进行客户细分、需求对接、产品投送的前沿阵地，是业务发展的基础，是银行与用户保持服务温度及银行形象展示的强力纽带，因此网点在银行业务发展上至关重要。然而，不得不忽视，严峻的外部环境和高昂的经营成本令许多网点的盈利能力出现问题，实体网点立足于银行业务最前沿，其网点规划、服务质量、客户体验直接影响着网点业绩与效能。网点如何优化绩效、提升利润？从网点规划、客户服务、网点管理等各方面进行优化和转型，而这些都需要系统性的数据支撑来进行分析和决策。

1. 数据中台支撑网点科学规划，让网点的成功可以复制

通过数据中台构建银行网点标签体系，以网点画像为依托，助力网点绩效优化，实现网点利润增长。结合我们多年的银行机构服务经验，银行网点标签体系构建，应从地缘属性、资源属性、人流属性、竞争属性、立地属性、产品偏好、客群经营等多个维度来构建银行网点标签体系，如图5-18所示。

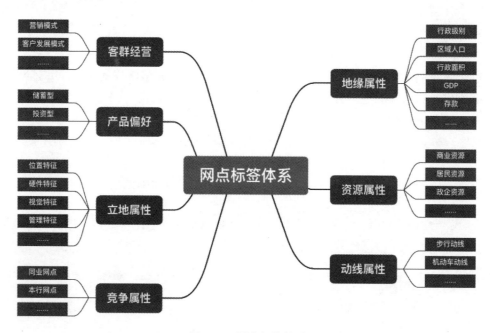

图 5-18 网点标签体系

上图的网点标签体系至二级标签类目，三级标签需根据各银行实际情形进行细分。

通过网点标签体系，一方面银行可以根据各标签设置不同的权重比例，对网点设立及规划提到决策支撑作用，在网点转型阶段，为落实银行整体业务转型及多元化发展战略，满足当前及未来业务发展的需求，在保持现有网点布局框架基础上，运用网点指标体系并结合网点经营效益现状，通过迁址、调整等方式降低网点的重复覆盖，提升网点整体布局效果。同时，对新设网点，运用指标体系并结合未来效益预测模型对选址进行科学性评估。网点转型是一项长期的系统化工程，将该项目所形成的选址模型纳入系统开发运用，并通过数据分析对全国地市及部分县域的网点布局现状进行评价，形成调整策略，不断推进网点设置向精准化方向发展，提升网点竞争力。另一个方面，通过网点标签体系，构建网点画像，同业和行内网点横向比较，复制高绩效网点运营经验，促进低绩效网点持续优化，整体达到绩效提升。

2. 数据中台赋能网点从"业务需要"到"客户需要"转型

在前面的章节我们提到,消费互联网时代,客户才是商业战场的中心。无论是产品、网点、渠道等,最终汇聚到一个点:就是"客户"。然而,互联网金融高效便捷服务打破了传统壁垒,支付脱媒也给传统网点带来了巨大的影响,互联网金融产品受到越来越多人的青睐,在这一点上基本动摇了传统网点的客户基础,让网点眼睁睁地看着客户卡内的资金慢慢流失,网点的客流越来越少。这在减轻银行网点服务压力的同时,也使银行近距离接触客户的机会减少,传统网点对到场客户进行的被动营销模式便难以奏效。同时,随着银行业务多元化发展、产品的种类越来越多,如何找到合适的客户,成了银行网点经营及管理活动中的一大痛点。因此,要求银行的网点工作人员需要比客户更了解客户,了解客户的资产现状、行为偏好、风险偏好等,为客户提供针对性、专业化的金融服务。

通过数据中台,构建客户标签体系(前面章节着重讲述了客户标签体系及画像内容,此处不做赘述),通过客户画像打造360度客户视窗,如图5-19所示。

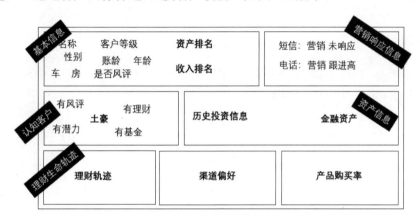

图 5-19 360度客户视窗

网点客户经理,可以通过客户视窗,360度全方位了解客户"衣、食、住、行、玩、医、金融"等行为需求,为客户提供精准、周到的服务,防止客户流失,挖掘客户潜在需求,提升网点绩效。

3. 数据中台提升网点渠道的经营能力

数据中台聚合了行内外数据资源,网点标签、客户标签基本覆盖了网点地址位置、城市信息、宏观经济数据,以及客户线上行为数据。数据中台数据服务能力能有效支撑网点渠道经营的多元场景分析,如商业业态、基础设施、人群属性、职住分析预测等。

数据中台数据服务能力助力网点了解区域客户资源、了解商业合作资源,搭建多元客户营销触达渠道,助力网点渠道客户引流和经营管理。通过场景落地,驱动网点渠道经营能力的升级。

4. 数据中台赋能网点从"粗放型"到"精细化管理"

数据中台聚合了各个经营和管理系统的数据,以及层级机构的业务指标及各机构、网点的产品信息,能够准确地从多个维度考量产品、管理、客户及员工价值。准确计量网点员工业绩，为绩效考核提供科学、及时、精准的数据支撑，减少了人为主观评价的随意性，最终实现绩效考核的公平、公正和合理。

基于数据中台数据服务能力，实时体现"网点经营数据"与"网点运营数据"，量化网点经营与运营指标，挖掘数据价值，提高网点效能，为总、分、支行经营管理层提供高效的可视化数据支撑，透视网点的营销人员、自助设备、柜面及设备账务性交易量等运营信息，透视对公、对私客户的各项业务情况，包括账务性交易笔数、产品覆盖度、场景情况等业务信息，从而作出科学的决策，实现网点的精细化管理。

5.4.3 精准营销

关于营销，对于技术人员来说往往显得很遥远，我们不必给营销下定义或者告诉大家什么是营销，但是，我们结合数据的角度，可以把"精准营销"行为抽象成三句话：

- 找对人
- 说对话
- 做对事

粗看这三句话，可能会觉得，这三句话跟数据中台有什么关系，数据中台为什么能做到精准营销。我们这里来进行一个映射：

- 找对人：依托数据中台客户画像与产品画像，根据客户相关维度标签信息，快速精准匹配银行产品信息。
- 说对话：通过数据中台客户和产品的高度匹配关系，配合营销策略、渠道画像，通过准确的营销语言或营销渠道，将产品信息传达给目标客户。
- 做对事：通过产品画像和客户画像、渠道画像，将合适的产品推荐给适合的客户。

由此可见，这三句话从始至终围绕数据中台才能达到"精准"效果。因此，数据中台为银行精准营销提供了数据分析及决策支撑。当然，营销是一个系统性的行为，客户、产品、渠道、话术等都决定了营销的回报率。如图5-20所示描述了整体营销流程。

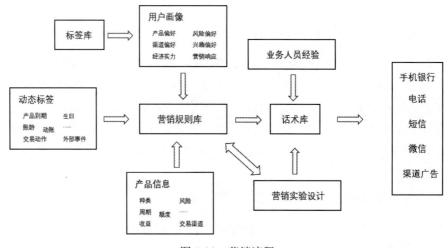

图 5-20 营销流程

当然，此处我们无意去讲述营销，二是重点放在基于数据中台下的精准营销应用模式。我们认为数据中台在精准营销下的应用模式分为三类：

- 实时营销
- 个性化推荐
- 交叉营销

数据中台之所以能够赋能"精准营销"，根本原因在于数据中台聚合了银行所有经营管理活动所产生的内部数据以及外部数据，打破了组织壁垒、数据壁垒，从数据全视角的挖掘、分析，打通银行多产品线（信用卡、零售、借记卡等）数据链路，达到了数据一体化协同。

接下来，我们逐一讲解数据中台精准营销的应用场景。

1. 实时营销

所谓实时营销，即根据客户实时状态来进行的营销行为，比如客户当时的位置（根据手机银行、第三方数据获取客户实时位置信息）、客户最近一次的交易信息等，结合客户画像来分析出用户潜在需求，精准提供金融相关产品服务。例如：根据客户手机银行登录地址或者其他信息来确定客户当时所在位置，如武汉，这时，营销中台可根据客户行为偏好等数据推荐武汉当地（衣、食、住、行等）消费场景，结合信用卡产品的相关信息，迅速匹配信用卡在武汉当地的关联商户的优惠策略，然后分析客户渠道偏好，通过正确的渠道（手机银行、短信、邮件、公众号等），将优惠信息推送给客户，以达到信用卡产品的消费场景诉求。根据客户最后一次的消费，比如：客户最近一次消费记录是通过借记卡、信用卡支付购买孕婴用品，结合客户画像，发现客户已婚，这个时候，我们预判客户已经怀孕或者生育，可以向客户推荐相关的保险产品、儿童成长卡产品等信息，促进产品购买意向。

2. 个性化推荐

个性化推进是以客户为中心，将数据中台中客户画像运用到极致，银行可以根据客户轨迹、社交、兴趣偏好、风险偏好、营销属性等充分发挥，挖掘客户潜在需求，提供相应的产品及金融服务。例如：根据客户信息，发现客户有车贷房贷，结合客户的资产、收入信息，分析用户具有消费压力，可以推荐信用卡产品、消费金融产品等，缓解客户生活压力，提高客户生活质量。通过客户兴趣偏好及历史行为信息，我们分析出客户每年8月有境外旅游的偏好，那么在这个时间之前，我们可以提高客户信用卡境外消费额度，提供个性化产品服务，满足客户的消费诉求，提升客户服务体验，增强客户黏性。

3. 交叉营销

交叉销售的本质是以客户为中心，创造需求、发现需求、挖掘需求，为客户提供优质的产品组合服务。交叉销售可以极大地提高客户忠诚度。

关于什么是交叉销售，我们结合零售行业的经验，举一个在零售行业非常经典的例子"尿布与啤酒的故事"：在美国沃尔玛连锁店超市中，曾经有一个有趣的现象，尿布和啤酒赫然陈列在一起出售。这个奇怪的举措却使尿布和啤酒的销量双双增加了，成为一个零售业的经典案例。原来，美国的妇女们经常会嘱咐她们的丈夫下班以后要为孩子买尿布，而丈夫在买完尿布之后又要顺手买回自己爱喝的啤酒，因此啤酒和尿布在一起购买的机会还是很多的。这就是一个典型的交叉销售的场景，卖啤酒的同时，把纸尿裤也卖出去了……

但是，在银行不同的产品归属不同的业务部门，要做到交叉销售，必须打破各业务系统的组织、数据壁垒，打通数据链路，达到不同业务部门数据一体化协作，实现产品的个性化组合，显然，数据中台很好地解决了这个问题。接下来，我们以银行信用卡业务来构建交叉销售的场景。

对于信用卡业务来讲，开展交叉销售能够充分利用其他条线的业务资源，降低客户获取成本、提升客户贡献度和忠诚度。对于其他条线来讲，信用卡作为日常支付产品，能够利用信用卡业务作为业务突破口，进而深入拓展业务，同时也能够利用信用卡作为提升客户黏性的重要工具。我们可以以客户需求和市场动态为出发点，以优质多样化的产品为落脚点，通过数据中台的客户画像（个人客户、企业客户），精准定位出目标客户；通过个人金融业务、公司业务、机构业务和结算、现金管理等部门紧密合作，对政府机关、事业单位、军队等新增代发工资客户，开展代发工资业务与信用卡业务的产品组合营销，不仅能快速扩大信用卡产品的发卡规模，同时可以实现新增代发工资单位和代发工资客户数量的突破。在完成银行相关产品销售的同时，极大地提高客户忠诚度，降低获客成本。同时，通过客户的行为数据，分析出客户可能购买的产品需求，进行产品组合，比如通过信用卡、借记卡支付购买机票，同时根据客户的渠道偏好，推荐用户购买航空意外险等保险类产品等。

总之，数据中台为交叉销售提供了更好的数据支撑，同时可极大提高客户忠诚度、降低客户流失率。

4. 小结

数据中台为银行精准营销提供了更好的数据支撑及数据服务，同时，精准营销通过产品组合进行交叉营销，降低银行获客成本。精准营销有针对性、及时地为客户提供高质量的金融相关产品服务，可有效提高客户满意度。交叉销售有效提高客户对银行不同金融产品的购买率，增进银行和客户的粘性，提高客户对银行的忠诚度，降低客户流失，从获客、挽客（招行建立客户流失模型，针对流失率等级前20%的客户，精准推荐高收益理财产品，来进行挽客，使金卡、金葵花卡客户流失率有效降低）、回流来完善客户全生命周期管理。

5.4.4 风险管控

银行产业一直是一个强合规、强监管行业，这也导致了以往银行业务以线下居多，然而，在现今的时代背景下，银行要发展，必须直面多元化业务挑战，这需要将很多原有的线下业务搬到线上，并且需要以客户为中心进行产品创新，提高客户体验。与此同时，业务的合规、监管丝毫不会因为线上化而有所降低。因此，银行金融科技转型、业务多元化发展的方向很多，但是最要紧解决的问题还是风险管控。

风险管控，在以往线下业务经营中，客户需要提供很多的数据材料，风控部门结合行内数据以及业务的风险模型来进行风险管控。随着银行业务的线上化，对风控工作带来了一定的挑战，因为银行不能要求客户线上准备一堆的证明材料，这是一个很不友好的体验。

在现在的背景下，风险管控在对应的产品/业务风险模型之外，更重要的是数据。

数据，对于大的银行机构来说，不是一件困难的事情，因为他们有足够庞大的用户体量（用户体量决定了数据体量）、足够的技术人才、足够强势的传统零售业务支撑，所以，他们可以小步快跑，在现有的风险模型上，逐步完善自主的风控能力。然而，小银行特别是农商行、城商行，没有足够的人才储备，存量用户线上行为不够明显，将现有业务从线下搬到线上尚且困难，又如何去进行产品创新、业务创新？

1. 农商行、城商行的风险管控能力决定了其业务及风控特点

互联网金融公司的资金方作为助贷平台和联合贷款的资金方，依托平台的风控能力，最多由风控部门或者依托第三方搭建风控模型来应付监管诉求，最终陷入独立决策却又无力决策的局面（无数据输入，实际上就是无力决策）。一旦上游公司遭到监管清查，而银行又不具备自主风控能力，这些业务势必停摆，回归线下……

青睐风控产品厂商一站式解决方案。因自身无自主风控能力，人才储备不足，为应对绩效、监管，从而被厂商一站式解决方案所吸引，快速对接，快速上线，自身无法对数据资产进行管理，无法对风控模型进行迭代。这样会导致一个现象，银行金融科技无论鼓吹如何转型，转型过几年后，银行自主风控的能力还是基本为零。问题出在哪？即出现在数据服务能力上。

2. 依托数据中台，造就自主风险管控能力

数据是银行的立命基石。银行风险管控，终究摆脱不了三个核心因素：数据、风险模型及风控模型。

（1）数据

我们在前面章节中讲到，数据聚合主要是两个方面，一个是外部数据，一个是内部数据。从时间维度归纳为实时数据和历史数据，实时数据主要包括空间（位置）、时间、行为、设备等等。对于农商行、城商行而言，由于数据环境趋严（个人数据安全越来越被重视）以及银行业务量有限，因此全面拓展外部数据资源显得没有那么重要，我们认为按需索取更为现实。

我们认为，对于数据层面来说，更重要的是激活内部数据，用好外部数据。激活内部数据，形成统一的用户视图；用好实时数据，是要把这些数据融入到业务流程和风控模型中去。

如何去激活内部数据、用好实时数据？显然，数据中台的建设在聚合外部数据的同时，整合了银行内部所有业务条线的数据，打破了部门壁垒，让数据在不同的业务间流通，形成统一的用户视图，通过统一的用户、产品画像，为自主风控能力提供了夯实的数据服务能力，让银行在有自主决策权利的同时，具备自主决策的数据支撑。

（2）风险模型

我们讲风控管理的时候，讲得最多的是风控模型，很少涉及风险模型。风险模型主要是针对银行不同业务来进行业务风险评估，不同的产品对应有不同风险模型，在业务经营（产品运营）的过程中，依据风控模型，制定出合适的风险管控措施。

风险模型作为产品画像或产品组合画像的一个维度，我们认为，银行产品风险模型大致分为四种：

- 欺诈风险
- 高风险

- 中风险
- 低风险

根据产品不同的风险模型,结合风控模型,采用合适的风控策略,提升客户体验,防止过度风控造成的资源及成本浪费,导致营销回报率流失。

(3) 风控模型

风控模型实际上是一套风控流程体系。这里,我们结合最常见的信贷业务来讲述信贷类风控模型,因为各企业此类风控模型基本一致,如图5-21所示。

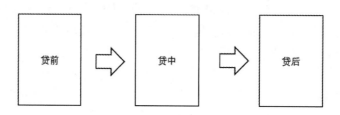

图 5-21 风控模型

- 贷前:此类业务风控任务主要集中在贷前风控,涵盖了从用户入口端的精准营销到信用评分的整个阶段,如图 5-22 所示。

图 5-22 贷前风控

- 贷中:主要以监控为主,包含但不限于设备、位置、手机号、消费记录、行为轨迹等。
- 贷后:贷后风控主要包含资金用途监测、风险行为监测、催收、资产处置及循环借贷等。

从上面我们可以看出,银行只要具备夯实的数据服务能力,自主做好风险管控并不难。因此,风控的根本是数据,数据中台的建设,为银行自主风控提供了夯实的数据基础及数据服务能力,依托数据中台,结合银行自身的风控模型,打造银行自主风控基础,良性迭代,不断滋养,助力银行金融科技转型,提升行业竞争力。

3. 小结

在新零售行业中,我们强调人、货、场,从这三方面做了很多的优化。在企业中,同样可以通过三个重要因素来进行优化:客户、产品、渠道,数据中台彻底打通了客户、产品、渠道的数据通道,三者相互融合、相互影响,促进企业运营不断优化,提升机构在市场中的核心竞争力。

第 6 章
AI 中枢：数字孪生与智慧大脑

中台是将可重用的服务共享，快速构建满足个性化要求的业务。只有通过共享、重用，才能实现降低成本、快速应用的目标。因此，我们建设AI中台，需要紧紧围绕这个目的和初衷，只有将可重复使用的AI模型、服务沉淀共享，才能快速组合、组装、产出满足个性化智能业务要求的产品和服务。

6.1　AI中台是企业的智慧中枢

AI中台为企业提供AI能力，是企业的智慧中枢。AI能力支持各中台以及外围系统的需求。AI中台包括标准基础能力和深度学习等可定制AI能力，满足企业级对AI的需求。

6.1.1　为什么要建设 AI 中台

在企业和政府的数字化转型过程中，对AI技术的使用越来越多，事实也证明，AI技术带来了一些无法替代的能力提升，如基于人脸识别的身份认证、智慧停车等非常可靠和高效的能力。

数字化转型中企业对AI能力的普遍需求，使得AI越来越被企业运营所依赖，成为企业运营和决策、甚至一些系统标准功能的刚需（如刷脸认证、语音-文本转换、OCR识别等）。

AI在带来高效和便利的同时，如何实现低成本、高可用和安全的AI架构，是首先要面对的一个问题。AI能力需要统一管理和使用，模型需要统一和规范、训练数据需要统一和规范、模型的验证需要统一和规范、对外部API的使用需要统一管理。

使用中台架构的模式，构建企业级AI中台，能够有效地解决可用、可管、可控和资源共享等问题。

（1）解决可用问题：通过AI中台，统一封装AI能力，可以提供给企业内、外的数字化应用使用，实现一致的能力和体验，保证能力的统一标准和相关技术要求，尤其是非常标准化的图像、语音、文字和人脸等基础能力。

（2）解决可管、可控问题：通过AI中台的能力/API网关，可以用AI能力的申请和调用实现统一的认证和管理，确保资源的有效利用和对使用者的追溯能力，确保AI能力的安全使用。同时可以对使用范围和涉及组织进行统一的权限控制、对使用量进行计量等。

（3）解决资源共享问题：AI能力的背后是AI所需的海量数据资源、计算资源及高端人力资源，对应着比传统IT更高的成本，而对于AI人才来说，还不仅仅是成本的问题，当前在整个行业内，还是属于比较稀缺的资源。因此，资源共享对于AI的应用来说，是非常重要的一个课题，AI中台是实现AI能力和资源共享的有效手段。

6.1.2 典型业务场景

抛开业务场景谈AI是没有意义的。每一种AI能力，都是绑定具体的业务场景后才能体现价值。尤其是论证和建设AI中台时，首先考虑的应该是业务场景，然后才是技术论证和厂商选择等，否则将会本末倒置，造成投资浪费。

下面从不同的视角选择三个典型场景：

1. 主动运营型企业/AI 驱动运营

便利蜂是一家以新型便利店为主体的科技创新零售企业，其主要特点是以科技为核心驱动运营，由AI决策进货、补货的品类，人只是根据电脑的指令从事辅助工作，比如整理货架、清洁卫生与客户沟通等。在这种模式下，后台的工程师按照特定算法编写的程序，在驱动整个便利店和供应链体系的运营，可以看作一种AI主动运营的雏形。

2. 半主动运营型企业/AI 辅助运营

城市大脑是基于云计算、大数据、物联网、人工智能等新一代信息技术构建的，支撑经济、社会、政府数字化转型的开放式智能运营平台。就目前城市大脑的能力看，处于AI辅助城市运营的阶段，以交通为例：通过分析红绿灯、车辆排队、路网拥堵情况等，做出红绿灯转换的时间调整，城市大脑可以调节红绿等的通行时间，实现辅助交警缓解拥堵路口高峰时段的交通压力，目前仍需要由交警参与指挥，不能完全由AI控制交通。

3. 标准化 API

以人脸识别场景为例，在一些特定的区域，仅限内部员工或有一定权限的人员进入。传统的方法是使用工牌或出入证，通过刷卡和人工比对工牌照片来判断是否有权进入该区域。这个场景的主要问题是经常发生借用其他人卡片的情况，人工比对照片既不准确，又非常烦琐，影响通行效率。使用人脸识别闸机后，仅需刷脸即可完成权限识别，大大提高了准确性和通行效率。

使用场景驱动的方式建设AI中台，可以有效指导AI中台建设的方向和策略，确保建成后的可用性和实用性，降低投资风险。

6.2 AI中台架构

AI中台是用来构建大规模智能服务的基础设施，是一套完整的人工智能模型全生命周期管理平台和服务体系，它提供模型设计训练、模型/算法库、重用标注管理、模型监控服务等能力支持。AI中台是为企业提供AI能力的发动机。

6.2.1 AI中台架构图

AI中台的组成要素如图6-1所示，AI中台包括服务中心、应用中心、资产中心、开发中心、算力中心以及平台管理中心等六大组件群。

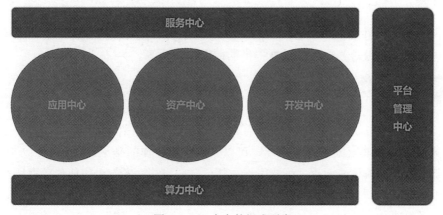

图 6-1　AI 中台的组成要素

AI中台主要组件如图6-2所示，这里按照六大中心的划分，分别展示了每个中心包含的关键组件。

图 6-2　AI 中台主要组件

在后续的章节中，我们将介绍AI中台的关键组件构成。

6.2.2 能力开放中心

承担能力开放的主要是服务中心,如图6-3所示,服务中心包括语音识别、对话、OCR等基础能力组件以及企业特有的能力组件。

图 6-3　AI 中台服务中心

服务中心通过对AI能力进行封装,用服务的形式对外开放,为各类数字化应用提供AI能力,使用对象包括内部以及有权限的外部伙伴。

6.2.3　AI 资产中心

AI资产的相关组件在资产中心,如图6-4所示,AI资产主要包括专有模型、专有数据、通用的模型(NLP、OCR等)以及第三方提供的模型或能力等。

图 6-4　AI 中台资产中心

AI资产的来源并非仅限于企业内部,可以是购买或合作的结果。随着AI的发展和对数据需求的增加,部分的模型或数据,可能用于联邦计算的模式,多方合作伙伴各取所需,在数据安全合规的情况下,最大限度挖掘数据的潜力,训练更有价值的AI模型,丰富AI资产库,服务更多的业务场景。

6.2.4　AI 开发中心

AI开发中心是AI中台的核心模块,如图6-5所示。数据预处理、建模和机器学习框架均在该部分承载。

图 6-5　AI 中台开发中心

- 数据处理:主要是根据建模的需要,从数据中台获取所需的数据,并根据 AI 中台的需求,对数据进行预处理,包括清洗、补全等。还包括一个特别重要的过程就是对数据进行标注,这个过程的特点是工作量特别巨大,一般会通过专业的数据标注公司去处理。
- 建模与优化:建模的方法有很多种,一般是根据根据业务的特点,选择适合自己的模型,然后再进行训练,获得想要的结果。也可以购买成熟的模型,减少训练的时间,能够在较短的时间内投入生产。

- 机器学习框架：一般来说，AI中台需要支持主流的机器学习框架，目前大部分框架都是开源的，比如说TensorFlow（Google支持）、PyTorch（Facebook支持）和PaddelPaddel（百度支持）。这些框架的主体功能相似，但每种又有一些自己的特点，可以根据业务需求、开发团队的习惯和一些特殊要求（如信创和国产化等）来选择使用不同的框架。

6.2.5 AI算力中心

AI平台的基础设施就是算力中心，如图6-6所示，算力中心包括普通的云基础设施、自有GPU算力和第三方平台的算力（资源租用或联邦计算等）。

图6-6　AI中台算力中心

现阶段人工智能服务器采用异构架构进行加速计算，芯片的组合形式为CPU+GPU、CPU+FPGA、CPU+ASIC等。尽管AI服务器可以采用多种异构形式，但目前市场上广泛应用的还是CPU+GPU架构。因此我们仍建议以CPU+GPU算力为主，不宜采用过于复杂的算力架构。对于大型的企业，如果对计算资源的需求比较平稳，建议采用自建的方式；对于中小企业或者需求不稳定（只是阶段性有需求）的用户，还是租用的方式成本更低一些。当然，因为数据安全等原因无法使用外网资源的，则另当别论。

6.2.6 AI管理中心

AI管理中心包括业务管理和技术管理两个方面，主要目的是为了平台稳定可靠运行和使用顺畅，做到更好地支撑业务，如图6-7所示。

一般情况下，技术管理主要负责平台的稳定运行，业务管理负责管理模型、数据和使用者。我们将QPS管理、容器编排、平台监控和资源调度称为技术管理；将认证管理、平台审计、模型管理和数据管理称为业务管理。

6.2.7 AI应用中心

图6-7　AI中台管理中心

AI应用中心主要是汇集了针对特定领域的解决方案和相关组件，如图6-8所示，应用中心包括行业解决方案、知识图谱解决方案和数字孪生解决方案等，这里的解决方案中也会包括针对该解决方案的组件。

图6-8　AI中台应用中心

其中知识图谱的解决方案是建立在知识图谱平台之上的，知识图谱在不同的企业归属位置略有不同，有的归属到数据中台，也有独立成为知识中台。本书暂将知识图谱归属到数据中台，主要是考虑到对数据的依赖性较高的原因。

- 行业解决方案：如电网的无人机巡检、液晶面板或某些材料的工业质检、金融行业的人脸认证开户、停车系统的自动车牌识别和自主缴费等。
- 知识图谱解决方案：如金融行业的风险控制、装备制造行业的故障诊断和故障预测、企业内搜等应用等。
- 数字孪生解决方案：如从设计图纸到建筑实体的数字孪生城市解决方案、装备制造的设计、生产和维护一体化的数字孪生方案，以及复杂设备运行维护的数字孪生方案等。

6.3　AI中台与其他中台的关系

AI中台作为企业AI能力的引擎，提供企业级的AI能力和服务，并在企业级进行AI资源的共享和调度，最大限度发挥AI中台的能力，并保证应用的合规和安全。

AI中台与其他中台的交互主要体现在能力提供和数据获取两个方面。

- 数据中台——AI中台：数据中台是AI中台建模和训练数据的来源，AI中台的能力，也会用于数据中心的分析和预测。
- 业务中台——AI中台：AI中台为业务组件提供基础AI能力，如优化调度算法、发票识别等，业务中台的业务规则和业务逻辑，也是AI中台和知识图谱工作的基础。
- 技术中台——AI中台：技术中台为AI中台提供基础技术支持，如AI应用开发和建模过程中的DevOps支持等。
- 数字化应用/外部系统——AI中台：AI中台为数字化应用提供AI能力，使各类应用的功能更强大，完成以前传统IT无法完成的功能，如：通过人脸识别进行身份认证，能够快速地完成安检、支付或开户等原本复杂和烦琐的流程，极大地提高了工作效率。

6.4　数字孪生——万物皆可克隆

数字孪生技术作为推动实现企业数字化转型、促进数字经济发展的重要抓手，已建立了普遍适应的理论技术体系，并在产品设计制造、工程建设和其他学科分析等领域有较为深入的应用。当前，我国各产业领域强调技术自主和数字安全的发展阶段，数字孪生技术本身具有的高效决策、深度分析等特点，将有力推动数字产业化和产业数字化进程，加快实现数字经济的国家战略。

数字孪生的实现是一个复杂的体系，会应用到包括AI在内的多种技术，目前我们暂将数字孪生技术与AI中台放在一起，仅仅是为了便于阅读和讲解清晰的目的。随着应用的深入开展，数字孪生技术完全可以作为独立的章节展现。

6.4.1 数字孪生的前世今生

"孪生"的概念起源于美国国家航空航天局的"阿波罗计划",即构建两个相同的航天飞行器,其中一个发射到太空执行任务,另一个留在地球上用于反映太空中航天器在任务期间的工作状态,从而辅助工程师分析处理太空中出现的紧急事件。当然,这里的两个航天器都是真实存在的物理实体。2003年前后,关于数字孪生(Digital Twin)的设想首次出现于Grieves 教授在美国密歇根大学的产品全生命周期管理课程上。但是,当时"Digital Twin"一词还没有被正式提出,Grieve将这一设想称为"Conceptual Ideal for PLM(Product Lifecycle Management)",在该设想中数字孪生的基本思想已经有所体现,即在虚拟空间构建的数字模型与物理实体交互映射,忠实地描述物理实体全生命周期的运行轨迹。

直到2010年,"Digital Twin"一词在NASA的技术报告中被正式提出,并被定义为"集成了多物理量、多尺度、多概率的系统或飞行器仿真过程"。2011年,美国空军探索了数字孪生在飞行器健康管理中的应用,并详细探讨了实施数字孪生的技术挑战。2012年,美国国家航空航天局与美国空军联合发表了关于数字孪生的论文,指出数字孪生是驱动未来飞行器发展的关键技术之一。在接下来的几年中,越来越多的研究将数字孪生应用于航空航天领域,包括机身设计与维修、飞行器能力评估、飞行器故障预测等。

近年来,数字孪生得到越来越广泛的传播。同时,得益于物联网、大数据、云计算、人工智能等新一代信息技术的发展,数字孪生的实施已逐渐成为可能。现阶段,除了航空航天领域,数字孪生还被应用于电力、船舶、城市管理、农业、建筑、制造、石油天然气、健康医疗、环境保护等行业,特别是在智能制造领域,数字孪生被认为是一种实现制造信息世界与物理世界交互融合的有效手段。

简单来说,数字孪生是具有数据连接的特定物理实体或过程的数字化表达,该数据连接可以保证物理状态和虚拟状态之间的同速率收敛,并提供物理实体或流程过程的整个生命周期的集成视图,有助于优化整体性能。从根本上讲,数字孪生可以定义为一组物理对象或过程的历史和当前行为的不断发展的数字资料,数字孪生的根本目标在于优化业务绩效。数字孪生模型基于跨一系列维度的大规模、累积、实时、真实世界的数据测量。

数字孪生具有以下几个典型特点:互操作性、可扩展性、实时性、保真性和闭环性。

与数字孪生相近的还有一些其他技术,简单地介绍一下它们的区别。需要说明的是,不同的技术诞生的时代和背景不同,因此,既有区别又有相似之处,目前的趋势是多种技术开始融合。

1. 数字孪生与仿真(Simulation)的区别

仿真技术是应用仿真硬件和仿真软件通过仿真实验,借助某些数值计算和问题求解,反映系统行为或过程的模型技术,它是将包含了确定性规律和完整机理的模型转化成软件的方式来模拟物理世界的方法,目的是依靠正确的模型、完整的信息、环境数据,来反映物理世界的特性和参数。仿真技术仅仅能以离线的方式模拟物理世界,不具备分析优化功能,因此不具备数字孪生的实时性、闭环性等特征。

数字孪生需要依靠包括仿真、实测、数据分析在内的手段对物理实体状态进行感知、诊断和预测,进而优化物理实体,同时进化自身的数字模型。仿真技术作为创建和运行数字孪生的核心技术,是数字孪生实现数据交互与融合的基础。在此基础之上,数字孪生必需依托并集成其他新技术,与传感器共同在线以保证其保真性、实时性与闭环性。

2. 数字孪生与信息物理系统(CPS)的区别

数字孪生与CPS都是利用数字化手段构建系统为现实服务。其中,CPS属于系统实现,而数字孪生侧重于模型的构建等技术实现。CPS是通过集成先进的感知、计算、通信和控制等信息技术和自动控制技术,构建了物理空间与虚拟空间中人、机、物、环境和信息等要素相互映射、适时交互、高效协同的复杂系统,实现系统内资源配置和运行的按需响应、快速迭代和动态优化。

相比于综合了计算、网络、物理环境的多维复杂系统CPS,数字孪生的构建作为建设CPS系统的使能技术基础,是CPS具体的物化体现。数字孪生的应用既有产品,也有产线、工厂和车间,直接对应CPS所面对的产品、装备和系统等对象。数字孪生在创立之初就明确了以数据、模型为主要元素构建的基于模型的系统工程,更适合采用人工智能或大数据等新的计算能力进行数据处理任务。

3. 数字孪生与数字主线(Digital Thread)的区别

数字主线被认为是产品模型在各阶段演化利用的沟通渠道,是依托于产品全生命周期的业务系统,涵盖产品构思、设计、供应链、制造、售后服务等各个环节。在整个产品的生命周期中,通过提供访问、整合以及将不同/分散数据转换为可操作性信息的能力,来通知决策制定者。

数字主线也是一个允许可连接数据流的通信框架,并提供一个包含生命周期各阶段功能的集成视图。数字主线有能力为产品数字孪生提供访问、整合和转换能力,其目标是贯通产品生命周期和价值链,实现全面追溯、信息交互和价值链协同。由此可见,产品的数字孪生是对象、模型和数据,而数字主线是方法、通道、链接和接口。

简单地说,在数字孪生的广义模型之中,存在着彼此具有关联的小模型。数字主线可以明确这些小模型之间的关联关系并提供支持。因此,从全生命周期这个广义的角度来说,数字主线是属于面向全生命周期的数字孪生的。

4. 数字孪生和资产管理壳(Asset administration Shell)的区别

出自工业4.0的资产管理壳,是德国自工业4.0组件开始,发展起来的一套描述语言和建模工具,从而使得设备、部件等企业的每一项资产之间可以完成互联互通与互操作。借助其建模语言、工具和通信协议,企业在组成生产线的时候,可具备通用的接口,即实现"即插即用"性,大幅度降低工程组态的时间,更好地实现系统之间的互操作性。

自数字孪生和资产管理壳的问世以来,更多的观点是视二者为美国和德国的工业文化不同的体现。实际上,相较于资产管理壳这样一个起到管控和支持作用的"管家",数字孪生如同一个"执行者",从设计、模型和数据入手,感知并优化物理实体,同时推动传感器、设计软件、物联网、新技术的更新迭代。但是,基于这两者在技术实现层次上比较相近,德国目前也正努力在把资产管理壳转变为支撑数字孪生的基础技术。

6.4.2 数字孪生典型应用之制造行业

数字孪生技术在制造业的应用已渗透到资产、车间、企业各个层级。数字孪生应用场景广泛，当前覆盖"NIST智能制造系统"中的产品、生产和商业三大领域，并朝着实现三大领域价值链条全面优化的方向发展。

面向产品的数字孪生应用聚焦产品全生命周期优化。如AFRL与NASA合作构建F-15数字孪生体，基于战斗机试飞、生产、检修全生命周期数据，修正仿真过程机理模型，提高了机体维护预警准确度。

面向车间的数字孪生应用聚焦生产全过程管控。如空中客车通过在关键工装、物料和零部件上安装RFID，生成了A350XWB总装线的数字孪生体，使工业流程更加透明化，并能够预测车间瓶颈、优化运行绩效。

面向企业的数字孪生应用聚焦业务综合评估与管理。如Software AG基于ARIS业务流程建模功能构建了面向企业业务的数字孪生体，并通过模拟评估业务流程预见企业未来成本和绩效。

数字孪生应用发展历程依次经历虚拟验证、单向连接、智能决策、虚实交互四大阶段。

（1）虚拟验证能够在虚拟空间对产品/产线/物流等进行仿真模拟，以提升真实场景的运行效益。如ABB推出PickMas-terTwin，客户能够在虚拟产线上对机器人配置进行测试，使拾取操作在虚拟空间进行验证优化。

（2）单向连接在虚拟验证的基础上叠加了IoT，实现基于真实数据驱动的实时仿真模拟，大大提升了仿真精度。如PTC和ANSYS合作，构建了泵的仿真模型，并将其与真实的泵连接，基于实时数据驱动仿真、优化模拟。

（3）智能决策在单向连接的基础上叠加了AI，将仿真模型和数据模型很好地融合，提升分析决策水平。如杭汽轮通过三维扫描构建几何形状，与平台标准机理模型对比，并叠加人工智能分析，实现叶片的检测试验时间从2~3天降低至3~5分钟。

（4）虚实交互在智能决策的基础上叠加了反馈控制功能，实现基于数据自执行的全闭环优化。如在西门子提供的产品体系中，设计仿真软件NX具备虚拟验证功能，MindSphere具备IoT连接功能，Omneo具备数据分析功能，TIA具备自动化执行功能。未来，西门子有望基于以上产品整合，真正实现数字孪生的虚实交互闭环优化。

6.4.3 数字孪生典型应用之建筑行业

数字孪生城市，将智慧城市建设推入新阶段。创新型智慧城市以全新一代信息技术为基础，令物理世界和数字世界并行共生，精确映射。将全域、全行业数据转化为数字模型，进而实现全景可视化和动态职能管理。通过对数据的分析，可敏锐发觉城市管理中的关键节点；借助算法，可给出智能化决策建议，并可在数字城市中仿真演练，以虚拟服务于现实。未来的城市，将虚实协作，具备自主学习、不断优化、全方位交互的能力，进而演变为高度智慧的城市新形态。

中国以"智慧城市"和"新基建"为代表的建设模式虽然起步较晚，但暴发速度前所未有。目前全球近1000个提出智慧化发展的城市中，有近500个中国城市，占全球数量的48%。

这为中国下一阶段的城市和基础设施发展奠定了基础。2019年，中国新型智慧城市规模超过9000亿元，未来几年将保持较快速度的增长，预计到2023年市场规模将超过1.3万亿元。当前，安全综治、智慧园区、智慧交通是智慧城市建设投入的重点，三大细分场景规模占智慧城市建设总规模的71%，而城市级平台、机器人等新技术和产品则在快速落地，被更多城市建设方采纳和应用。

数字孪生城市则是数字孪生技术在城市层面的广泛应用，通过构建城市物理世界及网络虚拟空间一一对应、相互映射、协同交互的复杂系统，在网络空间再造一个与之匹配、对应的孪生城市，实现城市全要素数字化和虚拟化、城市状态实时化和可视化、城市管理决策协同化和智能化，形成物理维度上的实体世界和信息维度上的虚拟世界同生共存、虚实交融的城市发展新格局。数字孪生城市既可以理解为实体城市在虚拟空间的映射状态，也可以视为支撑新型智慧城市建设的复杂综合技术体系，它支撑并推进城市规划、建设、管理，确保城市安全、有序运行。

我们国家高度重视创新型智慧城市建设。国家发改委在《2020年新型城镇化建设和城乡融合发展重点任务》中提出"实施创新型智慧城市行动"，要求健全城市数字化管理平台和感知系统，整合多领域信息系统和数据资源，深入政务服务"一网通办"、城市运转"一网统管"，支撑城市健康高效运转和突发事件迅速智能化响应。

在《中华人民共和国国民经济和社会发展第十四个五年规划和2035年远景目标纲要》中，"高标准高质量建设雄安新区"和"加快数字化发展建设数字中国"一起，被重点写入十四五规划，为四周年的雄安新区，再次明确了数字城市的发展定位。

此前，《国务院关于河北雄安新区总体规划（2018—2035年）的批复》提到，"创建数字智能之城。要坚持数字城市与现实城市同步规划、同步建设""适度超前布局智能基础设施，推动全域智能化应用服务实时可控，建立健全大数据资产管理体系，打造具有深度学习能力、全球领先的数字城市"，为雄安新区建设，确定了发展总纲和路线图。

因此，坚持"数字城市"与"物理城市"同频共振，成为政府、机构、企业等所有雄安建设者的共识。2019年9月，雄安新区智能城市创新联合会成立，以构筑智能城市创新共同体为使命，致力于智能城市理论、标准、解决方案等公共性问题研究，在上下游产业之间建立有效运行的产学研合作新机制，积极推动中国智能城市健康可持续发展，输出雄安标准和雄安质量。

6.4.4 数字孪生技术发展趋势

1. 趋势一：六大核心技术支撑数字孪生构建虚实交互的闭环优化

数字孪生技术体系涵盖感知控制、数据集成、模型构建、模型互操作、业务集成、人机交互六大核心技术。

感知控制技术具备数据采集和反馈控制两大功能，是连接物理世界的入口和反馈物理世界的出口。数据集成实现异构设备和系统的互联互通，让物理世界和承载数字孪生的虚拟空间无缝衔接。模型构建实现对物理实体形状和规律的映射，几何模型、机理模型、数据模型的构建分别实现对物理实体形状、已知（或经验）的物理规律以及未知的物理规律的模拟。模型互操作承担着将几何、机理、数据三大模型融合的任务,实现从构建"静态映射的物理实体"到构建"动态协同的物理实体"的转变。业务集成是数字孪生价值创新的纽带,能够打通产品全生命周期、生产全过程、商业全流程的价值链条。人机交互将人的因素融入数字孪生系统,操作者可以通过友好的人机操作方式将控制指令反馈给物理世界,实现数字孪生全闭环优化。

2. 趋势二:模型构建技术朝着提升建模效率和精度的方向发展

几何、仿真、数据三类模型构建技术综合应用,不断提升建模效率和精度。

衍生设计和三维扫描建模技术推动几何建模效率不断提升。衍生设计基于算法指令实现复杂几何模型自动化设计外观;以工业CT为代表的三维扫描建模技术能够捕获测试件内部和外部完整、精确的图像,直接生成完整的三维立体图像。

深度学习和知识图谱沿着两条路径分别提升模型描述的性能及拓展范围。比如,利用深度学习进行汽车风洞测试,传统方程法需一天,现在只需四分之一秒。再如,通过构建知识图谱,将采购、物流、制造知识联系起来,实现供应链风险管理与零部件选型。

无网格仿真技术有望突破传统仿真局限,提升仿真模拟效率。例如AltairSimSolid能够在几分钟内分析全功能CAD程序集而无须网格划分,大大优化了仿真求解速度。

3. 趋势三:模型互操作技术加快统一模型间的语义和语法

典型的模型互操作涵盖机理和数据模型、机理模型间、数据模型间互操作三大类。

多学科联合仿真技术基于FMI、FMU规范统一了仿真模型接口标准,逐渐成为仿真模型间互操作主流选择。例如Mod-elica已经成为汽车行业多学科联合仿真标准语言。

联邦机器学习在满足数据隐私要求的前提下,实现不同人工智能系统数据模型间集成,有望成为数据模型间互操作的通用方法。例如,谷歌和百度纷纷在人工智能框架下加入联邦学习功能,以实现数据模型间互操作。

数据模型和机理模型互操作最为复杂,尚未形成统一方法论,但也得到了一定实践。例如,Math-Works将旗下MATLAB的数据分析和Simulink的仿真模拟两大功能结合,实现对综合业务模型的有效调参。此外,管理壳技术具备模型管理和标识解析功能,实现接口统一和语义统一,有望为全类模型互操作指明方向。

4. 趋势四:数据集成和业务集成范围不断拓展且功能持续融合

数据集成和业务集成沿着两条路径持续推动集成范围扩展。

一方面,数据集成技术主要面向底层数据互联互通,数据集成类型和数据集成范围在不断提升。例如,数据湖技术能够集成结构化、半结构化和非结构化的全类数据,实现设备与设备间、设备与系统间、系统与系统间的全场景连接。

另一方面,业务集成技术偏向于顶层工业业务的协同,新型软件开发技术不断推动业务集成技术发展。以西门子Mendix为代表的低代码开发平台正不断整合不同类型工业软件集成;以阿里为代表构建的业务中台企业也在推动按需分配的业务流程配置技术发展。此外,信息模型正加快推动数据和业务融合,并朝着满足信息量增加的需求方向发展。

第 7 章

技术中枢：数字化的加速器

诚然，数字化中台的建设仅仅依靠技术是不行的，它是体系化解决方案，涉及战略决策方式改革、组织管理方式变革、销售渠道和方式变革、运营方式变革、技术变革等全方位的变革，如此庞大的体系，人们应该清晰地认识到技术是变革助推剂，而不是主燃料，技术是"为人民服务"的。对于支撑数字化中台的技术平台话题过于庞大，本节将主要聚焦在技术架构的层面。

"干革命不是一朝一夕的事情"，同样，技术架构体系的建立也受制于企业战略、组织、IT投资、技术力量自主可控能力、与第三方厂商利益的平衡等一系列因素的制约。

7.1 技术架构的演进

技术架构又是企业IT架构的一个组成部分，我们来看一下企业IT架构的演变过程。

1. 企业IT架构的演变过程

（1）平台化阶段

企业IT架构在平台化阶段，需要打破各系统之间的"烟囱"，调整模块归属，确定各系统和平台边界，打造可重用的组件。其主要关注点在于应用架构和数据架构。而对应这个阶段的技术架构，其凸显的是适配性，也就是如何消除底层异构基础设施对于上层应用架构和数据架构的影响。

（2）中台化阶段

企业IT架构在中台化阶段，需要构建企业级的重用能力，打造中台建设方法论、技术框架以及业务建模。其主要关注点扩展为业务架构、应用架构、数据架构、技术架构。

（3）云化阶段

企业IT架构在云化阶段，需要构建云化全栈架构设计，云服务能力建设，运维、运营能力，自助式流程建设。其主要关注点进一步扩展为全栈架构：业务架构、应用架构、数据架构、安全架构、基础架构、治理架构。

2. "业技融合"新常态阶段

企业IT架构演进到"业技融合"新常态阶段，业务与科技融合，提供面向场景的整体解决方案，通过业务效果体现架构转型价值。其主要关注点除全栈架构之外，还会有机制体制能力建设，以及业务与科技融合。

架构描述系统与系统之间的联系，而技术架构则聚焦于底层系统实现时技术层面的联系。抽丝剥茧来分析，技术架构演进动机是产品全生命周期的简单化（包括需求、开发、测试、部署、运维等环节），在近几十年的IT发展过程中，随着企业业务和外部竞争环境的变化，技术架构的关注点也在逐步变化，总体来看分成了三个大的阶段：

（1）技术组件标准化阶段

技术组件目录，包括服务器、数据库、网络、通信、中间件等以及一些标准等，技术架构比较单一，目的是为了构建标准的技术组件。

（2）体系结构标准化阶段

技术组合目录，强调通过整合不同技术标准来满足多样化的业务需求，技术架构比较复杂，目标是为构建标准的交付产品。

（3）实施工艺标准化阶段

技术标准工艺化，将标准与技术规范嵌入产品全生命周期的生产线平台，技术架构智能化，目的是为了提供标准化的生产线。

但纵观几十年来技术架构的演进，技术架构发展的本质是：降低技术组合和技术实现的复杂度，从而让用户能够更加专注于业务实现。

7.2 企业级技术架构的蓝图概览

传统行业企业技术架构主要是集中式架构为主，由于业务流程烦琐（尤其是大型集团性企业），在技术支撑方面，投入成本居高不下，处理速度慢，需求响应周期长，且有些核心技术或核心系统掌握在少数国外厂商手中。

分布式架构的灵活性、扩展性、低成本等特性决定了企业在业务品种和业务量爆炸式增长过程中，会成为新型业务架构的必然选择。从系统设计架构角度看，数字化的分布式架构平台以模块化+服务化的方式应对组织和业务规模飞速增长；在服务框架层面建立分布式微服务架构下的分布式事务和服务治理，以微服务的方式实现拆分与组合，以应对容量问题；配合分布式技术体系中高性能分布式事务等技术能力，保证事务中数据的强一致性问题。

在集成框架层面，企业考虑兼顾分布式新系统与原有遗留SOA架构系统的集成（如利用企业服务总线方式集成HTTP和TCP协议的接口调用）。并且也考虑与企业上下游生态的开放集成场景（如在制造行业利用Open API封装生产线物料消耗数据和库存数据，供上游供货商进行原料生产和物流的排期）。

企业技术架构蓝图如图7-1所示。

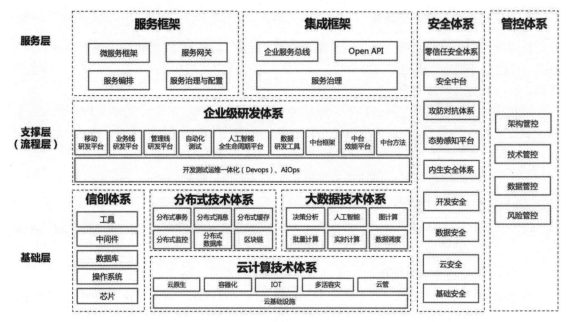

图 7-1 企业技术架构蓝图

企业随着业务不断发展,业务部门对科技的需求在不断加快,产品上线发布周期逐步缩短,依靠人工方式难以满足业务部门快速交付的需要。DevOps是一个完整的面向IT生产线的工作过程,以IT自动化以及持续集成(CI)、持续部署(CD)为基础,建立应用开发、测试、发布等所有环节的流水线。DevOps可将企业软件产品交付过程中IT工具链打通,使得各个团队减少时间损耗,更加高效地协同工作。DevOps通过软件开发人员和运维人员的沟通合作,通过自动化流程来使得软件构建、测试、发布更加快捷、频繁和可靠。

另外,针对不同类型的系统和业务场景特点,形成高代码开发、低代码开发、无代码开发的循环生态,积累特有针对性的高代码、低代码、无代码开发平台,也是加速产品交付、提效、提质的手段。

当然对于服务层和流程层的支撑离不开稳定、高效、灵活、弹性的基础层,目前众多国有企业已基本形成X86体系+国产信创体系的双核基础支撑,并且基于国策在逐步扩大国产信创体系的占比,一些分布式和容器化的新技术也在逐步和国产信创体系进行融合,相信在不久的未来,云原生将不再是X86独占的标签。

最后,要使技术平台发挥最大的效能,离不开管控体系,其中包括:架构管控、数据管控、安全管控和风险管控。但这些管控手段不能仅仅停留在流程环节上,更应该进化成工具和能力向设计、研发、测试、运维等团队进行赋能,逐步实现架构、数据、安全、风险资产的结构化、数字化,将标准、规范落到工具中"润物细无声"才行。

针对企业级技术架构的蓝图,有很多内容前文提到,并且网络上也有很多文章。所以下面将节择其重点,具体介绍服务框架、集成框架、研发体系和分布式技术体系等方面的内容。

7.3 服务框架

服务框架从发展趋势来分析，主要是基于微服务。但目前从市场主流微服务框架来看：开源包括Spring Cloud和Dubbo等，商用包括华为云的CSE和阿里云的EDAS。并且目前服务网格（Service Mesh）的理念也逐渐开始火了起来，一些大厂也开始实践服务网格的落地，并且一些传统企业为了实现弯道超车，也开始实践服务网格（例如：Istio等）。

由此可以看出，随着业务的增长和业务模式的变化，将系统内部进行分布式部署的需求越来越多，微服务框架也逐步被传统企业所采纳。微服务的划分方式也通常基于下述原则逐步进行拆分开来，一是按照不同业务功能划分，如果单独模块的规模比较大，研发团队也能够独立，各自没有太大关联，为降低业务模块之间的影响度可以考虑分离；二是从非功能性的角度考虑，将并发量大、可靠性要求高的模块独立出来部署；三是从变更频率上考虑，频繁变更超出系统整体水平的模块可以独立部署。按照上述原则可以看到，很多系统内部并不需要分布式，要么代码规模不够大，要么可用性要求不够高。

服务框架主要回答的是系统内部架构标准的问题，在企业信息化阶段系统建设多是采购第三方厂商的成熟系统，所以就会造成自身IT体系内部存在多种微服务框架的问题，而由此会带来诸如异构系统集成难度大、后期服务治理难度大、后期运维难度大等一系列管理和技术上的问题。

所以在企业数字化转型阶段，从技术层面逐步统一微服务框架标准，从组织层面形成自主掌控的团队，能够向上对应用开发和业务赋能，将是企业数字化转型的必经之路。

7.3.1 当前应用微服务化出现的问题与解决原则

微服务框架已经成为一种趋势，它的好处已经很清楚了。但是面对微服务架构带来的问题，又应该如何应对？这些问题从管理角度看包括：

（1）过去的应用框架和微服务的关系，如何选择，如何迁移？是全部迁移到微服务采用分布式方式，还是两种形式并存？决策的依据是什么？

（2）基于开源的技术众多，选型复杂、困难，并且随着开源版本的升级，企业自行维护存在困难。如果不同应用项目采用不同的技术架构，会导致维护困难，系统间的集成存在较多问题。比如日志离散、数据离散、前后端的服务联调、服务间的服务联调等，对技术人员的能力要求增加。

（3）研发团队如何组织。微服务的"微"字，本身就是一个陷阱，很多团队看到"微"字后，就想当然地将服务拆分得很细，有的团队人员规模只有5~6个人，然而却拆分出几十个微服务，平均每个人要维护好几个微服务。

从技术角度方面包括：

（1）数据一致性问题。微服务架构下数据分离、服务分离。以前在单体应用中很好解决的事务问题,现在变得很困难:在基于微服务的应用程序中,需要更新不同服务所用的数据库。通常不会选择分布式事务,一方面是因为CAP定理,另一方面是分布式事务根本不支持如今高度可扩展的NoSQL数据库和消息代理。最后不得不采用基于最终一致性的方法,这对于开发人员来说更具挑战性。

（2）服务调用链长,性能下降。由于微服务之间都是通过HTTP或者RPC调用的,每次调用必须经过网络。一般线上的业务接口之间的调用,平均响应时间大约为50毫秒,如果用户的并发请求需要经过几次微服务调用,则性能消耗就是几百毫秒,这在很多高性能业务场景下是难以满足需求的。

（3）系统复杂度大幅度提高,因为微服务将系统内的复杂度转移为系统间的复杂度了。从理论的角度来计算,n个服务的复杂度是n×(n–1)/2,整体系统的复杂度是随着微服务数量的增加呈指数级增加的。

（4）微服务应用测试很复杂。例如,使用Spring Boot,我们只需要编写一个测试类来启动一个单体Web 应用程序并测试其 REST API。相比之下,一个类似的测试类对于微服务来说需要启动该服务及其所依赖的所有服务,或者至少要做服务Mock,虽然这不是一件高深的事情,但这多出来的工作量和复杂度不可忽视。

（5）没有配套工具之配套,无法快速交付。微服务技术体系复杂,导致对开发、构建、部署和运维形成新的挑战,迫切需要一套工程化的交付方法来支撑微服务应用建设的各个阶段,才能加速应用的交付。如果没有相应的自动化系统进行支撑,都是靠人工去操作,那么微服务不但达不到快速交付的目的,甚至还不如一个大而全的系统效率高。

其实,单体架构不过是分布式的一种特殊形式而已,不应该再区分单体架构还是微服务架构,而是不同的技术栈实现而已。未来的应用技术架构本身就应该是微服务的,不过在部署形态上可以选择分布式部署还是集中部署而已,我们在前面提到这就是一种架构的可变性。实际上,应用技术架构就是解决运行分布与体验聚合这一矛盾的。技术的螺旋式上升,需要我们采用更新的技术栈,但目前的很多技术实现,往往自成体系,希望一并解决很多问题,尤其是目前的开源软件,由于来自不同组织并没有产品化的要求,以至于很多软件很多功能重叠,依赖混乱。这就需要我们掌握分布与聚合的原则,将面向的问题域分门别类建立起来,为各种技术实现找到明确的定位。分布与聚合这个矛盾的对立统一,我们希望达到服务分布、流程统一,即服务是分布式部署的,但是在业务逻辑上能够统一起来；数据是分布,但是对外呈现的信息是聚合的,事务是完整的；各分布式模块的感觉（末梢神经）是分布的,但系统的知觉（大脑）是统一的,后面我们不再区分微服务架构与单体架构,统称为微服务架构,从这三个方面讨论相关的架构原则、设计思路、技术选型与组件、相关规范等。运行分布与体验聚合如图7-2所示。

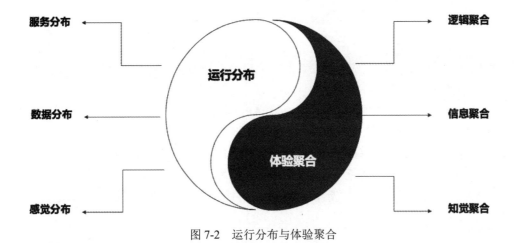

图 7-2　运行分布与体验聚合

7.3.2　服务调用模式与服务框架选择

服务的物理部署是各自独立的，但我们在使用这些服务的时候并不希望区别对待，用不同的方式来管理这些各自独立的微服务，我们希望，从"逻辑"上看每个服务并没有什么不同，它们都按照相应的配置参数运行，对外提供相应服务接口，实现特定的业务功能。这就需要服务注册、接口管理、服务调用、服务配置、消息处理等组件来支持。

服务调用分为"服务提供者"和"服务消费者"两个角色。"服务提供者"将自己的服务地址等信息登记到"服务注册中心"中，调用者（服务消费者）从"服务注册中心"查询到提供者的信息，并根据这些信息调用服务，如图7-3所示。

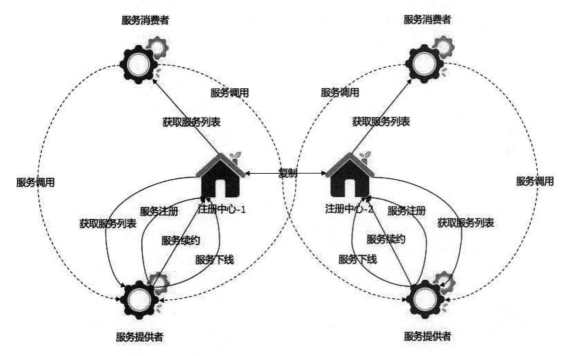

图 7-3　服务调用

服务调用有两种模式，客户端模式和代理模式：

（1）在客户端模式下，"服务消费者"在向"服务注册中心"查询到自己需要调用的"服务提供者"地址之后，"服务消费者"就会自己根据地址去直接访问微服务，此时需要客户端自己实现负载均衡逻辑。

（2）在代理模式下，"服务消费者"通过API Gateway组件与微服务、"服务注册中心"连接。"服务消费者"只管去找API Gateway访问即可。至于去注册中心查询服务地址，以及访问服务地址的动作都由API Gateway效劳了，最后API Gateway在把结果返回给"服务消费者"即可。这种模式，简化了"服务消费者"的工作，增加了API Gateway组件的复杂度，API Gateway成为系统的关键节点，不仅需要保障自己的稳定性和性能，而且还需要处理一些负载均衡的逻辑。

这两种模式，在服务调用中都是需要的，我们推荐的服务调用模式是："跨系统调用走网关，系统内部直接调用"，原因如下：

（1）跨系统调用走网关，网关作为请求的入口，可以为开发的服务提供很多增强的能力，如安全认证、流控、动态路由等能力。网关作为系统服务的统一出口，可以屏蔽服务的实现。让客户端使用更简单。

（2）如果跨系统不通过网关的话，类似服务安全控制、流控、降级这部分能力在网关、应用两端均需要重复建设。多种方式融合时，控制会非常混乱。

（3）系统内部通常是一个项目团队，网关通常是不同的团队维护，系统开发期沟通交互多，应用间直接依赖 SDK 调用相比到网关发布再调用来说更方便。

（4）系统内部调用的服务接口范围通常与给外部系统开放的服务接口范围不一致，如果都通过网关发布，则工作量增多、安全控制方面的个性化需求多，管理复杂。

网关如图7-4所示。

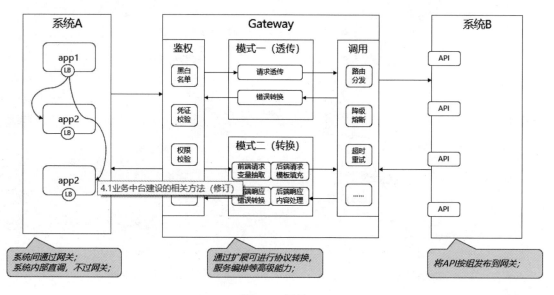

图 7-4　网关

在业务中台体系架构方法中，我们已经提出了微服务框架下系统的概念模型，根据这个模型，可以推导出系统的部署方式。这里每一个业务域是由多个系统组成的，每个系统下面有多个应用作为独立的进程部署。我们建议每个业务域有自己独立的网关，而不是全企业统一，也可以每个系统是独立的网关，对外提供服务。这里，单独提出了一个应用组的概念，用于灰度发布这样的管理能力。

因为应用分布式后，多出了很多管理节点，对于传统的单体应用来说，复杂了很多，管理能力如果跟不上，没必要这么搞，原因如下：

（1）管理节点的共享方式：目前我们推荐每个域部署一套管理节点，这样维护起来比较简单，也可以多个域共享，要看企业的管理水平。

（2）代理部署方式：每个应用容器旁都有一个代理容器，这是一种部署模式，也可以将Agent放在应用容器中，这样做的好处是按传统方式运维简单，坏处是隔离性不好，大规模应用有问题。目前在大规模系统中，往往希望容器能更单纯，减少二方库，很多东西都独立出来了，例如ServiceMesh中，服务调用也独立出来了。

（3）高可用方式：管理节点是三份，目的是达到高可用，例如，注册中心Eureka必须是三节点的，这样数据保存三份，才是高可用的。但是其他管理节点，数据通过持久化存储，服务节点采用两个对等节点就可以。高可用方式这里有主备和对等两种，不能混淆使用。注册中心高可用如图7-5所示。

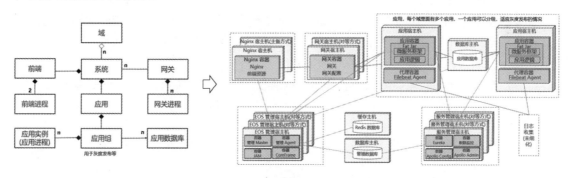

图 7-5　注册中心高可用

上述分析可以看出，服务调用涉及这些相关的组件与能力：服务注册、服务框架、服务网关，其中服务容器负责系统内分布式服务的调用，它除了具备负载均衡能力之外，还需要具备服务限流、服务升降级、服务熔断、服务健全等工作。

7.3.3　关于服务网格探讨

一些企业的IT部门，已经进行了一些微服务框架的实践，并且已经接受了云原生平台技术，如容器（如Docker）、编排器（如Kubernetes）和网关等，现在也在尝试服务网格相关技术。2016年，服务网格这个词开始出现在微服务、云计算和DevOps的领域。在过去的几年里，服务网格技术有了长足的发展，其主要提供连接性、可靠性、可观察性和安全性等四个主要能力，试图解决的问题包括：

（1）消除了将特定语言的通信库编译到单个服务中的需求，以处理服务发现、路由和应用层（第7层）非功能通信要求。

（2）外部化服务通信配置，包括外部服务的网络位置、安全凭证和服务质量目标。

（3）提供对其他服务的被动和主动监测。

（4）在整个分布式系统中分布式地执行策略。

（5）提供可观察性的默认值，并使相关数据的收集标准化：启用请求记录、配置分布式追踪、收集指标等。

服务网格模式主要侧重于处理传统上被称为"东西向"的基于远程过程调用（RPC）的流量：请求/响应类型的通信，源自数据中心内部，在服务之间传播。这与API网关或边缘代理相反，后者被设计为处理"南北"流量。来自外部的通信，进入数据中心内的一个终端或服务。

服务网格的实施通常会提供以下一个或多个功能：

（1）规范化命名并增加逻辑路由。

（2）提供流量整形和流量转移。

（3）保持负载均衡，通常采用可配置的算法。

（4）提供服务发布控制（例如，金丝雀释放和流量分割）。

（5）提供按请求的路由（例如，影子流量、故障注入和调试重新路由）。

（6）增加基线可靠性，如健康检查、超时/截止日期、断路和重试（预算）。

（7）通过透明的双向传输级安全（TLS）和访问控制列表（ACL）等策略，提高安全性。

（8）提供额外的可观察性和监测，如顶线指标（请求量、成功率和延迟），支持分布式追踪，以及"挖掘"和检查实时服务间通信的能力。

（9）使得平台团队能够配置"理智的默认值"，以保护系统免受不良通信的影响。

服务网格提供的能力，主要包含四个：

（1）连接性：流量控制（路由，分流）、网关（入口、出口）、服务发现、A/B测试、金丝雀发布、服务超时、服务重试。

（2）可靠性：断路器、故障注入/混沌测试。

（3）安全性：服务间认证（mTLS）、证书管理、用户认证（JWT）、用户授权（RBAC）、加密。

（4）可观察性：监测、遥测、仪表、计量、分布式追踪、服务图表等。

服务网格由两部分组成：数据平面和控制平面。数据平面负责有条件地翻译、转发和观察流向和来自网络终端的每个网络数据包。数据平面通常以代理的形式实现（如Envoy、HAProxy），它作为"sidecar"与每个服务一起在进程外运行。控制平面则起到监督作用，并将数据平面的所有单个实例：一组孤立的无状态sidecar代理变成一个分布式系统。控制平面不接触系统中的任何数据包/请求，相反，它允许人类运维人员为网格中所有正在运行的数据平面提供策略和配置。控制平面还能够收集和集中数据平面的遥测数据，供运维人员使用。

控制平面和数据平面的结合提供了两方面的优势，即策略可以集中定义和管理，同时，同样的政策可以以分散的方式在Kubernetes集群的每个pod中本地执行。这些策略可以与安全、路由、断路器或监控有关。Istio架构示例如图7-6所示。

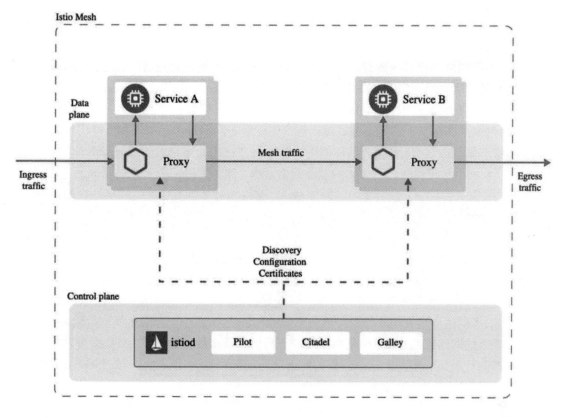

图 7-6　Istio 架构示例

服务网格的应用场景：

（1）动态服务发现和路由：服务网格提供动态服务发现和流量管理，包括用于测试的流量影子（复制），以及用于金丝雀发布和A/B实验的流量分割。服务网格中使用的代理通常是"应用层"感知的（在 OSI 网络堆栈的第7层运行）。这意味着流量路由决策和指标的标记可以利用HTTP头或其他应用层协议元数据。

（2）服务间通信可靠性：服务网格支持跨领域的可靠性要求的实施和执行，比如请求重试、超时、速率限制和断路。

（3）流量的可观察性：由于服务网格处于系统内处理的每个请求的关键路径上，它还可以提供额外的"可观察性"，例如请求的分布式追踪、HTTP 错误代码的频率以及全局和服务间的延迟。虽然在企业领域是一个被过度使用的短语，但服务网格经常被提议作为一种方法来捕获所有必要的数据，以实现整个系统内流量的统一界面视图。

（4）通信安全：服务网格还支持跨领域安全要求的实施和执行，比如提供服务身份，实现应用级服务/网络分割（例如，"服务A"可以与"服务B"通信,但不能与"服务C"通信），确保所有通信都经过加密（通过TLS），并确保存在有效的用户级身份令牌等。

当企业引入服务网格时，也需要注意以下问题：

（1）多层流量控制：当开发人员不与平台或运维团队协商，并在现在通过服务网格实现的代码中重复现有的通信处理逻辑时，就会出现这种反模式。例如，除了服务网格提供的

wire-level重试策略外，应用程序还在代码中还实现了重试策略。这种反模式会导致重复的事务等问题。

（2）服务网格不会解决所有通信问题：服务网格不会解决微服务、Kubernetes等容器编排器或云网络的所有通信问题。服务网格的目的只是促进服务间（东西向）的通信，而且部署和运行服务网格有明显的运营和维护成本。

（3）对服务网格基于特定业务领域进行定制：服务网格的本地实现和过度优化有时会导致服务网格部署范围过窄。开发人员可能更喜欢针对自己的业务领域的服务网格，但这种方法弊大于利。我们不希望实现过于细化的服务网格范围，比如为组织中的每个业务或功能域（如财务、人力资源、会计等）提供专用的服务网格。这就违背了拥有像服务网格这样的通用服务协调解决方案的目的，即企业级服务发现或跨域服务路由等功能。这个问题再引申一下，企业是否需要建立自己的服务网格呢？可以，但没有必要。思考一下：建立一个服务网格是否是你的企业的核心竞争力？建立一个服务网格能否以更有效的方式为你的客户提供价值？你是否需要花费精力和成本维护自己的网络，为安全问题打补丁？因此，利用现在有一系列的开源和商业服务网格产品，使用现有的解决方案很可能更有效。

（4）服务网格会增大网络开销：当一个服务与另一个服务进行通信时，服务网格至少会增加两个额外的网络跳数（第一个是来自处理源的出站连接的代理，第二个是来自处理目的地的入站连接的代理）。然而，这个额外的网络跳转通常发生在 localhost 或 loopback 网络接口上，并且只增加了少量的延迟（在毫秒级）。

7.4 集成框架

讨论完应用系统内部架构，接下来一起来看看系统间的集成框架。按照TOGAF的方法论，对于企业应用系统各自一部分或几部分的主数据及顶层业务流程的子流程和子环节，企业在顶层业务流程流转的时候，势必会涉及应用系统之间的数据交互，这种数据交互就需要有一定之规。另外，随着企业业务和生态的发展，不止在业务内部，在企业外部与生态、政府等其他第三方组织之前也会有数据交互，目前主流思路是以Open API的形式来打通企业与外部的数据交互。在集成框架层面，其实需要考虑的是基于业务场景的快速集成和集成标准，例如：针对企业内部，有统一身份认证、统一组织机构、统一应用门户、统一任务中心、服务集成平台、文件传输、跨系统跑批的作业调度等场景；针对企业外部，金融行业中间业务的代收代缴就是基于Open API打通第三方的典型场景。只有基于场景制定了集成标准和积累了相关技术和业务组件，才能逐渐形成适合业务的目标技术集成框架。

7.4.1 应用集成架构，提高企业应用的整合能力

应用集成架构，顾名思义其目标就是要将各应用整合起来，以一致的视图展现给使用者。从B/S到SOA再到云计算、大数据等技术，标志着IT 建设已经进入到了深水区，大型企业动辄上百个应用系统，如果多个应用不能整合，则会直接影响用户的使用体验，也造成了应用间互

联互通的困难。因此，技术平台建设中应用集成架构的优先级应该是最高的。图7-7所示为集成类组件在架构中的示意图。

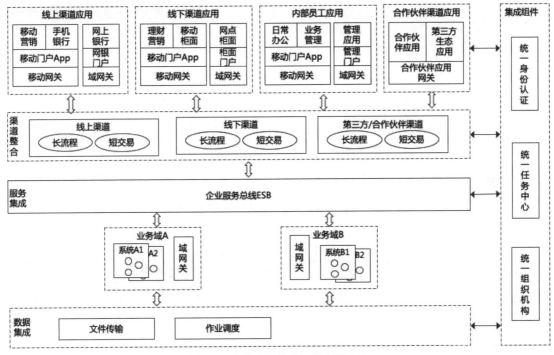

图 7-7　集成类组件在架构中的定位

总体来讲，所谓集成就是要做整合，从业务使用视角和实施运维的视角来看，相关集成组件一般有页面集成、流程集成、服务集成、数据集成和一些其他公共的集成所需组件。谈到集成，我们需要先从统一身份认证开始。

7.4.2　统一身份认证

统一身份认证是IT应用系统建设必须考虑的问题。企业中系统数据的重要程度不言而喻，几乎所有应用系统都需要对这些数据的访问者身份进行认证。

1. 身份认证是指什么

在这里的身份认证或身份验证（Authentication）就是对应用程序的"访问者"的身份进行验证识别。访问者分两类，一类是需要"用户"登录的客户端；另外一类是"API客户端"即设备或者应用程序。下面我们对这两种身份认证场景进行简单说明：

- 基于用户登录的客户端（Login-based Client）：用户访问服务提供者的应用程序功能时，需要通过一个客户端交互界面来与服务提供者交互，用户需要先登录，然后由客户端代表用户身份去访问服务提供者应用程序。
- API 客户端（API Client）：客户端程序类型的访问者，这类客户端自身具备部分 API 的访问权限，不需要用户授予其访问权限或者是不具备用户交互的条件。常见的场景如下：

- 场景1：系统间服务调用，一个定时作业调度系统，在无人值守的情况下，由该系统定时触发调用其他应用系统的服务，此时服务提供者需要确认消费者的身份。
- 场景2：移动设备访问后端服务，一个设备，其没有UI交互界面的移动设备需要访问服务端获取数据时，后端服务需要确认其身份。

不论是用户还是API客户端，在访问应用之前，均需要先到认证服务所在系统进行注册，以创建其身份凭证（比如：用户账号和密码、客户端ID和密码）。有了身份凭证，才能通过认证服务的验证。

2. 为什么身份认证需要统一

假设现在我们是IT部门的负责人，需要建设和管理非常多的业务系统。这时你就会发现，没有统一身份认证会带来一系列问题：

（1）每个系统各自开发维护登录模块，重复造轮子，浪费成本。
（2）用户账号和密码散落各系统中，既不安全又不可控。
（3）多点登录，业务人员处理不同系统业务时，频繁登录，效率低下。
（4）系统之间服务集成困难，认证方式不统一，或是没有安全认证。

以上这些问题的场景相信大家也都经历过，所以不难得出结论：没有统一身份认证是不可接受的。统一身份认证是系统集成的前提条件。有了统一的身份认证服务会在认证安全性、服务集成效率方面有显著提升，上述问题将得到如下改善：

系统仅需与统一身份认证服务集成，使用统一认证服务提供的SDK，仅需简单配置即可完成认证，效率高。

用户账号密码由统一身份认证服务统一管理，更安全。

有了统一认证，自然带来了单点登录能力。系统切换无须登录，为前端门户集成场景扫清了技术障碍，更方便。

系统之间服务调用认证方式得以统一，让服务集成更简单、更可靠。

3. 认证需要标准化流程

传统Web应用对于用户登录访问，采用会话状态在服务端保存的方案，用户请求通常采用会话黏滞（Sticky session）或会话复制（Replication session）策略，来保持客户端和服务端的会话。集群部署时为了会话共享而不得不将会话信息写入公共缓存或数据库，导致应用之间产生了耦合性。

现阶段多数应用架构向微服务架构方式转变，不再推荐采用服务端保存会话的方式，应用应该尽量保持无状态运行。因此我们推荐使用基于访问令牌的标准化认证流程，在这类认证流程中应用无须保存会话状态，并且对于访问者来说保存SessionId和访问令牌无区别。目前常见的认证流程规范有OAuth 2.0和CAS，二者均有开源实现框架提供。

现在Java微服务架构体系中Spring Cloud架构占据主导地位，而OAuth 2.0也是Spring Cloud官方推荐的认证流程组件，成熟可靠，因此在这里推荐OAuth 2.0认证流程。

(1) OAuth 2.0 认证流程角色解析

在 OAuth 2.0 认证授权流程中，定义了四种参与者角色，说明如下：

- 资源所有者：能够许可对受保护资源的访问权限的实体。当资源所有者是个人时，它被称为最终用户。
- 资源服务器：托管受保护资源的服务器，能够接收和响应使用访问令牌对受保护资源的请求。
- 客户端：使用资源所有者的授权，代表资源所有者发起对受保护资源的请求的应用程序。术语"客户端"并不限定任何特定的应用程序实现方式（例如：应用程序是否是在服务器、台式机或其他设备上执行）。
- 授权服务器：在成功验证资源所有者身份并获得授权后，颁发访问令牌给客户端的服务器。

结合企业应用的特点，我们对这些角色进一步分析：

对于前面提到的 API 客户端，自身具备 API 访问权，不需要用户授权，因此在 OAuth 角色对应时，它可以理解为既是客户端又是资源所有者。

如果应用采用了前后端分离的模式，前端为基于浏览器访问的纯前端应用，网关作为后端应用程序的入口，此时网关可以作为 OAuth 中的客户端角色访问服务提供端应用的功能接口。

- 授权服务器：即本节描述的身份认证服务，通常在统一身份认证系统（IAM）中实现。
- 资源服务器：所有的业务系统中的服务功能提供者都是资源服务器，当然也包括身份认证应用中的账号信息。

(2) OAuth 2.0 认证授权通用性分析

OAuth 2.0 认证授权流程中还支持多种常见的身份验证场景，包括：授权码认证流程、简单授权流程、客户端凭证流程、用户名密码流程。下面我们对这几种流程适合的场景做简要说明：

① 使用授权码认证流程，避免简单授权流程

OAuth 2.0 协议中提出前端单页 Web 应用可以使用简单授权模式，但简单授权模式有些局限性，令牌到期就需要重新登录授权，不支持令牌刷新，很多使用简单授权的应用为了改善用户体验，会颁发一个长期的令牌几天甚至几周。用户体验较差，不适合企业使用。

企业应用中，API Gateway 可作为服务端应用入口，使得 Web 应用也和移动 App 一样，均有条件使用支持刷新令牌的授权码模式，在保持良好用户体验的同时还更加安全可靠。

② 客户端凭证流程应用场景

典型的 API 客户端如批量调度系统、物联网设备程序等，通常不需要用户登录授权就可以自动运行。使用客户端凭证许可类型比较适合。

③ 用户名、密码流程应用场景

高度信任的特权类客户端，可以使用用户名密码流程。在银行最常见的应用场景就是 ATM 设备了。

4. 认证服务的可变性分析：支持多因素认证方式

认证过程中，最常见的身份标识就是账号和密码，实际情况中不同渠道的用户登录方式不同，需要支持各种不同账号登录。企业内部系统常以员工账号、密码登录为主，比较统一，而对客类业务账号类型就五花八门了，比如：客户账号、手机号、邮箱、身份证号、银行卡号、法人机构号等。因此，对于不同登录方式的支持，用户与账号的关系应为1:N，即从概念模型上支持一个用户从不同渠道使用不同的账号登录。

随着5G时代的到来，物联网将会飞速发展，各种类型的客户端设备也不断涌现。就用户登录来说，支持多因素认证即MFA（Multi-Factor Authentication）对应金融企业是必须项。当然在这方面金融企业也是先行者，由短信动态密码到U盾再到指纹支付、刷脸支付等各种认证方式层出不穷。

统一认证服务也需要支持多因素认证，尤其是对客业务，用户需要通过两种以上的认证方式后，才可以使用相关资源。多因素认证可以大大提高账号的安全性。各种认证方式简单说明如下：

（1）静态密码

静态密码即由用户输入用户名和密码，因为用户设定的密码不会随意改变，相对来说是静止不变的，所以称为静态密码。静态密码依据用户已知的信息来进行认证，是最普遍的身份认证方式。为保证安全性，对静态密码常有一些要求，大致如下：

- 密码长度要求：如8位以上。
- 复杂度要求：如大写字母、小写字母、数字、特殊字符，至少3种以上的组合。
- 定期更换要求：如最多90天要更换密码。
- 重用限制要求：如修改密码时不能与近期使用过的5个密码相同。

（2）动态密码

动态密码英文简称One-time Password，单次有效，它根据一定的算法生成的随机字符组合，如常见的6位数字动态口令。主流的动态密码有短信密码、硬件令牌（U盾）、手机令牌，是基于用户所拥有的东西（手机、U盾等等）来进行认证。动态密码是一种安全便捷的认证方式，用户无须定期修改密码，安全省心。

（3）生物识别

生物识别是基于用户固有的生物特征验证身份，比如：指纹识别、面部识别、虹膜识别等。越来越多的设备支持各种生物识别方式，验证方便，安全性高。对于统一认证服务应用而言，需要做到的就是以标准的授权流程为基准，管理好身份识别服务的可变性，在保障服务的前提下，能够支持和扩展更多的认证方式，增强用户体验与安全性。

7.4.3 统一组织机构用户数据

1. 组织机构用户数据使用需要有统一的标准和规范

组织机构用户数据是企业运营的基础数据，IT系统中的业务运行离不开组织机构数据。金融企业的IT建设规模大，动辄数以百计的业务系统，如果组织机构数据放任由业务系统各自管理维护，会造成数据标准不统一，系统集成统计等工作无法进行，大量数据的映射转换工作将让人望而却步，久而久之就出现了一个个孤岛应用。面对这些问题，解决方案是显而易见的，首当其冲是需要进行统一的、标准化的组织机构用户数据管理。

对于组织数据标准化，首先需要定义组织机构、岗位、角色、用户等组织机构实体的唯一编码和名称，编码格式要有章可循，并制定好编码规范和管理规则，进而可以精确到数据库字段的名称、类型和长度一致，实现数据标准统一。各系统中数据引用和关联组织机构数据时，均需要使用统一组织机构服务中定义的编码，不可擅自修改组织数据，以确保系统集成、数据关联统计时的数据准确性和高效性。除了编码和数据标准外，组织机构数据标准中还需要将组织上下级、组织角色用户等等组织数据之间的关系进行统一管理，以确保业务得以正确分工和执行。

2. 统一组织机构系统为什么推广困难

然而不少企业又遇到了新的问题，那就是有了统一组织机构数据的目标，落地起来还是困难重重。建设了组织机构、用户管理系统，推广起来却各种阻力。究其原因基本为如下几种：

（1）企业规模较大，各子公司的组织架构各不相同，组织机构管理系统无法同时管理多套组织机构，不同子公司组织数据的差异性兼容困难。

（2）由于业务系统的业务各有特点，组织机构数据不能完全支撑其业务运行，而组织机构管理系统对于某些业务系统的数据变更持谨慎态度，为了尽量避免影响其他业务，变更测试周期会很长，因此很多系统因为工期原因就妥协为系统内部管理组织数据。

（3）部分外购业务系统，其自身包含了组织机构模块，且不具备与组织机构管理系统集成的能力，改动困难，继续妥协。

（4）还有部分系统重度依赖组织数据，性能要求高，而从组织管理系统中获取数据的延时性无法接受，因此选择系统内自建组织数据。

上述的几个组织机构管理系统推广时遇到的难题，首要原因就是组织机构系统自身的柔性不足、某些差异化场景不能支撑，以及变更、集成方面能力弱导致的。如果组织机构管理系统的柔性足够好，即使是问题（3）也是配合些许管理手段，就能迎刃而解。至此我们又有了更加完善的方案：想要统一的组织机构用户，除了标准化的组织数据之外，更需要组织数据系统能够更灵活、易集成，具备足够的柔性。

3. 组织机构服务的可变性分析

有了标准化的组织机构数据，但并不意味着一成不变。随着企业发展壮大、业务运营的变化，组织机构也会进行调整以适应新的企业运营模式。结合大型金融企业的一些特点，组织机构数据要具备柔性（可变性）的特点。常见的组织机构的柔性如下：

兼容组织机构数据的多样性，如支持"多法人"模式。

在主体框架范围内，支持不同业务维度下组织数据的可变性，如"多维度"模式。组织机构维度如图7-8所示。

组织机构数据集成方式的多样性，如"远程接口调用""数据同步共享"等集成方式支持。

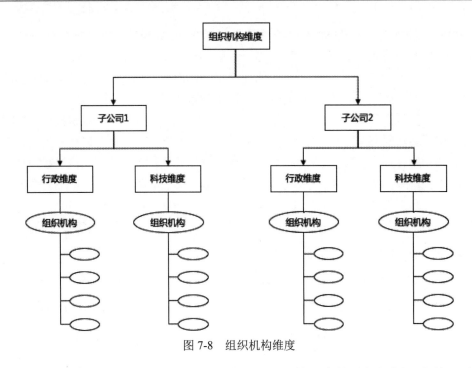

图 7-8 组织机构维度

对于组织机构管理的系统和服务建设，需要对上述的可变性进行规划和支撑，分别说明如下：

（1）多法人模式

对于一些大型集团型企业，集团之下通常会有多个子公司，这种场景就是我们所说的多法人模式。一般情况下，不同的子公司有不同的组织架构。在这种多法人的集团子公司企业，如果需要有公共的科技部门进行整体IT建设时，就组织机构管理的系统或服务来说，需要提供多法人模式支持。实现方式可以参考SaaS中的多租户模式，一个子公司对应一个租户，不同子公司的组织机构用户数据各自隔离，由各自的管理员负责维护。

这种模式下，对于组织机构数据的结构差异化兼容需要着重设计考虑，抽取多个子公司组织的共性进行建模，保留组织机构、角色、用户等模型的扩展属性。除了兼容了数据差异，还需要考虑对于不同子公司的数据、应用、权限进行合理分配。实在无法统一差异的情况也是存在的，这种情况可以考虑单独建设多套IAM系统。具体请根据企业的实际情况选择方案落地。

（2）多维度模式

面对不同业务视角下的不同的组织机构实现业务运营，是多维度模式本身关注的焦点。大多数企业的组织机构在软件实现上只有单一的维度，即行政组织维度，所有的业务比如行政审批、财务核算、科技管理等等，均依托行政组织来进行分工管理和执行。久而久之，为了满足业务需要，行政组织变得复杂无比，各种部门、组织、岗位、角色层出不穷，有的企业组织架构中甚至有几千个角色，这么高复杂度的组织机构关系，导致业务人员、IT人员均痛苦不堪。

实际上大家会发现不同企业由于业务特点不同，组织架构各有不同，比如：直线职能型、事业部型、矩阵型等。这就意味着，组织架构并不是确定不变的，面对不同的业务，换个角度去使用组织架构，可能会变得更加清晰和高效。比如说，行政组织维度确实是企业最基本的静态组织管理维度，日常办公审批，机构上下级、负责人上下级审批都是非常合适的。如果你从科技管理部分业务的角度去看，通常更关注动态的项目组和项目是哪些部门、人员负责，项目内部有哪些角色和人员，而不关心财务部门的会计岗位上有哪几个人、有些什么角色等。假如我们将组织机构中动态的项目组和关系从科技管理的视角进行重新抽取调整，一定会更加适合其相应的业务处理。

多维度模式，总结其核心思想就是在保障组织机构骨干框架一致性基础上，针对不同的业务维度，对某些骨干组织节点下的组织数据的新增、隐藏或扩展，其变化仅对一个业务维度有效，影响范围可控。这种支持灵活变化的模式，可以让组织机构数据与业务结合得恰到好处，让系统建设和业务处理变得更高效。

4. 提供高效的组织数据实施方案

如果建设统一的组织机构管理系统时，对于数据集成的方案考虑不周，那么推广必然会有阻力。针对不同业务系统的特点，组织机构管理系统需要提供多种集成的手段来支撑，关键点说明如下：

- 远程接口调用：对于一般类型的业务系统，获取组织机构数据时，建议采用远程API接口集成的方式。这种集成方式，对于组织机构管理系统自身需要对性能、可靠性有较高要求。只应开发查询类的服务给数据使用方，对数据缓存是必须选项。大型金融企业还要考虑针对不同的业务域规划部署对应的组织机构供数服务。远程API协议建议采用语言无关的轻量级协议，如基于HTTP的RESTful风格API。这种集成方式的好处是较简单、易推广，缺点是需要评估远程调用的性能损耗是否满足系统要求。
- 数据同步共享：对于业务并发量大，性能要求高的系统，建议采用数据同步共享的方案。针对这类系统，单独部署数据库服务，利用数据库的读写分离、实时同步等技术实现数据同步变更，仅为组织机构数据使用方的业务系统提供组织机构数据的读权限。

提供本地化集成开发工具包（SDK），提升集成效率：不论选择"远程接口调用"还是"数据同步共享"方式，都可以考虑提供标准的本地化SDK，给数据使用方系统调用。可以为不同类型程序的客户端分别提供SDK，本地化SDK类库还可以屏蔽集成方式的差异，可以通过配置变更的方式切换集成方式。

7.4.4 统一应用门户

1. 为什么需要门户

随着企业信息化的发展，随之而来的是企业应用系统的不断增多，企业信息以各种不同的格式存在于不同的数据库中，分布在企业不同的地点，甚至连企业的员工都不知道它的存在或不能够获取到对其工作有帮助的信息，实际上已在企业形成了各种各样的信息孤岛。不同阶段、不同厂商建设的各式各样的业务系统，风格迥异，体验不一，系统间相对封闭相关性考虑较少，虽然含有丰富的信息资源，但却难以实现信息共享和集成应用。甚至包含大量的重复建设，造成资源浪费。这些"孤立"的系统已然不能满足企业管理者对企业协同、资源优化、扁平化管理以及快速决策等的管理要求，让企业的IT数字化转型面临着重重挑战：

- 如何快速实现多应用集成，为员工提供统一入口和任务的全景视图？
- 如何满足员工的个性化需求，提高员工的业务关注度和工作效率？
- 如何为客户量身定做，快速打造个性化服务？
- 如何提高企业的随需应变能力，实现跨系统信息整合、流程重组、新信息和新业务快速重组发布？

"门户"的英文是Portal，早在2003—2005年已成为企业信息化建设的一个重要组成部分，现在更是企业必上的系统之一。企业门户是企业现有应用与新应用的集成节点，使用户能够与人员、内容、应用和流程进行个性化的、安全的、单点式的互动交流，是一个集成的、可配置的、个性化定制的，随时随地可由员工、客户和合作伙伴使用的工作环境，是企业实现高效管理的重要工具和手段。

2. 门户有哪几类

一般企业会根据服务对象类型划分不同的门户，如面向客户的应用门户，面向内部管理的业务协同门户。例如，在银行这样的金融企业，规模大，业务复杂度高，会根据服务对象的不同，为客户、柜面和内部员工分别建设对应的门户：线上客户门户、线下客户门户、内部员工门户，以支撑金融企业运营和管理。

- 线上客户门户：即网银、信用卡类门户应用，门户使用者为客户（个人或企业），客户登录到线上门户时，可以进行金融业务办理，如转账、信用卡业务办理、理财产品购买等。
- 线下客户门户：即柜面门户、移动柜面等门户应用，此类门户的使用者为柜员或客户经理，登录到柜面门户后由柜员或客户经理为客户办理相关业务。
- 内部员工门户：即管理类业务应用的门户，使用者为银行内部的行政、财务、科技等员工，员工基于此管理门户可以进行日常办公、流程审批等管理类业务处理。

通常以上三类门户会根据不同使用终端提供多种技术形式的门户应用，比如：计算机端门户、移动端门户、微信门户等。不论是对客或是对内亦或是面向不同终端技术类型的门户，通常都具备如下特点：统一应用入口、统一信息出口、统一流程协作。分别说明如下：

（1）统一应用入口

没有统一门户入口的情况下，业务人员在处理业务的过程中，需要在不同的业务系统之间切换，这样的切换在一定的程度上不仅浪费业务人员的时间，也使得其不能将全部的精力专注于业务。为了规避这种杂乱的系统建设模式和不合理的工作方式，企业需要在Web端和移动端都建设统一的门户入口，作为业务处理、日常办公的集中入口。有了集中的业务门户，就能够很好地对企业应用进行一定的规范性约束和统一管理，也能够带来业务人员日常办公的效率提升。

① 与授权服务器集成，支持SSO单点登录

门户作为应用集成的入口，自身首先要支持与SSO单点登录授权服务器集成，然后才能够做到不同应用嵌入后的一次登录跨系统访问。基于微服务架构体系的门户，通常采用前后端分离的模式，前端是门户Web UI应用和门户App，后端则是支撑门户业务的几个重要的服务：应

用商店（App Store）、内容管理平台、集中任务中心。门户前端UI或App通过API Gateway交互，因此门户依托API Gateway的能力，具备了SSO单点登录认证的能力。

② 建设应用商店，支撑规范化的应用管理

统一的门户入口，首先要考虑对应用的标准化、规范化管理。通过应用商店能够解决应用集成的规范化，使应用能够有效重用，避免重复造轮子。所有的应用如果需集成到门户，都需要到应用商店中注册和发布。应用商店通常应具备如下能力：

- 应用商店应该支持不同架构、不同渠道的应用发布和推送：支持计算机端、移动端各类应用的发布和推送。不管对内还是对客的门户应用，发布应用进行审批都是必要的，尤其是对客应用，更要规范和严格。
- 应用商店应该负责应用使用授权：应用权限需严格控制，对内业务应用需要避免越权使用，对客需要分级授权。针对内部业务门户，常见的方式是根据企业组织机构角色对应用进行使用授权。针对外部客户，常见场景是为不同级别的客户提供针对性的服务类应用、理财类应用等。
- 支持第三方应用集成和发布：第三方应用集成是对客门户信用卡业务中的常见需求，如：招商银行的掌上生活 App，依托个人信用卡业务，集成各类消费应用，为用户提供便利生活金融服务。

(2) 统一信息出口

通过统一的门户，企业内外所需的各类信息，可以进行统一发布、统一呈现。作为信息的统一出口，门户也是一个面向企业的内容管理、信息发布和集成展现平台。

① 建设内容管理服务，支撑企业信息、知识的通用管理发布

通过内容管理平台的统一建站能力，构建支持多组织、多维度的门户。根据业务需求，建立多级子门户、专栏。根据内容管理平台丰富的信息栏目和外部系统接口组件化服务，任意定制门户平台展现内容。通过灵活的自定义能力，实现以用户为中心的业务场景化诉求。

自定义建站，让业务功能场景化：门户入口是统一的，业务却是多变的，在统一入口的基础上还要考虑柔性，兼顾业务特色，做到千人千面，按需定制。这种个性化定制的可变性，通常有如下方式实现：

- 支持团队或个人仪表板（Dashboard）配置，根据个人或团队业务需要，创建自定义仪表板，集成各类应用功能。
- 允许添加常用应用、流程到快捷入口区，使日常办公更快捷。
- 支持应用订阅和菜单装配，自定义门户菜单项，实现极致的个性化。

非结构化数据管理：企业中的数据有结构化数据和非结构化数据之分，其中"内容管理平台"主要管理的是"非结构化数据"。企业内容管理是在企业中用于获取、管理、存储、保留以及运用内容的技术、工具以及方法。最基本的ECM工具和策略允许组织对非结构化数据进行管理，例如各类电子文档、业务凭证扫描件、网页、CAD图纸、照片和音视频文件等。非结构化数据在企业所有数据中所占的比重非常大，并且它们所起的业务价值也非常大，因此内容管理平台的重要性不言而喻。

② "内容管理系统"与"业务应用系统"的连接与集成

"内容管理系统"与"业务应用系统"的连接与集成，需要至少考虑三个层面：内容支撑、内容沉淀、以及跨业务系统的内容利用。

- 内容支撑：即"业务应用系统"需要非结构化数据时，能够便捷地从"内容管理平台"获取的支撑能力。
- 内容沉淀：即能够高效、有序地确保业务应用系统里的非结构化数据录入到"内容管理平台"。
- 跨业务系统的内容利用：即跨系统的内容数据集成、转换和利用。例如，公司HR同事以Word文档形式写了一份规章制度上传至"内容管理平台"，公司员工在办公门户网站上应该看到这份规章，而且最好是网页格式的，下载下来最好是PDF格式的，甚至还要打上公司水印。

3. 统一流程与协作

有了统一的应用门户入口，以及门户中的各种应用，对于统一的流程处理和协作，门户也能提供很好的支撑。流程、任务处理是日常办公中最常见的场景。这部分功能从体验上讲，应该是门户首页中的一个重要的模块。通过流程任务处理，员工能够进行一站式的任务处理。不必切换应用和菜单。由于门户本身并不产生业务数据，那么流程和任务数据需要后端的从"统一任务中心"服务获取和展现，统一任务中心是业务门户能够支持一站式工作的基础。绝大多数企业会将"统一任务中心"作为一个独立的系统建设。

协作是内部管理门户的一个重要组成模块，通常建设方式是门户与企业的IM通信应用进行集成。让员工可以方便地在门户中与企业内部相关人员沟通。安全可靠，避免了采用其他三方应用交流造成涉密信息外泄。对于流程任务处理和协作沟通相关内容，在Web门户或移动门户的不同渠道之间应该互联互通，以保障沟通的连贯性和易用性。

4. 统一任务中心

有了统一的门户，让企业员工能够统一业务处理的入口进行业务处理。但是流程任务处理相关的数据如果来自不同的业务系统，业务人员还是需要在流程门户中切换应用或菜单，处理任务。实际上不同系统的任务处理模式均是大同小异的，无非就是先查询待办任务列表，之后点击任务进行处理等等。这种共性的日常工作处理正是企业日常办公效率提升的关键优化点。因此，统一任务中心也是企业系统集成、门户建设的一个重要的集成类组件。由于门户本身并不产生流程任务数据，而统一任务中心作为门户任务数据的来源，是门户能够支持一站式流程任务协作的基础。

任务中心简单来讲就是整个企业业务人员的待办任务数据池。任务中心可以接收自流程平台或其他应用系统推送过来的任务、通知、流程等任务数据。业务人员访问业务门户的任务中心应用后，对自己当前的任务可以一目了然，这样既避免了业务人员处理不同业务的时候在不同的业务系统之间的菜单切换，也方便了业务人员对不同业务系统数据之间的比对和分析。使得其将更多的精力专注于业务，进而提升工作效率，节约业务成本。

建设统一的集中式任务中心，需要从任务数据的生命周期角度全面考虑，即：任务收集、任务查询、任务结束等几个阶段对任务数据和状态的管理，同时还需要对于任务中心的集中管理、权限进行考量。

1. 建立标准化数据模型，集成企业任务数据

（1）标准化的任务数据模型

统一任务中心通常负责为门户提供日常办公中的流程、任务协作类数据。这些数据包含：流程实例、任务实例、系统通知三类数据。这三类数据的关键属性说明如下：

- 流程实例：在门户中，通常会查询本人已发起的审批中的流程或审批结束的流程列表数据，并且对流程实例审批过程进行查看，因此流程实例数据的核心属性就包含：编码、流程标题、发起人、状态、所属应用、所属机构、流程信息查看链接地址等信息。
- 任务实例：在门户中，通常会查询本人的待办、已办任务列表，并对待办任务进行处理，因此任务处理应该包含的核心属性应该包含：任务编码、流程标题、任务名称、流程编码、任务处理人、状态、所属应用、任务处理链接地址等信息。
- 系统通知：在门户中，通常会查询发送给本人的通知信息列表，并对通知信息进行查看，因此系统通知数据应该包含的核心属性为：通知编码、通知标题、阅读状态、发送方、所属应用、通知相关查看链接等信息。

有了标准化的数据模型后，还需要考虑相关模型的一些扩展属性：如流程、任务、通知的超时状态、任务的催办、批注评论等能力，为日后的扩展场景打好基础。

（2）被动接收推送数据还是主动收集数据

获取任务数据有两种方式，一是被动接收外部系统推送的数据；二是主动到外部收集数据。两方案的优缺点说明如下：

① 方案一：被动接收外部收集的数据（推荐）

优点：

- 提供统一的 API 和 SDK 供外部系统调用远程服务推送任务。任务中心团队的工作量低。
- 高可用模式下，可以采用消息队列集成的模式。集成可靠性高，对于业务方性能损耗低。

缺点：

- 业务系统端需要开发程序，调用任务中心的 API。具备标准 SDK 的情况下，开发成本低。
- 任务中心可能需要维护消息队列服务器（如果没有公共服务可用的话）。

② 方案二：主动到外部系统中收集数据（不推荐）

优点：

- 业务系统无须开发调用 API 的代码。

缺点：

- 需要采用轮循采集的方式，可能要在业务系统端安装 Agent 查询数据或业务系统主动提供查询接口。会影响性能。
- 任务中心需要负责各式系统的数据采集，数据标准各异，沟通成本高、整体开发成本高。

上述两种方案对比来看，方案二的缺点明显，最多只能省去一点集成SDK的工作量，但

很可能由于轮循抓取数据的方式影响性能。而方案一则从可靠性到集成方式的便捷性均有较好的表现。我们强烈推荐方案一。

2. 任务数据生命周期管控与性能可靠性

统一任务中心定位为全企业的待办任务池，其数据量可想而知是海量的。为了保证查询效率，对于未结束的任务、流程和通知数据可以考虑做缓存，而已经结束的数据放缓存就不那么经济了。实质上不论是否有缓存，对于流程、任务、通知数据的管理，都应该根据其生命周期进行合理的规划。总体思路如下：

- 运行中、已结束的数据分表存储。
- 已结束的数据按时间分区，久远的数据可以考虑归档到离线存储设备。
- 对运行中的数据进行定时超期检查，已过期的数据迁移到超期表存储。
- 为超期的数据提供专用接口查询。定期与业务系统对数，清理超期数据。避免客户端系统方由于推送失败导致任务中心中的数据长期滞留。

其他性能优化点：

- 待办任务、运行流程、待阅通知全量存储到分布式缓存，提升了查询效率。状态变化时须及时清理。
- 已办任务、办结流程、已阅通知近期少量数据存储到缓存，设置过期时间（不需排序时方案可用）。
- 待办中心服务分布式部署，数据库读写分离，数据收集服务负责写入，列表查询服务只读。
- 需求简化控制，比如已办列表排序与缓存的取舍。

除提供标准接口给门户查询的模式之外，任务中心还可以提供标准化的查询组件页面供门户集成。如果选择页面集成方案，则需考虑开发能够适用于计算端和移动端的流程与任务列表组件。

任务中心查询组件如图7-9所示。

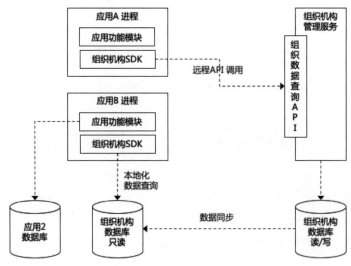

图7-9　任务中心查询组件

通过上述两种集成方式再结合本地化的集成开发工具包，使得与组织机构管理系统或服务集成变得简单、高效和可靠，也将更容易面向企业全面推广。

7.4.5 企业服务总线

1. ESB 和网关之争

在互联网技术的引领下，微服务架构得以流行，对于服务集成的相关工作，首当其冲就是由网关（API Gateway）负责。乍一看貌似没有ESB什么事，实则不然，传统企业已有IT积累，并且规模大，数以十计、甚至百计的业务和管理类系统在运行，完全使用微服务相关技术栈全面改造就是纸上谈兵。我们必须承认，ESB在传统企业应用系统间的服务枢纽地位牢不可破，仍将持续发挥着重要的作用。ESB接过了曾经的EAI的思想，把系统间通过EAI Hub 和Agent数据集成的方式，转向了面向服务的标准化集成方式。正是因为在SOA时代实施了ESB，系统间服务集成才得以统一成基于HTTP+XML协议的Web Service标准，变得标准化、规范化和可治理。

我们回顾这段从数据到服务集成的历史，更能够认识到企业和用户多年来不断变化和发展的需求。在已有业务系统之间服务打通仍是ESB的核心任务。面对新一代数字化转型中的业务需求，需要能够围绕一个简单、灵活的标准协议对所有新应用进行连接。相对而言，Web Service协议略显沉重，ESB由于其集中式枢纽的地位，快速响应变更对于它来说也不是很合适。轻量、快速响应变化且可配置的敏捷集成执行能力对于数字化企业至关重要。互联网类的业务率先开始采用微服务的技术栈建设，那么这就是API Gateway 网关的用武之地了，网关需要精心设计为数字业务转型加速，需要让应用集成更简单。网关使用了更轻量级的HTTP协议和RESTful风格的API，可以更方便地打通移动端、物联网设备、云服务等多渠道的应用。

因此我们的结论是，在数字化转型时代，传统企业中的ESB与API Gateway是共存的，都是IT系统之间的服务集成平台。ESB作为系统之间服务集成的枢纽，网关则在微服务架构体系的业务领域内部进行系统之间集成通信。不论是ESB还是网关，作为企业服务总线实现服务集成的建设来说，重点应该关注的内容包含：身份验证、权限管控、服务路由能力增强等。复杂的服务组装、数据、协议转换工作通常需要编码开发，灵活度低，容易产生故障，不建议在服务集成平台中实施，这类工作建议交给负责应用实施的平台负责。下面我们谈一谈身份　验证。

2. 服务集成平台应该负责身份验证

服务集成平台作为业务系统的API入口，当其面向外网的访问者时，服务集成平台还是内外网的分界。访问令牌验证理应由企业服务总线负责，不应该将令牌验证的事情交给服务提供者，这样既能避免未经验证的请求进入内网，又能够简化服务提供端的代码，服务提供端无须处理不同类型客户端的验证。

（1）身份验证方案分析

企业服务总线验证访问令牌有两种方案：企业服务总线委认证托授权服务验证访、企业服务总线直接验证，说明如下：

① 方案一：企业服务总线委托认证授权服务验证

每次收到请求后，企业服务总线均将访问令牌发送到认证授权服务进行认证，认证通过后才允许继续访问。IAM身份令牌校验如图7-10所示。

上图为网关作为企业服务总线时，委托IAM进行身份令牌校验的示意图，说明如下：

- 客户端成功认证后，使用UUID类型的访问令牌调用企业服务总线上的服务。
- 由于UUID类型令牌不包含客户端的信息，企业服务总线需要委托认证服务校验令牌。
- 令牌检查合法后，将请求路由到服务提供者。
- 应用中也无法解析令牌，需要根据UUID令牌到认证服务中获取用户信息。

② 方案二（推荐）：企业服务总线直接验证身份

要求企业服务总线能识别认证服务颁发的令牌，这种模式推荐用JWT令牌，服务集成平台需要具备解析校验JWT加密的访问令牌的能力。

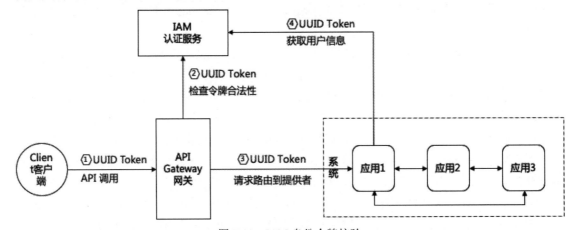

图 7-10　IAM 身份令牌校验

图7-11是网关作为企业服务总线时，自身负责令牌校验的示意图，说明如下：

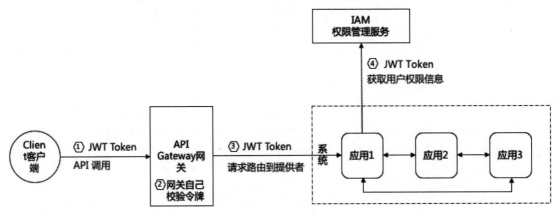

图 7-11　JWT 令牌校验

- 客户端成功认证后，使用JWT令牌调用企业服务总线上的服务。
- 企业服务总线自己直接解密JWT令牌进行校验。

- 令牌检查合法后，将请求路由到服务提供者。
- 应用收到请求后，如果需要更多的权限信息，可以根据 Token 从权限管理服务获取权限信息（非必需步骤，需要时添加）。

上述两方案中，方案一的令牌是无业务含义的身份标识字符串，每次收到请求企业服务总线都到认证服务器上认证，认证服务器的性能压力较大。方案二中IAM颁发的令牌中包含部分客户端或用户信息，使用JWT加密，认证服务将验证方式或SDK提供给负责认证的服务集成平台。对于认证服务器来说，减少了每次请求令牌认证带来的通信次数，负担变轻了。

推荐采用方案二实现令牌检查。需要注意的是，方案二中的JWT令牌中仅包含必要的信息即可，不要放太多的角色权限信息。后续功能中需要额外的信息时，可以根据令牌再去认证服务中获取。如果令牌中存放了很多的权限数据，一旦后台的授权数据发生变化，令牌中的权限数据与实际认证服务的权限会存在不一致的问题，只能强制用户下线重新登录。

JWT令牌是防篡改的，但并不加密，如果需要存储到浏览器存储中，建议采用JWT+JWE方式进行令牌加密。令牌中存放必要的少量数据即可，避免滥用。多数服务器通常会对HTTP Header、Cookie长度做限制。

（2）系统内部应用之间服务建议直通，无须经过企业服务总线

企业服务总线应该由独立团队负责运维管理，否则对于单个系统来说多维护一组服务集成平台的程序过于烦琐。如果API变更发布、内部联调验证还得跨团队协调，则实在不可行。推荐系统内直通而不经过企业服务总线，而跨系统访问必须走企业服务总线。要做到这一点，应用也需要识别请求来源，进行客户端认证，这种认证方案没必要太复杂，应用只应该允许信任的企业服务总线和系统内部应用程序访问其服务,不允许系统外部请求绕过企业服务总线直接调用。因此，需要在企业服务总线和系统内部应用之间这个小范围内建立信任，常见方案有两种：

① 方案一，系统保密令牌：系统内的应用在发布接口到企业服务总线时，提供一个系统内部共享的令牌给企业服务总线和系统内所有应用,服务接收到请求时检查请求头中是否包含当前系统的专属令牌，如果包含当前系统专属令牌，则允许访问，否则就拒绝。

② 方案二，系统内保密令牌+企业服务总线令牌单独认证：系统内用保密令牌交互就是方案一，方案二中重点是内部令牌不共享给企业服务总线，避免跨团队的令牌泄密。企业服务总线与系统应用之间是采用网关专用令牌进行身份验证。比如：用公私钥证书签名方式与域内系统建立信任，由企业服务总线生成公私钥证书，颁发公钥给各个系统，企业服务总线调用服务提供者时，请求头中带上用私钥签名的"企业服务总线专属令牌"，应用收到请求以后用企业服务总线提供的公钥验证其令牌。

方案一优点是实现简单，缺点是安全级别略低。常见的企业架构中，企业服务总线和业务系统会是不同团队甚至不同的厂商负责开发维护的,内部令牌共享给了其他团队负责的企业服务总线，存在一定的风险。方案二相比方案一略为复杂一点，安全性更高，系统内互通用系统专属保密令牌，系统和企业服务总线认证使用了独立的安全令牌检查。两种方案可根据实际需求进行选择。

3. 企业服务总线应该对 API 进行权限管控

我们先来看三个问题：

- 通过认证的 API 客户端能够访问企业服务总线开放的所有 API 吗？
- 通过认证的用户能够调用所有 API 吗？
- 通过认证的用户允许调用修改订单的接口，那么能修改所有人的订单吗？

很显然绝大多数场景下上述三个问题答案都是"不能"。在绝大多数业务场景中，除了对访问者的身份认证之外，我们还需要再进一步控制权限。

（1）API Key 与身份认证结合管控

如果访问者是API客户端时，API调用的权限需由企业服务总线进行控制。建议采用"消费者先订阅一组API，订阅成功后才允许访问"的授权模式，企业服务总线应该仅允许API客户端访问其订阅过的API。具体实现方法就是绝大多数企业服务总线都会提供的基于API Key控制API访问的方式。需要注意的是，仅使用API key的访问控制是不够的。API Key是在企业服务总线订阅API时生成的一串唯一编号，并不具备识别客户端身份的能力。就好比以前买火车票是不实名的，谁拿到火车票，都可以乘坐对应车次。火车票实名制之后，首先需要核验身份证，核验通过后才能购票乘车。如果证票不符，则不允许乘车。API key认证鉴权如图7-12所示。

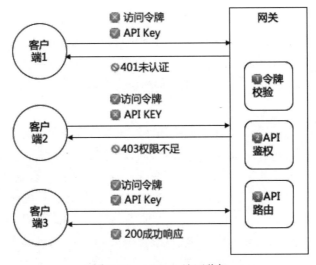

图 7-12 API key 认证鉴权

将客户端认证和API Key配合进行访问认证和权限校验才是一个更安全的方案。

上图为网关作为企业服务总线时，访问令牌结合API Key的认证鉴权示意图，说明如下：

- 客户端1获取了 API Key 但其没有合法的访问令牌，如果不允许匿名访问，则网关会拒绝客户端1访问，返回错误码401表示客户端未通过用户认证。
- 客户端2拥有了合法的访问令牌，但其持有的 API Key 未订阅目标 API，网关在客户端2认证检查通过后，检查 API Key，发现其权限不足，则返回错误码403表示客户端的权限不足。

- 客户端 3 拥有合法的客户端访问令牌和 API Key 访问网关上的服务，网关认证、鉴权通过之后，将请求路由到实际的服务提供端，最终发回正常响应数据。

(2) 用户权限企业服务总线管不管

用户访问的功能权限或数据权限不建议交给企业服务总线管控，原因是企业服务总线仅能支持基于 API Path 授权，而实际需要控制的用户权限有很多，比如菜单、功能、数据等。如果由企业服务总线控制用户权限，管少了不满足需求，管多了就要耦合太多应用数据。跨团队直接沟通协调、问题定位等分工责任也难以界定。

因此，推荐用户权限由业务应用自行管控。每个业务系统内部如果需要控制用户权限，可以将系统内部的权限在统一权限管理服务中配置。应用从权限中心获取数据进行用户权限控制。如果没有权限中心，也可以由应用自身维护权限数据。对于权限管理是业务系统自治还是集中管控，一般根据企业自身的需求特点决定即可。

4. 服务集成平台应提供灵活的路由与服务控制能力

(1) 企业服务总线要能够融入到微服务生态中

建设企业服务总线要考虑的就是能够融入微服务生态中。与微服务基础服务中的注册中心、配置中心、监控中心、日志中心等基础组件集成，能够大大加强服务集成平台的服务治理、路由、运维等能力。

- 企业服务总线与注册中心集成：企业服务总线能够通过注册中心获取应用的实例信息，比如应用 A 有几个集群组？每个集群组中有哪些实例进程。让企业服务总线的路由、负载等等相关能力更强大。
- 企业服务总线与配置中心集成：企业服务总线能够通过配置中心在线动态修改配置，自动同步到企业服务总线，结合配置热更新能力，企业服务总线就可以做到不停机修改和调整相关的控制策略，更加灵活快速地响应变更。
- 企业服务总线与监控中心、日志中心集成：企业服务总线本身也是分布式部署的，可能不同渠道、不同业务域、甚至不同类型的客户端都会部署企业服务总线集群，集成了监控中心、日志中心后，分布式部署的服务集成平台也可以做到统一的监控和服务跟踪，在享受分布式架构好处的同时，还能有聚合监控的体验。

(2) 企业服务总线要支持应用分组路由（版本控制、灰度发布）

基于可靠性、性能方面考虑，通常一个服务提供者应用会以集群形式对外提供服务。随着快速响应业务变化的需求越来越多，应用通常会进行多版本并行迭代、快速交付。比如说，某个应用在生产系统同时运行了两个集群，也就是说同样一个 AppId 对应的多个进程实例，实际上在注册中心中划分为两个组，一组为之前上线运行的稳定版，另一组为新上线的版本。这种场景下，就要求企业服务总线能够支持对同一个 AppId 进行分组路由，不同组的应用 API 对应的版本不同。这个场景就是我们常说的通过企业服务总线进行 API 的版本控制，企业服务总线支持了应用分组路由的能力，也就意味着支持了应用灰度发布。

注册中心应用分组路由如图 7-13 所示。

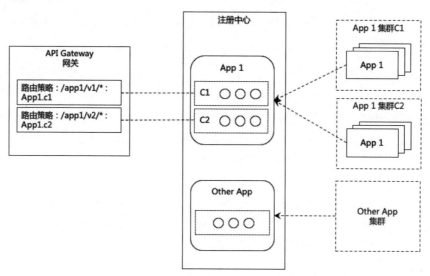

图 7-13 注册中心应用分组路由

(3) 企业服务总线要支持动态负载均衡

一个服务提供者应用集群中会存在多个进程实例,这些进程实例会与注册中心通信,报告自身的健康状况。而企业服务总线则须支持通过注册中心获取应用的实例列表信息,用以在服务路由过程中的负载均衡调用。借助了注册中心的能力,集群内的应用实例增加或减少,企业服务总线均可在短时间内知悉,因此这种模式下企业服务总线对应用的动态负载均衡也能够很好地支持。对于负载均衡策略服务集成平台应该支持常见的几种,比如:轮循、随机、哈希、一致性哈希、权重比例等,还需要提供良好的扩展能力用以针对企业应用的特点进行扩展。

(4) 企业服务总线要具备熔断、降级、限流能力

服务熔断、降级、限流等概念均是从可用性和可靠性出发,为了防止系统崩溃而采用的一些保护性手段。对于服务消费端的体验是类似的,都是部分服务暂时不可用。不同的是这三者的触发时机有所不同。分别说明如下:

- 服务熔断:这个概念就出自电力设备保护的保险丝,实质上是指在应用集群内,如果某个应用发生了故障则将其断开,即:负载均衡时将其排除在可用列表之外。企业服务总线自身内部应该包含客户端路由的能力,一旦调用某个应用发生故障,应该随即记录在案,短期内将故障应用实例排除在路由目标范围之外,待其恢复之后,再次启用。这种熔断策略是被动触发的,能够有效地防止因为单点故障引发的连锁反应,甚至崩溃。
- 服务降级:与熔断不同的是,服务降级是在企业服务总线判断当前运行负载过高时,预防性的将一些优先级低的非核心服务调用请求主动舍弃,避免服务提供端压力过大导致崩溃。
- 服务限流:限流是针对服务消费者请求的限制手段,通常基于 API 访问次数的计量结果进行控制。静态限流模式类似流量套餐,比如:按请求数量计费的模式,套餐限制一天内调用某一组 API 的次数不超过 1000 次,超过后企业服务总线就会阻止消费端的调用请求。动态限流模式可以跟服务降级类似,在运行负载高的时候,限制拒绝优先级低的客户端请求,将主通道让路给核心和重要业务的运行。

7.4.6 Open API

在数字化时代,企业需要嵌入到自己的生态,甚至社会中去,才能最大化自己的商业利益,而Open API(或叫作能力开放平台)就是嵌入的一种手段。举个例子:银行是较早进行开放平台建设的领域之一,银行的Open API不止嵌入到了金融场景(比如:第三方开卡、缴费、账户监管)之中,一些非金融场景(比如:平安好医生从线上寻医问药作为突破口,衍生出医疗保险等金融产品需求;一些银行从老年人的社区关爱(涉及休闲、养生、旅游),衍生到银发消费群体的支付、理财等金融产品需求)。

Open API并非以技术革新为初衷,有可能是企业基于监管压力、挖掘市场机会、成本控制等诉求,导致自身的不断变革,从而与科技公司紧密合作,将企业自身能力平台化并向外输出的模式。从企业内部基于闭环的互联互通,逐步转变为形成社会大闭环的演变过程。

Open API的建设过程需要业务团队和IT团队紧密合作,彼此借助能力。而对外开放服务的梳理,是一个业务引导、IT跟进的过程。图7-14所示是对外开放服务梳理的流程。

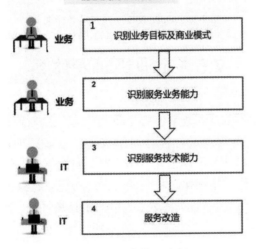

图 7-14 服务梳理流程

识别业务目标及商业模式:业务负责定义服务商业模型,梳理每一个服务合理而清晰的业务目标和商业/盈利模式"目标是什么?"和"如何判断成功标准?"。

- 识别服务业务能力:业务负责定义服务业务能力模型,梳理每一个服务业务功能能力。
- 识别服务技术能力:IT负责定义服务技术能力模型,梳理每一个服务技术功能能力。
- 服务改造:IT负责识别冗余功能的服务归拢合并,识别不符合规范的服务改造升级。

其中服务能力模型应该同时强调业务能力和技术能力的属性。建立基线,通过识别作为契约的相关属性来完成服务梳理。业务能力属性包括服务基本信息、数据及权限、目标用户、服务类别、数据责任人等;技术能力属性包括诸如服务的安全策略、流控策略、缓存策略、响应策略、实现技术、版本控制等。Open API的技术实现则可参考上一节企业服务总线,而Open API平台参考功能架构如图7-15所示。

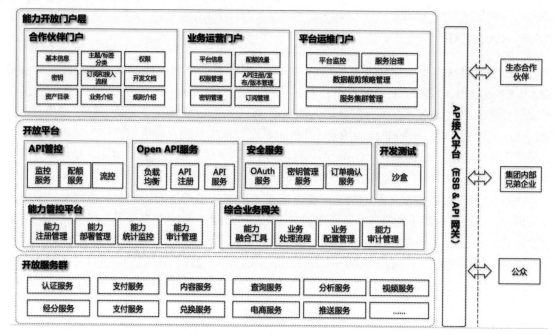

图 7-15 Open API 平台参考功能架构

7.5 企业级研发体系

本节将聚焦于通过DevOps建立数字化的软件生产线。目前行业内大部分企业引入DevOps，希望能够对交付效率和软件质量进行提升，但我们经过多年的DevOps实践后发现，其实DevOps的价值收益需要再提升一层：也就是在管理上的收益，提效提质反而是附带的价值。DevOps可以将IT管理透明化、精细化，将企业对于IT的管理经验沉淀到可重用的流水线中，摆脱对于特定人的依赖。对于企业管理者来看，自动化只是手段，管理思路和管理实践的贯彻才是真谛。

7.5.1 在建立数字化生产线之软件生产的全流程进行梳理

基于DevOps的数字化生产线需要与IT科技管理现有的软件生产全流程紧密结合，渗透到每个流程活动环节、每个环节的输入及交付物的标准、以及每个角色的分工界面和具体操作中去才能达成目标。所以在引入建设DevOps之前对于现有软件生产全流程的梳理必不可少。

1. 企业科技部门的主要流程分类

IT部门主要面对三类流程：

（1）大中型项目全生命周期建设和投产流程，通常用于大型项目群的管理过程，新增系统的建设管理过程，如图7-16所示。

图 7-16　大中型项目建设流程

（2）小型项目全生命周期建设和投产流程，通常用于已有系统的优化、依据业务或技术迭代进行变更管理的过程，如图7-17所示。

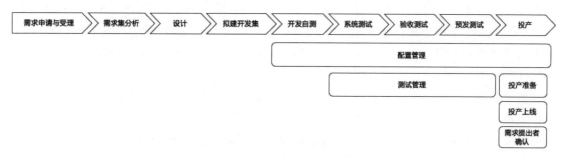

图 7-17　小型项目建设流程

（3）紧急上线流程，通常用于基于SLA保障的紧急处置过程管理，如图7-18所示。

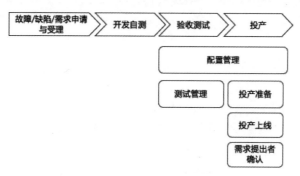

图 7-18　紧急上线流程

大家可能都有感受，在企业中如果想快，是能快得起来的，例如：基于政策监管的紧急上线，还有生产出现严重缺陷，引起高层的关注。但这种快是有前提条件的，一方面是将各部门的优势资源全部集中到一点上发力，高层和技术人员一起办公，另一方面就是精简了一部分流程环节。但从远期看，对于一些紧急或重要的事情，不能这么处理。这就要求我们去思考如何让日常的软件生产活动也变得顺畅。

2. 数字化的软件生产全流程融合

我们以大中型项目全生命周期建设和投产流程为例进行深入分析：这条软件生产的全流程只是画出了第一级的流程环节，基于DevOps的数字化要与软件生产线全流程相融合，还需要第二级、甚至第三级的子流程（或流程活动环节）。

譬如，我们都会可能问同样的问题：

（1）如何实现软件生产全流程（或全生命周期）的可视化？

（2）如何实现工件（软件开发中的具体工作任务，比如：具体功能点的开发、业务功能的测试用例编写等）在不同流程环节的顺畅流转？

回答第一个问题，大家可能首先想到的是看板（或泳道）的可视化方式，但只是简单地引入工具，而不去深入剖析第一级流程环节下的二级和三级子流程，也是很难从看板上发现问题的。例如：开发自测这个环节，包含基于系统需求分析、架构设计、详细设计之后的任务拆分、任务领取、编码、单元测试、单个功能的代码提交、代码审核、整体版本的功能代码提交、基于挡板的开发内部冒烟测试和集成测试、代码质量检查、版本基线检查（包含文档、代码、配置文件、脚本、CI/CD流水线Pipeline、单测情况报告、集成测试情况报告、代码质量报告）、整个版本的代码提测等多个子流程。如果只是简简单单地说可视化用看板，那如何来设计看板？如何从看板中看到进度、问题、瓶颈等关键要素？

回答第二个问题，大家可能首先想到的是DevOps CI/CD的自动化流水线，但同样，只是套用工具，而不深入剖析第一级流程环节下的二级和三级子流程，也很难自动化。例如：我们很自然想到当软件版本提测之后，就可以自动触发配置管理员角色进行拉取最新的分支代码，进行自动化构建和打包（CI流水线），当打包成功介质上传到介质库之后，就可以自动化触发在SIT环境的自动化部署（CD流水线），但在这两条自动化流水线之间，其实是三个部门之间的工作交接：开发部门提交软件产品，质量部门的配置管理员检查软件产品，测试部门接收软件产品后续测试工作。这其实对应三个二级子流程（流程活动），都有各自的输入、输出、角色及工具。

我们建议进行如下梳理工作：

- 每个流程活动对应的输入，明确其必选项和可选项，明确其必选项的检查标准（是否可将其结构化，是否可通过程序自动检查其完成程度）。
- 每个流程活动对应的输出，明确其必选项和可选项，明确其必选项的检查标准（是否可将其结构化，是否可通过程序自动检查其完成程度）。
- 每个流程活动对应的角色，通过RACI（R：流程由谁发起，A：由谁负责审批，C：如有问题咨询谁，I：流程完成后通知谁）的模型进行表述，从而明确此流程活动的分工操作界面。

完成上述活动，需要使用自动化的工具，结合相关输入、输出，将信息加工生产的过程自动化，我们在分析完每个二、三级子流程（活动）之后，可明确各串联流程活动之间的交付物（此输出为彼输入），以及交付物的质量标准（必选项是哪些，必选项要完成到什么程度才能流入到下一流程活动环节），每个活动的分工梳理清晰之后，才能打通各活动对应的工具，形成自动化的工具链，使工件自动化流转（见图7-19）。这种做法也是真正对于精益运营思想中JKK（百分之百的质量保证，精益求精）和DoD（对于工作完成标准的清晰定义）的有效落实。

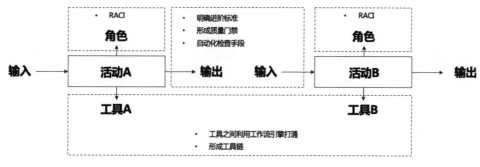

图 7-19　梳理过程

7.5.2　打造数字生产线需要做到五个统一

我们理清全流程之后，是不是就大功告成了呢？很遗憾，还没有。我们还有很多基础的工作需要做，我们需要在整个软件生产全流程进行五个统一。

1. 软件运行环境的统一

软件在开发、测试、生产运行等各环节中需要不同的运行环境（服务器、数据库、存储、网络等），究竟需要几个环境，需要有明确定义，我们提出了3+N的环境，即每个项目至少需要开发环境、测试环境、发布环境，根据系统重要性的不同，再可能增加非功能测试环境、预发环境、集成/回归测试环境和基于新技术预研的新技术环境等。应用系统对应的每套环境都应该是一致的、配置方法是一致的、环境置备的方法是一致的、应用部署的脚本和流水线是一致的、配置文件存放的位置是一致的、应用部署的目录是一致的；我们在以往的项目交付过程中，也遇到过很多的反模式，例如：同一个系统开发、测试、生产所用的中间件不一致，开发用Tomcat，测试和生产上用Weblogic；同一个系统不同模块所用的中间件版本不一致；同一个系统在SIT、UAT、生产中对应的中间件部署目录、配置文件存放目录等不一致。以上这几种反模式，可以强制令DevOps的自动化流水线来适应，但基于各类环境差异的流水线不会带给我们对于软件产品发布时的坚定信心，反而给日后维护带来无尽的麻烦。

2. 配置管理的统一

何时将软件运行涉及的配置项注入，这决定了采用何种配置管理方式。目前主要是三种配置注入方式：

- 打包时注入：目前很多金融老应用都是采取这种方式，配置文件存放在介质包里，这就导致了在不同环境部署时，需要重新编译打包，将适用于该环境的配置文件导入。重新打包的过程，极有可能导致从错误的代码分支拉代码，人为修改配置项引入错误，使用错误的配置文件等问题，这就是为什么在应用部署时发生"货不对版"的主要原因。

- 部署前注入：配置文件从介质包中脱离，单独存放在外围目录中（如果配置文件仍在介质包内时，则由DevOps来接管配置管理，应用针对各环境的配置项保存在DevOps中，自动化的实现解压介质包、替换配置项、重新打包等工作），在应用部署之前，由工具自动进行或手工修改相关的配置项。这种方式，是很多应用在进行配置统一化改造过程中的一个中间步骤,即:先将配置文件从介质中分离出来,由工具接管配置项的维护,从而保证介质包的一致性。

- 运行时注入:在运行时,应用去配置中心查询对应环境的配置项,存在内存数据库中,进行配置项的实时获取、实时更新,这也是目前主流分布式架构应用的做法。这就依赖于统一的配置中心,并且各类系统(尤其是传统单体架构或 SOA 架构的老系统)要进行必要的技术改造。

从配置管理统一性来分析,当然是运行时注入的这种方式更好,但考虑到不同企业的资源和现状,建议可以先把部署前注入做起来,告别打包时注入,再逐步实现运行时注入。

3. 工具的统一

软件研发过程中,涉及多种工具,包括开发工具、测试工具、协作工具、发布工具、版本管理工具,这些工具每种类型应用是一致的,避免各自为政。由于工具的差异性,经常会造成科技管理的相关规范无法有效落实。例如:代码库层面,不同项目组有些用SVN,有些用GitLab,由于这两种代码库功能上的差异性,造成开发分支模型策略上具体执行的差异化;代码质量工具层面,有些项目组用开源工具,有些用一些商业软件,造成对于一些具体代码质量策略解读和执行的差异化。所以不同的工具,会带来生产过程中不同的工艺标准,这样就对跨流程环节、跨部门的自动化对接造成障碍。

4. 每个阶段之间产出物定义的标准统一

在上一小节我们谈到如何梳理流程活动的输入和输出,说到底就是要解决产出物标准化的问题。另外,随着我们软件的迭代,相关的脚本、代码、配置文件、文档等都会存在差异,所以也需要形成版本化的管理。并且建议脚本、代码、配置文件等由代码库进行存储和管理,二进制介质由介质库单独进行管理,文档则可以考虑引入可互动的文档库管理工具。

5. 各阶段内部及各阶段之间沟通语言的统一

部门分工和责权利不同、人的背景、精力、专业范围不同,其实都让每个人对于同一个事物的理解产生了差异。中国描述这种差异一个很好的例子是"盲人摸象",而西方世界则用了"上帝建造的通天塔"。在企业中,业务和科技之间,科技内部各部门之间,其实都存在这各自的沟通语言:业务人员所提出的业务需求,科技人员看了总是觉得"言简意赅",所以就通过一遍又一遍的需求分析会,将双方的理解层面拉齐到同一层面上。而开发人员给业务人员或最终用户提供的用户手册,也是同样"简约并简单",看着目录罗列得很长,但总是"书到用时方恨少"。我们可以通过知识库的积累和推广,来减少沟通的差异化理解,例如:在沟通非税业务时,谈到"非税单笔缴费",那业务和科技人员脑子里对于此交易的理解是一致的:"本交易用于非税收费的实时缴费,允许现金、转账和内部账交易。联动非税缴费确认交易。本交易用于非税缴费成功后,由于打印失败或其他原因系统无法联动发起确认时,由柜员通过此交易人工发送非税缴费确认信息。"谈到用户身份证信息的校验,既涉及用户身份证规则的校验,又要进行生日及属地信息的校验等。另外,我们需要通过在流程阶段内部和流程阶段之间,能够明确之间产出物的标准,并逐步将标准验收的手段自动化实现。

通过以上的讲解，希望大家能够理解，软件生产过程中的精益运营没有那么的"阳春白雪"，更多做的是"下里巴人"的事情。在工业生产中，精益改进其实体现在流水线工人是通过按钮、还是通过扫描枪或是通过拉绳通知下游工序环节。如果用了按钮，按钮是放在流水线上（会不会引起误操作），还是放在旁边的柱子上（要不要工人起身）。在软件生产中，其实也是一样的道理，开发人员的代码是每日提交，还是单个功能开发完后提交，那后续触发的代码评审是每天都审核代码，还是按功能点审核。以上种种都是要在实践中摸索和实践才能找到最适合的点，并且每个组织又因为自身的情况，解决方式又不尽相同。

7.5.3 度量与引领性指标必不可少

度量是建设数字化的软件生产线必不可少一环，度量的原则是：

科技管理过程中，比如：测试阶段的缺陷数量、项目整体的交付周期、应用上线后的缺陷逃逸率等，均为滞后性的统计指标，无法在软件生产的过程中发现问题，或引导软件生产的高标准、正常进行。所以需要思路，如果通过过程中的度量指标来指导过程改进，则要考虑如何实现由量变到质变。

我们建议，依据管理目标，来设置引领性指标，通过引领性指标的逐步达成，来一步一个脚印的，坚实达成提效、提质的目的。

利用引领性的过程度量指标，实现工艺的持续优化，建议自己和自己比：今天的自己和昨天的自己来比，这个月的自己和上个月的自己来比。没必要拿自己的指标和其他人去比较，由于业务类型、具体实现、历史积累、所要求的实现周期都有所差异，所以单纯地横向比较发布次数、迭代周期等没有意义。

度量要面向各类不同的角色，所以其关注点也不同，如果利用度量"抓大放小"，支撑该角色的关键决策，是涉及度量指标的关键问题。

下面提供一些度量视图的建议，从而使我们通过度量，在前文已了解如何建设数字化的软件生产线基础上，如何能够持续优化我们的生产线。

1. 项目群视角

项目群是大型项目建设过程中的项目协同管理方式。在企业中通常单一业务需求或合并后的业务需求会触发多个系统的配合改造来满足，这就形成了一个主项目、多个配合项目协同开发、协同投产的情况。通常主项目的项目经理，会被指定为该项目群的项目经理，负责多方的统筹、规划、督促、协调。但目前大多数企业之中，对于项目群从管理的方法论、到工具支撑、再到度量的决策支持，都非常薄弱，完全是在靠主项目项目经理的责任心和组织内的沟通协调能力苦苦支撑。

所以我们建议从项目群视角出发，提供三个支撑：

- 计划阶段的协同支撑：可以利用里程碑视图的形式或甘特图的形式，将主项目和配合项目的主要里程碑展示出来，并帮助项目群项目经理依据项目群下辖各项目的进展计划，来梳理出项目群的关键路径，指定项目群整体的交付计划。
- 执行阶段的协同支撑：通过数字化生产线动态监控项目群下辖各项目的个体执行情况，并将各项目执行过程中的各类风险（主要是延期风险）直观反馈给项目群项目经理，帮助项目群项目经理决策判断单一项目的风险在不在项目群执行的关键路径上，以及是否影响整个项目群的交付。
- 发布阶段的系统支撑：在投产阶段，项目群各应用系统之间普遍存在着依赖关系，在目前企业中来梳理上线投产顺序的通常是生产环境的运维负责人，所依赖的工具也只是部署手册和 Excel 表格，手工梳理出本次投产窗口各应用系统之间的依赖关系，并根据依赖关系手工部署或自动化部署各个应用。所以在发布阶段，数字化生产线可以提供全局视角向运维负责人提供在项目群设计和执行阶段的各系统依赖视图，并支持其根据实际情况图形化的编排，及最后的一键式部署投产。

2. 部门视角

上面谈到项目群视角，更像是一个虚拟团队视角，而部门视角则是由 IT 管理团队/部门划分来决定，并为部门管理来提供决策支撑。例如在金融企业中，通常按核心类、渠道类、管理类、信贷类进行部门团队的划分，每个部门负责少则几套、多则十几套、几十套的应用系统，每个应用系统通常甲方配备项目经理、技术经理（或开发经理），乙方（系统承建方或外包方）配合项目经理、技术经理、开发工程师、测试工程师等。每个部门管理压力大、事情烦琐，所以更多采用的是事后介入的管理方式。我们建议将一些引领性指标引入到部门管理之中，并按日/周提供报表、排名、风险等，帮助部门管理者提供决策依据。在此主要讨论三点：

- 对于引领性指标的正向鼓励性排名：我们建议在滞后的度量指标基础上，增加指导目标达成的引领性指标，例如：持续集成的次数和成功率、持续部署的次数和成功率、单元测试的有效性和通过率、回归性测试的执行次数和成功率、缺陷的修复时间、缺陷的前置时间等。对于这些引领性指标，我们可以将做得好的优秀团队排名前列，用于鼓励先进，落后的向先进团队看齐，营造出"比学赶帮超"的良好氛围。
- 对于底线指标的反向警告性排名：例如，投产后发生故障或缺陷逃逸的情况，直接影响 SLA，也会直接影响部门的绩效，对于这种底线问题，需要重点警示，并协助问题团队找到问题和制约因素，帮助其不要再犯同类的错误。
- 基于项目群执行风险的资源协调：在每个部门都会有自己主导的项目群，也会有支持其他部门的项目群，我们希望通过单个项目执行情况的透明化和精细化管理和质量控制前移，在前期尽早暴露问题，并能够帮助部门管理者能够有时间、有方法协调相关资源，应对项目群交付的风险。

3. 单一系统视角

对于单一系统，依据系统的重要程度和团队大小的差异，开发模式通常分为多月度版本（多特性）并行（比如：核心和信贷等系统）和单月度版本串行的模式，也可能根据建设周期的不同在两者之间进行切换。作为项目经理，有可能同时负责多个项目的建设和系统的维护，所以管理多为黑盒或者卡里程碑的方式。站在应用系统的视角，我们提出三点建议：

- 管理的透明化和精细化：目前也在很多企业中运用看板的方式来管理敏捷开发模式的迭代，其实这种可视化的方式无论对于敏捷开发模式，还是瀑布开发模式都是有帮助的。在项目执行过程中，我们建议将系统需求细分到系统的模块、模块内的功能点，以及实现功能点的开发任务和验证功能点的测试任务，通过可视化的手段来跟踪需求、功能点的进度、工时投入、影响任务进展的前置依赖条件等，从而使项目/系统管理者清晰地了解进度、风险、成本投入等要素；通过这种精细化的管理模式会积累出该系统功能实现、变更改造等实际发生工作量的数据，为今后的开发、变更等耗时、工作量评估和技术风险评估，提供决策依据；另外，通过看板各阶段泳道积累的任务数量，可以帮助判断软件生产过程中的资源瓶颈，合理配置资源。

- 应用系统内部的依赖管理：其实不止在项目群这个层级存在系统间的依赖，通常在系统内部多个功能点实现，也会有前后的依赖关系。并且尤其在类似金融企业中，通常会将功能或变更划分到多个月度版本，分期分批地实现，这样就需要有清晰的视图来展示各功能点或变更之间的依赖关系。
- 项目群与系统版本间的对应关系：单一系统有可能一个月度版本合并了多个项目群的改造需求，也有可能每个月度版本或特性分支对应支撑一个项目群，这完全是由企业现有的开发分支管理模式和版本规划方式不同来决定的，但关键在于通过数字化生产线能够明确和理清单一应用系统的版本与项目群之间的对应关系。

7.6 分布式技术体系

7.6.1 集中式的服务配置管理

服务运行通常要设定一些参数，这些参数以往以配置文件的形式存在。但微服务架构下配置众多，而且分布在每个独立部署的服务中，传统采用配置文件就会存在很多问题，例如某国有大型商业银行网上银行，服务器有上百台以上，修改一个配置参数需要运维人员一台台地进行修改，运维势必难以忍受。此外，我们在进行业务开发的时候，一般会有多个环境，例如开发环境、测试环境、生产环境。那这三个环境之间的配置文件肯定是有不同的，比如说这三个环境对应的数据库地址配置肯定是不同的，在不同环境部署时，就需要手工改变这个参数。此外，历史版本管理、权限控制、安全性等问题，更是传统的配置文件无法解决的。

集中式的服务配置管理，让我们告别投产或运维手工修改配置的方式，统一管理所有微服务节点的配置，提升运维的效率。Spring Cloud体系中 Spring Cloud Config就是这样的组件，但是功能远远达不到生产级，携程开源的Apollo是我们推荐使用的，它支持多环境发布，配置变更实时生效，具备权限和配置审计等多种生产级功能。Apollo既可以用于连接字符串等常规配置场景，也可用于发布开关（Feature Flag）和业务配置等高级场景。

Apollo这样的开源软件仅仅提供了配置中心运行的能力，并没有提供配置的规范。为提升配置的管理水平，将代码、数据与配置解耦，实现细粒度管控，必须建立配置使用的规范，如图7-20所示。

配置文件主要有运行前的静态配置和运行期的动态配置两种。静态配置通常是在编译部署包之前设置好。动态配置则是系统运行过程中调整系统变量或者业务参数。要想做到集中的配置管理，需要注意以下几点：

- 配置与介质分离，这个就需要通过制定规范的方式来控制。千万别把配置放在 Jar 包里。
- 配置的方式要统一，格式、读写方式、变更热更新的模式尽量统一，要采用统一的配置框

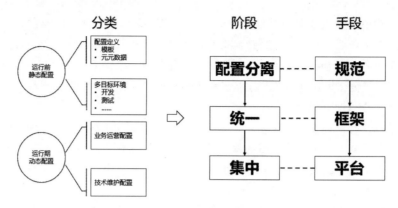

图 7-20 配置使用规范

- 运行时需要有个配置中心来统一管理业务系统中的配置信息,这个就需要平台来提供配置中心服务和配置管理门户。

7.6.2 消息模式与实现技术选择

消息模式用于下面几种情况:(1)系统间耦合性太强,例如系统A调用系统B和系统C,如果将来系统D接入,系统A还需要修改;(2)在高并发的情况下,当接入新系统或者大量写请求,或者具体地说应该是瞬时大量的写请求到来时,系统中出现"生产"和"消费"的速度或稳定性等因素不一致的情况,此时,一些非必要的业务逻辑以同步的方式运行,太耗费时间;一旦大量并发请求同时到达,所有的请求直接压到数据库,造成数据库连接异常。

使用消息模式实现系统间解耦,用异步处理方式实现削峰、削谷。该如何选择现有消息模式的技术实现呢?主流的消息队列产品各有各的特色,对于一个企业来说没有最好的产品,只有现阶段最适合的。下面我们来对比一下常见的消息队列,如表7-1所示。

表 7-1 常见消息队列对比

特 性	RabbitMQ	Kafka	RocketMQ
PRODUCER-COMSUMER	支持	支持	支持
PUBLISH-SUBSCRIBE	支持	支持	支持
REQUEST-REPLY	支持	-	支持
API 完备性	高	高	低(静态配置)
开发语言	Erlang	Java 和 Scala	Java
多语言支持	语言无关	支持,JAVA 优先	支持
单机吞吐量	万级	十万级	单机万级
消息延迟	微秒级	毫秒级	毫秒级
可用性	高(主从)	非常高(分布式)	高
消息丢失	低	理论上不会丢失	-
消息重复	可控制	理论上会有重复	-
文档的完备性	高	高	中
提供快速入门	有	有	无
首次部署难度	低	中	高

由上表可知：

（1）RabbitMQ技术路线比较独特，它本身的开发语言，二次开发成本高，扩展功能非常困难，不建议选择。

（2）Kafka使用Scala和Java语言开发，设计上大量使用了批量和异步的思想，使得Kafka 能做到超高的性能，正因为它大量采用了批量跟异步的理念，当你的消息数量不到一定数量的时候，反而会出现消息延迟，基本上不太适合在线业务使用，建议在对可靠性要求不是特别高的并发场景下使用。

（3）RocketMQ有非常活跃的中文社区，大多数问题可以找到中文的答案。RocketMQ使用Java语言开发，源代码相对比较容易读懂，容易对RocketMQ进行扩展或者二次开发。RocketMQ在阿里内部被广泛应用在订单、交易、充值、流计算、消息推送、日志流式处理、Binglog分发等场景。经历过多次双十一考验，它的性能、稳定性和可靠性都是值得信赖的。RocketMQ对在线业务的响应时延做了很多的优化，我们推荐在线业务使用RocketMQ。

消息模式也有自身的缺点，使用后也给我们带来了一些问题：

（1）系统可用性降低

系统引入的外部依赖越多，越容易出故障。本来你就是A系统调用BCD三个系统的接口就好了，人家ABCD四个系统好好的，没啥问题，你加个消息队列进来，万一消息队列出故障了怎么办？消息队列一失效，整套系统就会崩溃。如何保证消息队列的高可用？以RocketMQ为例，我们建议采用多Master、多Slave同步双写的模式来部署，这样数据与服务都无单点，Master在宕机情况下，消息无延迟，服务可用性与数据可用性都非常高。

（2）系统复杂度提高

加入个消息队列进来之后，要多考虑很多方面的问题，比如一致性问题、如何保证消息不被重复消费、如何保证保证消息可靠传输。因此，需要考虑的东西更多，系统复杂性增大。所以，消息队列实际是一种非常复杂的架构，引入它有很多好处，但是也得针对它带来的坏处做各种额外的技术方案和架构来规避掉。这其实是消息队列的消费怎么保证幂等性的问题，这通常需要结合具体的业务来看，比如说从消息队列里拿个数据要写库，先根据主键查一下，如果这数据有了，就不要插入了，更新一下就可以了。

（3）一致性问题

A系统处理完了直接返回成功，本以为这个请求就成功了，但是问题是，要是BCD三个系统那里，BD两个系统写库成功了，但C系统写库失败了，怎么办？数据不一致了。

这取决于业务对于强一致性的容忍度如何？如果容忍度大，可以增加重试机制，报错后即时触发告警信息，通知人工介入；如果容忍度小，那么可以利用分布式事务，比如可以使用TCC，在失败后进行补偿。

7.6.3 数据分布与信息聚合的设计模式

数据是企业应用的核心，企业应用也是围绕着数据展开，当系统数据越来越庞大的时候，我们就需要考虑将数据拆分，分而治之。表面上使用微服务架构后，必然出现数据的分布，实际上正是由于数据需要分布,才产生了微服务架构。一方面,随着目前移动互联网、物联网的发展导致数据量越来越大,另一方面"下主机""自主可控"等架构要求,导致单机处理能力有所降低,必须进行数据分布。数据应该如何分布,分布的原则是什么,如何在数据分布的情况下,保证事务的一致性,这些是下面要讨论的主要问题。根据CAP原理,一致性、可用性、分区容忍性三者无法同时满足。我们不要奢望找到万能的方案,但可以根据不同场景归集到几种模式,制定相应的处理策略。

1. 数据分布的模式

数据分布主要有两种模式,垂直拆分与水平拆分。垂直拆分是按照业务逻辑的相关性,将不同领域的数据拆分开来,由不同的数据库存储,避免数据量大超出单库的处理能力。实际上微服务的拆分正是数据垂直拆分的一种体现,对不同数据的访问通过服务方式进行,避免了数据之间的耦合,提高了处理能力,例如,客户信息与账户信息分离。垂直拆分中比较难以把握还有一些关联关系数据,例如,机构与产品关系、介质与账户关联等,这些数据也就是我们在四色原型法中讲到的角色(Role),它们需要按照管理维度划分,也可以作为引用数据来维护。

水平拆分是根据某个要素,把同一个业务实体的数据拆分到多个表、多个库里,应用与数据库之间使用数据路由组件,按一个固定的规则产生SQL语句,把SQL语句发送到相应的数据库节点上执行。水平拆分一般是在垂直拆分基础上进行的,主要针对单一实体数据量大、数据库能力不足的问题。水平拆分中往往按业务来确定拆分要素,这个要素是当前应用中的聚合根标识,例如,存款应用采用账号作为要素、交易应用用客户号作为要素。但是在实际使用过程中,不能简单地用有业务含义的属性进行标识,需要根据该要素转换为一个用于拆分的ID,根据这个ID找到对应的数据库。水平拆分后,不可能每次操作都有拆分要素作为输入,例如,根据手机号码查询客户信息,这就需要额外增加索引表,在客户信息创建或者更新时,将手机号码与拆分ID进行关联,以便于非精确查询。

读写分离是一种特殊的水平拆分方式,多用在更新频率低、查询频率高的情况。将业务实体的读库与写库进行分离,数据更新到写库,从读库查询,当数据更新时从写库同步到读库中。如果查询性能要求高,还可以将读数据进行缓存,缩短响应时间。

无论如何进行拆分,首先要考虑数据的完整性,即事务一致性要求高的数据,应该在一个数据库中,尽可能避免跨库。例如,在设计发红包场景时,发红包、查红包、抢红包等并发量比较大,而且数据一致性要求高,反而其他业务要求会低一些,因此通常以红包ID作为拆分要素,将该红包所有操作都路由到一个数据库中,保证事务一致性。

企业数据可以分为元数据、引用数据、主数据、交易活动数据、流程轨迹数据、行为轨迹数据、分析数据等。

(1)元数据、引用数据数据量不大,通常无须拆分,但是访问性能要求可能会很高,可以采用读写分离与缓存进行访问优化。机构与产品的关联关系、账户与凭证的关联关系、参数配置等都可以作为引用数据,采用这样的方案。

(2)主数据企业经营中不易随时间发生变化的数据实体,例如产品、客户等。首先采用垂直拆分,然后根据数据量考虑是否水平拆分。主数据一般采用拉链表方式存储,由于主数据读多写少,往往采用读写分离方式。可以有一个读库多个写库,在读库和写库之间进行全量复制。如果进行了水平拆分，需要建立索引表，以便支持非精确查询。

（3）交易活动数据是企业经营活动产生的数据，例如，合约、支付等。交易活动数据非常适合水平拆分，可以根据交易号进行分库，例如前面讲的抢红包模式。

（4）流程轨迹数据是对数据变更通过进行记录，例如审批、复核包含了交易审计数据，一般来自企业管理行为，数据量不会很大，根据业务领域进行垂直分离即可。

（5）行为轨迹数据是近年来为优化用户体验、提高对业务感知记录的数据，例如用户的操作行为等，数据量较大，适合水平拆分，由于它的读写都不频繁，一般不属于OLTP范畴。

（6）分析数据是分析后产生的汇总数据，根据需要水平拆分，一般采用读写分离方式。

最后说一个特殊的交易活动数据——账务数据，它要求数据强一致，每一次对余额的增减必须基于一个绝对正确的当前值，否则就会造成资损。账务数据一般根据账号进行水平拆分，由于强一致性要求，必须考虑拆分后，某个数据库出现故障时如何处理。这里涉及RTO、RPO两个概念：RTO（Recovery Time Objective）指恢复时间目标，表示能容忍的从故障发生到系统恢复正常运转的时间，这个时间越短，容灾要求越高；RPO（Recovery Point Objective）指数据恢复点目标，表示能容忍故障造成过去多长时间的数据丢失，RPO为0表示不允许数据丢失。账务数据显然首先是RPO = 0。一般每个数据的主库，都要有相应的备库，主备库数据不一致无法避免，但我们可以在交易中锁定那些刚刚发生变更的数据，把它们放入黑名单。如果故障发生，则业务切换到备库，黑名单中的账户不能在备库进行交易；不在黑名单的账户可以利用备库数据正常交易，这样就把不可操作账户减少到最少。

能够满足账务数据的可靠性要求，其他就不成问题，只不过方案不同而已。最后说一句，能不拆分，就不拆分。

2. 保证数据一致性的模式

数据操作在单库的，使用传统的数据库事务保证数据一致性：（1）开始一个事务；（2）改变（插入、删除、更新）很多行；（3）然后提交事务；（4）如果有异常时回滚事务。数据拆分后，就出现了一个应用需要同时更新两个或两个以上数据库的情况。开始我们用分布式事务（XA）来保证一致性，也就是常说的两阶段提交协议（2PC），这种模式存在几个比较突出的问题：

- 单点问题，即事务管理器在整个流程中扮演的角色很关键，如果其宕机，比如在第一阶段已经完成，在第二阶段正准备提交的时候事务管理器宕机，资源管理器就会一直阻塞，导致数据库无法使用。
- 同步阻塞问题，即在准备就绪之后，资源管理器中的资源一直处于阻塞，直到提交完成，释放资源。
- 数据不一致问题，即两阶段提交协议虽然为分布式数据强一致性所设计，但仍然存在数据不一致性的可能，比如在第二阶段中，假设协调者发出了事务 commit 的通知，但是因为网络问题该通知仅被一部分参与者接收到并执行了 commit 操作，其余的参与者则因为没有收到通知一直处于阻塞状态，这时候就产生了数据的不一致性。

依据CAP理论，必须在可用性（availability）和一致性（consistency）之间做出选择。如果选择提供一致性，则需要付出在满足一致性之前阻塞其他并发访问的代价；这可能持续一个不确定的时间,尤其是在系统已经表现出高延迟时,或者网络故障导致失去连接时。依据业务要求,我们必须选择最终一致性,就要保证这个不确定时间要在用户可接受的范围之内。那么如何实现最终一致性呢?

从一致性的本质来看,是要保证在一个业务逻辑中包含的服务要么都成功、要么都失败。那我们怎么选择方向呢?保证成功还是保证失败呢?这里业务模式决定了我们的选择。实现最终一致性有三种模式:可靠事件模式、业务补偿模式、TCC模式。

(1) 可靠事件模式

可靠事件模式属于事件驱动架构,当某件重要事情发生时,例如更新一个业务实体,微服务会向消息代理发布一个事件。消息代理会向订阅事件的微服务推送事件,当订阅这些事件的微服务接收此事件时,就可以完成自己的业务,也可能会引发更多的事件发布,如图7-21所示。

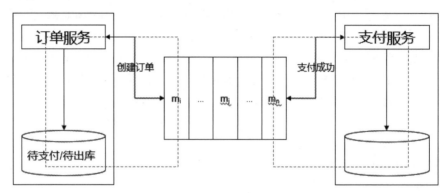

图 7-21 可靠事件模式示例

- 订单服务创建一个待支付的订单,发布一个"创建订单"的事件。
- 支付服务消费"创建订单"事件,支付完成后发布一个"支付成功"事件。
- 订单服务消费"支付成功"事件,订单状态更新为待出库。

从而就实现了业务流程。但是这个过程可能导致出现不一致的地方在于:

- 某个微服务在更新了业务实体后发布事件却失败。
- 虽然微服务发布事件成功,但是消息代理未能正确推送事件到订阅的微服务。
- 接受事件的微服务重复消费了事件。

可靠事件模式在于保证可靠事件投递和避免重复消费,可靠事件投递定义为:

- 每个服务原子性的业务操作和发布事件。
- 消息代理确保事件传递至少一次。避免重复消费要求服务实现幂等性,比如支付服务不能因为重复收到事件而多次支付。

(2) 业务补偿模式

补偿模式使用一个额外的协调服务来协调各个需要保证一致性的微服务,协调服务按顺序调用各个微服务,如果某个微服务调用异常(包括业务异常和技术异常)就取消之前所有已经调用成功的微服务。补偿模式建议仅用于不能避免出现业务异常的情况,如果有可能应该优化业务模式，以避免要求补偿事务。比如，账户余额不足的业务异常，可通过预先冻结金额的方式避免，商品库存不足可要求商家准备额外的库存等。

我们通过一个实例来说明补偿模式，一家旅行公司提供预订行程的业务，可以通过公司的网站提前预订飞机票、火车票、酒店等。在客户提交行程后，旅行公司的预订行程业务按顺序串行的调用航班预订服务、酒店预订服务、火车票预订服务。最后的火车票预订服务成功后，整个预订业务才算完成。如果火车票预订服务没有调用成功，那么之前预订的航班、酒店都需要取消。取消之前预订的酒店、航班即为补偿过程，如图7-22所示。

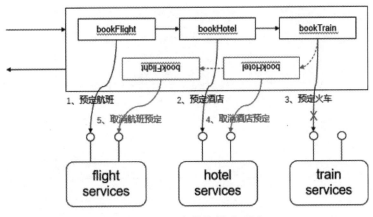

图 7-22 业务补偿模式示例

为了降低开发的复杂性和提高效率，协调服务实现为一个通用的补偿框架。补偿框架提供服务编排和自动完成补偿的能力。

要实现补偿过程，我们需要做到如下两点：

① 首先要确定失败的步骤和状态，从而确定需要补偿的范围。

在上面的例子中我们不光要知道第3个步骤（预订火车票）失败，还要知道失败的原因。如果是因为预订火车票服务返回无票，那么补偿过程只需要取消前两个步骤就可以了；但是如果失败的原因是因为网络超时，那么补偿过程除前两个步骤之外，还需要包括第3个步骤。

② 其次要能提供补偿操作使用到的业务数据。

比如，一个支付微服务的补偿操作要求参数包括支付时的业务流水id、账号和金额。理论上说，实际完成补偿操作可以根据唯一的业务流水id就可以，但是提供更多的要素有益于微服务的健壮性，微服务在收到补偿操作的时候可以做业务的检查，比如检查账户是否相等、金额是否一致等。

做到上面两点的办法是记录完整的业务流水，可以通过业务流水的状态来确定需要补偿的步骤，同时业务流水为补偿操作提供需要的业务数据。微服务实现补偿操作不是简单地回退到业务发生时的状态，因为可能还有其他并发的请求同时更改了状态。一般都使用逆操作的方式完成补偿。

补偿过程不需要严格按照与业务发生的相反顺序执行，可以依据工作服务的重用程度优先执行，甚至是可以并发的执行。有些服务的补偿过程是有依赖关系的，被依赖服务的补偿操作没有成功，就要及时终止补偿过程。

如果在一个业务中包含的工作服务不是都提供了补偿操作，那我们编排服务时应该把提供补偿操作的服务放在前面，这样当后面的工作服务错误时还有机会补偿。设计工作服务的补偿接口时，应该以协调服务请求的业务要素作为条件，不要以工作服务的应答要素作为条件。因为还存在超时需要补偿的情况，这时补偿框架就没法提供补偿需要的业务要素。

（3）TCC 模式（Try-Confirm-Cancel）

一个完整的TCC业务由一个主业务服务和若干个从业务服务组成，主业务服务发起并完成整个业务活动。TCC模式要求从服务提供三个接口Try、Confirm和Cancel：

① Try：完成所有业务检查，预留必需的业务资源。

② Confirm：真正执行业务，不作任何业务检查，只使用Try阶段预留的业务资源，Confirm操作满足幂等性。

③ Cancel：释放Try阶段预留的业务资源，Cancel操作满足幂等性，整个TCC业务分成两个阶段完成。

TCC模式如图7-23所示。

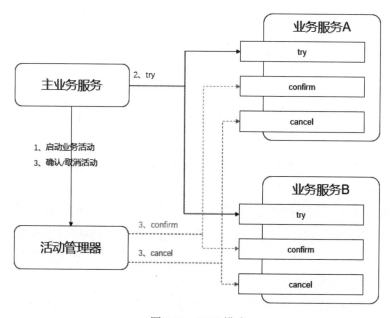

图 7-23　TCC 模式

第一阶段：主业务服务分别调用所有从业务的Try操作，并在活动管理器中登记所有从业务服务。当所有从业务服务的Try操作都调用成功，或者某个从业务服务的Try操作失败，则进入第二阶段。第二阶段：活动管理器根据第一阶段的执行结果来执行Confirm或Cancel操作。如果第一阶段所有Try操作都成功，则活动管理器调用所有从业务活动的Confirm操作。否则调用所有从业务服务的Cancel操作。

需要注意的是第二阶段Confirm或Cancel操作本身也是满足最终一致性的过程。在调用Confirm或Cancel的时候，也可能因为某种原因（比如网络）导致调用失败，所以需要活动管理器支持重试的能力，同时这也就要求Confirm和Cancel操作具有幂等性。

在补偿模式中，一个比较明显的缺陷是没有隔离性。从第一个工作服务步骤开始，一直到所有工作服务完成（或者补偿过程完成），不一致是对其他服务可见的。另外，最终一致性的保证还充分依赖了协调服务的健壮性，如果协调服务异常，就没法达到一致性。TCC模式在一定程度上弥补了上述的缺陷，在TCC模式中直到明确的confirm动作，所有的业务操作都是隔离的（由业务层面保证）。另外，工作服务可以通过指定Try操作的超时时间，主动Cancel预留的业务资源，从而实现自治的微服务。

TCC模式和补偿模式一样需要有协调服务和工作服务，协调服务也可以作为工作服务的补偿框架来实现。与补偿模式不同的是，TCC服务框架不需要记录详细的业务流水，完成Confirm和Cancel操作的业务要素由业务服务提供。TCC模式也不能百分百保证一致性，如果业务服务向TCC服务框架提交Confirm后，TCC服务框架向某个工作服务提交Confirm失败（比如网络故障），那么就会出现不一致，一般称为heuristic exception。

需要说明的是，为保证业务成功率，业务服务向TCC服务框架提交Confirm以及TCC服务框架向工作服务提交Confirm/Cancel时都要支持重试，这也就要Confirm/Cancel的实现必须具有幂等性。如果业务服务向TCC服务框架提交Confirm/Cancel失败，不会导致不一致，因为服务最后都会超时而取消。

上述几种模式，经常有人提到下面的问题：（1）都要求服务提供者在正常的交易之外，提供额外的功能，貌似带来了代码的复杂度，加大了工作量。实际上都是业务需求中必备的，例如TCC模式，在交易系统中都有预扣款这样的接口，并不会增加实现的工作量。而对于服务的调用者来说，相关服务的调用由微服务框架实现，例如自动的事件投放、自动补偿调用、TCC中CC服务的调用，也不需要额外的工作量；（2）如何从当前上下文向补偿接口、Confirm接口、Cancel接口传递参数？实际上只要将正向交易的数据传递过去即可，不需要额外的数据；（3）如果补偿还是失败，怎么办？最后还是需要对账的。

7.6.4 感觉分布与知觉聚合

微服务架构带来了系统复杂度的大幅度提高，整体复杂度是随着独立应用数量的增加呈指数级增加。这就需要我们更加重视系统的运营工作，但是目前相关技术相当凌乱，一些产品与框架往往从自身出发，覆盖了和自己相关的很多功能，重复制造了很多"轮子"，而缺少整体上的统一规划。经常出现这样的情况，为了一个功能选择了一个技术组件，但这个技术组件依赖了特别多相关框架，而这些框架提供的能力在其他组件中已经存在，但两者又不能打通或者各自替换，只好技术上简单堆砌，尤其是不同系统、不同团队选择了不同的技术栈，带来的管理问题更多。

为了提高微服务架构下的运营能力，我们提出了感觉分布、知觉聚合的设计原则，为系统建立感知能力。所谓感觉是对事物某一属性的具体认识，即看得见、摸得着等；所谓知觉则是对某一事物的各种属性以及它们相互关系的整体反映。在系统拆分为微服务后，我们如果要掌握微服务的运行情况，就需要把"感觉器官"放到微服务各个节点上，节点数量增加导致需要"感觉"的机器、网络、进程、接口调用数等监控对象的数量大大增加；一旦发生异常情况，我们需要快速根据各类"感觉"到的信息来做出反应。因此，分布的"感觉"就像人的神经系统，聚合的"知觉"就像人的大脑，我们需要将"感觉"的能力和"知觉"的能力分开，分门别类地建立相关的基础能力，在技术架构上解耦，避免做成简单技术的堆砌，减少重复的"轮子"，如图7-24所示。

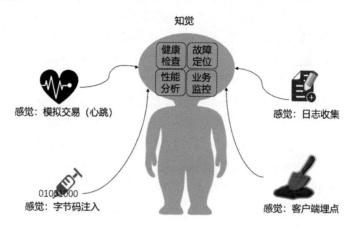

图 7-24 系统感知能力

建立感觉能力可以概括为以下四种方式：

- 心跳监测：提供模拟交易，由系统主动提供运行状态信息。
- 日志记录：系统将运行情况记录下来，用于感觉后端服务的运行情况。
- 字节码注入：注入服务端代码中，用于感觉后端服务的运行情况。
- 客户端埋点：注入客户端代码中，用于感觉前端的运行情况。

上述"感觉"探查到的信息汇总形成完整的"知觉"，例如：

- 健康检查：知晓微服务健康状态，了解服务的可用性，避免将调用到失效服务上。
- 性能分析：知晓微服务运行的性能，了解整个系统的瓶颈，在实时分析的基础上进行预警，在问题的萌芽阶段发觉并告警，降低问题影响的范围和时间。
- 业务监控：知晓业务交易情况，监测业务访问量、慢交易数量、业务时延及发生错误的次数等各项业务指标。
- 故障定位：知晓微服务的拓扑结构、调用关系和调用顺序，实时搜集信息并进行聚合分析，了解系统和应用中发生的事件，尽量避免故障，并且在发生故障后快速定位故障，减少处理时间。

下面我们将分别介绍建立"感觉"与"知觉"的关键技术与设计。

1. 分布式感觉能力的相关技术

日志是记录系统运行状态非常好的手段，但是由于微服务是相互隔离的，它们不共享公共数据库和日志文件，我们需要跟踪不同节点服务发生的日志，这就需要收集端到端链路上的日志，以帮助我们建立相关的"知觉"能力。我们建议定制 ELK 技术栈，构建日志中心做日志集中收集和分析，并做了相关组件的选择，这些组件也可以利用到其他的感知能力，避免技术重叠带来的复杂度，如图7-25所示。

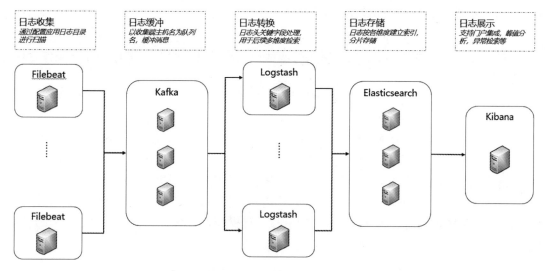

图 7-25　日志集中收集和分析

2. 定制 ELK 的相关技术选型

日志数据的生成直接使用Logback等日志框架就可以,也可以自己封装公共方法、AOP、注解等方式来生成指定的埋点日志。使用日志埋点能实现日志数据与业务数据分离,日志记录对业务的影响可以降低到3%以内。

Filebeat主要负责采集日志,通过配置应用日志目录进行扫描采集,并将采集到的日志输出到Kafka,需要每台服务器都部署一个收集的Agent。关于日志数据的收集可选择的中间件比较多,除了图中的Filebeat之外还有Flume、Fluentd、Rsyslog等,经过我们的测试与评估,建议选择Filebeat。

Kafka主要负责接收来自Filebeat的日志,进行日志的聚合和转换,同时能够减轻后续日志分析的压力,达到削峰填谷、安全限流的所用。转换工作由Logstash完成,从Kafka采集各种样式、大小和来源的日志数据,利用过滤器进行实时解析和转换日志数据,过滤器能够解析各个事件,识别已命名的字段以构建结构,并将它们转换成通用的日志格式,再将转换后的日志数据利用Kafka传输到Elasticsearch,用于后续多维度检索。Logstash的工作,也可以用 Flume 完成,Flume是Java开发的,技术栈比较统一,但是Logstash目前的可配置能力比较强。

(1) 能够还原调用链的日志相关格式规范

为了便于后面的数据解析,日志数据需要规范先行,所有的日志必需约定好统一的格式,例如:{时间}|{全局流水号}|{请求流水号}|{响应流水号}|{来源}|{对象id}|{类型}|{对象属性(以&分割)},避免埋点的日志文件和系统本身输出的日志混淆,埋点的日志输出的目录、文件等需要和应用本身的日志分离,通过Logback的配置可以实现。

日志可以分为系统日志、调试日志两种类型,前者记录系统处理的过程,后者用于开发调试,在运行期不使用,不能将两个日志混为一谈。

系统日志需要能够反映出调用链,就要为每次调用做个标识,然后将服务按标识大小排列,可以更清晰地看出调用顺序,我们将该标识命名为spanid。实际场景中,我们需要知道某次请求调用的情况,所以只有spanid还不够,得为每次请求做个唯一标识,这样才能根据标识查出本次请求调用的所有服务，而这个标识我们命名为traceid。现在根据spanid可以轻易地知道被调用服务的先后顺序，但无法体现调用的层级关系，多个服务可能是逐级调用的链条，也可能是同时被同一个服务调用。所以应该每次都记录下是谁调用的，我们用parentid作为这个标识的名字。

到现在，已经知道调用顺序和层级关系了，但是接口出现问题后，还是不能找到出问题的环节。如果某个服务有问题，那个被调用执行的服务一定耗时很长，要想计算出耗时，上述的三个标识还不够，还需要加上时间戳，时间戳可以更精细一点，精确到微秒级。只记录发起调用时的时间戳还算不出耗时，要记录下服务返回时的时间戳，有始有终才能算出时间差，既然返回的也记了，就把上述的三个标识都记一下吧，不然区分不出是谁的时间戳。

虽然能计算出从服务调用到服务返回的总耗时，但是这个时间包含了服务的执行时间和网络延迟，有时候我们需要区分出这两类时间以方便做针对性优化。那如何计算网络延迟呢？我们可以把调用和返回的过程分为以下四个事件：

- Client Sent，简称CS，客户端发起调用请求到服务端。
- Server Received，简称SR，指服务端接收到了客户端的调用请求。
- Server Sent，简称SS，指服务端完成了处理，准备将信息返给客户端。
- Client Received，简称CR，指客户端接收到了服务端的返回信息。

假如在这四个事件发生时记录下时间戳，就可以轻松计算出耗时，比如SR减去CS就是调用时的网络延迟，SS减去SR就是服务执行时间，CR减去SS就是服务响应的延迟，CR减CS就是整个服务调用执行的时间。

其实span块内除了记录这几个参数之外，还可以记录一些其他信息，比如发起调用服务名称、被调服务名称、返回结果、IP、调用服务的名称等，最后，我们再把相同spanid的信息合成一个大的span块，就可以完成一个完整的调用链。

（2）字节码注入

JavaAgent是JDK 1.5以后引入的，也可以叫作Java代理，用来协助监测、运行甚至替换其他JVM上的程序，通过自定义类加载器，进行字节码修改等手段，可以实现虚拟机级别的AOP功能。

Skywalking是一款国内开源的应用性能监控工具，支持对分布式系统的监控、跟踪和诊断。它就是使用JavaAgent做字节码植入，无侵入式地收集数据，并通过HTTP或者gRPC方式发送数据到Skywalking Collector，Collector对Agent传过来的数据进行整合分析处理并落入相关的数据存储。通过Skywalking，可以对服务的性能进行分析，包括：①SLA：服务可用性（主要是通过请求成功与失败次数来计算）；②CPM：每分钟调用次数；③Avg Response Time：平均响应时间等。

Skywalking也是一个全套的技术栈，如何与ELK日志处理技术整合，就需要考虑清楚。

Skywalking作为字节码注入的感知框架，未来需要基于字节码扩展的"感觉"能力都可以在这一级别扩展。

Skywalking支持多种数据存储方式，例如Elasticsearch、MySQL、TiDB、H2等，我们采用Elasticsearch进行存储，与ELK的技术选择一致，这样使用Skywalking后仅仅增加了Collector组件，其他是重用的。

Skywalking记录的跟踪信息，符合日志规范的定义，包括spanid、traceid、parentid等内容，以便能够与日志关联起来。

Skywalking可以用作系统的监控、跟踪和诊断等功能，但我们仅仅把它作为性能分析的工具，采用采样式的信息收集方式，避免大而全的使用。

（3）客户端埋点

客户端埋点对应的形态有网页、App、小程序、H5等。常见的客户端埋点被划分为三种实现方式：全埋点、可视化埋点以及代码埋点。

- 全埋点：嵌入式埋点，也称为无痕埋点或者无埋点，通过 sdk 的形式植入到终端设备，将终端设备上用户所有的操作、浏览行为、内容全量完整地记录下来，全埋点是数据采集覆盖面最全面的埋点方式。
- 可视化埋点：通过服务端可视化配置的方式有针对性地收集用户在终端上的行为数据，根据金融企业对不同数据的需求局部埋点，定向获取数据。
- 代码埋点：代码埋点和可视化埋点一样，都是根据金融企业业务场景，针对性地收集用户行为数据。区别在于，代码埋点是纯定制化的，每次调整都需要对终端应用进行升级。

3. 聚合式知觉能力的相关技术

"感觉"是信息采集的过程，而"知觉"是产生行动的过程。建立微服务架构下系统的知觉能力，需要多个层面配合完成，是一个系统性的工程，而不是孤立地考虑。我们把系统的"知觉"能力纵向分为四个层次，客户端（Web、H5、App、小程序等）、服务端（微服务进程）、技术组件（虚拟机、容器、中间件、数据库等）、基础设施（网络、服务器、存储等）。"知觉"体现的最终行动，分为链路拓扑、监控、预警、故障定位、趋势分析等几个主题，配置中心（CMDB）实现所有涉及的应用软件、系统软件、服务器和网络设备的配置管理、监控参数设置、业务规则配置，监控中心负责监控展示与告警，分析中心根据"感觉"采集的数据进行深度挖掘并积累知识，如图7-26所示。

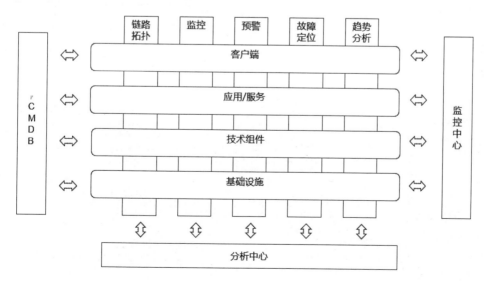

图 7-26 聚合式知觉能力相关技术

- 链路拓扑：根据日志、旁路采集、注入等数据记录的链路信息，为系统生成一张调用的拓扑图。通过这张图，我们就可以知道系统中各个组件间的调用关系是怎样的，依赖了哪些服务。并且还可以起到监控全局服务的作用，便于架构师、运维人员掌握系统的状态。
- 监控：不同层面监控要求不同，客户端监控以实时监控客户体验为主，包括性能、返回码、城市、地区、运营商、版本、系统等；应用/服务监控包括核心指标的监控（例如登录、支付、注册、下单的关键指标），以及响应时间、吞吐量等技术指标；技术组件的监控包括可用性、响应时间、磁盘、存储等技术指标；基础设施的监控包括网络流量、丢包、错包、连接数等。监控的重点是延迟、流量、异常、资源饱和度这几个黄金指标。
- 预警：根据"感觉"采集的数据，对可能出现的故障提出警告，需要使用复杂事件处理的技术提高实时性，避免事件风暴。
- 故障定位：根据完整的调用链数据，对实时搜集的信息进行聚合分析，基于时间和类型快速定位问题，减少处理时间。基于多方数据整合分析，帮助分析根源问题。
- 趋势分析：结合跨时间长期趋势分析，及早发现潜在问题。

应用技术架构微服务化带来的系统复杂度，意味着相关运营监控手段需要相应提高，正所谓"魔高一尺道高一丈"。这里，我们希望从"感知"的角度，对建立运营监控体系进行分类，将体系内部关系解耦，避免技术堆砌带来的复杂度，为系统性建设提出指导原则。

第 8 章

打造低代码平台：实现个性化自助研发

建设低代码平台，数据、流程、规则、展现是落地的几个重要方面，低代码平台基于上述几个方面提供配置化和可重用组件，以支撑业务需求落地。对于前文提到的结构化的需求元模型，低代码平台均应提供对应的能力和组件支撑，对应关系参见表8-1所示。

表 8-1 低代码平台能力和组件对应关系

结构化需求元模型	低代码平台能力
业务领域	业务应用、业务目录
业务职能	应用功能、业务流程
业务流程、业务活动、任务、步骤	业务流程、操作流程、交易流程
业务信息	数据标准、数据字典、数据模型、输入输出规格
扩展主题、扩展点	业务组件、扩展点
业务规则	业务规则
组织单元、岗位、角色	权限、流程与组织单元、岗位、角色数据结合

对于低代码平台各方面能力的建设，还需要着重考虑如下三个关键要素：

- 基于可重用的业务组件支撑业务需求快速落地。
- 整体的可扩展性是平台可持续发展的保障。
- 平台需要对应用的生命周期全面支撑。

本章将从上述三个要素的角度，对低代码平台建设的各个方面的关键点进行分析和说明。

8.1 基于可重用的业务组件支撑业务需求快速落地

可重用、大粒度的业务组件是低代码平台支撑业务需求快速落地的核心手段。这句话中有两个关键词："可重用"和"大粒度"。首先，可重用一定是能够提升应用实施效率的，这点毋庸置疑。这里强调"大粒度"是对比小粒度的"技术重用"来说的，比如：单行文本框就是一个可重用的技术组件，使用它设计页面时，比自己编写代码会快一些，但仍有巨大的提升空间。而大粒度的业务组件则是通过对业务需求的总结抽象，沉淀出来的具备业务化属性的组件，比如：将银行抵押贷款中不动产抵押物的业务属性进行业务化组件封装，在涉及不动产抵押的应用页面中均可以直接使用，而不是基于小粒度组件一个一个地进行组装配置。我们认为，没有将业务抽象为组件的低代码开发仍然是低效的。有了可重用的业务组件，除了效率提升之外，还可以对业务需求进行标准化的管理，同类业务重用相同的业务组件，就有了一致的业务语言，避免了不同人由于业务认知程度不一致造成的差异。

业务组件沉淀的过程，本质上也是业务需求抽象的过程，是业务能力走向成熟的表现。下面我们将对数据、流程、展现等方面的业务模型、组件进行说明。

8.1.1 业务化数据模型

市面上的常见低代码平台大多不具备灵活的数据模型定义能力，而是采用直接拖拽控件生成表单页面，发布应用。基于这种模式建设的应用，看上去方便，实则数据是封闭的，就是信息孤岛。企业做低代码平台，绝大多数场景是基于已有数据建设应用，因此数据模型化能力是低代码平台的基础。多数企业对于数据应用已经有了一套成熟标准，低代码平台的数据建模能力，需要以企业的数据标准为基线，再结合业务特点对已有数据标准进行扩充，形成具备业务特色的数据字典。结合数据标准与数据字典进行数据模型抽象，能够为低代码平台中配置、集成组装过程提供极大的便利。下面我们对数据标准、业务字典、业务模型分别说明：

（1）数据标准：为解决数据来源多头、定义不一致、格式不统一、交换困难等问题，企业对数据按主题划分，做了统一的标准化定义，通常基础数据标准会包含数据的一些基本属性，比如：属性名、中文名、英文名、类型、长度、效验规则等一系列的基础信息。

（2）数据字典：以数据标准基础，对数据条目基于业务特色进行扩充，可以按业务维度划分，比如，表单展现维度的数据字典项目会定义展现相关的控件、校验规则、显示格式等，数据集成维度的业务字典项目则会扩充定义数据的加密、脱敏、转换等规则。不同维度的数据字典是各领域低代码平台配置效率提升的关键因素之一。

（3）数据模型：数据模型是对业务数据的模型化定义。定义过程就是按照业务使用的场景，将一个个数据字段组装为带业务化含义的数据模型对象，供服务集成、业务规则、数据交互使用。数据模型通常会按数据的存取方式进行分类，比如：基于数据表定义的数据模型称为"数据实体"，支持根据该数据实体对数据库表进行增删改查操作；基于数据库查询语句结果集元数据封装的数据模型称作"数据视图"，通常为只读类型的数据模型对象，用作视图查询、报表、图表等功能装配；基于服务调用报文的数据模型称作"消息实体"，通常用于服务集成，具体的操作类型取决于对应的服务操作提供的能力。

（4）输入输出规格：输入输出规格可以理解为给业务信息数据使用者看的说明书。简单来说，如果我想要通过某种形式使用数据（如：调用服务），那么我只关心我要给其发送什么数据，然后我能接收什么数据，即服务的输入、输出的规格。对于技术服务的业务化封装，首先要做的就是输入（in）、输出（out）的标准化定义。有了业务化的规格定义，开发配置人员就能够更清楚地理解和使用。

有了数据模型作为基础，就具备了业务的元信息结构，使得低代码平台之上建设的应用能够与业务紧密结合，应用开发、集成的效率也能够显著提升。

8.1.2 标准化流程编排

对于常见的低代码平台，对流程支撑仅限于应用内部工作流即操作流程的场景。这对于大企业来讲显然是不够的。以银行为例，其流程从广义上讲就是后端交易，按照不同的特点一般分为业务流程、交易流程、操作流程几种情况。

- 业务流程：也称长流程，即有人工参与的交易流程，其特点是以端到端的系统集成为主，执行过程中涉及服务集成、人工处理等多种不同的情况。通常是以在渠道整合或业务中台中建设为主。
- 交易流程：也称短流程，即无人工参与的交易流程，其作用是端到端的系统服务集成，流程启动后自动根据配置规则执行流转。通常是以在渠道整合或业务中台中建设为主。
- 操作流程：即日常工作、办公审批等工作流程。其特点是流程审批模式、审批操作多样化，还需要支持自由灵活的人工流程流转。

低代码平台在企业落地时，需要能对业务流程、交易流程、操作流程相关场景进行支撑。对于支持这几种场景的流程，整体建设思路首先就是要有工具能够支撑标准化、易用的流程编排，抽取各场景流程的共性特征，沉淀为业务组件让流程编排更方便快捷。通过流程编排工具，将相对稳定的流程进行标准化定义，再将多变的业务进行规则组件封装。整体协同配合，以支撑企业的业务运行。下面我们将按不同场景的流程和规则支撑来分别进行说明。

1. 业务操作

企业中服务集成是信息互通的核心，低代码平台对于服务集成场景的支撑，仅有代码开发是不行的，而是需要对数据服务进行业务化的组件抽象，然后以配置化的形式提供服务集成能力。这种数据服务封装后的组件我们称之为"业务操作"，配置化的方式让应用实施人员能够更容易地理解和使用。

业务操作应根据IO规格结合协议规格来定义。IO规格即前面章节提到的输入输出规格；协议规格则对应服务技术协议相关的说明书，属于服务调用实现的技术细节，对服务调用配置人员不可见。从技术实现角度看，真正封装一个可用的业务操作，除了IO规格外，还需要定义服务协议相关的规格。有了IO规格和协议规格，才能完整地支撑服务定义和调用的过程。低代码平台的服务调用模块会根据业务操作的IO规格与协议规格之间的映射关系，将输入参数进行组装，并根据协议调用实际服务提供者，再将服务输出的数据返回到平台中的服务消费方。

实际企业的服务调用和集成过程中，会有各种各样协议的服务，比如：本地方法调用、远程RESTful、Web Service服务调用、TCP报文等，各种类型的服务均可以采用IO规格结合协议规格定义成为业务操作。有了抽象的、标准的业务操作定义，再结合低代码平台的工具辅助，才能让业务人员对服务集成更快速地理解和上手使用。有了业务操作模型定义能力，让数据服务能够进行业务化组件封装，打通了流程、交易编排中服务集成的关键一环。

2. 交易流程

本质上就是采用流程编排的方式进行服务集成、组装。例如，银行交易大致包含实时交易、联机小批量交易、批量交易等几种不同特点的交易流程。交易流程示意如图8-1所示。

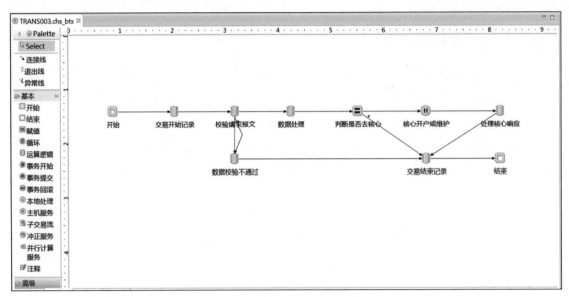

图 8-1 交易流程示意图

对于不同类型的交易流程，在交易编排过程中会有一些共性的场景可以进行抽象总结，沉淀为可重用的组件，比如数据转换、协议转换、事务一致性、异步等。下面我们对于这些常见的重用组件进行介绍：

- 数据、协议转换组件：以数据模型化落地过程中的数据模型和业务操作的定义为基础，服务数据转换和协议转换就变得更简单。对于数据转换，则是交易流程中服务组装、参数绑定的最常用的功能，其本质就是基于交易流程引用的数据模型与业务操作中 IO 规格定义的"消息实体"模型的映射关系配置。数据模型映射的过程中，可以基于数据实体、消息实体模型的元数据结构，优化交易编排工具的能力，支持复杂对象的"解构赋值"的映射方式，这种方式更直观、灵活、方便。数据转换完成后，还可以根据交易维度的业务字典定义，对数据进行脱敏、加解密、转换等设置。兼顾数据的安全使用；对于协议转换，根据 IO 规格和协议规格的定义，低代码平台能够逐渐积累和完善连接各种协议服务的技术组件。对于交易流程对外发布的协议，建议基于企业内部的 ESB 或网关定义的报文规范要求，利用低代码平台的工具，自动发布统一协议规范的服务。
- 数据一致性组件：服务编排过程中，对于事务一致性一致的要求是常见的重要能力之一。在交易流中解决事务一致性问题常见的模式有：可靠事件模式、业务补偿模式、TCC（Try-Confirm-Cancel）模式。如果用代码开发方式实现，则需要高级别的架构师来完成，每次开发后均需要进行大量测试以避免编码引入的缺陷风险。而经过抽象和沉淀为技术组件后，编排交易流程时，仅需通过配置化的方式即可以完成，高效率低成本，功能更稳定可靠。
- 异步请求类组件：服务编排规程中，异步的场景也非常多，比如消息异步、线程异步，还有利用异步响应技术模拟同步请求的非阻塞服务调用场景等，这些复杂的请求方式，同样技术含量高，抽象沉淀为平台中配置化能力后，对于服务集成实施效率和可靠性会有显著提升。
- 数据核对类组件：以银行交易流为例，数据核对相关的场景非常常见，比如对账与冲正等，平台中可以将这些常用的数据核对业务进行组件化封装重用。例如，对对账业务的特点进行分析，对账过程可分为：日切、清分、核对和调账等几个步骤；再对对账业务的可变性进行分析，可划分为"他方对账"和"我方对账"的不同场景。平台结合场景对步骤中的可变点进行灵活配置，即可在不编写任何代码的情况下，通过简单配置，调用对账业务组件来完成对账业务需求。除编排组件外，平台还可以提供基于在线管理控制台进行不一致账目调整的能力。

如上所述，除了交易流程所具备的核心能力支持外，再经过业务组件的积累，逐渐将复杂的业务场景由编码模式进行抽象、总结、沉淀，转换为组件化配置方式实现。平台经过不断地积累和进化，逐步进入一个非常高效的运行状态。

3. 业务流程

业务流程本质上是金融企业中的端到端的跨系统整合类流程业务。其特点是人工处理和服务集成兼有。业务流程示意如图8-2所示。

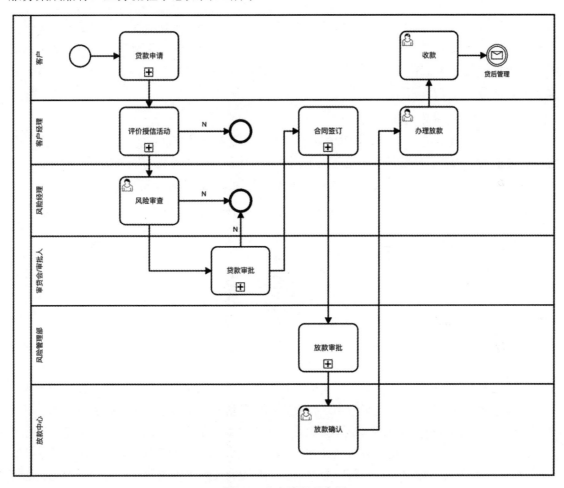

图 8-2 业务流程示意图

业务流程也需抽象、总结、沉淀各类技术和业务组件。常见组件如：服务集成类组件、流程服务协同组件、流程异常处理、外部子流程集成组件等集成场景相关组件。对于服务集成相关的能力，与交易流程的方案一致即可。下面我们对其他几个组件场景分别进行说明：

（1）流程服务协同组件

在端到端的跨系统业务流程集成场景中，常常有主流程需要等待被调用子系统业务处理完成后，再执行后续流转的场景，此时被调子系统可能需要较长时间的人工处理，主流程发起同步调用显然不是一个合适的选择，因此采用请求响应模式进行协同更加适合。这种场景就是我们所说的流程服务协同场景，其本质就是跨系统服务调用时，请求发送后等待被调方异步回调信号触发主流程流转的场景。此场景的业务过程为：

- 主流程发送服务调用请求到目标系统，目标系统确认收到请求，并返回业务凭据到主流程中。
- 主流程请求发送成功后，自动向后流转，下一步活动为等待信号触发的活动，活动处于待激活状态，等待上一步业务凭据对应的业务消息触发。
- 流程引擎监听并等待信号活动对应的业务凭据相关消息，一旦收到该消息，满足信号触发条件后，触发主流程的信号等待活动，流程继续向后流转。

通过对此类服务调用协同等待的场景进行分析，我们发现对于业务流程需要支持接收消息触发模式。进一步对技术特点进行抽象总结，此场景可以采用流程中提供"接收业务消息后触发"类型的活动组件来实现。通过平台扩展能力进行二次开发定制，添加新的活动类型，以便更完善地支撑跨系统集成业务运行。

（2）业务流程异常处理

在端到端的跨系统业务流程集成场景中，由于涉及多个系统直接的集成和调用，通常来说，被集成系统的可靠性都是不被信任的，因此在业务流程中，除正常的调用、反馈外，对于异常处理也是非常重要的场景之一。对于业务流程的异常处理，需支持的场景总结如下：

- 需要支持技术类异常捕获，支持业务异常的定义与触发捕获。比如：返回参数不满足期望，可以定义为业务异常。
- 需要支持定义捕获异常后的流程流转方式。比如：可以结合交易流程的数据一致性补偿方式进行配置，配置事务区块、环节补偿逻辑等。业务流程中，还需支持人工干预进行异常处理。

（3）外部子流程集成组件

在端到端的跨系统业务流程集成场景中，本质上是一个大的业务流程将不同系统内部的子流程串接起来，当主流程运行到某个子流程环节时，会自动调用该系统子流程的发起流程服务。当外部子流程运行结束时，会回调主流程的服务，通知主流程中的子流程关联活动实例结束，流程再进行后序流转。在此场景中通常会使用服务协同模式实现，然而服务协同模式对于子系统流程执行的过程是无法感知的。如果被调用子系统内部也包含流程引擎，则建议进行进一步的抽象，将外部子流程集成划分为由主流程主动发起动作、子流程反馈的动作和异常控制等三部分动作，平台对于这三类过程进行交互接口定义，被集成系统须配合实现平台定义的接口，以完成跨系统子流程集成。业务流程的配置人员能够以配置化的方式完成复杂的跨系统流程集成业务，并且运行期还可以在主流程中进行全局视角的端到端流程监控以及钻取监控。异构系统的子流程同样可以实现此场景。

4. 操作流程

操作流程区别于业务流程，其特点是以人工流程处理为主，如常见的系统内部进行日常工作、办公审批类流程。操作流程示意图如图8-3所示。

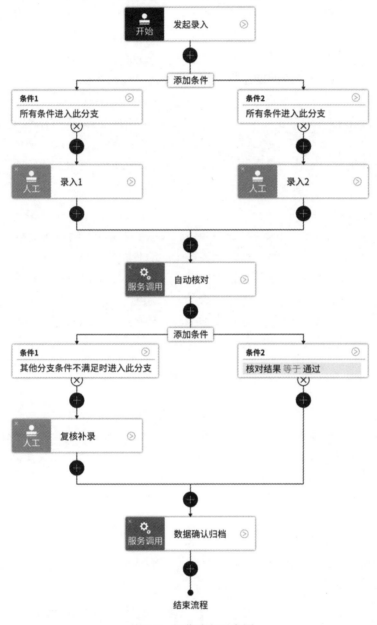

图 8-3 操作流程示意图

我们这里主要以审批类流程为例进行描述，审批类操作流程的业务场景多变，流程流转方式灵活自由。对于这类流程的场景支持，在低代码平台建设过程中着重考虑抽象如下内容：常见流程模式业务化、常见操作流程模板化、常用动作组件化等方式支撑。下面将对此部分进行说明。

(1) 流程模式业务化

分支聚合与自由流转：在工作流程发展的过程中，为了满足各类业务场景，也逐渐进行了审批模式、方法论的总结，比如常见的分叉、聚合模式等，各种基于复杂场景的模式与概念非常多，这对于非专业流程梳理人士来说是非常困难的。站在业务人员角度，不一定懂流程的各种复杂模式，但是他可以根据业务设计出"常用"的流程图。这里多数业务人员的内心诉求是满足常用与易用即可，不求全场景全覆盖。从我们的流程实施经验来看，也确实是这样，比如像分叉聚合流程模式，简化为基于是否满足条件来判定分支是否运行的逻辑，是业务人员最直观理解的模式，再结合自由流的动态指定模式，流程流转模式已经足够覆盖中国特色的审批场景了。

RACI审批模式：技术中台设计原则章节中讲到的RACI审批模式与流程图模式的对比，也可以看到同样的场景，虽然RACI模式不能面面俱到，然而却是业务人员最常用的场景。如果我们将这类场景在平台中固化为业务组件，那么对业务人员来说使用低代码平台能够极大地提高其生产效率，其直观感受就是这个平台懂业务、很好用。

(2) 常见操作流程模板化

在各大企业系统内的操作流程中，把共性的、具备同样特点的业务流程或活动采用模板化的形式固化下来，形成公共的满足特定业务场景的流程模板库或者业务活动模板库，供流程实施时选用，也能够极大地提升流程实施的效率。让业务人员可以直接从模板库中重用一个已经配置好的流程或活动，而不是使用流程平台的基础功能，从头开始设计和配置。这类场景在企业中也很常见，比如：对于财务核算类流程中，都会有录入复核过程，这类流程就可以将模板固化和重用。同样在类似的财务核算流程中，票据扫描后触发影像上传的动作也可以进行业务化封装，成为特殊的可重用活动。

(3) 常用动作组件化

在操作流程中，无论什么样的业务场景，最常用的实际上是一系列灵活多变的审批动作，比如：提交任务、驳回任务、加签、撤回、转办、终止流程等。传统的流程实施模式下，流程开发测试完成后，接下来会有一大部分工作落在任务处理、流程查看相关页面的开发上。业务应用A需要开发一套适合其业务的审批操作页面，业务应用B亦然。这部分不同应用各自开发的流程、任务处理操作页面工作都是大同小异的，完全可以用抽象、配置化的方式替代。然而多数流程平台不管这个事，因为审批页面的开发一般是使用流程平台的业务系统需要做的。而到了低代码平台时代，不论是平台自身应用要高效率配置，还是其他应用要集成流程功能，为了满足帮助企业快速交付业务应用的需求，低代码平台应该义不容辞地提供此公共组件。审批操作组件的建设思路如下：

流程编排过程中，对于人工处理活动配置，需要支持对审批动作的配置。平台提供常用的审批动作供实施人员选择运行时的当前活动需要使用哪几个动作，以及具体动作在当前业务应用中的操作名称。

平台提供标准化的流程查看、任务处理页面，其中页面上的操作根据流程活动上的审批动作配置动态生成。审批动作配置需要支持定制参数，以备二次开发时方便扩展。

PC端、移动端流程与任务处理均需整体考虑。

8.1.3 业务化规则定义

业务规则就是从相对稳定的业务流程中提取出来的、易变化的"业务策略、参数"及其相关"规则逻辑"。我们建议将灵活多变的业务处理规则和策略通过类自然语言或者业务化的配置方式进行规则描述,以结构化的业务逻辑规则、决策表或决策流的方式进行规则定义,由低代码平台的业务规则管理能力进行管理,由规则引擎负责调度和执行。通过低代码平台对规则进行快速设计和调整,沉淀为可重用的业务规则组件,以松耦合的方式与应用功能集成,在实现业务灵活变更的同时,仍然可以保障整体业务流程的稳定性。

业务规则的使用场景按触发方式通常分两类:

- 函数式直接调用,比如流程中根据业务条件计算分支条件、参与人时,通过流程中绑定的规则编码,调用规则计算,获取数据。
- 消息事件触发,比如风控预警类场景中,规则逻辑被编译到规则引擎中,规则引擎主动监听业务消息,一旦收到消息则匹配规则的触发条件,如果成功匹配,则自动执行规则处理。

业务规则需要能够与低代码平台中的数据模型、业务操作集成。说明如下:

- 触发条件:业务规则的触发条件本身也属于一种特定的逻辑判断型业务规则,在业务条件判断过程中,需要支持根据数据模型对象类型的数据进行条件判断,需要支持调用外部服务、业务操作等模式。
- 处理逻辑:业务规则的处理逻辑需要支持调用外部的服务、业务操作等。

业务规则引擎是企业业务规则层面扩展性支撑的一个重要组成部分,与流程编排相结合,在标准化流程的基础上对业务需求提供更灵活的支持。

8.1.4 组件化展现设计

平台从数据模型化开始,对数据进行标准化的收集和集成,通过交易流程、业务流程、操作流程对业务流转和规则进行控制和审批。而业务人员通过页面展现对数据的高效应用,才是低代码平台支撑业务功能的最直观体现。相比数据模型与流程编排,对于页面展现部分的业务组件抽象主要从数据和权限两个维度考虑,建设过程中需要考虑如下方面:

(1)支持关联数据模型的业务组件进行展现模块设计。在大多数场景中,企业的低代码平台是基于已有数据进行展现建模,即使是完全新建的应用,事先做好数据模型设计也是非常必要的。支持关联数据模型的应用开发才是企业可落地的方案,无数据模型的动态表单模式仅适合简单场景使用,或者是作为原型验证、需求沟通的演示工具。使用数据模型驱动页面展现功能建模时,还可以结合展现维度的业务字典,模型与字典匹配后,可以根据模型中的字段绑定的业务组件直接生成表单页面,开发人员无须一个一个组件进行拖曳配置,更方便快捷,提高应用实施的效率,提升操作体验。

(2)使用可重用的业务化组件设计页面,而不是小粒度技术重用。页面展现模块的配置化开发,我们建议采用业务组件为主的模式进行。基础字段这种小粒度的技术组件仅作为辅助使用。这里的业务组件可以是由技术人员封装好的业务表单套件,直接拖曳重用就能快速构建相对完整的能力；还可以是领域内常用的基于业务字典的组件封装，比如柜面业务的银行卡号字段，在前端展现维度的业务字典中应该对卡号的控件、校验逻辑、前端展示的显示格式等都做了详细的定义，业务人员直接选用带业务数据含义的组件，相比基于基础的文本框控件配置业务功能的效率成倍提升。

（3）展现页面的权限控制。对于表单页面的权限控制，可以抽象为通用的表单权限控制模型，我们称之为"表单显示状态"控制。常用场景如表单页面与操作流程结合使用时，在不同的流程环节中，页面字段的读写权限、可见性等均可能有所不同。表单显示状态控制模型说明：

- 表单 1：N 状态，一个表单页面，可以有多个状态。
- 表单状态 1：N 字段状态，每个表单状态内部都定义了表单内每个字段的状态。

基于上述表单权限模型，就可以通过切换表单状态，灵活地控制表单内部字段的读写权限、可见性等。

（4）一套展现模型，支持多端渲染。丰富的展现模型能够支持数据应用中的各种业务场景，常见的展现模型如：数据表单、数据维护、查询视图、报表、图表、仪表板等。对于数据表单类型的模块，多端展现的支持取决于控件字段、业务字段、业务套件定制开发时的实现情况，如有需要，可以对不同的终端定制展现效果以满足用户体验需求。其他模块则建议根据功能复杂程度，在设计期间考虑是否支持多端展现。如果需要支持多端展现，那么在功能设计的复杂程度、交互体验方面要进行权衡，以期达到多端均衡展现的效果。

8.2 整体的可扩展性是平台可持续发展的保障

可扩展性是低代码平台可持续发展的保障。平台建设过程中应该以抽象的思维，将通用的功能以标准化的业务组件形式呈现出来，供应用实施过程中选用。但实际上业务组件封装是个持续积累的过程，并非一蹴而就，在平台功能组件的覆盖场景不满足要求时，就需要通过扩展的方式进行增强和改进。通常平台的扩展过程如图8-4所示。

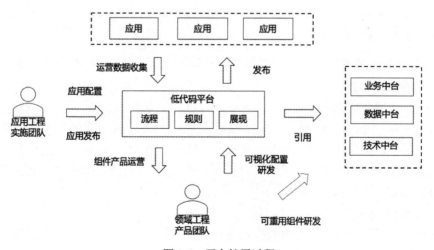

图 8-4 平台扩展过程

（1）应用工程实施团队：一般情况下，业务应用的实施人员基于低代码平台中的可重用组件，进行应用功能的配置实施、发布应用。在发现平台对于某些业务场景支撑不足时，应用实施人员即成为平台功能需求提出方，为平台提出相关业务场景，这部分业务场景可以作为平台扩展改进的输入。

（2）领域工程产品团队研发可重用组件：针对业务需求场景，在业务中台、数据中台、技术中台研发相关组件，并通过低代码平台的二次开发，实现组件的可配置能力。同时，利用低代码平台采集的应用运行数据，进行组件的产品化运营。

低代码平台自身必须具备良好的二次扩展开发能力，着重考虑基于可变点的设计，尤其是在更贴近业务上层的流程设计、展现设计等方面，扩展性尤为重要。下面我们将对各个方面的扩展性进行阐述。

1. 流程层面的扩展性

（1）服务集成协议的扩展性

在业务流程、交易流程中，服务集成是核心场景之一，对于服务集成的扩展，建议通过业务操作模式进行，将流程的模型相对固化，通过标准化的业务操作规格，与外部的不同协议进行集成。因此服务集成方面的扩展能力主要体现在业务操作定义的模块中。这部分能力通常需要采用基于平台能力二次开发扩展的方式实现。比如：平台提供扩展插件支持各类协议规格RESTful、Web Service、SAP服务、各种企业特有报文协议等。

（2）流程节点业务化封装与扩展

流程触发事件拦截：流程在运行期与外部系统进行数据状态同步交互的场景中，外部系统需要通过流程的扩展拦截器的机制，在流程在启动前、后，流程完成前、后等流程状态变化的过程中触发通知事件。

- 流程模型插件化扩展：基于流程环节、流程环节属性等业务化配置的需求，需要流程支持扩展二次开发的方式，采用插件化开发的模式，对流程模型、设计器、运行行为等进行扩展实现，为低代码平台的流程编排扩展提供业务化流程编排的能力。
- 流程编排设计工具扩展：抽象通用的、基于流程图编排的设计工具，以通过插件化的形式扩展支撑各类流程图的设计，比如：交易流程、业务流程、操作流程等不同规格不同图形的流程图设计编排。除编排之外，流程图的展现也需要支持二次扩展，基于流程图展示框架，扩展实现流程实例状态图、流程仿真图等支持多种模式的流程图使用场景。

2. 展现设计的扩展性

业务组件需要支持扩展定制。在低代码平台中，页面展现模型所用到的组件也是需要不断积累的。这部分业务组件通常包含如下：

- 表单控件、业务字段、业务字段套件扩展：组件封装过程通常有技术人员负责，在定义表单字段扩展组件时需要从表单设计时、运行时等维度对组件进行定义开发。
- 表单设计时定义项：表单控件的属性需要定义控件类型、控件在选用面板上的图表、名称、分组，控件在表单编辑区的显示样式，控件有哪些可配置的参数，以及属性面板的展示方式。

- 在表单运行或预览时定义项：需要定义表单在 PC 浏览器中的展示方式、移动浏览器中的展示方式等。
- 校验规则扩展：表单中的不同类型的字段控件或者是业务字段控件，大部分需要输入的控件都需要做字段值合法性校验，平台需要固化常用的字段值合法性校验方式，比如：长度、取值范围、邮箱、电话号码、身份证号等规则。除了默认固化的规则外，平台还需支持使用自定义 JS 代码或者正则匹配的方式进行校验器的扩展，以便支持更多业务场景的合规校验。
- 表单字段触发事件扩展：表单与字段均需要支持基于事件触发的动作扩展。常见的表单触发动作时机包含：表单加载后、表单提交前；常见的字段触发动作时机包含：字段值初始化、字段值发生变化等。支持触发的动作通常需要内置常用的事件动作，包含：①更改表单状态动作，支持隐藏、显示、禁用、启用当前表单页面的其他表单控件；②自定义 JS 函数动作，低代码平台也应该保留部分需要编码的场景支持，以供不时之需。

8.3 平台需要全面支撑应用的生命周期

1. 低代码平台需要符合企业应用集成架构的要求

低代码平台是企业中台建设的高级阶段，要与业务中台建设结合起来，让业务中台积累的业务组件能够在低代码平台中快速体现，同时要与数据中台建设结合起来，以数据模型作为业务组件的元信息结构，使应用与业务紧密结合，提升应用开发、集成的效率。无论是外购厂商产品定制还是企业自建平台，都要符合中台集成架构的要求，要与企业的组织机构、用户数据、统一认证、服务总线和网关等集成组件集成打通，避免低代码平台上创建运行的应用成为新的信息孤岛，要使平台及其上的应用能够融入中台的生态，助力中台建设、加速企业数字化转型。

2. 简化需求到开发的过程

低代码平台通过业务组件化配置的形式，将业务需求转化为数据、流程、规则等展现快速建模的过程，业务化组装的过程更贴合业务场景，让业务需求能够所见即所得；通过可重用的业务组件，能有效地实现业务需求标准化和规范化，平台功能和业务组件屏蔽了技术细节，也无须考虑架构设计；应用开发过程依托于平台能力采用配置化的方式进行，无须编码，更稳定可靠。

如上所述，有了低代码平台，需求沟通、架构设计、开发与测试这几个阶段均有了极大的简化，能够显著地提升应用需求到开发过程的效率。对于低代码平台支持不够完善的业务场景，基于低代码平台自身的柔性扩展能力，将可重用的部分下发到业务中台，沉淀为可重用的业务组件，再纳入到低代码平台中来，使得平台能够持续积累，发挥更大的价值。

3. 支持多应用的团队开发与管理

低代码平台是高效构建应用的高级阶段，多应用并行开发是必选项，通常需要支持为每个应用指定开发人员和管理人员。开发人员负责应用的设计与配置；管理员则除了设计、配置、调整之外，还负责应用的运维工作。这种多应用模式类似SaaS服务的多租户模式，应用内部的功能模块、流程、数据模型等可以共享，而应用之间则需要数据隔离，但必须支持通过服务集成方式让应用能够互联互通。对于应用开发方式,企业级应用相对要求较高,应用的复杂度也比互联网的简单审批类表单、流程应用高得多。通常需要支持对功能模块按业务进行多级分类,即模块按业务特性分类管理和开发,结合低代码平台的高效性,通常一个业务分给单人负责即可。多级业务模块划分,能够更好地解决多人并行实施导致的混乱和冲突问题。

4. 支持多版本管理与多环境部署

低代码平台虽然能够很大程度上缩短需求与开发的过程,然而在企业级应用场景下,对于低代码平台的要求需要更多的"工程性"而非"工具性",支持多版本管理与多环境部署就是对工程性的重要支撑之一。

- 多版本:一般企业应用的业务数据模型通常是相对稳定的,如有变化,则需要从上至下进行调整。而越往上层看,其对应的业务需求往往是多变的。部分企业(如银行、证券、海关)的应用对于功能需求变更灵活性要求高的同时,还有着严格的正确性要求,一旦新的应用功能发布后发现问题,要求能够及时快速地回退到之前的版本。这样的场景就要求低代码平台对于流程模型、规则模型、业务展现模型等变化频度高的模块支持多版本管理。比如:模块变更需要创建新版本,已提交的正式版本不允许修改,已发布的版本可以撤销回滚,不同基线版本的业务化变更比对能力等。

- 多环境:然而与互联网应用不同,绝大多数企业级应用都需要经过严格的测试验收才允许发布,低代码平台也不例外。并且,低代码平台也是必须要求多环境部署的,也需要部署多套环境,比如:集成测试 SIT、验收测试 UAT、生产环境 PRD 等。由于要支持基于多环境应用发布上线的场景,另一个非常重要的需求就是在不同环境切换过程中,应用功能模块需要能够提供方便快捷的迁移方式,通常的解决方案就是需要支持应用功能的导出、导入能力。将变更的应用功能模块导出为可部署的资源包,切换到另一个环境后导入。

对于这样的多版本、多环境应用导出和导入功能的需求来说,市面上的绝大部分低代码或零代码平台都不具备,其看似简单的设计和发布操作过程,实际却并不适合企业级应用。这也就是多数大型企业会选择厂商定制或者合作自建低代码平台的原因之一。

5. 低代码平台要支撑应用及可重用资产的运营能力

低代码平台在提升应用实施效率的同时,应用运营相关的能力也是必不可少。低代码平台应用实施过程中,其展现、流程、规则、服务、数据等,均使用平台提供的组件和能力来支撑,各层面的技术架构由平台自身架构决定,因此平台应该整体上从各应用的不同层面入手,提供丰富和一致的运营管理能力。通常运营指标的分析监控,可以从平台和应用的不同视角入手。应用相关运营指标说明如下:

- 访问量:从应用角度监控用户、服务请求的数量和调用外部服务的数量。根据访问量数据,可以对应用进行流控和资源调配。
- 活跃用户数:可按日、周、月等不同维度监控应用的活跃用户数。根据活跃用户数指标,可以有效地衡量应用的业务价值。
- 业务模块使用频率:分析应用内部不同模块的使用频率。根据模块使用频率可以分析应用内部模块的业务价值,可以作为进一步业务场景优化的依据之一。

平台相关运营指标说明如下：

- 平台接入接出情况：请求数量、最大响应时间、最小响应时间、平均响应时间、错误数、错误率。根据接入接出的指标可以分析平台的负载情况和健康程度。
- 平台资源使用情况：CPU、磁盘、内存、网络。根据这类运行指标监控，可以实施监控平台自身以及相关基础服务的资源使用情况监控。
- 平台组件使用情况：组件分类统计数量、组件引用次数。根据这类指标分析可以了解到组件使用的情况，进而结合业务使用场景分析、优化组件的实施效率。
- 应用的服务等级协议（SLA）：平台中的不同应用，按照重要程度不同，可以分别制定服务等级协议。根据上述运营指标，结合应用的 SLA，平台可以为不同级别的应用合理调度和分配资源，提升可靠性。

根据业务指标数据可以了解应用的业务运行情况和业务价值。根据平台与应用的运营指标数据，可以及时了解平台与应用的运行健康状况、性能以及可靠性。平台运营数据相关分析监控是平台不断优化提升的重要依据之一。

第 9 章
用户体验平台：极致的交互体验

根据Gartner报告，下一代人（1995—2010年出生的人，占世界人口的27%）正在进入劳动力市场并拥有消费能力。他们不太信任公司和品牌，希望被倾听和参与，快速改变偏好，并寻找提供真实和透明体验的雇主和品牌。能够更快地适应这些需求的企业将优于同行。人才和客户争夺战正在发生变化。雇佣合适的人才或获得合适的潜在客户是不够的——提供赢得客户忠诚度和拥护的体验才是关键。

数字化转型首先是提升用户体验，用户包括内部员工、管理层，也包括客户和合作伙伴，合作伙伴的客户，甚至是对于设备的体验。

1. 员工体验

员工是构成企业最为基础的单元，是企业业务的最直接驱动力。如何提升员工体验，对于企业在数字化转型时代能否把握竞争的窗口至关重要。一方面，在疫情后，劳动力市场的结构正在因为政策因素、市场因素、需求因素的变化而动荡，需要从企业文化、工作空间等维度提升员工的满意度，以促进工作效率的提升；另一方面，更重要是通过数字化技术，对于员工形成工作的辅助，让员工使用最新的最有效的技术完成工作。

2. 管理者体验

数字化时代，越来越多的管理者正在凭借数字化技术提升管理效能。从信息化到数字化的转变，从时间维度和参与者维度带来管理视角的变化。从时间角度来看，信息化时代的管理平台带给管理者的更多的是事后管理，而数字化时代，管理信息的输入和处理是实时的，甚至是具有预测性的。从参与者角度，信息化时代的管理平台，更多是为管理者本人服务；而数字化时代，管理平台会纳入所有与某项业务决策相关的参与人，来提升决策的准确性和效能。

3. 合作伙伴和客户体验

传统的用户体验强调用户旅途的完整性，强调统一的使用入口（门户），强调千人千面的个性化诉求，强调通过埋点等方式获得用户的真实反馈等等，应该说这些依然是数字化时代需要的。但是，在数字化技术的加持之下，数字化时代的用户体验会有更多的交互视角，包括人与人之间的社交连接以及人与设备之间的连接。

4. 合作伙伴的客户体验

对于B2B类型的企业来说，创造更好的用户体验已经不只是对于服务和产品的使用者本身的考量，而需要考虑如何让企业所服务的B端客户为其最终用户创造更好的用户体验。

5. 设备体验

5G商用进程的加速以及物联网领域的确定性增长，为企业数字化转型创造了更多的场景，越来越多的设备正在卷入软件开发的过程，用户体验所针对的已经不只是"人"，而是更多的设备。如何更有效地设计和实现底层设备和协议，如何更充分地利用设备的功能和性能，成为用户体验平台需要考虑的重点。

华为在数字化转型中曾经提出打造ROADS的用户体验理念，将用户体验的需求归纳为五个特点：实时（REAL TIME）、按需定制（ON DEMAND）、全在线（ALL ONLINE）、自助服务（DIY）、社交（SOCIAL）。

在我们的数字中台全景图中，实时、按需是由业务中台、数据中台、技术中台和AI中台完成，低代码开发平台提供了自助服务的能力，用户体验平台则为不同对象，基于数字化创新技术创造更极致的体验。

按照Gartner的定义，用户体验平台（UXP）是一套集成的技术，用于在用户与一组应用程序、流程、内容、服务或其他用户之间提供交互。UXP包含多个组件，包括门户、混搭工具、内容管理、搜索、丰富的互联网应用程序（RIA）工具、分析、协作、社交和移动工具。它可以作为一套产品或单一产品交付。

9.1 用户体验的设计流程

9.1.1 用户体验研究

良好的用户体验始于对产品使用者的透彻了解：即确定目标用户是谁，以及他们想通过使用你的服务或产品实现什么目标。

对于大多数场景下，大家一般来说会使用客户体验这个词，但在谈到数字化转型的时候，我们更愿意使用用户/客户体验这个词，为什么？因为数字化转型是企业的整体重塑，服务对象包括了内部用户和外部客户两个主体，所以提到体验的时候，不能仅强调客户体验，也要重视内部用户的体验。

用户研究技术有很多，但大致可以分为两类：定性和定量。给定的用户研究方法是否对你的产品或服务有效，将完全取决于你正在开发的应用程序、网站或系统的类型，以及你的目标、时间和环境。

定性研究是收集非数值数据的过程，不能批量量化和分析。用户研究中的定性研究示例包括包含开放式问题的调查、焦点小组和1对1访谈。定量研究围绕收集可以量化的数据展开。用户体验研究人员使用的一些方法包括：封闭式问题、A/B设计测试、分析网站/应用数据或对用户评论做聚类分析。

9.1.2 产品设计冲刺（PDS）

简单地说，这是一个简短的研讨会，大概持续一个星期，在此期间，与利益相关者讨论和测试产品的想法。讨论的内容涵盖项目构想、设计概念、快速原型设计和测试。最终目标不仅仅是验证产品的设计，还要评估其业务假设。

9.1.3 用户画像

用户画像是基于定性和定量用户数据，对细分市场的关键受众进行现实描绘。

定义明确的用户画像应包括以下信息：

- 虚构的名称和照片。
- 座右铭（总结人物心态的句子）。
- 人口学信息（年龄、教育、家庭情况等）。
- 职称与责任。
- 技术专长水平。
- 用户习惯的软件环境。
- 目标和恐惧（与公司KPI相关的目标和组织对KPI的期望，以及那些由个人抱负驱动的目标和恐惧）。
- 用户通过使用类似的解决方案所经历的挫折。

创建画像的好处在于：将用户研究数据人格化，便于设计团队和利益相关者的讨论。为设计原型和用户界面架构提供灵感。不同部门可能通过用户画像进行沟通方式的对齐。

9.1.4 用户故事

随着用户画像的到位，设计师通过创建用户故事来揭示产品设计的功能叙述。此方法用于从最终用户的角度查看给定的产品功能。用户故事通常遵循模板，类似于下面的模板：

作为[用户角色]，我想[能力]，以便我[从执行操作中获益]。

以下是使用专业招聘软件的人力资源专家的用户故事示例：

"作为一名人力资源专家，我想审查我的应聘者技能分配，以便我可以筛选最佳的潜在员工并着手招聘。"

用户故事通常被归类为类似的类别，并用作用户旅程地图的灵感来源。此类描述可帮助设计人员查看预期服务的主要功能，并仔细查看用户完成所需任务的每一步。

这个环境可以让设计团队确定哪些产品体验环境需要改进，或者哪些功能特性可能分散用户的注意力导致无法走完整个流程，并通过这一过程了解正面和负面的用户对于产品的印象。

9.1.5 线框图和原型设计

一旦确定了产品和服务的目标用户和关键功能，将着手进行线框图绘制和原型设计。

线框图是产品或服务的基本的、低保真度的描述，也是产品的第一次视觉表达。它们是产品未来功能、布局和信息结构的蓝图。线框大致可分为两个阶段：创建用户流图，然后进行单页线框图绘制。用户流图说明了用户在产品或服务中最常见的路径、决策和步骤。绘制用户流图，使设计人员和项目利益相关者能够了解哪些交互对用户转换至关重要，以及如何消除任何障碍。单页线框图是描述网站构图、页面结构和信息层次的概念的视觉效果。其目标是以结构化、直观、用户友好，并且与业务目标相一致的方式安排这些元素。

原型产品的高保真模型。与线框图相比在视觉上要复杂得多，因此通常在设计过程中的后期创建，此时产品的关键功能已经建立。形象地说，原型是一个虚拟的产品，可以模仿网站、应用程序或服务的每个界面设计一个原型，其逼真程度时常让人们误以为是一个真正的产品界面。原型设计的好处包括：与利益相关者和潜在用户一起测试一个"看得见、摸得着"的产品，为开发人员创建用户界面接口做参考，还作为项目文档的一部分保留下来；最重要的是，通过高保真原型上收集的反馈，将比在线框图上收集的反馈更靠谱——随着元素都在原型界面上呈现，测试人员可以一目了然。

9.1.6 设计验证

一旦产品或服务上线，设计师们就会将注意力转向不断改进设计，以便为用户提供最好的服务。为了做出有价值的设计决策，设计师需要收集用户的行为和态度数据。为此，通常需要进行可用性测试和跟踪用户体验的相关指标。

可用性测试。可用性测试是检查具有代表性的用户群体如何与产品交互的过程。在设计由开发人员编码之前，它以线框图和原型的方式进行。有各种各样的可用性测试方法，可以分为以下类型：

- 亲自测试。示例包括在实验室环境中进行的测试、游击测试（与随机参与者一起进行）、眼部跟踪和观察测试（即未调制）测试。
- 远程测试。例如，电话面试、卡片分类法和屏幕录制。
- 评估测试。一般评估测试（用户评估产品/服务的整体可用性，而不是单独的流程或屏幕）。
- 比较测试。用户被要求将产品与类似的解决方案进行比较。
- 探索性测试。用户可以自由使用产品，并要求用户在探索界面时作评论（在实验室测试中）或备注（远程测试中）。

上述所有可用性测试方法都是行为洞察的金矿，因为它们有助于揭示用户互动背后的What和How。

用户体验指标

通过可用性测试和应用内埋点，我们可以收集用于分析的数据，并通过这些数据分析用户行为，通过某些指标揭示特定场景下的用户动机。相关指标包括：

- 忠诚度级别。用户忠诚度可以通过要求用户从数字上评价他们愿意向朋友推荐产品或询问用户对服务的总体满意度来跟踪。
- 信誉。用户被问及对品牌的信任，以及产品/服务是否实现了承诺。

- 外观。询问产品品牌上的元素、颜色和/或整体印象的视觉层次。
- 可用性级别。用户被要求评估给定过程是容易还是难以完成。例如，这可以通过要求按 1~5 的级别进行评分来完成，即他们刚刚执行的过程是容易还是难以完成。

这些态度见解，结合可用性测试和分析软件的行为输入，可以为用户体验专家提供足够的数据来验证和改进产品的整体体验。

9.2 改善用户体验的关键技术

Gartner 报告指出，机器人、虚拟现实（VR）、增强现实（AR）、可穿戴设备、语音激活、物联网（IoT）、虚拟个人助理（VPA）、人工智能（AI）和分析等颠覆性技术，将成为我们日常客户、员工和其他用户体验不可或缺的一部分。对于数字化时代的用户体验平台来说，每一种体验场景下，基本上都会是上述技术的一种或者几种组合形成体验的技术基础。下面就以其中的几项技术为例，来说明用户体验平台在对应视角下的设计原则和方向。

9.2.1 非接触式手势控制

非接触式手势控制，是在不接触键盘、鼠标或屏幕的情况下，通过身体动作和手势来控制应用程序的过程。非接触式手势包括：

- 导航手势。帮助用户轻松浏览产品的手势。
- 动作手势。动作手势可以执行滚动等操作。
- 转换手势。允许用户使用手势转换对象（如元素的大小、位置和旋转）的手势。

非触控手势控制的设计原则包括：避免用简单的替代式思路设计手势，即不能用手势简单地替代鼠标键盘操作，而应该设计更符合手势控制的操作方式；要考虑用户使用手势时的舒适，避免因为使用手势而疲劳；手势应该是直观的、可被理解的，不能设计得过于复杂，可以多采用与现实生活相联系的手势；即使如此，还是要提供一些向导类的设计帮助用户熟悉手势；一定要实时响应，用户对于动作与回馈之间的响应时间是十分敏感的；要圈定操作区域，确保用户想要访问的一切位于可使用的范围内。将交互式对象放置在用户最舒适的区域；如果产品具有 3D 交互式模型，则应允许用户使用手势从不同侧面查看对象，只需转动手腕即可放大和旋转对象；预测式设计，通过收集用户的使用数据，预测用户的使用趋势。

9.2.2 虚拟现实与增强现实

科技行业正在不断尝试简化与数字产品的交互过程。在不远的将来，我们将拥有自然的用户界面，即与我们的"自然"行为相一致的互动界面。而虚拟现实（VR）为此做出了很大的贡献。谷歌、Facebook、微软与苹果公司在 VR 技术的开发上投入了数十亿美元。业内专家认为，与手机的问世相比，VR 将给我们的社会带来更大的变化。使用虚拟现实改善用户体验的建议包括：从了解受众开始设计体验平台以及进行信息建模；使用故事板而不是高保真原型来进行初始的用户互动设计；针对用户的体验设计体验的时间和体验空间的物理尺度；始终保持对用户头部的跟踪来保持沉浸感;通过设定参考点、速度和减少旋转等手段来避免晕动症;逐步引入空间与场景的变化;设计用户向导来使初学者熟悉产品;随时引导用户下一步的行动;用简短的文本或音频指令代替大段的文字。

9.2.3　可穿戴设备

可穿戴技术和可穿戴设备将电子产品和计算功能芯片集成到衣服或其他配件中,可以舒适地佩戴在身上。这些设备包括眼镜、手表、头带、臂章、手套、夹克和珠宝。最初,可穿戴设计是应用在时尚领域和娱乐领域,这类设备正在健康、医学、健身甚至安全关键系统领域产生严重影响。由于电子产品的小型化、柔性电池和柔性打印电路板的发展,以及新的传感器的出现,可穿戴设备得到了迅速的发展。对于可穿戴设备而言,重要的设计原则包括:可穿戴性和舒适性;直观简单的用户界面设计;触觉、语音控制、手势识别等辅助功能;对不同人群在体型、喜好上的适应性;符合人体工学的设计;准确、及时和可靠。

9.2.4　物联网

物联网正在将我们所知的普通互联网带到另一个层次,即设备在不需要人类干预的情况下进行协作以执行复杂的任务。技术世界正在接近智能设备的时代,对明确用户体验标准的需求也在上升。用户体验和物联网的结合,意味着在社交化、移动化、敏捷化、研究性、转化方面的体验提升:社交化意味着人的连接和互动;移动化意味着与人所处场景紧密联系;敏捷化意味着不同用户独有的体验;研究性意味着用户体验的改善可以将数据回馈给企业用于改善服务;转化意味着每一种体验设计的背后都应该有其商业回报方面的设计。

9.2.5　语音技术与虚拟助理

语音技术正在改善客户体验方面发挥不可或缺的作用。以语音搜索和数字助理的形式,将继续帮助企业为目标受众提供更快、无缝和灵活的体验。它将使企业能够以盈利的方式与用户互动,并以更好的行动促进用户。Pindrop的一项研究表明,大约28%的公司已经在其用户体验战略中采用了语音技术,而57%的公司计划在未来一年内部署。此外,另有88%的受访者认为语音技术在增强用户体验方面具有竞争优势。

9.2.6　人工智能

过去几年来,人工智能市场呈指数级增长。微软、谷歌、IBM和亚马逊等1500多家公司已投入精力开发下一代应用程序,以提供更高的客户体验。更多的公司相信人工智能能够提高生产率,减少生产所涉及的时间和成本。人工智能技术将以多种方式彻底改变商业世界的未来和客户体验:它将自动化日常工作,并鼓励人类专注于创造性的东西。这将有助于人们关注他们的愿景,而不是生产的每一个小细节;它将使业务-客户互动从"一键到达"到"无须点击",为目标用户群提供无缝和永恒的体验;人工智能还将对连接网络产生重大影响,它将鼓励模式分析的理念来排除任何问题,从多个渠道提取重要的用户信息,以便快速有效地了解用户的需求。

9.3 数字化体验场景

9.3.1 无接触式酒店

后疫情时代，通过数字技术尽可能减少或消除客人与细菌、不安全表面交互的需要，无接触酒店可自动执行常见任务，或允许客人使用手机执行办理登机手续等关键任务。包括：通过手机控制"请勿打扰"标志；提供基于应用程序和语音控制的组合，支持窗帘的升降；通过实景技术，可以虚拟参观大堂、公共浴室、前台、电梯、健身房、餐厅和房间；通过手机呼叫电梯、电梯按钮的抗病毒贴纸、大厅礼宾运行的电梯、每次乘坐电梯的快递服务、紫外光暖通空调净化系统，甚至乘客可以用脚、声音或手势激活的电梯按钮；提供数字房间钥匙，客人可以直接使用手机在门前挥动，轻松解锁门禁，而无须触摸手柄；让客人选择机器人将行李带到房间或汽车，而不必支付小费；基于语音和运动感应系统控制照明；通过语音助手控制电视同步，以便客人可以搜索电影，订阅他们最喜欢的流媒体服务，并调整音量，而无须在此过程中触摸遥控器；使用机器人为客人提供食物。

9.3.2 游戏化工业生产

在汽车行业，采用可视化进度游戏技术，用不同的颜色标注完成工作流程的进展，以绿色显示比正常速度更快，而完成速度比正常慢的进程则以黄色、橙色或红色显示。错误总是会导致红色视图，并可能产生其他后果，例如删除某些视觉元素；在汽车装配线上的螺栓紧固工作中呈现一个游戏界面，在执行螺栓紧固工作时，员工可以体验渐进式目标，通过视听机制接收反馈，并具有进度栏。总分可以使用徽章游戏技术呈现，这给工作体验赋予了史诗般的意义。在建筑行业，游戏化网络系统的开发、实施和评估，可以显示每周规划信息、工作地点绩效评估和团队排名。

9.3.3 全息课堂

通过全息捕获与投影系统，实现实物的全息变焦捕捉与色彩重现，带来更强烈的现场感。在远程直播教学中，教师和学生可以在5G通信网络技术支持下，实现"面对面"地答疑、探讨等互动；教师可以根据终端随意地对同学进行提问，不仅可以通过语言、音调，还可以通过神态和微表情等进行交流，真正实现极具现场感的远程"在场"互动。全息课堂提供给学习者全虚拟的学习场景，只需要具体化的手势就可以实现人机即时交互；学习者可以像使用智能手机一样对场景进行各项操作。比如，多地可同时进行远程虚拟仿真实验，异地学生通过全息技术进行协同学习、同伴互助操作等。在人工智能、大数据等技术支持下，学习内容可实现动态的迭代优化，在满足教学和学习活动需要的同时，紧跟时代的步伐；传感系统布满整个全息课堂，活动开展和环境设备等信息被随时记录，即时传输到边缘端以数据的方式存储，并在算力赋能下，对课堂进行反馈，对云端进行更新优化；任何变化都被实时上传到云端，云端根据收到的信息对课堂备份、反馈和优化，以验证全息课堂的统一性。

9.3.4 远程维修辅导

许多企业可穿戴设备的另一个非常常见的应用是远程指导。通过结合可穿戴设备与应用程序，现场技术人员可以在与远程专家交谈和查看反馈时，将双手解放出来处理其他事情。通过内置的增强现实功能，远程专家可以利用现场视觉效果或发送手册片段，以增强现场工作人员的体验。例如，制造公司的现场技术人员新手，第一次出客户现场，需要产品专家的指导，现场工作人员不需要来回发送图片或视频电子邮件，而是在其可穿戴设备上请产品专家远程指导。工作人员实时向远程专家流式传输他们所看到的；专家提供指导，控制可穿戴摄像头，在屏幕上绘制，捕捉图片，并添加文本，以辅导现场工作人员。

第 10 章
企业架构重塑之实施与配套变革

中台的建设过程,既是企业架构的重塑,同时也是企业运营的变革,需要遵循科学的实施路径,并结合实施管理和配套变革。

10.1 企业架构重塑路线图

企业架构重塑是企业数字化转型的重要组成部分,重塑后的企业架构能够为企业运营提供更强、更快的支撑能力。

企业架构重塑是一个持续的过程,会伴随数字化转型持续进行,因此,规划一张清晰的重塑路线图就显得尤为重要,既能提供工作指导,又能够作为下一个周期迭代的基础。

如图10-1所示就是已经完成的企业架构重塑路线图模板,能够满足大多数企业的需求。其展示的主要工作流包括现状分析与评估、整体规划与架构设计、重塑项目实施、企业架构重塑变革管理和企业架构重塑项目群管理。

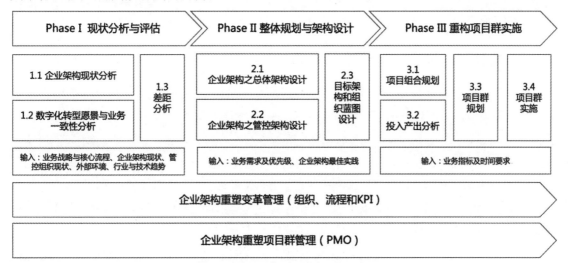

图 10-1 企业架构重塑路线图

10.1.1 现状分析与评估

现状分析与评估任务组主要包括企业架构现状分析、数字化转型愿景与业务一致性分析、差距分析等关键任务。外部的主要信息输入包括：业务战略与核心流程、企业架构现状、管控组织现状、外部环境、行业与技术趋势等，如图10-2所示。

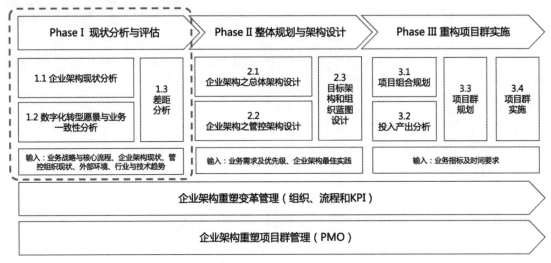

图10-2 企业架构重塑路线图——现状分析与评估任务组

- 企业架构现状分析的主要任务是通过调研、访谈和系统抓取数据等手段，获得企业架构现状信息，包括各种架构图、系统需求、设计说明书和数据模型等。
- 数字化转型愿景与业务一致性分析的主要任务是根据企业发展战略、外部环境和行业发展趋势等，明确数字化转型愿景，用于指导后续的工作。
- 差距分析的主要任务是对比现状和愿景，找到差距，为后续制定举措和架构设计作为输入。

这个阶段主要采用波士顿矩阵、SWOT、雷达图等方法和工具，通过数据分析和比对，得到响应的结论作为后续的输入。

10.1.2 整体规划与架构设计

整体规划与架构设计任务组主要包括了总体架构设计、管控架构设计、目标架构和组织蓝图设计等关键任务。外部的主要信息输入包括：业务需求及优先级和企业架构最佳实践等。

- 总体架构的主要任务是定义企业架构的原则、策略、技术路线以及完成顶层设计。
- 管控架构设计的主要任务是设计企业架构相关的管控组织关系、制度和主要流程。
- 目标架构和组织蓝图设计的主要任务是基于总体架构完成分类架构的设计，包括业务架构、应用架构、数据架构和技术架构；组织蓝图主要是在管控架构的指导下，设计具体的管控组织以及对应的管控流程。

这个阶段主要参考最佳实践、流程型组织模型（迈克尔·哈默）、企业流程组模型（如eTOM）、企业数据模型（如SID）等进行设计。整体规划与架构设计任务组如图10-3所示。

第 10 章　企业架构重塑之实施与配套变革　｜　243

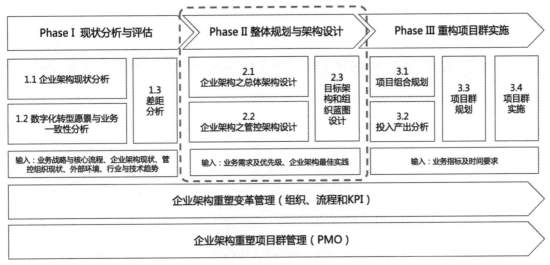

图 10-3　企业架构重塑路线图——整体规划与架构设计任务组

10.1.3　重塑项目群实施

重构项目群实施任务组主要包括了项目组合规划、投入产出分析、项目群规划以及项目群实施等关键任务。外部的主要信息输入包括：业务指标以及具体能力的具备时间节点等。重构项目群任务组如图10-4所示。

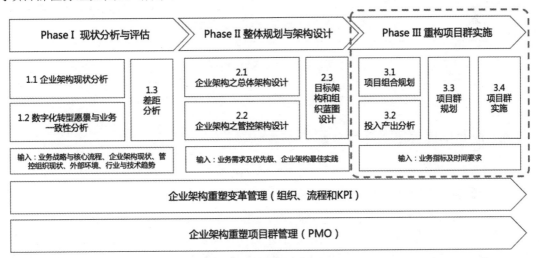

图 10-4　企业架构重塑路线图——重构项目群任务组

- 项目组合规划的主要任务是根据上个阶段的架构图，汇总项目清单，根据业务需求优先级、复杂度、投资需求、项目依赖关系等主要属性，按照特定的要求，排列项目组合，划分项目群，用于制定实施计划。
- 投入产出分析的主要任务是对项目或项目群进行 ROI 分析，以便分析项目实施效果，进而评估企业架构重塑的整体投入和产出。
- 项目群规划的主要任务是在前两个任务的基础上，将重塑相关的项目，按照特定要求进行分群，便于实施管理和满足项目依赖关系。

- 项目群实施主要任务是制定项目实施计划和项目管理方法，成立项目管理办公室，推进架构重塑进度，并确保按照蓝图达到预期目标。

这个阶段主要采用组合分析方法、ROI分析、项目管理方法等方法和工具。

10.2　企业架构重塑实施管理

架构重塑的实施管理主要包括组件项目管理办公室（PMO）和完成项目群管理、协调等工作。项目群管理的主要特点就是站在企业视角、统筹考虑项目群的依赖和进度，协同推进实施工作。重塑项目群管理任务组如图10-5所示。

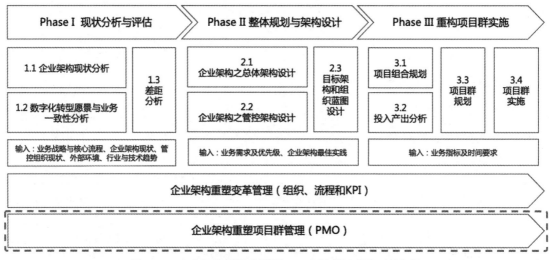

图10-5　企业架构重塑路线图——重塑项目群管理任务组

10.2.1　成立架构重塑项目办公室

PMO最早出现于20世纪90年代初期。当时PMO仅提供了很少的服务和支持工作，而更多被企业用来"管制"项目经理，而不是为他们提供项目管理的方向和指导。在20世纪90年代后期，对于企业领导来说，将项目放到整个企业的运作中统一管理的需要变得越来越明显，PMO随之大量地出现。不论是对于项目经理还是企业主管人员来说，PMO都被证明是理想的选择。因为公司需要建立一个可以执行商业策略的理想环境，PMO实现了这一点，它对每一个项目根据商业策略进行评估和排序，然后对其进行恰当的资源分配。

伴随着项目管理理念的深入和项目管理价值的日益凸现，管理层逐渐认识到项目管理对提高企业经济效益和利润将产生非常巨大的有利影响，越来越多的企业以项目为单元进行企业的战略分解与任务执行。随着专业分工的细化，越来越多的跨职能的项目出现在企业里面，如何在跨职能的项目之间进行资源优化组合、管理好各项目的风险、进度等就变得越来越重要。为了更好地解决资源冲突，复制已有项目的成功经验，规范企业的项目管理标准，项目管理办公室（PMO）应运而生。

PMO通常具有如下的责任与功能：

（1）为项目经理和项目团队提供行政支援，如项目各种报表的产生。

（2）最大限度地集中项目管理专家，提供项目管理的咨询与顾问服务。

（3）将企业的项目管理实践和专家知识整理成适合于本企业的一套方法论，提供在企业内传播和重用。

（4）在企业内提供项目管理相关技能的培训。

（5）PMO可以配置部分项目经理，有需要时可以直接参与具体项目，对重点项目给予重点支持。

PMO可以是临时机构，也可以是永久机构。临时机构往往用来管理一些特定项目，如企业购并项目。永久性PMO适用于管理具有固定时间周期的一组项目，或者支持组织项目的不断进行。

从前面提到的企业架构重塑路线图可以看出，企业架构重塑PMO应该在现状分析与评估阶段即可使工作，从时间节点上，应该早于规划开始的时间。对于PMO的成立和职责，我们有如下建议：

（1）企业架构重塑PMO应该在企业数字化转型PMO领导之下。企业数字化转型PMO的负责人应该是CEO，主要成员包括业务部门、科技部门和管理部门等一把手，再配置常设的项目管理人员。企业架构重塑PMO的负责人是科技部一把手或企业级CIO，成员包括业务、科技和管理部门的主管领导以及常设项目管理人员。

（2）企业架构重塑PMO的主要职责是：对企业数字化转型PMO负责，按照企业数字化转型整体目标，规划、重塑企业架构，并负责组织落实并实施。既要保证项目时间节点、技术路线，又要负责多部门协同，及时向企业数字化转型PMO反馈问题，推进项目进行。

（3）企业架构重塑PMO工作要以支撑业务发展为第一优先级，避免过于以技术为中心，要通过快速迭代的方式，解决项目中的不足和难以一次到位的技术问题，不要过于纠结技术，要以保证快速实现支撑能力为首要目标。

10.2.2 采用敏捷开发方法建设中台

敏捷开发以用户的需求进化为核心，采用迭代、循序渐进的方法进行软件开发。在敏捷开发中，软件项目在构建初期被切分成多个子项目，各个子项目的成果都经过测试，具备可视、可集成和可运行使用的特征。简单来说，就是把一个大项目分为多个相互联系，但又可独立运行的小项目，并且分别完成，在此过程中软件一直处于可使用状态。

事实上，敏捷开发有一系列的开发流程和工具，也有很多需要避免的坑。本文的重点是讨论敏捷开发对于架构重塑的必要性和意义，对敏捷开发本身不做过多讨论。

我们首先来看为什么要采用敏捷开发方法来建设中台。

（1）业务是快速迭代的：从市场的大环境看，现在是处于一个多变的时代，客户在变、友商在变，即使不是主动出击，也要随时应对变化。在这样的大背景下，不可能留给科技部分一个非常宽松的建设时间。

（2）数字化转型需求是迭代的：企业数字化转型是一个与时俱进的过程，很难一步到位规划出2—3年的蓝图，一般来说是边转型，边优化调整。在需求不断优化调整的情况下，科技部门也不可能建设一个一步到位的支撑体系。

（3）技术架构无法一蹴而就：技术的发展变化非常迅速，尤其是在开源技术方面，一旦技术成为非主流，就很难获得及时的更新和支撑，甚至开发人员都很难找到。一次技术架构也是需要分清主次、逐步搭建、并做好松耦合、可替换的模块化设计，避免技术风险。

（4）敏捷方法中的一个很重要的原则就是重用。除非是涉及国家安全的某些特定领域，一般企业不要过于纠结是开源、购买还是自研，不必过分强调自主创新，"天下武功，唯快不破"，快速构建能力对业务支撑来说是最重要的，切记不要"重新发明轮子"。

（5）分清稳定与变化，合理分配项目。敏捷方法不是没有章法的需要什么就做什么，而是在科学规划的前提下，分清不变与可变，有顶层设计的可重用、快速迭代、快速上线投产的开发建设体系。

为了更好地理解中台建设中如何应用敏捷方法，我们以AI中台的建设为例进行说明：

首先要完成AI中台的整体架构设计，明确核心要素：稳定的部分是学习框架和算法、数据管理体系、AI平台管理等，这些相对稳定，变化比较小；灵活可变的是数据模型、数据以及各种能力（API）。

其次，稳定的部分是平台比较核心的部分，建成之后，很多能力可以基于核心部分开发出来。至于哪些能力需要自己开发，是需要重点考虑的。并不是有了AI平台，就要全部自己开发。比如人脸识别、语音识别和自然语言理解等通用的AI能力，完全没有必要自己研发，可以通过购买成熟的能力来实现，这样，能力构建周期短、成本也相对较低，而且能够获得业界领先的持续更新。对于企业特有的AI算法，一般需要自行实现。

我们可以看到：部分API能力是可以脱离AI平台构建的（购买，但要纳入AI平台统一管理），这样就实现了AI平台核心组件与部分能力的解耦，可以在AI中台核心组件尚未建设完成的情况下，实现能力的快速迭代。

10.3　企业架构重塑配套变革

对于大多数企业而言，数字化转型面临的挑战来自方方面面：从技术驱动到业务创新，从组织变革到文化重塑，从数字化能力建设到人才培养，因此数字化转型的成功不可能一蹴而就。数字化转型是一项长期艰巨的任务，多数企业需要3—5年甚至更长时间，才能取得显著成果。

因此要做好长期作战的心理准备。企业作为参与个体，内部的人、财、物，以及在软性的思维层面到硬性的设备能力层面，要逐步实现信息化、数字化、智能化。信息化是通过提升信息化程度来提升组织运营效率，数字化是指通过数字化技术，降本增效，改善内外部客户体验。智能化是指通过数字化技术与全新商业模式，为客户提供增值服务，并且获得新的收入来源。变革管理任务组如图10-6所示。

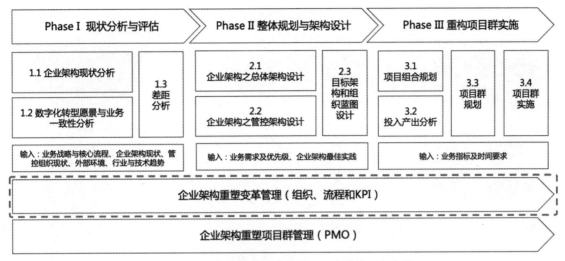

图 10-6 企业架构重塑路线图——变革管理任务组

企业数字化转型面临的主要挑战包括三个方面。

1. 文化观念的冲突

未来的数字化企业将以完全不同的形态和方式运行。数字化转型过程将极大地突破传统企业的"舒适区",在缺乏经验的未知领域探索,新旧两种文化观念将存在长期的冲突。

2. 新技术的驾驭和整合

数字化转型不仅要求企业能够迅速学习和掌握新技术,还需要将新技术融会贯通形成组合优势,并且在业务变革上找准结合点,使之运用和改变现有业务。数字化转型对企业驾驭新技术提出了极大挑战。

3. 组织和人才

为了有效推进数字化转型,必须同时进行组织的变革,转型本身是动态的,在转型过程中如何建立并调整与转型匹配的组织机构是转型综合挑战的一个重要方面。转型人才也是行业转型中面临的一大挑战,数字化转型不仅需要新技术人才,业务创新人才,更需要能够将新技术与业务结合起来的跨领域人才。培养高水平的转型人才队伍,是数字化转型不可避免的一个问题。

变革管理(Change management)是一个涉及改变的系统过程,来自结构的观点和单独层次。一个关于变革管理较为模糊的定义是:变革管理有至少3个不同方面,包括:适应变革,控制变革和影响变革。主动地处理变革方法处于所有三个方面的核心地位。对一个组织,变革管理意味着定义和实现程序、在商业环境中处理变革的技术,并从变化的机会中获利。

一般来说,企业数字化转型就带来流程、组织和IT(信息技术)方面的变革。不仅如此,企业的任何一个领域(业务/流程、组织和IT)发生变化,都会不同程度地引起流程、组织和IT(信息技术)方面的变革。架构重塑是信息技术的变革,本章我们将重点讨论企业架构重塑(IT变革)带来的流程和组织变革。

只有变革管理的成功,才是企业数字化转型最后的成功。企业变革管理如图10-7所示。

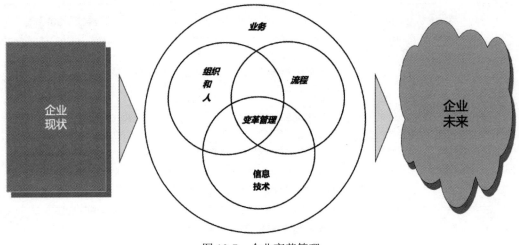

图 10-7　企业变革管理

10.3.1　组织变革管理

组织变革（Organizational Change）是指组织根据内外环境变化，及时对组织中的要素（如组织的管理理念、工作方式、组织结构、人员配备、组织文化及技术等）进行调整、改进和革新的过程。

企业的发展离不开组织变革，内外部环境的变化，企业资源的不断整合与变动，都给企业带来了机遇与挑战，这就要求企业关注组织变革。组织变革管理，最重要的是在组织高管层面有完善的计划与实施步骤，以及对可能出现的障碍与阻力有清醒认识。组织变革的中坚力量是企业的中层团队，这一团队对变革的认知程度、参与热情、参与的质量，在很大程度上决定了一次变革的成功与否。

组织变革是一个系统工程，涉及方方面面的关系，因此必须讲究策略。组织变革的策略主要包括三方面的策略：变革方针的策略、变革方法的策略、应对阻力的策略。

变革的方针策略主要指：

（1）积极慎重的方针。即要做好调查，做好宣传，积极推行。

（2）综合治理的方针。即组织变革工作要和其他工作配合进行，这主要是指组织的任务变革、组织的技术变革、组织的人员变革。

组织变革的方法策略主要包括：

- 改良式：这种变革方式主要是在原有的组织结构基础上修修补补，变动较小。它的优点是阻力较小，易于实施，缺点是缺乏总体规划、头痛医头，脚痛医脚，带有权宜之计的性质。
- 爆破式：这种变革方式往往涉及公司组织结构重大的，以致根本性质的改变，且变革期限较短。一般来说，爆破式的变革适用于比较极端的情况，除非是非常时期，比如公司经营状况严重恶化，一定要慎用这种变革方式，因为爆破式的变革会给公司带来非常大的冲击。
- 计划式：这种变革方式是通过对企业组织结构的系统研究，制订出理想的改革方案，然后结合各个时期的工作重点，有步骤、有计划地加以实施。这种方式的优点是：有战略规划、适合公司组织长期发展的要求；组织结构的变革可以同人员培训，管理方法的改进同步进行；员工有较长时间的思想准备，阻力较小。为了有计划地进行组织变革，应该做到这么几点：专家诊断、制定长期规划以及员工参加。

在架构重塑方面的变革管理，我们更倾向于采用计划式的变革策略，再结合快速迭代实现变革管理。架构重塑是由企业数字化转型带来的，而数字化转型是有愿景、目标和路线图的。变革管理计划和方案，需要在数字化转型启动时就同步考虑和规划，做到未雨绸缪，方能及时应对变化，保障转型顺利推进。

10.3.2 流程变革管理

流程变革（含组织和KPI的优化）是变革管理的一部分，一般视流程的不同层级，由不同级别的领导或部门发起。企业级流程的变革由分管副总经理做第一责任人（Owner），部门级流程由负责该流程的部门一把手做第一责任人（Owner）。

流程变革管理的主要工作就是：按照业务、组织、IT变革的需要，优化流程，同时调整或优化相关的角色/岗位及对应的KPI。

在针对架构重塑的流程变革管理过程中，主要是理顺业务流程、企业管理流程，优化或补充相关环节、梳理相关岗位和角色的职责以及KPI，打通端到端。同时优化IT管控流程，中台的建设以及对应的敏捷开发模式，都会对原来的IT管控，开发、日常维护和管理变化。

IT人员对敏捷文化和方法的接受程度、IT管控流程变化对人员岗位和绩效的影响、对部门职责的影响等，都要有相应的配套方案；否则，即使系统建设的功能强大、按时上线，也很难发挥最大的效率。

架构重塑中的关键系统投入运行之前，就需要完成相应的流程变革。比如：企业架构重塑中的AI中台，是企业架构中以前没有的新要素，因此，要补充与之匹配的IT运维、管理流程，包括相关的岗位和对应的KPI。部分业务流程也需要优化，比如质检环节，原来是手工作业，现在调整成AI自动化质检后，不但流程要优化，原来对应的质检部门的组织可能也会调整，增加AI质检操作辅助人员，减少原来的人工质检员。对于涉及外勤作业的线路巡检，则情况更复杂：如果采用AI加无人机的巡检方式，则作业调度方式会有较大变化，同时会增加无人机队管理、训练和维护的相关流程与角色，必然也会带来组织的变化。

在企业中，任何一条流程都不是孤立的，往往是牵一发而动全身，因此在流程变革时，往往要从企业级流程入手，仔细分析变革影响，并通过流程穿越等方法，检验流程的实际运行情况。

流程运转顺畅，是企业架构重塑成功的重要因素。

第 11 章

企业架构重塑的未来

以中台架构重塑企业,已然成为数字化转型的必经之路,通过厂商和用户的共同参与,以及广泛实践,打开广阔的市场空间。

11.1 大厂纷纷跟进

1. 腾讯

腾讯技术委员会推动"开源协同"和"自研上云",通过技术整合实现高效的能力交付。同时,基于在即时通讯、社交等优势领域中的技术积累,腾讯将进一步开放业界领先的数据中台和技术中台。数据中台包括用户中台、内容中台、应用中台等;技术中台包括通信中台、AI中台、安全中台等。比如,通过用户中台,腾讯可以为客户提供用户增长、用户沟通、用户数据保护、会员管理等完整工具。[1]

2. 小米

通过中台架构方法论和规划方法论,小米集团信息部提出了小米业务中台建设三年战略,包含持续优化构建中以及待新建的系统,纵向分为企业战略、业务执行、业务支撑、数据治理四部分。通过对数据中台的建设,小米真正意义上开始走上数据驱动的路程。数据驱动小米的设备研发、生产、供应链、销售、服务以及IOT和互联网业务,产业+互联网格局逐步成熟。通过技术下沉,把最标准的东西沉淀出来,包括IaaS(容灾、机房、数据中心)、PaaS(中间件、研发平台、数据平台)、监控、开发过程的代码,全部陈列到底层,形成技术中台。[2]

3. 百度

百度AI中台提供了实现智能化能力普惠的必备基础设施,可以构建企业的AI生产力,包括AI技术服务平台、AI研发平台、AI管理运行三大核心。百度的智能化中台包括AI中台和知

---

[1] 知乎专栏.腾讯将进一步开放中台能力,助力产业升级.

[2] ITeX 供需博览会.小米集团信息化中台战略.

识中台。百度智能云AI中台已经构建了全栈式AI能力生产、服务、管理解决方案,能够帮助企业建设AI能力的生产和集中化管理平台,作为企业的智能中枢,为企业带来集约化管理、高效率生产、统筹化升级多方面的显著价值,驱动智能化业务创新。[1]

4. 京东

京东以全流程建设方法建设服务技术中台,共分为三层:平台层、组件层、服务产品层。平台层包括及时通信平台能力、音视频能力以及业务引擎和基础 SaaS 设施。组件层主要分为三个部分。第一部分是平台插件和中心化,对于相对通用、容易用配置实现的功能或规则,用平台配置中心完成,使标准化需求可以得到快速满足。第二部分是插件装配中心,如果一些需求无法标准化成配置,那么第三方就可以定制化自己的插件,插入京东系统中,给用户提供相应的功能服务。最后一部分是个性化接入中心,由于部分业务逻辑、流程与已有中台不同,这导致计划配置也要差异化实现。服务产品层在前两层之上,包括客服服务平台、电话呼叫中心服务平台、售后服务平台等,在这一层对接、服务京东所有的业务领域。[2]

11.2 行业用户实践

1. 金融领域

某金融机构充分利用互联网企业的先进技术和理念,实施了中台战略,构建了产品中台、渠道中台和数据中台,打造"厚中台、薄前台、稳后台"的IT架构,推动了数字化体系建设,引领辖内分支机构转型发展。有力应对数字化时代的竞争需要和多级法人的差异化管理需求,通过建立业务中台体系,有力支撑"四横八纵"的金融科技服务能力体系,全面、深度开放各项服务能力,为多级法人体制下的金融科技建设打开了一片新天地。

2. 制造领域

某集团通过微服务架构升级改造,初步建设企业技术中台,实现制造类微服务集中统一管理,支撑企业MOM业务流程再造,提升企业微服务功能治理及管控能力,为实施智能制造提供了坚实的技术基础与保障。系统的建成,以任务为主线,完成公司制造过程及成本管理的全面控制,完善和改进物料配送体系,降低在制品和原材料库存,实现信息化高度集成,达到物流、信息流、价值流的统一。同时建设了以库存为中心的全域物流管理体系,实现了物流计划、物流需求和物流状态的自动化、条码化的调度、监控和跟踪。建成后的制造运行系统可为企业打通设计与制造之间信息壁垒,为生产运行管理提供全面的功能链路追踪支撑保障。全链路功能接口汇集到企业技术中台,由微服务平台统一管控,为企业智能化工厂建设奠定坚实基础。

3. 建筑领域

某集团通过数字中台建设来实现企业业务全景展示、智能分析报告、任务协同执行、统

---

[1] 百度云智峰会智能技术专题论坛.AI中台白皮书.

[2] 极客时间.京东服务技术中台:建设方法及思考总结.

一数据服务信息化建设,从而完成集团与子公司两层信息系统的集成,打造出数据与知识共享、决策与运营管控平台,提升企业管理效率与管理水平。

4. 物流领域

某集团基于成熟的移动互联网技术,在充分重用现有资源的基础上,采用微服务和低代码,结合中台架构思想,分步建设、快速响应、不断积累业务组件,沉淀中台服务能力,利用低代码开发能力,基于业务组件快速组装出微应用,敏捷响应业务诉求。形成覆盖集团及全国31个省分公司的移动运营中台,全业务覆盖;总用户数超过11万,日活用户数超过2万;以"厚中台,薄前台"的建设思路,建设面向移动互联网创新运营平台,全面加速和深化数字化体系建设。

5. 水务领域

某集团以数据中台有序整合集团内部各个系统的数据,协助建立数据共享交换体系,建设数据中心,初步实现集团内部数据集中统一管理,支撑"智慧水务"服务的有力执行,提升企业治理能力和公共服务水平。建成后的数据中台可为集团汇聚到数据中心的数据提供数据治理服务,具体包括:集团内部数据集中统一管理,统一客户和计量数据标准、数据来源,规范基础数据,将数据按照资产目录进行分类管理,并对数据进行融合计算,为用户画像、分析用水漏水情况,将数据转化为看得见的、有价值的资源,建立全面的数据治理和运营体系。实现多项行业内的技术创新:包括数据标准管理体系化、动态数据资源管理等。

6. 能源领域

某集团以"提升中台服务能力、实现数据可查可取、释放中台数据价值"为目标,围绕"提升服务能力、支撑场景构建、提高数据质量、促进能力开放"四个方面持续开展数据中台能力提升工作。数据中台已初步具备完整的数据集成、数据开发、数据质量监控、数据资产管理等全链路功能;已纳入数据资产管理2万多张数据表,包括数据中台各层以及源端各业务域系统数据表,形成对外发布的企业级电网数据资产目录。基于数据资产目录开展数据溯源,效率提升3倍;通过制定数据分析服务管理流程,构建涵盖数据共享负面清单的数据资源目录,实现数据资源的在线检索、在线申请和在线审批,获得数据周期由3~5天缩短为3~5小时,大大缩短了数据获取周期。

11.3 市场空间广阔

以中台架构重塑企业IT,将对价值链条上的各方产生可观的收益,市场空间广阔。

海比研究院报告指出,2020年中台市场总规模为90.1亿元,未来五年将保持60%的年复合增长率,于2025年达到944.8亿元的规模。其中,2020年数据中台市场规模为55.5亿元,未来业务中台增速高于数据中台,二者市场占比将逐渐趋同,企业级中台的市场规模达到14.4亿元,企业级中台更符合用户需求,未来市场占比逐渐提升。

艾瑞咨询的研究指出,2020年数据中台市场规模达到68.2亿元。随着企业数字化转型驱动,市场需求将持续增加,数据中台行业增长趋势明显,市场规模快速扩张,预计将在2023年达到183.2亿元。

附录 A
中台建设的评估体系

通过正确定位企业当下所处的中台建设阶段，可以更有针对性地制定中台建设策略，从而实现高效的企业数字化转型。这里，我们提供一种参考模型供读者参考。

信息化成熟度模型是研究企业信息化从不成熟到成熟过程中演变的规律。在有关信息化建设的研究中，国内外目前评估企业信息化成熟度的有10多个比较著名的模型，包括Nolan模型、Synnott模型、Mische模型、Hanna的信息技术扩散模型、Edgar Schein模型、SW-CMM模型、COBIT框架下的IT过程成熟度模型、信息卓越度模型、IT联盟成熟度模型、基于价值链的四阶段模型和BAPO评估模型等。我们经过研究，筛选出近些年主流的5个成熟度模型并进行了对比分析，各模型的特点具体如下：

（1）Mische模型对信息技术综合应用的连续发展分为四个阶段，分别是起步阶段、增长阶段、成熟阶段和更新阶段。决定这些阶段的特征有五个方面：一是技术状况，二是代表性应用和集成程度，三是数据库和存取能力，四是信息技术组织结构和文化，五是全员文化素质、态度和信息技术视野。这些特征和属性综合性较强，但由于分类没有统一的范畴，导致模型仅具有描述性，说服力不足。

（2）SW-CMM模型主要用于软件过程改善和软件过程评估，该模型提供了一个基于软件工程成果的过程能力阶梯式进化的框架，阶梯共有五级。这五级由低到高依次为初始级、可重复级、已定义级、定量管理级和优化级。CMM模型主要的应用对象为软件开发单位，如软件公司。该模型只能用来指导组织信息化建设的过程，还不能对一个组织的信息化水平进行完全准确的描述。

（3）COBIT框架下的IT过程成熟度模型把IT过程的管理划分为六个级别，分别是不存在级（0级）、初始级（1级）、可重复级（2级）、定义级（3级）、管理级（4级）、优化级（5级）。该模型更多的是从组织如何管理信息化项目的角度来分层的，但不是从一个组织信息化已经达到的状态进行评估的模型。

（4）IT联盟成熟度模型是基于Nolan模型和CMM模型而提出的，该模型分为五个成熟度等级，分别是初始过程、已承诺过程、建立核心过程、改善过程和优化过程，每个等级均基于沟通水平、竞争力、治理水平、伙伴水平、范围和基础架构水平和技巧水平六个指标。该模型不是从一个组织信息化已经达到的状态进行评估的模型。

（5）BAPO评估模型是软件产品线工程研究通过平台化实现大规模软件开发时形成的软件能力成熟度评估模型。欧洲工业界和学术界从90年代初开始，经过一系列项目的研究，形成了完备的理论体系，并经过了飞利浦、西门子、诺基亚、Software AG等公司的实践，其中2003~2005年的Families项目提出了从四个维度BAPO（Business、Architecture、Process和Organisation）对软件平台化开发进行评估的框架。与此同时，SEI也开始了软件产品线的相关研究，BAPO框架也借鉴了SEI的研究成果。

通过对以上信息化成熟度模型的介绍和分析，可将上述模型分为台阶型阶段模型和雷达型阶段模型两种类型。除SW-CMM模型和COBIT框架下的IT过程成熟度模型外：

（1）台阶型阶段模型一般是对在一定的历史条件下，已有组织信息化进程的经验总结出的、明显的阶段性特征。台阶型阶段模型的缺点是研究视角全面性不足，不能从组织信息化演化的内在机制出发揭示其演化规律。

（2）雷达型阶段模型比台阶性阶段模型出现得晚，一般是随着组织信息化的不断发展，信息技术对业务的不断渗透和影响，考虑问题的维度越来越多，开始出现了从多个研究视角综合考虑组织信息化进程的模型，这些模型一般可通过雷达式图样表示。这类模型的优点是既考虑信息技术的应用程度，又考虑企业业务对信息本身的需求，还考虑从单部门到跨部门、从组织内部到组织外部的横向价值链，把组织的信息化过程与组织的战略发展目标紧密地结合在一起，对信息化过程和状态反映得比较全面。

雷达型阶段模型中，BAPO评估模型覆盖了软件工程的业务支撑、架构支撑、软件过程、组织保障四个维度，每个维度有五个级别，可以全面、科学地对软件产品或产品线的研发能力进行指导和评估。同时，CMMI模型主要用于对软件过程改善和软件过程评估，对软件开发流程中的需求开发阶段有较好的参考价值。

在企业数字化中台建设中，我们认为存在四个相互依赖的中台开发问题：①业务支撑：如何从中台产品中获利；②架构支撑：构建中台的技术手段；③软件过程：中台开发中的流程、角色、职责和关系；④组织保障：角色和职责到组织结构的实际映射。这四个问题互相关联，一个维度的变化会引起其他维度的变化。业务支撑是最有影响力的因素，必须优先考虑；架构支撑反映中台软件结构和规则中的业务问题；软件过程构建由架构支撑确定的中台产品；最后，通过组织保障执行软件过程。

为确保评估的准确性，结合自身在企业信息化建设多年的经验，我们选择BAPO评估模型作为企业数字中台建设的评估模型。该模型提供了一个基于软件工程成果的过程能力阶梯式进化的框架，可基于BAPO模型对企业数字化中台建设进行全面且深入的评估。BAPO成熟度评估模型如图A-1所示。

在企业数字化中台建设中，我们认为存在四个维度相互依赖的切面，即：

- 业务：中台建设的业务目标与策略。
- 架构：构建中台的技术手段。
- 软件过程：基于中台软件研发的流程、角色、职责和关系。
- 组织保障：角色和职责到组织结构的实际映射。

这四个问题很难割裂来看，它们互相关联，一个维度的变化会引起其他维度的变化。业务是最有影响力的因素，必须优先考虑；架构反映中台软件结构和规则问题；软件过程构建由架构确定中台产品；最后，通过组织保障执行软件过程。

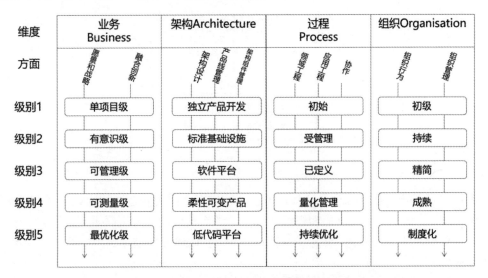

图 A-1 基于业务、架构、软件过程和组织保障的多维成熟度模型简介

我们将这四个维度互相关联的问题，作为企业中台成熟度模型评估框架的四个评估维度，被评估的组织在每个评估维度上进行独立的成熟度级别评估。成熟度评估框架模型如图A-2所示。

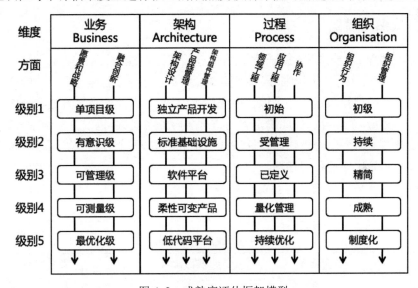

图 A-2 成熟度评估框架模型

我们的评估框架依据业界经验收集并构建有效施行中台架构的企业的特征，其目的在于：

- 作为有效的中台架构的基准。
- 支持中台架构的评估，以评估企业的能力。
- 支持中台架构的改进，包括制定评估和改进计划。

评估框架如图A-3所示。

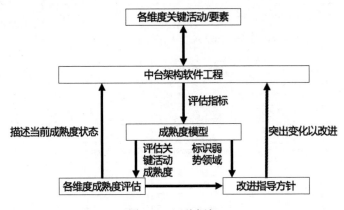

图 A-3 评估框架

我们对中台架构评估指标进行选择,考虑评估维度之间可能存在的依赖关系和权衡取舍,然后分别用业务、架构、软件过程和组织保障四个独立维度的评分来表示,评估的结果最终形成企业中台架构成熟度的画像。在接下来的内容中,我们将详细描述每个评估维度中不同评估级别的评估指标。

A.1 成熟度分级模型评估框架

A.1.1 业务成熟度模型

在中台实施过程中,要求我们用产品化方式建设可重用能力,因此业务是最关键的因素,这就需要对客户、竞争对手、市场细分、营销策略、财务、资产管理等进行持续的监控和评估。中台的业务成熟度模型旨在建立一个综合性评估手段,确定企业产品化方式实施中台的成熟度,并确定其优势和劣势。企业可以由此确定如何进行各种业务实践,以及分配给中台研发的资源。模型的功能结构由一组专门为评估而设计的评估指标组成。五个成熟度等级按单项目、有意识、可管理、可测量和最优化的顺序递增。

中台架构的业务成熟度模型包括两个业务维度(愿景和战略、融合创新),以及分布在这两个维度上的12个业务实践,如表A-1所示。

表 A-1 业务评估模型

维度编号	业务维度	实践编号	业务实践
1	愿景和战略	1	愿景规划
		2	定位策略
		3	生命周期策略
		4	开发策略
2	融合创新	5	市场创新
		6	产品创新
		7	运营创新
		8	渠道创新

（续表）

维度编号	业务维度	实践编号	业务实践
2	融合创新	9	营销创新
		10	数据资产创新
		11	软件研发创新

愿景，通俗地说就是中台建设的事业理想，是一个产品生存和发展的基石。愿景为产品指明清晰、长远的努力方向，为产品延伸的范围进行严格界定，并对产品核心价值和规划设定基调。建立愿景有助于企业以此为基础制定战略计划，并且为企业提供确立目标的一种参照标准。中台建设的愿景规划包括：

- 中台的核心经营理念和对未来前景的展望。
- 具体的行动安排，包括持续不断的改进和多样化的应对策略。
- 组织建设，包括对组织进行治理和建设。

以上三个方面共同构成组织统一的战略观，中台一切的战略思想和使命都是围绕愿景来展开的，而战略方针无不是围绕着客户。中台的客户既有前台应用，又有业务部门，也有运维等科技其他团队。产品品质的好坏取决于产品战略，包括定位战略、生命周期战略和开发战略。

产品化方式进行中台建设，中台的定位应考虑以下内容：

- 明确目标客户：对目标客户群体进行分析，仔细区分用户和客户，找到肯为产品付费的真客户。
- 确定产品核心价值：明确本产品能提供的独特卖点，为什么要做这个产品，能提供什么核心价值。
- 为客户解决了什么核心问题：明确我们的产品跟其他的产品对比有什么独到之处。
- 提供解决方案：明确产品需要实现的最重要的功能、解决客户问题的办法和时间计划。
- 确定渠道：明确通过哪些渠道找到客户，与客户有哪些接触渠道。
- 选择合作方：选择本产品涉及的各个参与方以及明确需要哪些人/部门/公司参与。
- 制定考核指标：明确需要考核的业务指标。
- 收入分析：说明产品的盈利模型、产品如何定价，并分析有客户付费情况。
- 成本分析：明确主要的成本支出以及所需要的主要资源，有哪些成本支出，收支平衡点在哪里。
- 竞争优势分析：分析我们与竞争对手相比有什么优势，如何保证我们的产品无法轻易被复制。

传统的软件开发基于各个单独的项目进行，基于中台的软件开发要求系统全面地对市场进行定位。既然是产品就不可能永远畅销，因为一种产品在市场上的销售情况和获利能力并不是一成不变的，而是随着时间的推移发生变化，这种变化经历了产品的诞生、成长、成熟和衰退的过程，就像生物的生命历程一样，所以称之为产品生命周期。产品生命周期就是产品从进入市场到退出市场所经历的市场生命循环过程，进入和退出市场标志着周期的开始和结束。典型的产品生命周期一般可以分成四个阶段：引入期、成长期、成熟期和衰退期。好的产品生命周期战略应做到：在引入期能瞄准市场，先声夺人；在成长期能顺应增长，质量过硬；在成熟期能改革创新，巩固市场；在衰退期能面对现实，见好就收。

传统的开发战略是指通过改良现有产品或开发新产品来扩大销售量的战略。中台的开发战略是建立在市场观念的基础上，企业向现有"市场"（企业或者生态）提供新产品，以满足"客户"（业务部门、前端应用、科技管理、运维）需要，增加"销售"（使用量、业务量）的一种战略。这种战略的核心内容是激发"顾客"的新需求，以高质量的新产品引导"消费"（使用）潮流。开发战略能避免企业临时地、随意地、盲目地开发和进入一些没有市场价值的产品，而忽视了那些真正能够提升市场竞争力的产品机会。开发战略指引中台产品开发的方向和路标。

熊·彼特认为，"创新"就是把生产要素和生产条件的新组合引入生产体系，即"建立一种新的生产函数"。参考这一理论，企业数字化中台建设，应从以下7个维度考虑，即市场创新、产品创新、运营创新、渠道创新、营销创新、数据资产创新和软件研发创新。以创新为基础，不断地开发新的可重用能力，通过提供给客户（业务部门、前端应用、科技管理、运维）满意的服务，让可重用能力真正被消费者认可，完善的业务模式和业务流程，使整个体系达到最优的状态，不断更新管理和制度，适应政策与业务环境的变化。

1. 级别1：单项目级

中台架构的第一个业务成熟度级别为1级"单项目"。这是最基本的级别，只分别考虑单个项目，没有证据表明组织执行业务实践，以在业务和中台架构活动之间建立协调。该组织倾向于仅响应市场需求而进行多种产品开发，当前对中台架构方法缺乏了解。该组织没有建立中台架构的技术资源和技能，没有为领域工程准备专门的预算，所有预算都针对每个单独的系统，尽管他们对建立适合产品线工程的基础结构的兴趣日益浓厚。

2. 级别2：有意识级

中台架构的下一个业务成熟度级别为2级，并定义为"有意识"。此级别的组织通常都意识到中台架构能带来好处，从意识上总体把握中台架构，但是不知道如何管理中台架构，也没有清晰的中台架构愿景。在2级的早期阶段，组织无法使业务实践与产品线工程保持一致，但是企业没有清晰的策略来运行中台架构。应用开发时间表受进入市场的顺序影响，计划仍旧是按照单个系统开发来制定，但是在应用开发中有机会的话会考虑中台架构，很多可重用能力都是过程中产生，而不是有计划地开展。组织显示出对中台架构概念的兴趣，开始管理软件资产。总体而言，组织了解中台架构对实现业务目标的重要性。他们正处于建立中台架构基础架构的阶段，对中台架构活动进行投入，有一定的预算开支。目前还缺乏对业务和工程之间开展协作活动以启动中台架构的了解。

3. 级别3：可管理级

级别3（也称为"结果推断"）的组织能够建立中台架构的基础架构。组织对产品线愿景和目标都很清晰，该组织能够收集和传播市场信息，对中台架构已经有较好的认识，中台架构已经是商业战略的一部分。该组织将中台架构作为正式业务计划的一部分。中台架构的范围使组织可以识别潜在的业务案例。市场、客户和竞争对手的定位为软件产品的交付时间表提供了指导。中台架构预期收益驱动市场、销售和产品开发，可以以较低的成本进行大量的定制化工作。战略计划开始权衡中台架构对实现业务目标至关重要的权重。建立中台架构基础架构所需的初始活动集在战略规划的议程之内。组织了解中台架构的流程方法，并能够开始在业务和产品线之间进行协调，分别计划领域工程和应用工程的路标。组织正在努力以创新的方式调整业务和产品线的工程结果，以占领目标市场。由于中台架构，商业组织开始感受到对其财务实力的积极影响，中台架构开始影响投资决策。

4. 级别4：可测量级

中台架构的业务成熟度的第四级是"主动"。这个级别的组织已经能够在业务策略和中台架构之间建立协调，企业对中台架构的应用已经非常熟悉，中台架构可以很好地协助制定商业战略。中台架构决策受业务关注的影响，组织外部，包括客户和投资者都对产品线愿景和目标有比较清晰的认识，中台架构范围和应用要求与市场保持一致。应用交付时间表可满足市场需求。该组织能够维护和更新核心资产存储库，成本、收益和投资回报率都可测量，可变性管理也可度量，市场、销售和产品管理由这些可测量值指导。该组织已经获得了启动和维护中台架构所需的技能和知识，领域工程和应用工程的计划和路标共同计划，获取最好的业务价值。战略计划涵盖了产品线要求。组织的业务远景预见了产品线在长期业务目标中的重要性。在应用建设中引入了创新措施，组织的业务决策重视中台架构。

5. 级别5：最优化级

最高的业务成熟度是"战略性"。业务成熟度级别为5的公司，应用中台架构已经非常成熟了，中台架构和商业协调一致，共同作用。商业组织将中台架构软件产品系列视为战略资产，可以将其调动起来以实现所需的业务目标，基于中台架构开发的软件产品反过来调整或优化目标和愿景。应用的市场规模在一段时间内不断增长，市场和销售知道由中台架构带来的成本以及投资回报率，并可以使用这些知识改善商业战略。在中台架构之外，使用战略上的计划和路标获取最好的商业价值。该组织具有足够的资源和技能，可以对竞争对手的行为做出适当的响应。竞争对手将组织的产品线视为对其业务的直接威胁。该组织展示了产品开发的先驱者甚至先锋者的特征。中台架构有助于提高组织的财务实力，并能够准确地计算中台架构产品的成本和利润。中台架构在组织的业务构想中起着不可或缺的作用。中台架构在实现组织的战略目标中起着重要作用。业务与产品线方法完全一致。组织的业务决策受到中台与应用生产计划的强烈影响。

A.1.2 架构成熟度模型

评估中台架构的架构维度是改善组织中台架构过程的一项基本活动，包括领域工程、需求管理和建模、通用性管理、可变性管理、架构分析与评估，以及架构工件管理等六个关键架构过程活动。我们将这六项架构过程活动划分为三个维度，即架构设计、产品线管理和架构组件管理。架构评估模型如表A-2所示。

表 A-2 架构评估模型

维度编号	架构维度	实践编号	架构实践
1	架构设计	1	领域工程
		2	需求管理与建模
		3	架构分析与评估

(续表)

维度编号	架构维度	实践编号	架构实践
2	产品线管理	4	共性管理
		5	可变性管理
3	架构组件管理	6	架构产物
			业务组件
			技术组件管理

架构设计是程序或系统的体系结构、它们之间的相互关系、控制它们的设计和发展原则以及指导方针。它涵盖领域工程、需求管理与建模、架构分析与评估。软件架构正朝着中台架构的方向发展，中台架构的重点不是单一产品与应用的开发，而是基于可重用的多产品、多应用开发。架构设计可以有不同的方式：从零开始、基于现有组件进行设计或重用标准化架构进行。因此，好的架构设计应利用和管理复杂的客户需求、业务约束和技术等机会，将风险降至最低。

在整个开发生命周期中，存在需求、设计、实现和测试等过程，领域工程和应用工程在这几个过程中互相匹配，流程都紧密相连。领域工程的子流程目的在于满足通用需求，而应用工程是为了生产可供使用的产品或应用。应用工程的子流程可以重用多达90%的领域工程资产，在生产过程中会不断地提供反馈给领域工程，这种循环反馈才能确保平台持续迭代，提高产品或者应用的交付效率。

分析与评估架构的一些主要因素包括对系统进行分级分类，确定不同类型、不同级别的系统应采用的管控强度和具体设计要求，例如从系统重要性、安全要求等维度进行考虑。

中台建设的主要关注之一是对软件资产的有效利用，从而大大减少软件产品的开发时间和成本，因此必须解决业务开发中的可变性和共性，所有的应用共享相同的架构与可重用组件。通用性和可变性分析为软件工程师提供了一种系统化的方法，来概念化和识别他们正在创建的产品与应用系列，使用特征模型来管理软件的共性和可变性。

架构组件管理对包括架构产物、业务组件和技术组件等在内的技术架构资产进行管理，将中台提供的可重用资产可视化，形成能力地图，提高中台可重用能力的利用率。

1. 级别1：独立产品开发级

"独立产品开发"阶段表明，组织没有基于中台进行软件研发的稳定且有组织的体系结构流程活动。在这个级别的组织中，对中台架构的重要性缺乏了解，也没有证据表明该组织以协调的方式执行了领域工程、应用活动。相反，组织倾向于独立开发多个产品或应用。而且，没有定义从单个产品切换到共享通用体系结构的过程与方法。尽管组织对可重用能力越来越感兴趣，但该组织没有建立相应的技术资源和技能。

2. 级别2：标准化基础设施级

"标准化基础设施"阶段表明，组织旨在采用可重用能力的建设，并鼓励员工获得并分享中台架构工程的知识和技能。在此早期阶段，该组织正在集中精力创建一个领域工程部门，以启动其可重用基础结构的开发。该组织了解对架构结构和模式进行建模的重要性，并且目前正在开发其专业知识来管理和建模。此外，组织了解通用性和可变性管理的重要性，但是缺乏对产品或应用之间的通用性和可变性来进行系统和计划的管理。另外，也没有明确的准则或方法来评估。总体而言，该组织了解可重用能力建设的重要性，并且他们正在为之建立基础结构。

3. 级别3：软件平台级

"软件平台"阶段表明，组织能够通过完成全面的领域工程活动来建立可重用的基础结构，战略计划表明了组织对制定建设中台的承诺。由于对该领域有足够的知识，因此会识别和记录中台架构要求。组织准备并管理需求模型，这些需求模型表示结构布局以及各个体系结构子单元之间的互联。随后，该组织使用体系结构描述语言来记录组件、接口等可重用能力，组织中的领域工程活动确定了一组设想的应用程序之间的共性和可变性。具体而言，在中台架构模型中明确标识了应用之间的共性和可变性。该组织已经建立了明确的指导方针和有据可查的方法来评估可重用能力建设。总体而言，组织了解可重用能力建设的过程方法，并且能够从体系结构方面简化相关的活动。

4. 级别4：柔性可变产品级

"柔性可变产品"阶段表明，组织对可重用能力的范围进行了明确定义和记录，并详细说明了业务领域的要求。该组织开发并管理可变性和通用性模型，以引入受控的可变性，并提高成功应用之间的通用性。此外，组织明确定义并利用质量和功能属性来评估可重用能力的建设。组件说明、接口要求、互连层次结构和变体机制，均已明确记录且可追溯。组织中存在有效的沟通渠道，以解决与架构相关的问题。该组织致力于学习和改善他们在中台领域的知识。组织结构支持中台工程，并且领域和应用工程部门之间有很强的沟通证据。而且，各个部门和子部门之间的过程活动是同步的。

5. 级别5：低代码平台级

架构成熟度最高的级别称为"低代码平台"。在此级别上，中台在组织的业务中起着不可或缺的作用。有很强的证据表明，组织的各个子部门可以协同工作来开发和管理中台。组织建立了跨职能团队，负责监督整个中台架构过程并支持管理层的决策。该组织从他们的实验中学到了改进中台架构流程方法的知识，并避免了将来的错误。因此，学习和获取有关中台架构的新知识是组织中的一个连续过程。领域和应用工程部门协同监督两个部门中活动的同步。必要时，会定期检查和更新中台要求。此外，有效的通用性管理可以在组织中重用软件，还支持中台中的创新并促进研发。该组织正在不断改进其评估中台架构的过程，并尝试创新方法。

A.1.3 软件过程成熟度模型

软件过程成熟度模型处理软件开发中的角色、职责和关系。它涉及执行活动进行开发的方式。领域工程和应用工程的过程是软件开发过程，对软件开发过程进行评估的方法已经有非常成熟的CMMI评估体系，我们没必要另外再设计一套评估模型。因此，我们直接采用CMMI体系分别对领域工程和应用工程进行评估。由于应用程序设计过程与领域工程以及其他应用程序设计过程必须协调进行，我们可以从领域、应用程序和协作过程进行评估：

- 领域工程：执行领域工程工作的过程。
- 应用工程：执行应用工程工作的流程。
- 合作：执行领域和应用工程之间的协作活动的过程。

成熟度参考CMMI的定义分为初始级、受管理级、已定义级、量化管理级和可优化级,这里不再展开。软件过程评估模型如表A-3所示。

表 A-3 软件过程评估模型

维度编号	软件过程维度	实践编号	软件过程实践
1	领域工程	1	领域工程支持
		2	领域工程项目管理
		3	领域工程过程管理
		4	领域工程实施管理
2	应用工程	5	应用工程支持
		6	应用工程项目管理
		7	应用工程过程管理
		8	应用工程实施管理
3	协作	9	支持协作
		10	项目管理协作
		11	过程管理协作
		12	实施管理协作

A.1.4 组织保障成熟度模型

全面评估中台建设的组织规模对于改善组织内流程至关重要。中台成熟度评估模型的总体目标是双重的。首先,它提供了一种执行评估的机制;其次,它提供了对当前流程进行进一步更改的指南。组织成熟度模型在评估框架中纳入了这些因素,评估过程将基于识别当前过程中组织保障的弱点,提出一些改进建议。理想情况下,在执行评估之后,改进指南将凸显当前中台架构过程中需要进行的改进。

组织成熟度模型由两个组织维度组成:组织行为和组织管理。更具体地,这两个维度可细分为7个组织因素。组织行为维度包括组织文化、组织承诺和组织学习的因素。组织管理关注诸如组织结构、变更管理、冲突管理和组织沟通之类的问题。组织评估模型如表A-4所示。

表 A-4 组织评估模型

维度编号	组织保障维度	实践编号	组织保障实践
1	组织行为	1	组织文化
		2	组织承诺
		3	组织学习
2	组织管理	4	组织结构
		5	变更管理
		6	冲突管理
		7	组织沟通

1. 级别1:初级

组织成熟度的初始阶段是指尚未为中台提供稳定且组织化的环境的组织。在这种情况下,没有证据表明组织以协调的方式执行中台活动。该组织倾向于仅响应市场需求而进行多种产品开发，并且软件资产的可重用性是随机的和（或者）根据需要而定的。当前，没有从单一产品切换到一系列产品的明确程序。另外，由于缺乏对中台架构方法的理解，导致与任务相关的不必要的私人冲突。同样，部门及其子部门之间的沟通也很差。尽管组织对于开发适合于中台的基础设施兴趣日益浓厚，但他们缺乏这样做的技术资源和技能。

2. 级别2：持续级

建立中台架构的下一个组织成熟度级别是2级，定义为"持续性"。此级别的组织通常都知道中台的潜在好处，并鼓励员工获得并分享知识和技能。在级别2的早期阶段，组织会引入公司结构的更改以支持中台架构。该组织展示了将中台架构纳入其战略计划和未来方向的行动和承诺。它具有处理任务冲突的已定义策略，这些冲突主要是由于对软件过程方法的误解而发生的。组织学习揭示了对中台概念的兴趣。因此，管理层支持员工重用软件资产。在组织内各个实体之间存在已定义的通信协议，该协议可帮助决策。总体而言，该组织了解中台架构对实现业务目标的重要性，并且目前正致力于建立支持中台架构的基础架构。

3. 级别3：精简级

级别为3（也称为"精简"）的组织可以通过合并定义的策略和程序来建立中台的基础架构。该企业的战略计划表明该组织致力于对中台架构进行长期投资。员工具备所需的中台方法知识，并且他们与管理层一起不断学习改进流程。员工还了解中台对实现组织业务目标的重要性。而且，组织结构完全定义了个人和团体在执行中台任务中的角色和职责。他们在建立特定中台方面的经验，使之能够对组织结构进行改进。而且，过程方法和产品功能的变化有据可查且可追溯。该企业基于共享信息并跨部门提供反馈。维护、使用和更新软件资产，这说明了企业具有针对软件资产可重用性的强大组织文化。管理层支持积极的冲突，并鼓励公开讨论和交换意见以解决与任务相关的冲突。总体而言，组织了解中台的过程方法，并且能够从组织的角度简化中台架构的活动。

4. 级别4：成熟级

4级中台架构的组织成熟度称为"成熟"。此级别的组织能够与中台协调组织策略。在这个级别，中台的工程决策受员工共同愿景的影响。中台架构中还引入了创新措施，这些措施反映了采用产品线工程中组织文化的丰富性。员工认为中台是实现长期组织业务目标的重要战略目标。该组织会跟踪其错误，并从经验中吸取教训，以免重蹈覆辙。人际冲突与任务冲突的数量也很少。员工可以访问所需的信息以协助他们的工作绩效。组织内部存在开放的沟通渠道，员工在表达自己的观点时感到顺畅，各个部门和子部门之间的过程活动是同步的。

5. 级别5：制度化级

级别5是组织成熟度最高的级别，称为"制度化"。级别5的组织认为中台是一种战略资产，可以动员起来以实现所需的业务目标。中台在组织的业务构想中起着重要作用。可重用的工艺方法的研究与开发是一个持续的过程。该组织从以前的经验和错误中吸取教训，并利用这些经验教训来改进流程方法。员工更喜欢团队合作，团队内部信任在最大限度地减少任务冲突方面发挥着重要作用。组织内的信息流是自由而流畅的。管理层密切听取员工的意见，并认为只有通过向员工公开提出建议的改进计划，才能实现质量绩效和生产率。此外，管理层还允许员工尝试他们的想法和创新概念。所有组织单位都是集体工作,每个人都认为组织可以切实实现其目标。

A.2 成熟度评估流程

对企业数字化中台架构成熟度评估过程而言,其目的是如何能够客观地确定组织所处的状态,因此最为重要的是如何采集信息以及据此进行判断。我们将整个评估流程(如图A-4所示)分成四个阶段。

1. 阶段一:评估准备

完成成熟度评估过程的准备和设定,其中确定目标(评估等级)、建立责任人(评估小组)、工作范围(业务、架构、软件过程和组织保障)、成熟度评估计划(时间、进度和资源)等活动。

2. 阶段二:执行评估

根据第一阶段制定的计划进行数据采集和分析,确定发现的问题并进行评级。主要是访谈相关人员,采集覆盖所有业务、架构、软件过程域、组织保障等活动,同时能够表征组织中台架构能力的数据,并记录数据域目标的差距。

3. 阶段三:分析评估

在此过程中,需要多次重复分析采集到的数据,直至达到相应目标,然后确定相应的发现,确认每一个关键实践的评定。

4. 阶段四:报告结论

评估小组向评估发起人和被评估组织递交相应的评估结论和改进建议。根据组织要求,归档相应评估资料,并按计划要求对部分信息进行保密处理。评估流程如图A-4所示。

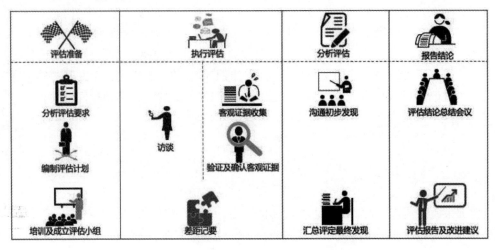

图 A-4 评估流程

A.2.1 评估准备

开始评估之前,我们要做好充分准备。

首先,要分析评估要求,其目的在于理解发起评估的组织对于这次评估的具体要求。这些具体要求包括:

- 评估小组负责人应与发起评估的组织充分沟通,了解被评估组织的商业目标,在这个大背景下拟定合理的评估目标,比如:减少费用、改善质量、缩短产品面市时间等。
- 评估工作的开展需要被评估组织在资源上给予支持,评估所采取的方式方法的限制和对资源的要求之间需要能达到平衡。
- 评估涉及被评估组织的方方面面,评估过程就是对各方面关键实践活动的调查验证,我们需要明确评估的范围涵盖被评估组织的哪些部门、哪些活动。
- 评估的交付物哪些是必需的,哪些是可选的或者可裁剪的,比如文档化的评估结果是否要整理编写成最终报告,是否要对评估过程中发现的问题给出改进建议等。

其次,通过评估要求的分析,评估人员在对评估目标、约束、范围和输出形成共同理解的基础上,对下一步评估工作做出合理安排,编制相应的工作计划。

最后,我们要在被评估组织中挑选出相关的核心人员,共同组成评估小组,并对他们进行培训,让他们了解评估工作的开展形式和需要他们给予支持的地方。

A.2.2 执行评估

执行评估的过程是对评估内容相关的人员进行访谈,了解被评估组织当前的现状,同时收集相关的资料和证据,比对访谈记录和实际的证据,验证受访人员陈述内容的准确性和可信程度。

由于中台成熟度评估涉及业务、架构、软件过程和组织保障等多个维度,并有一定的深度,访谈对象的选择范围有一定的要求,调研访谈的所有受访者都必须是被评估组织的正式员工,并在过去三年中与该组织的中台架构有关联。其中,多数受访者应为组织中高级技术管理人员,与软件开发过程相关;一部分受访者应来自前端应用、业务部门、科技管理、系统运维、架构等部门;另一部分受访者应在制定政策或实施组织战略方面扮演着自上而下的角色。

成熟度模型评估框架使用业务、架构、软件过程和组织保障四个维度和各维度的五个成熟度级别应具备的一系列关键实践评估指标,来刻画被评估组织当前的成熟度状态,访谈对象要在访谈过程中表达对每个关键实践评估指标的观点,即被评估组织在某个方面的现状是否正如关键实践评估指标中陈述的那样。

我们举个例子来说明评估的过程。在成熟度模型评估框架的业务维度中,成熟度级别为四级的"业务愿景"关键实践评估指标有以下两项:

(1)业务愿景已传达给组织的所有成员,他们致力于实现组织目标。
(2)软件产品线是组织业务愿景的一部分。

那么在访谈过程中,评估小组要与访谈对象确认被评估组织的"业务愿景"现状是否如关键实践评估指标所陈述的那样,其符合程度我们以认同度级别来判定:

- 完全认同。
- 非常认同。
- 部分认同。
- 不认同。

认同度级别对成熟度评估指标提供了一组定量的度量，这些度量最终反映了被评估组织中的访谈对象对每个成熟度指标评价的认同程度。具体来说，如果访谈对象认为某项评估指标所代表的能力表述，符合被评估组织当前现状的程度超过80%，那么我们认为访谈对象完全认同被评估组织的某项成熟度能力达到了该项评估指标，我们将该访谈对象对此项评估指标的评估结果记为4分，以此类推，如表A-5所示。

表A-5 评估指标的评分

评 分	对指标项表述的认同程度	评分标准（指标表述与现状的符合程度）
4	完全认同	>80%
3	非常认同	66.7% - 79.9%
2	部分认同	33.3% - 66.6%
1	不认同	<33.2%

当然，访谈对象也可以选择对不想回答的任何成熟度指标项的能力情况进行回避，即不做任何评价。如果访谈对象认为被评估组织当前的"业务愿景"成熟度现状正如关键实践评估指标所述的那样，那么访谈对象要给出有力的数据以证实其观点。评估小组根据访谈对象提供的线索收集、验证和确认这些证实该观点的数据，留待后续分析评估。

我们的调研访谈采用自下而上的方法，每位访谈对象必须先完成成熟度一级的调查，然后逐步增加到成熟度五级。调研问卷中成熟度评估指标项的设计也基于自下而上的方法，在这种方法中，当从较低的级别向较高的级别进行考量时，较高级别的指标项会呈现出更多的增强特征，即较高成熟度级别的评估指标项中所陈述的能力，包含并超出较低成熟度级别的评估指标项中陈述的能力，并层层递进。例如，"业务愿景"成熟度各级别的能力陈述如下：

级别一：

- 员工不知道该组织在未来的发展方向。

级别二：

- 该组织正处于计划阶段，已设定未来目标，并将软件产品线定位为实现预期目标的重要工具。

级别三：

- 该组织具有记录良好、表述清晰的业务愿景声明。
- 在组织的业务愿景中，软件产品线旨在留住当前客户并吸引未来客户。
- 中台或可重用能力建设被认为对于组织实现其未来目标至关重要。

级别四：

- 业务愿景已传达给组织的所有成员，他们致力于实现组织目标。
- 中台或可重用能力建设是组织业务愿景的一部分。

级别五：
- 定期检查业务远景，根据需要进行更新，并传达给组织中的所有人。
- 员工了解软件产品线在业务中的重要性，并认为组织可以切实实现其目标。
- 中台或可重用能力建设在实现组织的业务构想中起着重要作用。

在调研访谈中，我们将一些主要的数据来源（如文件、计划、模型和参与者）告知受访者访谈对象，这样可以减少由于判断不当而高估或低估的概率，从而提高访谈调研的可靠性。同时，针对每个成熟度评估指标，访谈调研中还会采集多个访谈对象的反馈意见，来提高评估方法的可靠性。由于一个组织内的多个访谈对象可能存在意见冲突，因此我们在访谈调研中还要进行跨访谈对象的协调分析，尽可能减少评估偏差。

A.2.3 分析评估

在分析评估过程中，我们就各个访谈对象的各个评估指标项的评估结果进行沟通，汇总整理各访谈对象的评估结果。初步的评估结果是依据各访谈对象的评估结果进行定量计算得出的。如果对某个评估指标项进行打分时，打分为3分以上的人数超过对该指标进行打分的访谈对象人数的80%，那么我们就认为被评估组织的该项评估指标达标了。

接着，我们来分析被评估组织的成熟度级别。每个评估维度的每个级别都是由若干个评估指标项组成，如果某一级别下的80%以上的评估指标都达标了，那么我们就认为被评估组织在这个评估维度上达到了这个级别。

最后，我们看被评估组织在某个维度上的成熟度级别最高能达到什么级别，我们取这个最高的成熟度级别作为被评估组织在这个维度上的最终级别。

假设某评估维度的成熟度三级共有20项评估指标，成熟度四级共有15项评估指标，成熟度五级共有10项评估指标，访谈了10人。对于某一项评估指标而言，如果有8人以上给出了3分以上的分数，我们就认为这项评估指标达标了。而对于成熟度三级的20项评估指标，如果有16项以上达标，那么我们就认为成熟度已经达到三级了。进一步分析，如果成熟度四级的15项评估指标有12项以上达标，五级的10项评估指标只有7项（不足80%）达标，那么综合起来得出的评估结果就是，该被评估组织在这个评估维度上的成熟度达到了四级。

A.2.4 报告结论

分析评估之后，我们对评估结果进行总结和修正，将评分结果和佐证数据一一映射到评估指标上，从而得出严谨的评估结论，形成评估报告。并根据评估准备阶段确定的目标，剖析成熟度现状与目标之间的差距，以及达到目标所面临的挑战，以成熟度雷达图的形式直观展现。成熟度雷达图如图A-5所示。

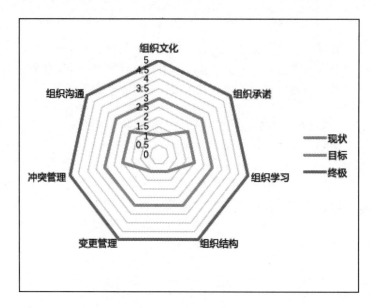

图 A-5 成熟度雷达图

根据成熟度评估结果和目前的差距与挑战,结合其他企业的经验,在评估报告中对被评估组织提出改进建议。

后　　记

　　前言中提到：从20世纪90年代初美国提出的"信息高速公路法案""国家信息基础设施（NII）"，到我国的"新基建"，已经三十年过去。

　　企业对信息技术的应用从最早的会计电算化，到CRM、供应链等复杂大系统；对数字科技的应用从互联网化、移动化、智能化和云化，直到当前的数字化转型，科技不断助力企业高速发展。

　　数字化转型是"利用数字技术来改变商业模式，并提供新的收入和创造价值的机会"，数字化转型是对业务的重塑，同时数字化转型也是企业架构重塑的过程。通过这项复杂和艰巨的任务，实现稳健、灵活兼备的企业架构。成功的数字化转型将使企业成为基于企业大脑的主动运营型企业，将可重用体系的建设能力、柔性服务的实现能力、数据资产价值的变现、基于企业大脑的自主运营等能力，深度融入企业运营的过程。

　　BCG年度数字化加速发展指数（DAI）针对十个行业中约2300家企业发起了一项全球调查，调查了来自亚洲、欧洲和美国28个国家的2296家公司，包括消费品和零售、能源、金融机构、医疗健康、工业产品、保险、媒体和娱乐、公共部门、技术和电信等十个行业。BCG将40%的数字化成熟企业称为"仿生企业"，为了实现企业仿生，研究中的企业增加了对人工智能的投资，并努力扩大其应用规模。这些企业将数据和人工智能作为首要投资重点的可能性比数字化落后的企业高出50%。此外，60%的企业将人工智能作为数字化转型工作的核心。而数字化落后的企业则恰恰相反：60%的企业将人工智能视为一种独立的技术解决方案。

　　华为也认为：每一家数字化转型企业的终极目标就是进化成一个"智能体"。

　　也许不久的将来，很多企业就能够像自动驾驶汽车一样，实现高度自动化的运营，企业大脑可以7×24小时运作，而人则去负责更高价值的工作。

　　千里之行，始于足下，让我们共同努力，通过重塑企业架构，为数字化转型打造坚实的底座。